expertraining

Dieter K. Reibold

Die Ausbilder-
prüfung –
schriftlicher Teil

Mit zwei kompletten
Musterprüfungen

D1731638

expertraining

Dieter K. Reibold

Die Ausbilder-
prüfung –
schriftlicher Teil

**Mit zwei kompletten
Musterprüfungen**

**18. Auflage
nach dem BBiG 2005
und der AEVO 2009**

expert verlag®

Bibliografische Information Der Deutschen Bibliothek

Die Deutsche Bibliothek verzeichnet diese Publikation
in der Deutschen Nationalbibliografie;
detaillierte bibliografische Daten sind im Internet über
http://www.dnb.de abrufbar.

Bibliographic Information published by Die Deutsche Bibliothek

Die Deutsche Bibliothek lists this publication
in the Deutsche Nationalbibliografie;
detailed bibliographic data are available on the internet at
http://www.dnb.de

ISBN 978-3-8169-3248-2

Schlussredaktion und Texterfassung: Ingeborg Reibold

18. Auflage 2015
17., neu bearbeitete Auflage 2011
16., neu bearbeitete Auflage 2007
15., neu bearbeitete Auflage 2004
14. Auflage 2002
13. Auflage 2001
12., durchgesehene Auflage 2000
11., neu bearbeitete Auflage 2000
10., aktualisierte Auflage 1999
 9. Auflage 1998
 8. Auflage 1997
 7., aktualisierte und erweiterte Auflage 1995
 6., aktualisierte Auflage 1994
 5., verbesserte und erweiterte Auflage 1992
 4., verbesserte und erweiterte Auflage 1991
 3., verbesserte und erweiterte Auflage 1990
 2. Auflage 1989
 1. Auflage 1987

Bei der Erstellung des Buches wurde mit großer Sorgfalt vorgegangen; trotzdem lassen sich Fehler
nie vollständig ausschließen. Verlag und Autoren können für fehlerhafte Angaben und deren Folgen
weder eine juristische Verantwortung noch irgendeine Haftung übernehmen.
Für Verbesserungsvorschläge und Hinweise auf Fehler sind Verlag und Autoren dankbar.

© 1987 by expert verlag, Wankelstr. 13, D-71272 Renningen
Tel.: +49 (0) 71 59-92 65-0, Fax: +49 (0) 71 59-92 65-20
E-Mail: expert@expertverlag.de, Internet: www.expertverlag.de
Alle Rechte vorbehalten
Printed in Germany

Inhaltsverzeichnis

Die AEVO 2009 und deren Entstehung

Die *Ausbilder-Eignungsverordnungen (AEVOen)* sind sehr eng verknüpft mit dem Berufsbildungsgesetz (BBiG) und dienen der Umsetzung dieses Gesetzes in der betrieblichen Ausbildungswirklichkeit. Anlässlich der Einführung der AEVO 2009 sei daher ein Rückblick in die Geschichte der AEVOen gestattet.

Exkurs: Historie der AEVOen

Die Bundesregierung hatte am 20.04.1972 die Ausbilder-Eignungsverordnung für die gewerbliche Wirtschaft (kurz: AEVOgW) erlassen, die zum 29.04.1972 in Kraft getreten ist. In den Folgejahren ergingen weitere Ausbilder-Eignungsverordnungen, z. B. für

- die Landwirtschaft (05.04.1976),
- den öffentlichen Dienst (16.07.1976),
- die Bundesbeamten (16.04.1977) und
- die Hauswirtschaft (29.06.1978).

Diese AEVOen der ersten Generation waren geprägt vom Gedanken eines ganzheitlichen Bildungsauftrages des Ausbilders. Dieser wurde als geschlossene Einheit von fachlicher Ausbildung und personaler sowie sozialer Bildung verstanden. Die Berufsausbildung wurde als wirtschafts- und bildungspolitische Aufgabe im Sinne des *Pädagogischen Würfels* (nach M. Heinz Poppe, IHK Bonn) begriffen.

Die ursprüngliche AEVOgW erstreckte sich nur auf die Ausbildung in den Gewerbebetrieben, sie galt nicht für das Handwerk. Für das Handwerk war der gleiche Sachverhalt in der Verordnung über gemeinsame Anforderungen in der Meisterprüfung im Handwerk vom 12.12.1972 geregelt.

Die AEVOgW wurde mehrmals geändert bzw. berichtigt. Meist ging es dabei nur um die Übergangsvorschriften und um die (befristeten) Befreiungsmöglichkeiten nach § 8 AEVOgW. Substanziell wurde weder bei den nachzuweisenden Kenntnissen (§ 2 AEVOgW) noch beim Nachweis dieser Kenntnisse selbst (§ 3 AEVOgW) etwas verändert – vom 29.04.1972 bis zum 31.10.1998.

Die damals gültigen Inhalte der AEVOgW waren:

- Grundfragen der Berufsbildung
- Planung und Durchführung der Ausbildung
- Der Jugendliche in der Ausbildung
- Rechtsgrundlagen

Die Ausbilder wurden seinerzeit schriftlich und mündlich geprüft. Als typisches Beispiel für die (mündlichen) Prüfungen aus der Zeit des *Pädagogischen Würfels* gelten z. B. die Wissensabfragen im Prüfungsfach *Grundfragen der Berufsbildung*. Hier wurden die Prüfungsteilnehmer mit Hilfe von *Fragekatalogen* geprüft und hatten die Beherrschung von Katalogwissen nachzuweisen. Ein weiterer Prüfungsteil bestand aus einer „praktisch durchzuführenden Unterweisung von Auszubildenden".

Die AEVO vom 01.11.1998

Mit der neuen AEVOgW vom 01.11.1998 startete die zweite *Generation* der Ausbilder-Eignungsverordnungen. Gleichzeitig erfolgte ein Paradigmenwandel von der bildungs- bzw. wissensorientierten zur handlungsorientierten Berufsausbildung. Als Darstellungsform galt jetzt nicht mehr der *Pädagogische Würfel*, sondern das Gebäude der beruflichen Handlungskompetenz mit den 3 Säulen:

- Fachkompetenz,
- Methodenkompetenz und
- Sozialkompetenz,

die auf dem Fundament der Schlüsselqualifikationen stehen und gemeinsam das Dach der beruflichen Handlungskompetenz tragen.

Das Ausbilderwissen wurde nach der AEVOgW vom 01.11.1998 in 7 Handlungsfelder gegliedert. Es sollte handlungsorientiert vermittelt und geprüft werden.

Die 7 Handlungsfelder waren:

- Allgemeine Grundlagen
- Planung der Ausbildung
- Mitwirkung bei der Einstellung von Auszubildenden
- Ausbildung am Arbeitsplatz
- Förderung der Lernprozesse
- Ausbildung in der Gruppe
- Abschluss der Ausbildung

Die Prüfung fand nunmehr in schriftlicher und praktischer Form statt. Dabei wurde die bisherige mündliche Prüfung durch die neue praktische Prüfung (Ausbildungseinheit durchführen und Kriterien für deren Auswahl und Gestaltung im Prüfungsgespräch begründen) ersetzt.

Dieser Version der AEVOgW war – vermutlich bedingt durch die politischen Veränderungen in Berlin – nur eine recht kurze Gültigkeitsdauer vergönnt, und zwar vom 01.11.1998 bis zum 15.02.1999.

Die AEVO vom 16.02.1999

Zum 16.02.1999 erließ dann die neue Bundesregierung eine AEVO (ohne den Zusatz gW), die gleichzeitig die bisherige AEVOgW und alle Branchen-AEVOen ablöste. Die Inhalte waren – entsprechend der Vorgänger-AEVOgW – in die 7 schon bisher gültigen Handlungsfelder gegliedert. Geprüft wurde schriftlich (die Inhalte der Handlungsfelder 1 – 7) und praktisch (Präsentation oder praktische Durchführung einer Ausbildungseinheit plus Prüfungsgespräch/Fachgespräch).

Bereits mit der neuen AEVOgW vom 01.11.1998 war der Paradigmenwandel von der bildungs- und wissensorientierten Berufsausbildung hin zur handlungsorientierten Berufsausbildung vollzogen. Jetzt stand im Fokus der Berufsausbildung die Vermittlung der beruflichen Handlungsfähigkeit/Handlungskompetenz, die auch im derzeit gültigen BBiG 2005 in § 1 Abs. 2 festgeschrieben ist.

Am 28.05.2003 erließ das Bundesministerium für Bildung und Forschung (BMBF) eine (erste) *Verordnung zur Änderung der Ausbilder-Eignungsverordnung*, in welcher in § 7 (Befreiung von der Nachweispflicht) festgelegt ist: Ausbilder im Sinne des § 1 sind für Ausbildungsverhältnisse, die in der Zeit vom 1. August 2003 bis zum 31. Juli 2008 bestehen oder begründet werden, von der Pflicht zum Nachweis von Kenntnissen nach dieser Verordnung befreit.

Die Intention der Bundesregierung war damals, durch die temporäre Aussetzung der Ausbilder-Eignungsprüfungen das (angebliche) Ausbildungshindernis *Prüfung* aus dem Wege zu räumen und pro Jahr 20.000 neue Ausbildungsplätze zu gewinnen. Dieses Ziel konnte nicht (ganz) erreicht werden, zumal jeder ausbildungswillige Betrieb im Einzelfall ohnehin durch die örtlich zuständige Kammer temporär von der Nachweispflicht der berufs- und arbeitspädagogischen Qualifikation befreit werden konnte. Von dieser Möglichkeit machten übrigens unzählige Betriebe Gebrauch.

Am 01.04.2005 trat das novellierte Berufsbildungsgesetz (BBiG) in Kraft, das in § 30 (Fachliche Eignung) Abs. 1 festlegt:
Fachlich geeignet ist, wer die beruflichen sowie die berufs- und arbeitspädagogischen Fähigkeiten, Kenntnisse und Fähigkeiten besitzt, die für die Vermittlung der Ausbildungsinhalte erforderlich sind.

Das bedeutet: Auch während der Aussetzung der Nachweispflicht bestand nach § 30 Abs. 1 BBiG für jeden Ausbilder – will er für die Berufsausbildung als fachlich geeignet gelten – u. a. die Pflicht zum Besitz der berufs- und arbeitspädagogischen Qualifikation. Man war nur temporär davon befreit, diesen Besitz durch eine (IHK-) Prüfung nachzuweisen.

In § 30 Abs. 5 BBiG wird festgelegt, dass das BMBF durch eine Rechtsverordnung bestimmen kann, dass der Erwerb der berufs- und arbeitspädagogischen Fertigkeiten, Kenntnisse und Fähigkeiten gesondert nachzuweisen ist. Allerdings konnte (oder wollte) im Mai 2005 noch niemand voraussagen, ob (und wen ja, wann) das BMBF davon Gebrauch machen will. Es dauerte dann auch noch volle 3 Jahre, bis etwas geschah. Am 14.05.2008 erließ das BMBF eine *Zweite Verordnung zur Änderung der Ausbilder-Eignungsverordnung*, in welcher in § 7 (Befreiung von der Nachweispflicht) festgelegt ist: Ausbilder im Sinne des § 1 sind für bestehende und bis zum Ablauf des 31. Juli 2009 beginnende Ausbildungsverhältnisse von der Pflicht zum Nachweis der Kenntnisse nach dieser Verordnung befreit.

Die AEVO 2009

Mit der AEVO vom 21.01.2009 ging nunmehr die *dritte Generation* der Ausbilder-Eignungsverordnungen an den Start. Unter Bezugnahme auf § 30 Abs. 5 BBiG hat das BMBF eine AEVO vorgelegt, die erst zum 1. August 2009 in Kraft getreten ist. Dadurch hatten die Wirtschaft, die Schulungsträger und die Kammern mit ihren Prüfungsausschüssen ausreichend Zeit, sich auf die neuen Bestimmungen einzustellen. Die neue AEVO ist beeinflusst vom Gedanken einer *Berufsausbildung im Dialog*. Eigenständiges Lernen, z. B. in Projekten und nach Methoden entsprechend dem *Modell der vollständigen Handlung,* soll künftig (noch) stärker im Mittelpunkt der Berufsausbildung stehen. Der Ausbilder wird dabei immer öfter die Funktion eines Coachs und Lernberaters zu übernehmen haben. Dazu jedenfalls regt die neue AEVO mit ihren modifizierten 4 Handlungsfeldern an. In den künftigen AdA-Lehrgängen müssen die angehenden Ausbilder daher im Sinne der Neuausrichtung der AEVO informiert, instruiert und motiviert werden.

Die Grobstruktur der AEVO 2009

Vom Aufbau her ähnelt die neue AEVO zwar der bisher gültigen Verordnung, allerdings gibt es eine Reihe von Verbesserungen/Veränderungen:

§ 1 Geltungsbereich
Man spricht hier – dem Trend folgend – von Ausbildern und Ausbilderinnen. Diese AEVO gilt übrigens nicht für die Ausbildung im Bereich der sogenannten freien Berufe.

§ 2 Berufs- und arbeitspädagogische Eignung
Hier werden die neuen 4 Handlungsfelder lediglich genannt.

§ 3 Handlungsfelder
Hier werden die Lerninhalte der 4 Handlungsfelder detailliert und übersichtlich aufgeführt.

§ 4 Nachweis der Eignung (Prüfung)
Hinsichtlich des praktischen Teils der Prüfung wird in § 4 Abs. 3 zunächst nur von der Prüfungsvariante *Präsentation* gesprochen. Die ebenfalls nach wie vor zulässige (und bisher sehr beliebte) Variante der *praktischen Durchführung einer Ausbildungs-situation* wird erst ganz zum Schluss dieses Absatzes erwähnt.

§ 5 Zeugnis
Die Regelung entspricht der bisherigen Praxis.

§ 6 Andere Nachweise
Anerkennung bestimmter Prüfungen und Befreiungsmöglichkeiten.

§ 7 Fortführen der Ausbildertätigkeit
Diese Bestimmung ist besonders interessant für bereits als Ausbilder tätige Personen, die bisher noch keine AEVO-Prüfung abgelegt haben.

§ 8 Übergangsregelung
Bis 31.10.2010 können begonnene Prüfungen nach der bisherigen AEVO durchge-führt werden.

§ 9 Inkrafttreten
Die Verordnung tritt am 01.08.2009 in Kraft.

Die Inhalte der neuen AEVO sind nunmehr also auf 4 neue Handlungsfelder wie folgt verteilt:

- Ausbildungsvoraussetzungen prüfen und Ausbildung planen.
- Ausbildung vorbereiten und bei der Einstellung von Auszubildenden mitwirken.
- Ausbildung durchführen.
- Ausbildung abschließen.

Die wesentlichen – in der bisher gültigen AEVO auf 7 Handlungsfelder verteilten – Inhalte wurden konzentriert und auf die 4 neuen Handlungsfelder aufgeteilt. Dabei wurden die Lerninhalte in eine logisch-sinnvollere Reihung gebracht:

Planen – vorbereiten – durchführen – abschließen.

Gleichzeitig kamen eine Reihe wichtiger neuer Spezialthemen hinzu, wie z. B.:

- Berufsvorbereitende Maßnahmen
- Förderung interkultureller Kompetenzen
- Möglichkeit der Durchführung von Teilen der Ausbildung im Ausland
- Zusätzliche Ausbildungsangebote
- Zusatzqualifikationen
- usw.

Besonders interessant dürfte der § 7 (siehe dazu auch unter *Grobstruktur der neuen AEVO)* für alle diejenigen sein, die zwar bisher noch keine Ausbilder-Eignungsprüfung abgelegt, dafür aber (z. B. während der Zeit der Aussetzung der AEVO) bereits (erfolgreich) praktisch ausgebildet haben:

Wer vor dem 1. August 2009 als Ausbilder im Sinne des § 28 Abs. 1 Satz 2 BBiG (Auszubildende darf nur ausbilden, wer persönlich und fachlich geeignet ist) tätig war, ist vom Nachweis nach den §§ 5 und 6 dieser Verordnung befreit, es sei denn, dass die bisherige Ausbildertätigkeit zu Beanstandungen mit einer Aufforderung zur Mängelbeseitigung durch die zuständige Stelle geführt hat. Sind nach Aufforderung die Mängel beseitigt worden und Gefährdungen für eine ordnungsgemäße Ausbildung nicht zu erwarten, kann die zuständige Stelle vom Nachweis nach den §§ 5 und 6 befreien; sie kann dabei Auflagen erteilen.

Die Ausbilder-Eignungsprüfung nach der AEVO 2009 besteht aus einem schriftlichen und einem praktischen Teil (§ 4 Abs. 1 AEVO).

Im *schriftlichen Teil* sind fallbezogene Aufgaben aus allen Handlungsfeldern zu bearbeiten (§ 4 Abs. 2 AEVO).

Der *praktische Teil* der Prüfung besteht aus der Präsentation einer Ausbildungssituation und einem Fachgespräch. Die Auswahl und Gestaltung der Ausbildungssituation sind im Fachgespräch zu erläutern. Anstelle der Präsentation kann eine Ausbildungssituation auch praktisch durchgeführt werden (§ 4 Abs. 3 AEVO, siehe dazu auch die Anmerkungen zu § 4 Abs. 3 AEVO im Abschnitt *Grobstruktur der AEVO*).

Ausblick: Warum brauchten wir eine neue AEVO?

Damit die Leser gleichsam auf einen Blick eine Übersicht über die Beweggründe erhalten, die zur Neuauflage der AEVO geführt haben, folgen einige der vom BMBF verbreiteten Begründungen für die neue AEVO:

Die seit 2003 geltende Aussetzung der AEVO wurde im Rahmen eines wissenschaftlichen Vorhabens des Bundesinstitutes für Berufsbildung (BIBB) einer Wirksamkeitsanalyse unterzogen. Die Ergebnisse wurden in einem Abschlussbericht veröffentlicht. Dabei wurden einerseits ein gewisser Zuwachs an Ausbildungsplätzen auf diese Aussetzung zurückgeführt, andererseits jedoch wurden Qualitätseinbußen festgestellt. Wie hoch der Zuwachs an Ausbildungsplätzen auf Grund der Aussetzung der AEVO tatsächlich war, wird allerdings nicht gesagt.

Weiter wird im Abschlussbericht des BIBB ausgeführt: Angesichts der gestiegenen inhaltlichen Anforderungen und den gewachsenen pädagogischen Herausforderungen – auch in Anbetracht der vielfältigen Problemlagen mancher Auszubildenden – ist ein Mindestmaß an berufs- und arbeitspädagogischer Qualifikation unverzichtbar. Viele

6

Praktiker und Experten haben die Bedeutung der berufs- und arbeitspädagogischen Qualifikation für die Qualität der Berufsausbildung hervorgehoben. Nachzulesen im Internet unter:
http://www.bmbf.de/de/1652.php

Nach § 9 Satz 1 der AEVO gilt diese Rechtsverordnung ab dem Beginn des Ausbildungsjahres 2009/2010, also ab dem 01.08.2009. Durch die großzügigen Befreiungsvorschriften des § 7 soll ein gleitender Übergang aus der Zeit mit ausgesetzter AEVO auf die neue Rechtslage mit einer gültigen Rechtsverordnung gewährleistet werden.

Bei zahlreichen Fortbildungsabschlüssen, wie z. B. bei den Industriemeistern sowie bei einigen Fachwirte- und Fachkaufleute-Prüfungen, gehört die Ausbildereignung nach der AEVO zum Qualifikationsprofil. Denn viele der Kompetenzen, die in der AEVO enthalten sind, gehören zu den für mittlere Führungskräfte notwendigen Qualifikationen. So wirkt sich die AEVO – weit über den Bereich der betrieblichen Berufsausbildung hinausgehend – indirekt auch im Fortbildungsbereich auf die Qualifizierung junger mittlerer Führungskräfte aus.

Es folgt die AEVO 2009 im Wortlaut:

Ausbilder-Eignungsverordnung

vom 21. Januar 2009 (ab 1. August 2009 in Kraft)

Auf Grund des § 30 Absatz 5 des Berufsbildungsgesetzes vom 23. März 2005 (BGBl. I S. 931) verordnet das Bundesministerium für Bildung und Forschung nach Anhörung des Hauptausschusses des Bundesinstituts für Berufsbildung:

§ 1 Geltungsbereich

Ausbilder und Ausbilderinnen haben für die Ausbildung in anerkannten Ausbildungsberufen nach dem Berufsbildungsgesetz den Erwerb der berufs- und arbeitspädagogischen Fertigkeiten, Kenntnisse und Fähigkeiten nach dieser Verordnung nachzuweisen. Dies gilt nicht für die Ausbildung im Bereich der Angehörigen der freien Berufe.

§ 2 Berufs- und arbeitspädagogische Eignung

Die berufs- und arbeitspädagogische Eignung umfasst die Kompetenz zum selbstständigen Planen, Durchführen und Kontrollieren der Berufsausbildung in den Handlungsfeldern:

1. Ausbildungsvoraussetzungen prüfen und Ausbildung planen,
2. Ausbildung vorbereiten und bei der Einstellung von Auszubildenden mitwirken,
3. Ausbildung durchführen und
4. Ausbildung abschließen.

§ 3 Handlungsfelder

(1) Das Handlungsfeld nach § 2 Nummer 1 umfasst die berufs- und arbeitspädagogische Eignung, Ausbildungsvoraussetzungen zu prüfen und Ausbildung zu planen. Die Ausbilder und Ausbilderinnen sind dabei in der Lage,

1. die Vorteile und den Nutzen betrieblicher Ausbildung darstellen und begründen zu können,
2. bei den Planungen und Entscheidungen hinsichtlich des betrieblichen Ausbildungsbedarfs auf der Grundlage der rechtlichen, tarifvertraglichen und betrieblichen Rahmenbedingungen mitzuwirken,
3. die Strukturen des Berufsbildungssystems und seine Schnittstellen darzustellen,
4. Ausbildungsberufe für den Betrieb auszuwählen und dies zu begründen,
5. die Eignung des Betriebes für die Ausbildung in dem angestrebten Ausbildungsberuf zu prüfen sowie, ob und inwieweit Ausbildungsinhalte durch Maßnahmen außerhalb der Ausbildungsstätte, insbesondere Ausbildung im Verbund, überbetriebliche und außerbetriebliche Ausbildung, vermittelt werden können,
6. die Möglichkeiten des Einsatzes von auf die Berufsausbildung vorbereitenden Maßnahmen einzuschätzen sowie
7. im Betrieb die Aufgaben der an der Ausbildung Mitwirkenden unter Berücksichtigung ihrer Funktionen und Qualifikationen abzustimmen.

(2) Das Handlungsfeld nach § 2 Nummer 2 umfasst die berufs- und arbeitspädagogische Eignung, die Ausbildung unter Berücksichtigung organisatorischer sowie rechtlicher Aspekte vorzubereiten. Die Ausbilder und Ausbilderinnen sind dabei in der Lage,

1. auf der Grundlage einer Ausbildungsordnung einen betrieblichen Ausbildungsplan zu erstellen, der sich insbesondere an berufstypischen Arbeits- und Geschäftsprozessen orientiert,
2. die Möglichkeiten der Mitwirkung und Mitbestimmung der betrieblichen Interessenvertretungen in der Berufsbildung zu berücksichtigen,
3. den Kooperationsbedarf zu ermitteln und sich inhaltlich sowie organisatorisch mit den Kooperationspartnern, insbesondere der Berufsschule, abzustimmen,
4. Kriterien und Verfahren zur Auswahl von Auszubildenden auch unter Berücksichtigung ihrer Verschiedenartigkeit anzuwenden,
5. den Berufsausbildungsvertrag vorzubereiten und die Eintragung des Vertrages bei der zuständigen Stelle zu veranlassen sowie
6. die Möglichkeiten zu prüfen, ob Teile der Berufsausbildung im Ausland durchgeführt werden können.

(3) Das Handlungsfeld nach § 2 Nummer 3 umfasst die berufs- und arbeitspädagogische Eignung, selbstständiges Lernen in berufstypischen Arbeits- und Geschäftsprozessen handlungsorientiert zu fördern. Die Ausbilder und Ausbilderinnen sind dabei in der Lage,

1. lernförderliche Bedingungen und eine motivierende Lernkultur zu schaffen, Rückmeldungen zu geben und zu empfangen,
2. die Probezeit zu organisieren, zu gestalten und zu bewerten,
3. aus dem betrieblichen Ausbildungsplan und den berufstypischen Arbeits- und Geschäftsprozessen betriebliche Lern- und Arbeitsaufgaben zu entwickeln und zu gestalten,
4. Ausbildungsmethoden und -medien zielgruppengerecht auszuwählen und situationsspezifisch einzusetzen,
5. Auszubildende bei Lernschwierigkeiten durch individuelle Gestaltung der Ausbildung und Lernberatung zu unterstützen, bei Bedarf ausbildungsunterstützende Hilfen einzusetzen und die Möglichkeit zur Verlängerung der Ausbildungszeit zu prüfen,
6. Auszubildenden zusätzliche Ausbildungsangebote, insbesondere in Form von Zusatzqualifikationen, zu machen und die Möglichkeit der Verkürzung der Ausbildungsdauer und die der vorzeitigen Zulassung zur Abschlussprüfung zu prüfen,
7. die soziale und persönliche Entwicklung von Auszubildenden zu fördern, Probleme und Konflikte rechtzeitig zu erkennen sowie auf eine Lösung hinzuwirken,
8. Leistungen festzustellen und zu bewerten, Leistungsbeurteilungen Dritter und Prüfungsergebnisse auszuwerten, Beurteilungsgespräche zu führen, Rückschlüsse für den weiteren Ausbildungsverlauf zu ziehen sowie
9. interkulturelle Kompetenzen zu fördern.

(4) Das Handlungsfeld nach § 2 Nummer 4 umfasst die berufs- und arbeitspädagogische Eignung, die Ausbildung zu einem erfolgreichen Abschluss zu führen und dem Auszubildenden Perspektiven für seine berufliche Weiterentwicklung aufzuzeigen. Die Ausbilder und Ausbilderinnen sind dabei in der Lage,

1. Auszubildende auf die Abschluss- oder Gesellenprüfung unter Berücksichtigung der Prüfungstermine vorzubereiten und die Ausbildung zu einem erfolgreichen Abschluss zu führen,
2. für die Anmeldung der Auszubildenden zu Prüfungen bei der zuständigen Stelle zu sorgen und diese auf durchführungsrelevante Besonderheiten hinzuweisen,
3. an der Erstellung eines schriftlichen Zeugnisses auf der Grundlage von Leistungsbeurteilungen mitzuwirken sowie
4. Auszubildende über betriebliche Entwicklungswege und berufliche Weiterbildungsmöglichkeiten zu informieren und zu beraten.

§ 4 Nachweis der Eignung

(1) Die Eignung nach § 2 ist in einer Prüfung nachzuweisen. Die Prüfung besteht aus einem schriftlichen und einem praktischen Teil. Die Prüfung ist bestanden, wenn jeder Prüfungsteil mit mindestens „ausreichend" bewertet wurde. Innerhalb eines Prüfungsverfahrens kann eine nicht bestandene Prüfung zweimal wiederholt werden. Ein bestandener Prüfungsteil kann dabei angerechnet werden.

(2) Im schriftlichen Teil der Prüfung sind fallbezogene Aufgaben aus allen Handlungsfeldern zu bearbeiten. Die schriftliche Prüfung soll drei Stunden dauern.

(3) Der praktische Teil der Prüfung besteht aus der Präsentation einer Ausbildungssituation und einem Fachgespräch mit einer Dauer von insgesamt höchstens 30 Minuten. Hierfür wählt der Prüfungsteilnehmer eine berufstypische Ausbildungssituation aus. Die Präsentation soll 15 Minuten nicht überschreiten. Die Auswahl und Gestaltung der Ausbildungssituation sind im Fachgespräch zu erläutern. Anstelle der Präsentation kann eine Ausbildungssituation auch praktisch durchgeführt werden.

(4) Im Bereich der Landwirtschaft und im Bereich der Hauswirtschaft besteht der praktische Teil aus der Durchführung einer vom Prüfungsteilnehmer in Abstimmung mit dem Prüfungsausschuss auszuwählenden Ausbildungssituation und einem Fachgespräch, in dem die Auswahl und Gestaltung der Ausbildungssituation zu begründen sind. Die Prüfung im praktischen Teil soll höchstens 60 Minuten dauern.

(5) Für die Abnahme der Prüfung errichtet die zuständige Stelle einen Prüfungsausschuss. § 37 Absatz 2 und 3, § 39 Absatz 1 Satz 2, die §§ 40 bis 42, 46 und 47 des Berufsbildungsgesetzes gelten entsprechend.

§ 5 Zeugnis

Über die bestandene Prüfung ist jeweils ein Zeugnis nach den Anlagen 1 und 2 auszustellen.

§ 6 Andere Nachweise

(1) Wer die Prüfung nach einer vor Inkrafttreten dieser Verordnung geltenden Ausbilder-Eignungsverordnung bestanden hat, die auf Grund des Berufsbildungsgesetzes

erlassen worden ist, gilt für die Berufsausbildung als im Sinne dieser Verordnung berufs- und arbeitspädagogisch geeignet.

(2) Wer durch eine Meisterprüfung oder eine andere Prüfung der beruflichen Fortbildung nach der Handwerksordnung oder dem Berufsbildungsgesetz eine berufs- und arbeitspädagogische Eignung nachgewiesen hat, gilt für die Berufsausbildung im Sinne dieser Verordnung berufs- und arbeitspädagogisch geeignet.

(3) Wer eine sonstige staatliche, staatlich anerkannte oder von einer öffentlich-rechtlichen Körperschaft abgenommene Prüfung bestanden hat, deren Inhalt den in § 3 genannten Anforderungen ganz oder teilweise entspricht, kann von der zuständigen Stelle auf Antrag ganz oder teilweise von der Prüfung nach § 4 befreit werden. Die zuständige Stelle erteilt darüber eine Bescheinigung.

(4) Die zuständige Stelle kann von der Vorlage des Nachweises über den Erwerb der berufs- und arbeitspädagogischen Fertigkeiten, Kenntnisse und Fähigkeiten auf Antrag befreien, wenn das Vorliegen berufs- und arbeitspädagogischer Eignung auf andere Weise glaubhaft gemacht wird und die ordnungsgemäße Ausbildung sichergestellt ist. Die zuständige Stelle kann Auflagen erteilen. Auf Antrag erteilt die zuständige Stelle hierüber eine Bescheinigung.

§ 7 Fortführen der Ausbildertätigkeit

Wer vor dem 1. August 2009 als Ausbilder im Sinne des § 28 Absatz 1 Satz 2 des Berufsbildungsgesetzes tätig war, ist vom Nachweis nach den §§ 5 und 6 dieser Verordnung befreit, es sei denn, dass die bisherige Ausbildertätigkeit zu Beanstandungen mit einer Aufforderung zur Mängelbeseitigung durch die zuständige Stelle geführt hat. Sind nach Aufforderung die Mängel beseitigt worden und Gefährdungen für eine ordnungsgemäße Ausbildung nicht zu erwarten, kann die zuständige Stelle vom Nachweis nach den §§ 5 und 6 befreien; sie kann dabei Auflagen erteilen.

§ 8 Übergangsregelung

Begonnene Prüfungsverfahren können bis zum Ablauf des 31. Juli 2010 nach den bisherigen Vorschriften zu Ende geführt werden. Die zuständige Stelle kann auf Antrag des Prüfungsteilnehmers oder der Prüfungsteilnehmerin die Wiederholungsprüfung nach dieser Verordnung durchführen; § 4 Absatz 1 Satz 5 findet in diesem Fall keine Anwendung. Im Übrigen kann bei der Anmeldung zur Prüfung bis zum Ablauf des 30. April 2010 die Anwendung der bisherigen Vorschriften beantragt werden.

§ 9 Inkrafttreten, Außerkrafttreten

Diese Verordnung tritt am 1. August 2009 in Kraft. Gleichzeitig tritt die Ausbilder-Eignungsverordnung vom 16. Februar 1999 (BGBl. I S. 157, 700), die zuletzt durch die Verordnung vom 14. Mai 2008 (BGBl. I S. 854) geändert worden ist, außer Kraft.

Lerntipps

Wie man sich mit diesem Buch optimal auf die Ausbilder-Eignungsprüfung vorbereiten kann.

Sie haben vor, die Ausbilder-Eignungsprüfung nach der AEVO 2009 abzulegen und besuchen dazu ein Seminar, eine Kursfolge oder Sie absolvieren ein entsprechendes Fernstudium. In diesen Veranstaltungen steht der Wissenserwerb im Mittelpunkt. Häufig wünschen sich aber die angehenden Ausbilderinnen und Ausbilder noch (viel) mehr Zeit für das Training der schriftlichen Prüfung, also den Umgang mit den Prüfungsfragen.

Die meisten Kammern prüfen mit den *Multiple-Choice-Prüfungen* des DIHK, einige Kammern verwenden aber auch Prüfungen mit sogenannten *offenen Fragen*, bei denen man – ähnlich einer mündlichen Prüfung – die Antworten selbst formulieren muss.

Dieses Buch will Ihnen beim Training im Umgang mit den *Multiple-Choice-Aufgaben* helfen. Dazu finden Sie in den Kapiteln 1 – 5 jeweils

– handlungsorientierte programmierte Aufgaben (mit einer Situationsbeschreibung/ Story) und
– freie programmierte Aufgaben (meist als reine Sachfragen).

Die Kapitel 1 – 4 dieses Buches sind analog zu den 4 Handlungsfeldern der AEVO bezeichnet. Jedes Kapitel enthält neben Aufgaben, die direkt oder indirekt dem betreffenden Handlungsfeld zuzuordnen sind, auch Aufgaben aus den übrigen 3 Handlungsfeldern, wenn das im Sinne von ganzheitlichem Lernen sinnvoll bzw. zur Stoffwiederholung notwendig erschien. Am Ende eines jeden Kapitels finden Sie die Lösungen zu den im betreffenden Kapitel bearbeiteten Aufgaben.

In diesem Buch kommen verschiedene Firmen und deren Mitarbeiterinnen/Mitarbeiter als *handelnde Betriebe/Personen* vor. Diese Firmen und die genannten Damen und Herren existieren in dieser Form nur auf dem Papier. Und trotzdem gibt es diese Firmen, zwar mit anderen handelnden Menschen, denn die hier wiedergegebenen Situationen stammen alle aus der Praxis. Sie wurden für die Zwecke der Prüfungsvorbereitung gesammelt und aufbereitet. Und hier sind die *Stars* dieses Buches:

1. Maschinenfabrik Stümpfle KG, Knittlingen
   Spezialmaschinenbau für die Textilindustrie

2. Bankhaus A. Schwarz & Co., Villberg
   Privatbank seit 1873

3. Data Technologies GmbH, Darmstadt
   PC-Händler/Softwarehersteller für den Handel

4. Gerhard Gutmann, Gastronom, Teichhausen mit den Betrieben:
   Hotel Sonnenhof GmbH (incl. Restaurant „Zur Sonne"), Teichhausen
   Weinlokal „Zur Traube", Maindorf
   Steakhaus „ASADO", Grüntal
   in Planung: „Burger-Inn" (Franchise)

5. ROKO Bürozentrum GmbH & Co. OHG, Kiel
   Beratung, Planung und Verkauf von Büroeinrichtungen aller Art (mehrerer Hersteller)

6. Grohe International AG, Leipzig
   Internationaler Mischkonzern (Entwicklung, Produktion, Vertrieb, Export und Import von Metall- und Kunststoffprodukten aller Art)

7. Alpin Biwak GmbH, Nürnberg
   Artikel für Bergsteiger und Kletterer, Ladengeschäfte in Nürnberg, Fürth, Erlangen und Bamberg, Versandhandel

8. Solemna Deutschland AG, Frankfurt / Main
   Tochtergesellschaft einer schweizerischen Versicherungsgesellschaft, betreibt (fast) alle Versicherungsgeschäfte (Universalversicherer), 16 Filialdirektionen in Deutschland

Besondere Aufmerksamkeit verdient Kapitel 5. Hier finden Sie die (fast) echten Musterprüfungen 1 und 2, die der Prüfung, auf die Sie sich gerade vorbereiten, hinsichtlich Umfang, Form und inhaltlicher Ausrichtung nach der AEVO 2009 ziemlich nahe kommen. Sie haben für die jeweils 75 Aufgaben bis zu 3 Stunden Zeit (wobei Sie bei der echten IHK-Prüfung in dieser Zeit auch noch Ihre Kreuze auf eine *Lösungsschablone* übertragen müssen).

Im Gegensatz zur echten IHK-Prüfung werten Sie bei den beiden Musterprüfungen Ihr Ergebnis selbst aus, errechnen die erreichte Punktzahl und können aus einer Tabelle dann Ihre Note ermitteln.

Bitte lesen Sie **vor Arbeitsbeginn** jeweils den „Auszug aus den Erläuterungen zur schriftlichen Prüfung" der IHK durch und stellen Sie sich auf das „Alles-oder-Nichts-

Prinzip" ein: Nur, wenn Sie alle Kreuze einer Aufgabe richtig gesetzt haben, erhalten Sie Punkte. Wenn mehr als eine Antwort anzukreuzen ist, ist das jeweils in der Aufgabe angegeben: (3) bedeutet also 3 Antworten sind anzukreuzen.

Den besten Lernerfolg mit diesem Buch erzielen Sie erfahrungsgemäß, wenn Sie parallel zu Ihrem Lehrgang die entsprechenden Aufgaben der Kapitel 1 – 4 bearbeiten.

Nehmen Sie sich für dieses erste Training jeweils 50 Aufgaben vor. Nachstehend ist ein Trainingsplan für eine erfolgversprechende Prüfungsvorbereitung abgedruckt.

Ihr persönlicher Trainingsplan

Trainingssequenz	Kapitel	Trainingsaufgabe(n)	
1	1	1.01 – 1.50	Bearbeiten
2	1	1.51 – 1.100	Bearbeiten
3	1	1.01 – 1.100	Fehler klären*
4	2	2.01 – 2.50	Bearbeiten
5	2	2.51 – 2.100	Bearbeiten
6	2	2.01 – 2.100	Fehler klären*
7	3	3.01 – 3.50	Bearbeiten
8	3	3.51 – 3.100	Bearbeiten
9	3	3.101 – 3.150	Bearbeiten
10	3	3.01 – 3.150	Fehler klären*
11	4	4.01 – 4.50	Bearbeiten
12	4	4.51 – 4.100	Bearbeiten
13	4	4.01 – 4.100	Fehler klären*
14	5	Musterprüfung 1	Bearbeiten
15	5	Musterprüfung 1	Fehler klären*
16	5	Musterprüfung 2	Bearbeiten
17	5	Musterprüfung 2	Fehler klären*
18	5	Restliche Unklarheiten aus den beiden Musterprüfungen klären.	

*Fehler klären bedeutet z. B.:
- Kursleiter/in befragen
- Kurskollegen/innen befragen
- Im Gesetz nachschauen
- Im Kommentar nachlesen
- Im Internet recherchieren
- Notfalls: Frage im Prüferportal an der dafür vorgesehenen Pinnwand öffentlich stellen

Das Prüferportal

Interessant und besonders empfehlenswert für Prüfer (und für Ausbilder) ist das Prüferportal des BIBB. Hier findet man die neuesten Informationen zum beruflichen Prüfungswesen, hier können wichtige Fragen gestellt und fundierte Antworten darauf gefunden werden.

Das Prüferportal ist im Internet zu finden unter: www.prueferportal.org

Kontakte zu Prüfern und Ausbildern sind von Seiten des BIBB sehr erwünscht.

Folgende Kontaktmöglichkeiten bestehen:

E-Mail: kontakt@prueferportal.org
Telefon: 0228/107-2630 – 2620
Fax: 0228/107-2961
Post: Bundesinstitut für Berufsbildung (BIBB)
Robert-Schumann-Platz 3
53175 Bonn

Innerhalb des Prüferportals gibt es einen geschlossenen Bereich zum Austausch über Themen des Prüfungsalltags. Für die Nutzung dieses Bereiches ist zuvor eine (kostenlose) Registrierung erforderlich. Alle anderen Bereiche des Prüferportals sind für jedermann frei zugänglich.

Nun aber: Viel Erfolg beim Training mit diesem Buch!

In diesem Kapitel finden Sie **100 Mehrfachauswahlaufgaben**, die häufig auch als **Programmierte Aufgaben** oder **Multiple-Choice-Aufgaben** bezeichnet werden.

Diese Aufgaben stammen aus dem Handlungsfeld 1 und zusätzlich, wo es im Sinne von ganzheitlichem Lernen zweckmäßig erschien, auch aus den übrigen 3 Handlungsfeldern.

Zu 1.01–1.10

Die Maschinenfabrik Stümpfle KG in Knittlingen ist seit über 50 Jahren sehr erfolgreich tätig auf dem Gebiet des Spezialmaschinenbaus für die Textilindustrie. Entsprechend den Spezifikationen der einzelnen Kunden werden bei Stümpfle Spezialmaschinen entwickelt und produziert. Die Stümpfle KG beschäftigt derzeit 320 Angestellte und 810 gewerbliche Arbeitnehmer. Um den betrieblichen Nachwuchs hat man sich bei Stümpfle traditionell stets sehr intensiv gekümmert. Seit vielen Jahren bildet die Firma sehr erfolgreich aus.

Auf der letzten Betriebsversammlung wurde – nach dem Bericht der Betriebsleitung, in welchem der Bau einer neuen und größeren Lehrwerkstatt angekündigt wurde – über die Gründe für die betriebliche Berufsausbildung allgemein (und speziell bei der Stümpfle KG) recht intensiv diskutiert. Dabei wurden

- wirtschaftliche,
- pädagogische,
- bildungspolitische und
- gesellschaftliche Gründe

genannt.

1.01 Für eine betriebliche Ausbildung bei der Stümpfle KG sprechen folgende wirtschaftlichen Argumente: (3)

Bitte kreuzen Sie die richtigen Antworten bzw. Aussagen an!

❑ a) Die Berufsausbildung ist eine Investition in die Zukunft des Unternehmens.

❑ b) Die Berufsausbildung ist nur für Großbetriebe rentabel.

❑ c) Über die Berufsausbildung wird Nachwuchs herangebildet, der „in den Betrieb passt".

❑ d) Die Auszubildenden erwirtschaften keinerlei Erträge.

❑ e) Die Berufsausbildung ist als Teil der betrieblichen Personalentwicklung zu verstehen.

1.02 Gegen eine betriebliche Ausbildung bei Stümpfle KG sprechen folgende wirtschaftlichen Argumente: (2)

Bitte kreuzen Sie die richtigen Antworten bzw. Aussagen an!

❑ a) Die Kosten für die Berufsausbildung sind relativ hoch.

❑ b) Bei Ausbildungsabbruch oder Firmenwechsel nach der Ausbildung sind die zuvor investierten Mittel für die Stümpfle KG quasi „verloren".

❑ c) Die Jugendlichen in der Berufsausbildung bringen Unruhe in den Betrieb.

❑ d) Die vielen gesetzlichen Vorschriften machen eine sinnvolle Berufsausbildung heute unmöglich.

❑ e) Nur im Handwerk ist heute eine Berufsausbildung noch sinnvoll.

1.03 Zur Finanzierung der Berufsausbildung wurde gesagt: (2)

Bitte kreuzen Sie die richtigen Antworten bzw. Aussagen an!

❑ a) Die Finanzierung der Berufsausbildung erfolgt in Deutschland nach dem BBiG durch den Bund.

❑ b) Die Berufsausbildung wird in Deutschland seit altersher durch Umlagen der Wirtschaft finanziert.

❑ c) Die betriebliche Berufsausbildung in Deutschland wird durch die ausbildenden Betriebe allein finanziert.

❑ d) Die Berufsausbildung am Lernort Berufsschule wird durch die öffentliche Hand finanziert.

❑ e) Die Kosten für die Berufsausbildung tragen die Auszubildenden allein.

1.04 Welche pädagogischen bzw. bildungspolitischen Gründe sprechen für eine betriebliche Berufsausbildung im Hause der Stümpfle KG? (3)

Bitte kreuzen Sie die richtigen Antworten bzw. Aussagen an!

❑ a) Gute Fachkräfte erleben die zusätzlichen Aufgaben als Ausbilder/Ausbilderin vielfach als willkommene Bereicherung ihrer beruflichen Aufgaben.

❑ b) Die allermeisten Fachkräfte lehnen eine zusätzliche Verwendung als Ausbilder/ Ausbilderin aus vielerlei Gründen (u. a. AdA-Prüfung) ab.

❑ c) Die allermeisten Fachkräfte rechnen damit, dass ihnen eine Tätigkeit als Ausbilder/Ausbilderin vor allem eine Menge Ärger mit den Jugendlichen einbringen würde – daher lehnen sie eine solche Ausbildungsfunktion strikt ab.

❑ d) Die Durchführung der Berufsausbildung im Hause gibt der Stümpfle KG die Möglichkeit, die eigenen Vorstellungen hinsichtlich der Nachwuchsqualifizierung erfolgreich umzusetzen.

❑ e) Die Stümpfle KG wählt ihre Auszubildenden nicht nur nach der formalen Vorbildung oder den Schulnoten aus. Denn man hat schon häufig festgestellt, dass sogenannte „schlechte Schüler" nur Spätentwickler waren, die während der Berufsausbildung aufwachten und sehr gute Fachleute wurden (mit sehr guten IHK-Abschlüssen).

1.05 Welche pädagogischen bzw. bildungspolitischen Gründe sprechen gegen eine Berufsausbildung im Hause der Stümpfle KG? (2)

Bitte kreuzen Sie die richtigen Antworten bzw. Aussagen an!

❑ a) Manche Mitarbeiter im Betrieb haben Schwierigkeiten beim Umgang mit Jugendlichen.

❑ b) Die Anforderungen an die Berufsausbildung steigen laufend – die schulischen Voraussetzungen vieler Bewerber entsprechen heute diesen hohen Anforderungen nicht (mehr).

❑ c) Berufsausbilder sind keine ausgebildeten Pädagogen. Daher sollte man die Ausbildung des beruflichen Nachwuchses den dafür vorgesehenen Schulen (Berufsfachschulen etc.) überlassen.

❑ d) Jeder Auszubildende bringt Unruhe in den Betrieb. Seine Ausbildung stört nur die Betriebsabläufe.

❑ e) Die Stümpfle KG ist als Unternehmen für eine professionelle Berufsausbildung viel zu klein.

1.06 Welche gesellschaftlichen Gründe sprechen für eine Berufsausbildung im Hause der Maschinenfabrik Stümpfle KG? (3)

Bitte kreuzen Sie die richtigen Antworten bzw. Aussagen an!

❑ a) Durch den geplanten Bau der neuen Lehrwerkstatt erweitert die Stümpfle KG ihre Ausbildungskapazität, um mehr Auszubildende auszubilden und damit den Ausbildungsmarkt etwas zu entlasten.

❑ b) Die Maschinenfabrik Stümpfle KG versteht sich seit vielen Jahren traditionell als „Stätte der Berufsausbildung". Dieses Image wird bewusst gepflegt und die Berufsausbildung wird gefördert.

❑ c) Die hohe Qualität der Produkte der Stümpfle KG wird u. a. durch einen hochqualifizierten Facharbeiterstamm garantiert, der sich überwiegend aus im Hause der Stümpfle KG selbst ausgebildeten Fachkräften zusammensetzt.

❑ d) Betriebe, wie die Stümpfle KG, benutzen die Auszubildenden nur als billige Arbeitskräfte in der Fertigung.

❑ e) Der Bau der neuen Lehrwerkstatt ist sicher nur ein Alibi. „Ausbildende Betriebe" wollen in Wirklichkeit nur billige Arbeitskräfte haben, die sie kurzfristig anlernen und dann am Fließband einsetzen.

1.07 Welche Kosten entstehen der Stümpfle KG durch die Berufsausbildung im eigenen Unternehmen?

Bitte prüfen Sie zunächst einmal die nachstehenden Antworten bzw. Aussagen 1 – 8 auf ihre Richtigkeit hin!

1. Lohn- und Lohnnebenkosten (wie Vergütung und Sozialversicherungsbeiträge) sowie gegebenenfalls auch noch die Kosten für die Berufskleidung der Auszubildenden (falls eine Berufskleidung vorgeschrieben ist).

2. Anteilige Gehälter für die Lehrkräfte an den Berufsschulen (§ 96 BBiG).

3. Anteilige Gehälter für die „nebenamtlichen" Ausbilder (§ 28 Abs. 3 BBiG).

4. Kalkulatorische Miete für Lehrwerkstätten und Schulungsräume.

5. Schulgeld für den Besuch der örtlichen Berufsschule.

6. Lohn- und Lohnnebenkosten (wie Gehälter und Sozialversicherungsbeiträge) für den Ausbildungsleiter und für die „hauptamtlichen" Ausbilder (§ 28 Abs. 1 Satz 2 BBiG).

7. Kosten für die Erstuntersuchung der Jugendlichen nach § 32 JArbSchG.

8. Gebühren der IHK für die Zwischen- und Abschlussprüfungen (§§ 37, 48 BBiG).

Bitte kreuzen Sie dann die Zahlenkombination an, die ausschließlich korrekte Antworten bzw. Aussagen hinsichtlich der Kosten enthält, die der Stümpfle KG durch die Berufsausbildung im eigenen Unternehmen entstehen!

❏ a) 1, 2, 4, 7, 8

❏ b) 2, 3, 4, 7, 8

❏ c) 3, 4, 5, 6, 8

❏ d) 2, 4, 3, 6, 7

❏ e) 1, 3, 4, 6, 8

1.08 Warum hat eine solide Berufsausbildung gerade heute eine so große Bedeutung für das Unternehmen Stümpfle KG?

Bitte prüfen Sie zunächst einmal die nachstehenden Antworten bzw. Aussagen 1 – 8 auf ihre Richtigkeit hin!

1. Weil eine solide Berufsausbildung sicher niemandem schadet und die Jugend darüber hinaus auch noch diszipliniert wird.

2. Weil eine solide Berufsausbildung die beste Voraussetzung für eine dauerhafte Beschäftigung ist und somit eine Garantie gegen eine mögliche spätere Arbeitslosigkeit darstellt.

3. Weil man sich in einem Beruf, für den man solide ausgebildet worden ist, besser persönlich entfalten und selbst verwirklichen kann.

4. Weil jeder, der beruflich aufsteigen will, dazu auch beruflich voll fit sein muss. Eine solide Berufsausbildung legt dafür den Grundstock.

5. Weil jeder, der im Betrieb später einmal als Fachkraft anerkannt werden möchte, als Voraussetzung dazu zunächst einmal eine solide Berufsausbildung benötigt.

6. Weil man sich im Laufe einer soliden Berufsausbildung alle beruflich notwendigen Kenntnisse, Fertigkeiten und Fähigkeiten aneignen und auch erste eigene Berufserfahrungen sammeln kann.

7. Weil bei einer soliden Berufsausbildung zusätzliche eigene Lernbemühungen der Auszubildenden nicht mehr erforderlich sind.

8. Weil eine solide Berufsausbildung der Auszubildenden den Erwerb der notwendigen beruflichen Handlungskompetenz ermöglicht.

Bitte kreuzen Sie dann die Zahlenkombinationen an, die ausschließlich korrekte Antworten bzw. Aussagen hinsichtlich der großen Bedeutung enthält, welche die Berufsausbildung heute für die Stümpfle KG hat!

❑ a) 1, 2, 3, 4, 5

❑ b) 1, 3, 4, 5, 6

❑ c) 2, 3, 4, 5, 7

❑ d) 3, 4, 5, 6, 8

❑ e) 3, 4, 5, 7, 8

1.09 Blick über die Grenzen: In welchen der Ländergruppen 1 – 12 (allesamt Länder, die durch die Stümpfle KG beliefert werden) sind ausschließlich solche Staaten aufgeführt, in denen vorwiegend eine duale Berufsausbildung stattfindet?

Die 12 Ländergruppen sind:
1. Österreich, Türkei, Zypern
2. Österreich, USA, Schweiz
3. Österreich, Ungarn, Tschechien
4. Österreich, Deutschland, Schweiz
5. Deutschland, Polen, Dänemark
6. Deutschland, Österreich, Belgien
7. Deutschland, Schweiz, Slowenien
8. Deutschland, Schweiz, Österreich
9. Schweiz, Polen, Irland
10. Schweiz, Frankreich, Portugal
11. Schweiz, Italien, Spanien
12. Schweiz, Österreich, Deutschland

Bitte kreuzen Sie die Zahlenkombination an, die ausschließlich solche Staaten enthält, in welchen die Berufsausbildung vorwiegend in dualer Form stattfindet!

❑ a) 1, 2, 10

❑ b) 4, 5, 11

❑ c) 7, 8, 10

❑ d) 4, 8, 12

❑ e) 1, 3, 12

1.10 Anschließend wurde heftig darüber diskutiert, welche der folgenden 20 Aussagen zur Berufsausbildung in Deutschland wohl richtig bzw. falsch sind.

Bitte prüfen Sie zunächst diese 20 Antworten bzw. Aussagen auf ihre Richtigkeit hin!

1. Sogenannte Assessmentcenter (kurz AC genannt) werden bisweilen bei der Auswahl von Auszubildenden eingesetzt.

2. Sogenannte Assessmentcenter (kurz AC genannt) dürfen gem. § 10 JArbSchG bei Jugendlichen nicht eingesetzt werden.

3. Eine Ausbildungsordnung (gemäß § 5 BBiG) legt verbindlich die Inhalte der jeweiligen Berufsausbildung fest.

4. Eine Ausbildungsordnung (gemäß § 5 BBiG) enthält lediglich Vorschläge für die inhaltliche Gestaltung der sachlichen und zeitlichen Gliederung der Berufsausbildung.

5. Wenn einige Inhalte der betreffenden Ausbildungsordnung in einem Ausbildungsbetrieb nicht vermittelt werden können, können diese nach § 9 BBiG mit Zustimmung der IHK entfallen (Ausnahmeregelung).

6. Wenn einige Inhalte der betreffenden Ausbildungsordnung in einem Ausbildungsbetrieb nicht vermittelt werden können, müssen diese durch Ausbildungsmaßnahmen außerhalb der Ausbildungsstätte (§ 11 Abs. 1 Ziff. 3 BBiG) vermittelt werden.

7. Das Grundgesetz der Bundesrepublik Deutschland (GG) garantiert in Artikel 12 die Freiheit der Berufswahl.

8. Das Jugendarbeitsschutzgesetz (JArbSchG) regelt in § 10 die Dauer der täglichen Arbeitszeit der Auszubildenden.

9. Das Jugendarbeitsschutzgesetz (JArbSchG) regelt in § 19 die (Mindest-) Dauer des (Jahres-) Urlaubs der Jugendlichen.

10. Das Jugendarbeitsschutzgesetz (JArbSchG) schreibt in § 29 die regelmäßige Durchführung von Unterweisungen der Auszubildenden über die Gesundheitsgefahren am Arbeitsplatz zwingend vor.

11. Das Jugendarbeitsschutzgesetz (JArbSchG) regelt in §§ 12 – 14 welche Personen Jugendliche nicht beaufsichtigen und nicht ausbilden dürfen.

12. Das Jugendarbeitsschutzgesetz (JArbSchG) gilt nur für Personen unter 18 Jahren.

13. Das Jugendarbeitsschutzgesetz (JArbSchG) schreibt in § 32 eine ärztliche Untersuchung aller Auszubildenden vor dem Ausbildungsbeginn zwingend vor.

14. Das Jugendarbeitsschutzgesetz (JArbSchG) regelt in § 33 die sogenannte Erste Nachuntersuchung Jugendlicher, die ein Jahr nach Aufnahme der ersten Beschäftigung zu erfolgen hat.

15. Die Schulgesetze werden in Deutschland vom Deutschen Bundestag beschlossen und von der Bundesregierung erlassen.

16. Die Schulgesetze werden in Deutschland von den einzelnen Bundesländern erlassen.

17. Das derzeit (2010) gültige Berufsbildungsgesetz (BBiG) ist am 23. März 2005 in Kraft getreten.

18. Das derzeit (2010) gültige Berufsbildungsgesetz (BBiG) ist am 1. April 2005 in Kraft getreten.

19. Die derzeit (2010) gültige Ausbilder-Eignungsverordnung (AEVO) ist am 21. Januar 2009 in Kraft getreten.

20. Die derzeit (2010) gültige Ausbilder-Eignungsverordnung (AEVO) ist am 1. August 2009 in Kraft getreten.

Welche der nachstehenden Zahlenreihen enthalten ausschließlich korrekte Aussagen zur Berufsausbildung in Deutschland? (2)

❑ a) 1, 2, 4, 7, 19

❑ b) 1, 4, 8, 9, 11

❑ c) 1, 3, 6, 7, 12

❑ d) 2, 4, 6, 8, 10

❑ e) 9, 14, 16, 18, 20

Zu 1.11–1.25

Im weiteren Verlauf der Betriebsversammlung der Stümpfle KG wurde – nach der Diskussion über die betriebliche Berufsausbildung allgemein (mit Beiträgen „pro" und „contra") – noch generell über das duale System diskutiert. Eröffnet wurde diese Diskussion von einer jüngeren Industriemechanikerin, die meinte, dass das duale System „reichlich antiquiert und daher für die Zukunft nicht geeignet sei". Sie fuhr fort: Um im globalen Wettbewerb Schritt halten zu können, muss die Berufsausbildung in Deutschland grundlegend erneuert werden. Das duale System, das noch auf die mittelalterliche Meisterlehre zurückgeht, taugt nicht für die Nachwuchsqualifikation in der heutigen Zeit. Diese Äußerungen führten zu einer Reihe von Diskussionsbeiträgen zum dualen System in Deutschland und zur Berufsausbildung im europäischen und außereuropäischen Ausland.

Hier nur einige sachliche Stichpunkte zu Wert und Bedeutung des dualen Systems:
- Wert einer soliden Berufsausbildung (insbesondere heute).
- Das duale System mit den Lernorten Betrieb und Berufsschule als Bindeglied zwischen Theorie und Praxis.
- Die Berufsausbildung im europäischen und außereuropäischen Ausland.
- Sind berufliche und allgemeine Bildung gleichwertig?

1.11 Warum ist eine solide Berufsausbildung für jeden einzelnen Menschen so wichtig? (3)

Bitte kreuzen Sie die richtigen Antworten bzw. Aussagen an!

❏ a) Weil eine solide Berufsausbildung sicher niemandem schadet.

❏ b) Weil eine solide Berufsausbildung die Jugend diszipliniert.

❏ c) Weil man mit abgeschlossener, solider Berufsausbildung auch vom Image des Berufs profitiert.

❏ d) Weil man in einem Beruf, für den man solide ausgebildet worden ist, sich besser selbst verwirklichen kann.

❏ e) Weil man in einem Beruf, für den man solide ausgebildet worden ist, sich besser persönlich entfalten kann.

1.12 Warum ist eine solide Berufsausbildung für die Stellung des einzelnen Mitarbeiters in Betrieb und Gesellschaft so wichtig? (3)

Bitte kreuzen Sie die richtigen Antworten bzw. Aussagen an!

❏ a) Wer beruflich aufsteigen will, muss in seinem Beruf „fit" sein – eine solide Berufsausbildung legt dafür den Grundstein.

❏ b) Wer als Fachmann im Betrieb anerkannt sein will, braucht als Grundlage dazu eine solide Berufsausbildung sowie eine kontinuierliche Fort- und Weiterbildung.

❏ c) Alle Berufe haben in der Öffentlichkeit annähernd das gleiche Ansehen (Image).

❏ d) Sehr gute Berufschancen haben heute die in den „neuen Berufen" (z. B. Mechatroniker/Mechatronikerin) solide ausgebildeten Absolventen des dualen Systems.

❏ e) Eine solide Berufsausbildung ist die perfekte Garantie für eine dauerhafte Beschäftigung und ein vollständiger Schutz gegen Arbeitslosigkeit.

1.13 Welche Aussagen zum dualen System sind richtig? (3)

Bitte kreuzen Sie die richtigen Antworten bzw. Aussagen an!

❏ a) Die Ausbildung ist auf die zwei Ausbildungsträger im dualen System verteilt: Betrieb und Berufsschule. Diese unterstehen in Deutschland verschiedenen Zuständigkeiten. Für die Ausbildung im Betrieb gilt Bundesrecht. Der schulische Bereich steht unter der Zuständigkeit der Länder.

❏ b) Lernen findet im dualen System zum größeren Teil nicht in der Schule, sondern in den Produktionsstätten oder Dienstleistungsbetrieben der Wirtschaft statt. Der Lernende ist Auszubildender in einem Betrieb, einer Praxis der freien Berufe oder im öffentlichen Dienst. Er wird zeitweise für den Besuch einer Berufsschule freigestellt.

❑ c) Eine enge Verzahnung von (berufs-)schulischer und betrieblicher Berufsausbildung findet im dualen System bisher nicht statt.

❑ d) Das duale System kennt zwar keine formalen Zulassungsberechtigungen,
dennoch gibt es heute (bedingt durch Angebot und Nachfrage) sogenannte
„tatsächliche Zugangsberechtigungen".

❑ e) Das duale System wird vor allem in USA und in den GUS-Staaten praktiziert.

1.14 Welche Aussagen zum dualen System sind richtig? (3)

Bitte kreuzen Sie die richtigen Antworten bzw. Aussagen an!

❑ a) Das duale System ist vor allem in den deutschsprachigen Ländern (Deutschland, Österreich und Schweiz) verbreitet.

❑ b) Das duale System unterscheidet sich von der rein schulischen Ausbildung,
wie sie in vielen Staaten für die berufliche Ausbildung üblich ist, durch drei
charakteristische Merkmale:
1. Es gibt 2 Lernorte.
2. Es gibt 2 verschiedene gesetzliche Zuständigkeiten.
3. Der Auszubildende ist gleichzeitig Schüler (der Berufsschule) und Mitarbeiter
des ausbildenden Betriebes.

❑ c) Entscheidet sich der Jugendliche bei seinen Berufsplänen für eine duale Ausbildung in einem anerkannten Beruf, so heißt das in der Regel, dass er eine
Ausbildung in einem Betrieb mit gleichzeitigem Besuch der Fachoberschule
oder der Berufsoberschule anstrebt.

❑ d) Die meisten Jugendlichen in Deutschland (rund 70 % eines Altersjahrganges)
erlernen nach Beendigung der Schule einen staatlich anerkannten Ausbildungsberuf im dualen System der Berufsausbildung. Der Zugang dazu ist
an keinen bestimmten Schulabschluss gebunden. Die Ausbildung im dualen
System steht grundsätzlich allen offen. Daneben gibt es die berufliche Ausbildung in berufsbildenden Vollzeitschulen. Zu nennen sind kaufmännische,
sozialpflegerische und hauswirtschaftliche Berufsfachschulen.

❑ e) Der sogenannte „betriebsbezogene Phasenunterricht" (Münchner Modell) wird
künftig den Lernort Betrieb im dualen System weitgehend ersetzen.

1.15 Welche Aussagen zum Lernen im Betrieb sind richtig? (3)

Bitte kreuzen Sie die richtigen Antworten bzw. Aussagen an!

❑ a) Die Berufsausbildung im Betrieb findet oftmals unter völlig praxisfernen Gesichtspunkten statt.

❑ b) Die Berufsausbildung im Betrieb findet unter Bedingungen und an Maschinen
und Einrichtungen statt, die dem zeitgemäßen Stand der eingesetzten Technik

entsprechen (Schulwerkstätten stehen schon aus finanziellen Gründen in der Gefahr, in ihrer Ausstattung schnell zu veralten); der ausgebildete Facharbeiter kann anschließend sofort eine qualifizierte Tätigkeit übernehmen.

❏ c) Die Ausbilder im Betrieb sind ständig mit neuen technischen Anforderungen konfrontiert und können sie unmittelbar in die Ausbildung mit einbringen.

❏ d) Gerade der (nach § 1 Abs. 3 BBiG) notwendige Erwerb beruflicher Erfahrungen könnte in den Berufsschulen viel besser erfolgen als in den Betrieben.

❏ e) Für kleinere und mittlere Betriebe, die allein nicht in der Lage wären, die ganze Breite und Vielfalt der Berufsausbildung anzubieten, ist es möglich, durch ergänzende Lehrgänge in überbetrieblichen Ausbildungsstätten oder durch Ableistung von Ausbildungsabschnitten in anderen Betrieben eine vollwertige Ausbildung zu gewährleisten.

1.16 Welche Aussagen zum Lernen in der Berufsschule sind richtig? (3)

Bitte kreuzen Sie die richtigen Antworten bzw. Aussagen an!

❏ a) Die zeitliche Anrechnung des Berufsschulbesuches auf die betriebliche Arbeitszeit/Ausbildungszeit ist detailliert in § 15 BBiG geregelt.

❏ b) Im dualen System begleitet die Berufsschule die betriebliche Ausbildung. Die Verpflichtung der Auszubildenden zum Besuch der Berufsschule ergibt sich aus den Schulgesetzen der Länder.

❏ c) Die zeitliche Anrechnung des Berufsschulbesuches auf die betriebliche Arbeitszeit/Ausbildungszeit ist detailliert in § 9 JArbSchG geregelt.

❏ d) Die Kosten für den Berufsschulbesuch der Auszubildenden tragen alleine die ausbildenden Betriebe.

❏ e) Aufgabe des Berufsschulunterrichts ist es, die betriebliche Ausbildung fachtheoretisch zu fördern und zu ergänzen (Fachunterricht) und die Allgemeinbildung zu vertiefen und zu vervollständigen. Der Schwerpunkt der schulischen Ausbildung liegt mit etwa 2/3 beim Fachunterricht, etwa 1/3 nimmt der allgemeinbildende Unterricht ein.

1.17 Was verstehen Sie unter beruflicher Bildung (im Sinne von § 1 BBiG)? (3)

Bitte kreuzen Sie die richtigen Antworten bzw. Aussagen an!

❏ a) Die Berufsausbildungsvorbereitung und die Berufsausbildung.

❏ b) Die berufliche Fortbildung.

❏ c) Die berufliche Umschulung.

❏ d) Die Realschulbildung.

❏ e) Die Gymnasialbildung.

1.18 Was verstehen Sie unter allgemeiner Bildung? (3)

Bitte kreuzen Sie die richtigen Antworten bzw. Aussagen an!

❏ a) Besuch der Kollegstufe.

❏ b) Besuch eines Erste-Hilfe-Kurses.

❏ c) Mitarbeit in der Lehrwerkstatt.

❏ d) Besuch eines Abendgymnasiums.

❏ e) Besuch der additiven Gesamtschule.

1.19 Allgemeine Bildung in Deutschland – welche Aussagen sind richtig? (3)

Bitte kreuzen Sie die richtigen Antworten bzw. Aussagen an!

❏ a) Typisch für unser allgemeinbildendes Schulsystem ist die Dreigliedrigkeit (nach Besuch der Grundschule Übergang zu Hauptschule, Realschule oder Gymnasium).

❏ b) Die Zugangsberechtigungen zu den einzelnen Stufen der Allgemeinbildung (Gymnasium, Universität, Hochschule) sind staatlicherseits festgelegt. Die duale Berufsausbildung kennt keine Zugangsberechtigungen.

❏ c) Die besten beruflichen Aufstiegschancen hat stets derjenige, der die allerbeste Allgemeinbildung erworben hat.

❏ d) Mehrere Formen der Gesamtschule (integriert, kooperativ, additiv) werden heute in verschiedenen Bundesländern erprobt bzw. sind bereits eingeführt.

❏ e) Bei der kooperativen Gesamtschule werden die Schulformen Hauptschule, Realschule und Gymnasium aufgelöst und zusammengefasst.

1.20 Gibt es eine Gleichwertigkeit der beruflichen und der allgemeinen Bildung? (2)

Bitte kreuzen Sie die richtigen Antworten bzw. Aussagen an!

❏ a) Der beruflichen Bildung wird heute vielfach ein übertrieben positives Image unterstellt.

❏ b) Die Allgemeinbildung nahm früher gegenüber der Berufsbildung den absoluten Vorrang ein. Beiden ist künftig jedoch der gleiche Stellenwert beizumessen, da die berufliche Bildung voll darauf ausgerichtet wird, dem jungen Menschen für seine persönliche, berufliche und gesellschaftliche Entwicklung die gleichen Chancen einzuräumen, wie etwa dem Abgänger einer weiterführenden Schule.

❏ c) Die Berufsbildung wird immer nur ein zweitklassiger Bildungsweg bleiben.

❏ d) Im Sinne der Chancengleichheit ist heute zu fordern, dass berufliche Bildungsgänge mit ähnlichen Berechtigungen/Abschlüssen auszustatten sind, wie dies bei schulischen/allgemeinbildenden Ausbildungsgängen üblich ist.

❏ e) Es bestehen bei uns keinerlei Unterschiede zwischen beruflicher und allgemeiner Bildung.

1.21 Als Gründe für die betriebliche Ausbildung allgemein gelten folgende Argumente: (2)

Bitte kreuzen Sie die richtigen Antworten bzw. Aussagen an!

❏ a) Die betriebliche Ausbildung entlastet die beruflichen Schulen (Mengenproblem).

❏ b) Die betriebliche Ausbildung stellt eine (weitgehend) praxisnahe Ausbildung sicher.

❏ c) Durch den direkten Zusammenhang zwischen dem Beschäftigungsbedarf und dem Ausbildungsplatzangebot wird die Chance der Ausgebildeten auf einen entsprechenden Arbeitsplatz (nach Abschluss der Berufsausbildung) erhöht.

❏ d) Die betriebliche Berufsausbildung in Deutschland ist zu wenig praxisorientiert.

❏ e) Eine schulische Berufsausbildung (Verschulung der Berufsausbildung) würde in jedem Fall zu einer besseren Qualifikation der Ausgebildeten führen.

1.22 Die duale Berufsausbildung wird in Deutschland wie folgt finanziert: (2)

Bitte kreuzen Sie die richtigen Antworten bzw. Aussagen an!

❏ a) Die betriebliche Berufsausbildung wird durch die ausbildenden Unternehmen finanziert.

❏ b) Die Kosten für den Berufsschulbesuch tragen die Länder.

❏ c) Die gesamte duale Berufsausbildung finanzieren die ausbildenden Betriebe.

❏ d) Die gesamte duale Berufsausbildung finanzieren die öffentlichen Haushalte.

❏ e) Die Kosten für die duale Berufsausbildung tragen je zur Hälfte der DIHT, Bonn und das BIBB, Berlin.

1.23 Welche Nachteile bringt die betriebliche Berufsausbildung (im dualen System) mit sich? (3)

Bitte kreuzen Sie die richtigen Antworten bzw. Aussagen an!

❏ a) Die betriebliche Berufsausbildung verursacht dem Staat extrem hohe Kosten.

❏ b) Die betriebliche Berufsausbildung erfolgt vielfach noch nach längst veralteten Ausbildungsordnungen.

❏ c) Die betriebliche Berufsausbildung verursacht bei den ausbildenden Betrieben hohe Kosten.

❏ d) Die betriebliche Berufsausbildung ist stark abhängig von betrieblichen Einzelentscheidungen (bilden wir aus oder verzichten wir darauf?).

❏ e) Die betriebliche Berufsausbildung ist vielfach eine Einbahnstraße. Es fehlt vielfach noch an der Durchlässigkeit in Richtung der höheren Bildungsabschlüsse.

1.24 Die Kosten für den Lernort Betrieb im dualen System trägt weitestgehend ...

Bitte kreuzen Sie die richtige Antwort bzw. Aussage an!

❏ a) das Bundesland, in welchem der ausbildende Betrieb seinen Hauptsitz hat.

❏ b) die Bundesregierung gemäß BBiG.

❏ c) die Arbeitgeberverbände.

❏ d) die Agentur für Arbeit.

❏ e) der jeweilige ausbildende Betrieb.

1.25 Die Kosten für den Lernort Berufsschule im dualen System trägt weitestgehend:

Bitte kreuzen Sie die richtige Antwort bzw. Aussage an!

❏ a) Die Bundesregierung gemäß BBiG.

❏ b) Die Arbeitgeberverbände.

❏ c) Die Agentur für Arbeit.

❏ d) Der jeweilige ausbildende Betrieb.

❏ e) Das jeweils zuständige Bundesland.

Zu 1.26–1.35

Das Bankhaus A. Schwarz & Co. existiert seit 1873 im süddeutschen Kreisstädtchen Villberg. Herr Albrecht Schwarz junior hat es verstanden, die Selbständigkeit seiner Bank trotz attraktiver Übernahmeangebote einiger großer Geldhäuser zu erhalten. Als Bank für Handel, Handwerk und Privatkunden genießt das Bankhaus in Villberg ein hohes Ansehen. Dabei legt der Bankier und seine leitenden Angestellten höchsten Wert auf Seriosität, Kundenorientierung und Unabhängigkeit.
Das Bankhaus rekrutierte seinen Nachwuchs bisher stets von außen, d. h. man stellte bei Bedarf junge Bankkaufleute ein, die zuvor ihre Berufsausbildung beim Mitbewerber in Villberg oder in der Region absolviert hatten. Das Bankhaus beschäftigt derzeit 126 Mitarbeiterinnen und Mitarbeiter, aber keine Auszubildenden.
Zur heutigen „MONAKO" (= Montagsnachmittagskonferenz des Chefs mit den 5 Leitenden) hat sich Herr Gutmut, Ausbildungsberater der zuständigen IHK, angesagt. Er möchte das Bankhaus gerne als neuen Ausbildungsbetrieb gewinnen, stößt aber auf einige Widerstände: Der Bankier Schwarz äußert z. B. sofort Bedenken, dass eine solche Berufsausbildung im Bankhaus Schwarz & Co. unter Umständen von

äußeren Einflussgrößen gesteuert werde (die nicht unbedingt mit seinen Intentionen übereinstimmen).

Herr Gutmut hat daraufhin mit seinen Argumenten wesentlich zur Versachlichung des Gespräches mit Herrn Bankier Schwarz beigetragen.

Hier einige Stichpunkte:
– Betriebliche Bedingungen.
– Angebot und Nachfrage am Arbeitsmarkt/Ausbildungsstellenmarkt.
– Berufs- und Bildungswahlverhalten.
– Rechtliche Aspekte:
  – BBiG
  – Ausbildungsordnungen
  – Jugendarbeitsschutzgesetz
  – Rahmenlehrpläne der Berufsschulen
  – Ausbildereignung
  – Eignung der Ausbildungsstätte

1.26 Welche betrieblichen Bedingungen im Bankhaus A. Schwarz & Co. beeinflussen die Ausbildungsbereitschaft des Bankiers Schwarz? (2)

Bitte kreuzen Sie die richtigen Antworten bzw. Aussagen an!

❏ a) Der heutige (aktuelle) Personalbedarf.

❏ b) Der künftige (prognostizierte) Personalbedarf.

❏ c) Die Ausstattung der Bank mit Arbeits- bzw. möglichen Ausbildungsplätzen.

❏ d) Der Wunsch nach Beschaffung von Hilfskräften mit geringer Entlohnung.

❏ e) Der Wunsch, vermehrt Teilzeitkräfte einzustellen.

1.27 Welche Einflussgrößen auf die Berufsausbildung kennen Sie? (3)

Bitte kreuzen Sie die richtigen Antworten bzw. Aussagen an!

❏ a) Die betriebliche Berufsausbildung steht im Spannungsfeld von betrieblichem Personalbedarf einerseits und gesellschaftlichem Bedarf an Ausbildungsplätzen andererseits.

❏ b) Das Angebot an betrieblichen Ausbildungsplätzen wird beeinflusst durch:
  – Interdependenz Arbeitsmarkt/Ausbildungsstellenmarkt.
  – Arbeitskräftebedarf.
  – Qualifikationsbedarf.
  – Altersstruktur der Beschäftigten.

❏ c) Die Nachfrage nach betrieblichen Ausbildungsstellen wird beeinflusst durch:
  – Demographische Entwicklung.

- Bildungspolitische Einflüsse (z. B. Erlass neuer Ausbildungsordnungen)
- Aktuelle Trends (bestimmte Berufe sind gerade „in" oder „out").

❏ d) Die ausbildenden Betriebe passen ihr Ausbildungsangebot jeweils umgehend der aktuellen Nachfragesituation an.

❏ e) Die zuständigen Stellen nach dem BBiG (= IHK, HwK etc.) beraten die Schulabgänger hinsichtlich der einzuschlagenden beruflichen Bildungsgänge.

1.28 Welches Verhalten der Schulabgänger beeinflusst maßgeblich die Nachfrage nach Ausbildungsstellen? (2)

Bitte kreuzen Sie die richtige Antwort bzw. Aussage an!

❏ a) Das künftige Arbeitsverhalten.

❏ b) Das Freizeitverhalten.

❏ c) Das Sozialverhalten.

❏ d) Das Bildungswahlverhalten.

❏ e) Das Berufswahlverhalten.

1.29 Die Anforderungen an die betriebliche Berufsausbildung werden bestimmt durch: (3)

Bitte kreuzen Sie die richtigen Antworten bzw. Aussagen an!

❏ a) Das Arbeitszeitgesetz.

❏ b) Die jeweilige Ausbildungsordnung.

❏ c) Das Jugendarbeitsschutzgesetz.

❏ d) Die im Betrieb eingesetzten Arbeitsverfahren (welche Bankgeschäfte betreibt das Bankhaus?).

❏ e) Die im Betrieb eingesetzten Arbeitstechniken (z. B. Art der Bank, EDV-Lösung).

1.30 Wo sind die rechtlichen Anforderungen an die Inhalte der Berufsausbildung im Betrieb detailliert festgelegt?

Bitte kreuzen Sie die richtige Antwort bzw. Aussage an!

❏ a) Im Berufsbildungsgesetz.

❏ b) In der Ausbildungsordnung.

❏ c) Im Rahmenlehrplan der Berufsschule.

❏ d) In der Ausbilder-Eignungsverordnung (AEVO).

❏ e) Im Jugendarbeitsschutzgesetz.

1.31 Welches sind die 5 Mindestbestandteile einer Ausbildungsordnung nach § 5 BBiG?

Bitte kreuzen Sie die richtige Antwort bzw. Aussage an!

❏ a) Bezeichnung des Berufes.
Ausbildungsdauer.
Ausbildungsberufsbild.
Ausbildungsrahmenplan.
Berufsschullehrplan.

❏ b) Bezeichnung des Berufes.
Ausbildungsbeginn.
Ausbildungsplan.
Ausbildungsberufsbild.
Prüfungsanforderungen.

❏ c) Bezeichnung des Berufes.
Ausbildungsdauer.
Ausbildungsberufsbild.
Ausbildungsrahmenplan.
Prüfungsanforderungen.

❏ d) Bezeichnung des Berufes.
Ausbildungsberufsbild.
Rahmenlehrplan.
Ausbildungsdauer.
Prüfungsanforderungen.

❏ e) Bezeichnung des Berufes.
Ausbildungsberufsplan.
Ausbildungsberufsbild.
Rahmenlehrplan.
Prüfungsanforderungen.

1.32 Wo sind die rechtlichen Anforderungen an die betriebliche Berufsausbildung allgemein vom Gesetzgeber generell geregelt?

Bitte kreuzen Sie die richtige Antwort bzw. Aussage an!

❏ a) Tarifvertragsgesetz.

❏ b) Ausbildungsordnung.

❏ c) Jugendarbeitsschutzgesetz.

❏ d) Berufsbildungsgesetz.

❏ e) Berufsbildungsförderungsgesetz.

1.33 Welche Kompetenzaufteilung im dualen System ist richtig?

Bitte kreuzen Sie die richtige Antwort bzw. Aussage an!

☐ a) Bund: BBiG, Ausbildungsordnungen, AEVO.
Länder: Schulgesetze, Lehrpläne der Berufsschulen.
Zuständige Stellen: Vom BBiG mit der ordnungsgemäßen Durchführung der Berufsbildung sachlich und regional beauftragt.
Ausbildungsbetriebe: Unterliegen als Lernort dem BBiG. Vertragspartner der Auszubildenden.
Berufsschulen: Unterstehen als Lernort den jeweiligen (Landes-)Schulgesetzen.

☐ b) Bund: BBiG, Ausbildungsordnungen, AEVO.
Länder: Schulgesetze, Lehrpläne der Berufsschulen.
Zuständige Stellen: Berufsberatung.
Ausbildungsbetriebe: Unterliegen als Lernort dem BBiG. Vertragspartner der Auszubildenden.
Berufsschulen: Unterstehen als Lernort den jeweiligen (Landes-)Schulgesetzen.

☐ c) Bund: BBiG, Ausbildungsordnungen, AEVO.
Länder: Schulgesetze, Lehrpläne der Berufsschulen.
Zuständige Stellen: Vom BBiG mit der ordnungsgemäßen Durchführung der Berufsbildung sachlich und regional beauftragt.
Ausbildungsbetriebe: Unterliegen als Lernort dem BBiG. Vertragspartner der Auszubildenden.
Berufsschulen: Unterstehen als Lernort den jeweiligen (Landes-)Schulgesetzen. Vertragspartner der Auszubildenden.

☐ d) Bund: BBiG, AEVO.
Länder: Kulturhoheit.
Zuständige Stellen: Prüfungswesen (Zwischen- und Abschlussprüfungen).
Ausbildungsbetriebe: Durchführung der Berufsausbildung.
Berufsschulen: Kontrolle der Berufsausbildung.

☐ e) Bund: BBiG, JArbSchG, AEVO etc.
Länder: Länderschulgesetze, Abschlussprüfungen.
Zuständige Stellen: Ausbildungsberater (§ 76 BBiG).
Ausbildungsbetriebe: Durchführung der Berufsausbildung.
Berufsschulen: Vorbereitung auf die Zwischen- und Abschlussprüfungen.

Kompetenzaufteilung

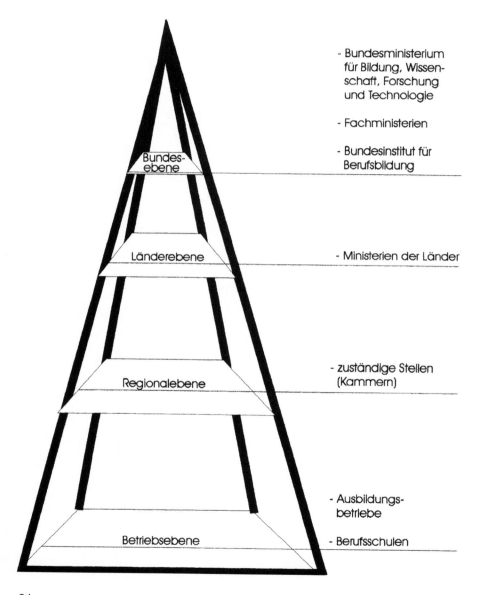

- Bundesministerium für Bildung, Wissenschaft, Forschung und Technologie

- Fachministerien

- Bundesinstitut für Berufsbildung

Bundesebene

- Ministerien der Länder

Länderebene

- zuständige Stellen (Kammern)

Regionalebene

- Ausbildungsbetriebe

- Berufsschulen

Betriebsebene

Zu 1.34

Herrn Albrecht Schwarz jun. geht es noch immer um die möglichen Einflüsse von außen auf das Ausbildungsgeschehen im Bankhaus. Darum stellt er jetzt die Frage nach den Direktbeteiligten an der Berufsausbildung in „seiner" Bank.

1.34 Wer ist an der Berufsausbildung im Bankhaus A. Schwarz & Co. direkt beteiligt? (3)

Bitte kreuzen Sie die richtigen Antworten bzw. Aussagen an!

❑ a) Der/die Auszubildende(n).

❑ b) Der/die Ausbilderinnen/Ausbilder.

❑ c) Die gesamte Bank mit allen ihren Führungs- und Fachkräften sowie Einrichtungen und Kunden.

❑ d) Die Agentur für Arbeit.

❑ e) Die zuständige Stelle.

1.35 Und wer kann als indirekt Mitwirkender an der Berufsausbildung im Bankhaus Schwarz & Co. gelten? (3)

Bitte kreuzen Sie die richtigen Antworten bzw. Aussagen an!

❑ a) Die Berufsschule.

❑ b) Die Gewerkschaften und – falls vorhanden – der Betriebsrat sowie die Jugend- und Auszubildendenvertretung (JAV).

❑ c) Der Kreisjugendring.

❑ d) Die zuständige Stelle.

❑ e) Das Wirtschaftsministerium.

Zu 1.36–1.50

Die Firma Data Technologies GmbH in Darmstadt ist laut eigener Werbung das „Systemhaus mit dem individuellen Service". Die Firma vertreibt hauptsächlich Personal-Computer, Datenkassen und die entsprechenden Drucker mehrerer namhafter Hersteller, ferner eine selbst erstellte Spezialsoftware für den Handel. Der Betrieb beschäftigt derzeit 480 Mitarbeiterinnen und Mitarbeiter, darunter Softwareentwickler, Industriekaufleute und Fachinformatiker/ Fachinformatikerinnen.

Peter Finck ist seit 2 Jahren als Alleingeschäftsführer der GmbH für die Geschicke des Unternehmens verantwortlich. Nach einem erfolgreichen Umbau des Betriebes in Richtung flache Hierarchien geht Herr Finck – auf Wunsch der Gesellschafter – nunmehr das Thema „Einstieg in die Berufsausbildung" an. Dazu hat er einige seiner Führungskräfte und die Betriebsratsvorsitzende zu einem ganztägigen Orientierungsworkshop eingeladen, bei dem es darum geht, die rechtlichen Rahmenbedingungen für einen Einstieg in die Berufsausbildung zu erörtern und die entsprechenden Schritte für die Data Technologies GmbH zu verabschieden.

Anwesend sind:
Herr Klaus Berg, Leiter technischer Service,
Frau Christa Borg, Personalchefin,
Herr Peter Finck, Geschäftsführer,
Herr Franz Karg, Vertriebschef,
Frau Maria Lidt, kaufmännische Leiterin,
Herr Fritz Mack, Leiter Software,
Frau Erna Noll, Betriebsratsvorsitzende und
Herr Otto Schnor, Leiter interne Dienste und Sicherheitsbeauftragter.

Herr Finck beauftragt am Ende des Workshops die anwesenden Führungskräfte und die Betriebsratsvorsitzende, sich bis zur nächsten Sitzung in einer Woche intensiv mit einzelnen Gesetzen und ihren Auswirkungen auf die geplante Berufsausbildung bei Data Technologies zu beschäftigen und darüber zu berichten.

Herr Klaus Berg:	– Ausbildungsordnung für den Beruf Fachinformatiker/in.
Frau Christa Borg:	– Berufsbildungsgesetz, speziell §§ 28 – 30 BBiG.
	– Ausbilder-Eignungsverordnung AEVO.
	– Prüfungsordnung IHK.
	– Vertragsrecht für die Berufsausbildung.
	– Rechte und Pflichten bei der Berufsausbildung.
	– Weitere rechtliche Fragen/Grundlagen im Zusammenhang mit der geplanten Berufsausbildung bei Data Technologies.
Herr Franz Karg:	– Berufsbildungsgesetz, speziell §§ 27 und 32 BBiG.
Frau Maria Lidt:	– Ausbildungsordnungen für kaufmännische Berufe, z. B. Kaufmann/Kauffrau für Bürokommunikation.
Herr Fritz Mack:	– Fortbildungsordnungen für die IT-Professionals.
Frau Erna Noll:	– Jugendarbeitsschutzgesetz und Betriebsverfassungsgesetz.
Herr Otto Schnor:	– Berufsbildungsgesetz, speziell §§ 7 und 12 BBiG sowie
	– Grundgesetz Artikel 12.

1.36 Frau Christa Borg definiert das Berufsbildungsgesetz (BBiG) wie folgt: (3)

Bitte kreuzen Sie die richtigen Antworten bzw. Aussagen an!

❑ a) Das BBiG regelt die Berufsausbildung an beiden Lernorten des dualen Systems.

❑ b) Das BBiG regelt wichtige Fragen der Berufsbildung, und zwar solche der Berufsausbildung, der beruflichen Fortbildung und der Umschulung.

❑ c) Das BBiG regelt insbesondere die Fragen der Berufsausbildung sehr detailliert (Verträge, Inhalte, Ausbildungspersonal, Prüfungen etc.).

❑ d) Das BBiG definiert die Begriffe der persönlichen und fachlichen Eignung der Ausbilder genau.

❑ e) Das BBiG führt alle Bildungsgänge auf, die auf eine betriebliche Berufsausbildung anzurechnen sind.

Zu 1.37 und 1.38

Frau Erna Noll, die Betriebsratsvorsitzende, behandelt die Themen des Jugendarbeitsschutzes und der Betriebsverfassung.

1.37 Das Jugendarbeitsschutzgesetz (JArbSchG) regelt u. a.: (3)

Bitte kreuzen Sie die richtigen Antworten bzw. Aussagen an!

❑ a) Wer Kind und wer Jugendlicher ist.

❑ b) Arbeitszeiten, Ruhepausen, Nachtruhe und Urlaub Jugendlicher.

❑ c) Die Vergütung für Jugendliche.

❑ d) Die ärztliche Erstuntersuchung und die Nachuntersuchung Jugendlicher.

❑ e) Den Bereich Alkohol und Tababkonsum nach Feierabend.

Zu 1.38–1.41

Fälle zu § 9 JArbSchG – von Erna Noll, Betriebsratsvorsitzende, vorgestellt.

Was regelt § 9 JArbSchG bzw. was hat sich geändert?
In § 9 Abs. 1 JArbSchG ist die Freistellung zum Besuch des Berufsschulunterrichts geregelt. Jugendliche dürfen nicht im Betrieb beschäftigt werden, wenn der Unterricht vor 9.00 Uhr beginnt und an Berufsschultagen mit mehr als 5 Unterrichtsstunden (mindestens je 45 Minuten). Diese Regelung gilt für einen Berufsschultag in der Woche. In § 9 Abs. 4 JArbSchG war bisher geregelt, dass diese Bestimmungen auch für Personen gelten, die über 18 Jahre alt und noch berufsschulpflichtig sind. Durch

die Streichung des Absatzes 4 kann nunmehr der Arbeitgeber grundsätzlich darauf bestehen, dass über 18jährige Auszubildende nach der Berufsschule in den Betrieb zurückkehren müssen. Er muss allerdings auch eine Berufsausbildung sicherstellen, also beispielsweise entsprechendes Ausbildungspersonal vorhalten. Eine Beschäftigung vor Unterrichtsbeginn (wenn der Unterricht vor 9.00 Uhr beginnt) ist auch zukünftig für über 18jährige Auszubildende nicht zulässig. Eine entsprechende Einfügung wurde im Gesetz vorgenommen.

1.38 **Der Auszubildende Peter Sill (19 Jahre) hat folgende Ausbildungs- bzw. Berufsschulzeiten:**
Tägliche Ausbildungszeit:
08.00–15.30 Uhr (incl. Pause 30 Minuten):   **7 Stunden**
Berufsschule (donnerstags):
08.00–14.00 Uhr: **6 Stunden**
Wegezeit zum Betrieb und Umkleidezeitraum: **0,5 Stunden**
Welche Aussagen sind richtig? (2)

Bitte kreuzen Sie die richtigen Antworten bzw. Aussagen an!

❏ a) Der über 18jährige Auszubildende muss nach der Berufsschule für 1 Stunde in den Betrieb zurückkehren.

❏ b) Peter Sill wird nach der Berufsschule noch von 14.30 bis 15.30 Uhr betrieblich ausgebildet (1 Stunde).

❏ c) Nach 6 Stunden Unterricht hat Peter am Donnerstagnachmittag selbstverständlich frei.

❏ d) Peter Sill wird an Berufsschultagen noch von 14.30–16.00 Uhr betrieblich ausgebildet (damit sich die Fahrt in den Betrieb lohnt).

❏ e) Eine weitere Ausbildung nach 6 Stunden Berufsschulunterricht verstößt gegen das Jugendarbeitsschutzgesetz.

1.39 **Die Auszubildende Cornelia Hoh, 20 Jahre alt, hat folgende Ausbildungs- bzw. Berufsschulzeiten:**
Tägliche Ausbildungszeit:
07.00–14.30 Uhr (incl. Pause 30 Minuten):   **7 Stunden**
Berufsschule (montags):
08.00–14.00 Uhr: **6 Stunden**
Wegezeit zum Betrieb und Umkleidezeitraum: **0,5 Stunden**
Welche Aussagen sind richtig? (2)

Bitte kreuzen Sie die richtigen Antworten bzw. Aussagen an!

❏ a) Cornelia kann montags nach der Berufsschule noch 30 Minuten betrieblich ausgebildet werden.

❏ b) Cornelia darf montags nach der Berufsschule nicht mehr betrieblich ausgebildet werden.

❏ c) Auch die über 18jährige Auszubildende braucht nicht in den Betrieb zurückzukehren. Eine Beschäftigung vor dem Berufsschulunterricht ist nicht möglich, da er vor 09.00 Uhr beginnt. Sie muss auch keine Zeit an den anderen Tagen nacharbeiten.

❏ d) Cornelia kann montags von 07.00–07.30 Uhr im Betrieb ausgebildet werden, da 30 Minuten Wegezeit zur Berufsschule ausreichen.

❏ e) Die Berufsschule ist vom Betrieb aufzufordern, den Unterricht ebenfalls um 07.00 Uhr zu beginnen.

1.40 Jochen Palke, 19 Jahre, hat folgende Ausbildungs- und Berufsschulzeiten: Tägliche Ausbildungszeit:
09.00–16.30 (incl. Pause 30 Minuten):   **7 Stunden**
Berufsschule (dienstags):
08.00–14.00 Uhr: **6 Stunden**
Wegezeit zum Betrieb und Umkleidezeitraum: 0,5 Stunden
Welche Aussagen sind richtig? (2)

Bitte kreuzen Sie die richtigen Antworten bzw. Aussagen an!

❏ a) Jochen muss auch erst um 09.00 Uhr in der Berufsschule erscheinen, da seine vertragliche Arbeitszeit erst dann beginnt.

❏ b) Wenn Jochen noch für 2 Stunden im Betrieb ausgebildet würde (14.30–16.30 Uhr), so würde damit die werktägliche Höchstarbeitszeit von 8 Stunden überschritten, was verboten ist.

❏ c) Jochen wird dienstags nach der Berufsschule noch von 14.30–16.30 Uhr betrieblich ausgebildet (2 Stunden).

❏ d) Der über 18jährige Auszubildende muss für 2 Stunden in den Betrieb zurückkehren, wenn im Tarifvertrag keine Anrechnungsregelung für die Berufsschulzeiten getroffen wurde. An diesem Tag wird zwar die gesetzlich vorgeschriebene werktägliche Höchstarbeitszeit von 8 Stunden überschritten, die dann im Ausgleichszeitraum wieder ausgeglichen werden muss.

❏ e) Die Berufsschule ist aufzufordern, ihren Unterricht erst um 09.00 Uhr beginnen zu lassen, damit die Ausbildungs- und Berufsschulzeiten miteinander besser harmonisiert werden können.

1.41 Der Auszubildende Jens Gammelby, 20 Jahre, 3. Ausbildungsjahr, hat folgende Arbeits- und Berufsschulzeiten (wobei man wissen muss, dass es in der Firma von Jens Gleitzeit gibt): Gleitzeitrahmen:
07.30–16.00 Uhr (incl. Pause 30 Minuten):   **8 bzw. 7 Stunden**

Kernarbeitszeit:
08.00–15.30 Uhr: 7 Stunden
Berufsschule (mittwochs):
08.00–14.00 Uhr 6 Stunden
Wegezeit zum Betrieb und Umkleidezeitraum: 0,5 Stunden
Welche Aussagen sind richtig? (2)

Bitte kreuzen Sie die richtigen Antworten bzw. Aussagen an!

❏ a) Die Restausbildungszeit beträgt maximal 1 Stunde.

❏ b) Die Restausbildungszeit beträgt minimal 30 Minuten.

❏ c) Jens muss am Mittwoch infolge der Gleitzeit überhaupt nicht mehr im Betrieb erscheinen.

❏ d) Jens kann nach dem Berufsschulunterricht noch von 14.30–15.30 Uhr bzw. 16.00 Uhr betrieblich ausgebildet werden (maximal 1,5 Stunden).

❏ e) In diesem Beispiel wird der Berufsschultag wie ein Arbeitstag auf dem Gleitzeit-konto geführt. Es wird eine Anwesenheit ab 08.00 Uhr auf dem Gleitzeitkonto gewertet. Da die Kernarbeitszeit bis 15.30 Uhr geht, muss der über 18jährige Auszubildende für mindestens 1 Stunde in den Betrieb zurück. Er kann aber auch bis 16.00 Uhr bleiben, dann erhält er eine Gleitzeitgutschrift von 30 Minuten.

Anschließend übergibt Frau Erna Noll noch ein Merkblatt zum § 9 JArbSchG. Von Thomas Ressel, IG Metall-Vorstandsverwaltung, Abteilung Jugend, und Alexander Naujoks, IG Metall Köln:

§ 9 JArbSchG (Berufsschule)
Abs. 1:
Der Arbeitgeber hat den Jugendlichen für die Teilnahme am Berufsschulunterricht freizustellen. Er darf den Jugendlichen nicht beschäftigen:
1. vor einem vor 09.00 Uhr beginnenden Unterricht; dies gilt auch für Personen, die über 18 Jahre alt und noch berufsschulpflichtig sind,
2. an einem Berufsschultag mit mehr als 5 Unterrichtsstunden von mindestens je 45 Minuten, einmal in der Woche,
3. in Berufsschulwochen mit einem planmäßigen Blockunterricht von mindestens 25 Stunden an mindestens 5 Tagen; zusätzliche betriebliche Ausbildungsveran-staltungen bis zu 2 Stunden wöchentlich sind zulässig.

Abs. 2:
Auf die Arbeitszeit werden angerechnet:
1. Berufsschultage nach Absatz 1 Nr. 2 mit 8 Stunden,
2. Berufsschulwochen nach Absatz 1 Nr. 3 mit 40 Stunden,
3. Im übrigen die Unterrichtszeit einschließlich der Pausen.

Abs. 3:
Ein Entgeltausfall darf durch den Besuch der Berufsschule nicht eintreten.

In § 9 Abs. 4 JArbSchG war bisher geregelt, dass diese Bestimmungen auch für Personen gelten, die über 18 Jahre alt und noch berufsschulpflichtig sind. Durch die Streichung des Absatzes 4 kann nunmehr der Arbeitgeber grundsätzlich darauf bestehen, dass über 18jährige Auszubildende nach der Berufsschule in den Betrieb zurückkehren müssen. Er muss allerdings auch eine Berufsausbildung sicherstellen, also beispielsweise entsprechendes Ausbildungspersonal vorhalten. Eine Beschäftigung vor Unterrichtsbeginn (wenn der Unterricht vor 09.00 Uhr beginnt) ist auch zukünftig für über 18jährige Auszubildende nicht zulässig. Eine entsprechende Einfügung wurde im Gesetz vorgenommen.

Die Anrechnung von Berufsschulzeiten auf die Arbeitszeit

Für den Kreis der über 18jährigen Auszubildenden ist mit der Änderung des Jugendarbeitsschutzgesetzes die damit verbundene Anrechnungsregelung entfallen. Auch gibt es überwiegend in den Tarifverträgen keine Regelung zur Anrechnung der Berufsschulzeit auf die Arbeitszeiten. Einzige Gesetzesgrundlage ist nunmehr die Freistellungsregelung im § 15 Berufsbildungsgesetz (BBiG). So heißt es auch in der Begründung zur Änderung des Jugendarbeitsschutzgesetzes: ... es ist jedoch davon auszugehen, dass die nach § 15 BBiG vorgeschriebene Freistellung des Auszubildenden für die Teilnahme am Berufsschulunterricht, an Prüfungen und an Ausbildungsmaßnahmen außerhalb der Ausbildungsstätte bedeutet, dass diese Zeiten der Freistellung auf die Arbeitszeit des Auszubildenden anzurechnen sind ...

BAG-Rechtssprechung zur alten Anrechnungsregelung

Von Arbeitgebervertretern wird bei der Fragestellung, auf welche Arbeitszeit die Berufsschulzeiten wie anzurechnen sind, oftmals mit dem BAG-Urteil vom 27.05.1992 argumentiert. In dieser Entscheidung hat das BAG festgestellt, dass sich die im Jugendarbeitsschutzgesetz beschriebene Anrechnung von 8 Stunden bei mindestens 5 Unterrichtsstunden auf die 40-Stunden-Woche bezieht. Bezugnehmend auf die Tarifautonomie und das Bestehen einer tariflichen Regelungslücke hat das BAG keine Aussagen zu einer Anrechnung auf die tarifliche Arbeitszeit gemacht. Es hat lediglich klargestellt, dass bei Fehlen einer tariflichen oder betrieblichen Regelung eine Anrechnung auf die gesetzliche Arbeitszeit zu erfolgen hat.

Da in einer überwiegenden Mehrzahl der Tarifverträge bisher keine Regelung zur Anrechnung der Berufsschulzeit auf die tarifliche Arbeitszeit getroffen wurde und es momentan nicht absehbar ist, dass sich an dieser Situation etwas Grundlegendes verändert, muss dies entsprechend in der Praxis berücksichtigt werden.

Das Berufsbildungsgesetz als Grundlage für die betriebliche Praxis

Grundsätzlich gilt, dass der Auszubildende zum Besuch der Berufsschule gemäß § 15 BBiG freizustellen ist. Zum Umfang der Freistellung gehören Wegezeiten, Pausen sowie die erforderlichen Zeiten zum Waschen und Umkleiden. Ebenso umfasst die Freistellung auch Lücken, die im Ablauf des Berufsschulunterrichts auftreten können, da diese Zeiten in unmittelbarem Zusammenhang mit der Freistellung zum Besuch der Berufsschule stehen. Im Anschluss an die Freistellung muss der über 18jährige Auszubildende in den Betrieb zurück, wenn eine Beschäftigung als zumutbar erscheint. Nicht zumutbar wäre beispielsweise eine verbleibende Restausbildungszeit, die kürzer als die Wegstrecke zwischen Berufsschule und Betrieb wäre.

Für alle Auszubildenden – unabhängig vom Alter – sind die für sie gültigen Tarifverträge anzuwenden.

Zu 1.42–1.45

Anschließend behandelt Frau Erna Noll das Betriebsverfassungsgesetz.

1.42 Welche Aussagen zum Betriebsrat sind richtig? (3)

Bitte kreuzen Sie die richtigen Antworten bzw. Aussagen an!

❏ a) In Betrieben mit in der Regel mindestens fünf ständigen wahlberechtigten Arbeitnehmern, von denen drei wählbar sind, werden Betriebsräte gewählt.

❏ b) Wahlberechtigt sind alle Arbeitnehmer, die das 18. Lebensjahr vollendet haben.

❏ c) Der Betriebsrat besteht in Betrieben mit in der Regel 5 bis 20 wahlberechtigten Arbeitnehmern aus drei Personen.

❏ d) Die regelmäßige Amtszeit des Betriebsrats beträgt 5 Jahre. Die Amtszeit beginnt mit der Bekanntgabe des Wahlergebnisses oder, wenn zu diesem Zeitpunkt noch ein Betriebsrat besteht, mit Ablauf von dessen Amtszeit.

❏ e) Der Betriebsrat wählt aus seiner Mitte den Vorsitzenden und dessen Stellvertreter. Besteht der Betriebsrat aus Vertretern beider Gruppen, so sollen der Vorsitzende und sein Stellvertreter nicht derselben Gruppe angehören.

1.43 Welche Aussagen zur Jugend- und Auszubildendenvertretung (JAV) sind richtig? (3)

Bitte kreuzen Sie die richtigen Antworten bzw. Aussagen an!

❏ a) In Betrieben mit in der Regel mindestens fünf Arbeitnehmern, die das 18. Lebensjahr noch nicht vollendet haben (jugendliche Arbeitnehmer) oder die zu ihrer Berufsausbildung beschäftigt sind und das 25. Lebensjahr noch nicht vollendet haben, werden Jugend- und Auszubildendenvertretungen gewählt.

❏ b) Die Jugend- und Auszubildendenvertretung nimmt die besonderen Belange der Jugendlichen und Auszubildenden im Betrieb wahr.

❏ c) Die regelmäßigen Wahlen der Jugend- und Auszubildendenvertretung finden alle 3 Jahre in der Zeit vom 1. Oktober bis 30. November statt.

❏ d) In Betrieben, die in der Regel mehr als 20 der in § 60 Abs. 1 genannten Arbeitnehmer beschäftigen, kann die Jugend- und Auszubildendenvertretung Sprechstunden während der Arbeitszeit einrichten. Zeit und Ort sind durch Betriebsrat und Arbeitgeber zu vereinbaren. § 39 Abs. 1 Satz 3 und 4 und

Abs. 3 gilt entsprechend. An den Sprechstunden der Jugend- und Auszu-bildendenvertretung kann der Betriebsratsvorsitzende oder ein beauftragtes Betriebsratsmitglied beratend teilnehmen.

❏ e) Erachtet die Mehrheit der Jugend- und Auszubildendenvertreter einen Be-schluss des Betriebsrats als eine erhebliche Beeinträchtigung wichtiger Interessen der in § 60 Abs. 1 genannten Arbeitnehmer, so ist auf ihren Antrag der Beschluss auf die Dauer von einer Woche auszusetzen, damit in dieser Frist eine Verständigung, gegebenenfalls mit Hilfe der im Betrieb vertretenen Gewerkschaften, versucht werden kann.

1.44 Welche Aussagen zur Betriebsvereinbarung sind richtig? (3)

Bitte kreuzen Sie die richtigen Antworten bzw. Aussagen an!

❏ a) Durch Betriebsvereinbarung können insbesondere geregelt werden:
1. Zusätzliche Maßnahmen zur Verhütung von Arbeitsunfällen und Gesund-heitsschädigungen.
2. Die Errichtung von Sozialeinrichtungen, deren Wirkungsbereich auf den Betrieb, das Unternehmen oder den Konzern beschränkt ist.
3. Maßnahmen zur Förderung der Vermögensbildung.

❏ b) Betriebsvereinbarungen sind von Betriebsrat und Arbeitgeber gemeinsam zu beschließen und schriftlich niederzulegen. Sie sind von beiden Seiten zu unterzeichnen.

❏ c) Arbeitsentgelte und sonstige Arbeitsbedingungen, die durch Tarifvertrag gere-gelt sind oder üblicherweise geregelt werden, können nicht Gegenstand einer Betriebsvereinbarung sein. Dies gilt nicht, wenn ein Tarifvertrag den Abschluss ergänzender Betriebsvereinbarungen ausdrücklich zulässt.

❏ d) Betriebsvereinbarungen können, soweit nicht anderes vereinbart ist, mit einer Frist von 9 Monaten gekündigt werden.

❏ e) Betriebsvereinbarungen haben eine gesetzliche Maximallaufzeit von 5 Jahren.

1.45 Welche Aussagen zum Thema Betriebsrat und Bildung sind richtig? (4)

Bitte kreuzen Sie die richtigen Antworten bzw. Aussagen an!

❏ a) Arbeitgeber und Betriebsrat haben im Rahmen der betrieblichen Personal-planung und in Zusammenarbeit mit den für die Berufsbildung und den für die Förderung der Berufsbildung zuständigen Stellen die Berufsbildung der Arbeitnehmer zu fördern. Der Arbeitgeber hat auf Verlangen des Betriebsra-tes mit diesem Fragen der Berufsbildung der Arbeitnehmer des Betriebs zu beraten. Hierzu kann der Betriebsrat Vorschläge machen. Arbeitgeber und Betriebsrat haben darauf zu achten, dass unter Berücksichtigung der betrieb-lichen Notwendigkeiten den Arbeitnehmern die Teilnahme an betrieblichen oder außerbetrieblichen Maßnahmen der Berufsbildung ermöglicht wird. Sie haben dabei auch die Belange älterer Arbeitnehmer, Teilzeitbeschäftigter und von Arbeitnehmern mit Familienpflichten zu berücksichtigen.

❏ b) Der Arbeitgeber hat mit dem Betriebsrat über die Errichtung und Ausstattung betrieblicher Einrichtungen zur Berufsbildung, die Einführung betrieblicher Berufsbildungsmaßnahmen und die Teilnahme an außerbetrieblichen Berufsbildungsmaßnahmen zu beraten.

❏ c) Der Betriebsrat hat bei der Durchführung von Maßnahmen der betrieblichen Berufsbildung mitzubestimmen. Der Betriebsrat kann der Bestellung einer mit der Durchführung der betrieblichen Berufsbildung beauftragten Person widersprechen oder ihre Abberufung verlangen, wenn diese die persönliche oder fachliche, insbesondere die berufs- und arbeitspädagogische Eignung im Sinne des Berufsbildungsgesetzes nicht besitzt oder ihre Aufgaben vernachlässigt.

❏ d) Führt der Arbeitgeber betriebliche Maßnahmen der Berufsbildung durch oder stellt er für außerbetriebliche Maßnahmen der Berufsbildung Arbeitnehmer frei oder trägt er die durch die Teilnahme von Arbeitnehmern an solchen Maßnahmen entstehenden Kosten ganz oder teilweise, so kann der Betriebsrat Vorschläge für die Teilnahme von Arbeitnehmern oder Gruppen von Arbeitnehmern des Betriebs an diesen Maßnahmen der beruflichen Bildung machen.

❏ e) Da die Berufsausbildung im dualen System umfassend gesetzlich geregelt ist, hat eine Mitbestimmung durch den Betriebsrat zu unterbleiben.

1.46 Frau Maria Lidt hat das Thema Rechtsverordnungen bearbeitet. Welche ihrer Aussagen sind richtig? (3)

Bitte kreuzen Sie die richtigen Antworten bzw. Aussagen an!

❏ a) Nach § 5 BBiG kann das Bundesministerium für Wirtschaft (oder das sonst zuständige Fachministerium) im Einvernehmen mit dem Bundesministerium für Bildung und Forschung durch Rechtsverordnung, die nicht der Zustimmung des Bundesrates bedarf, Ausbildungsordnungen erlassen.

❏ b) Ausbildungsordnungen für sogenannte gestufte Berufsausbildungen werden gemäß § 5 Abs. 2 BBiG erlassen.

❏ c) Rechtsverordnungen, wie z. B. Ausbildungsordnungen, werden gemeinsam vom Bundestag und Bundesrat beschlossen.

❏ d) Die AEVO (Ausbilder-Eignungsverordnung), also die Verordnung über die berufs- und arbeitspädagogische Eignung für die Berufsausbildung wurde ebenfalls in der Form einer Rechtsverordnung erlassen.

❏ e) Neben der AEVO gibt es weitere Ausbilder-Eignungsverordnungen für bestimmte Bereiche (z. B. öffentlicher Dienst, Landwirtschaft und Hauswirtschaft).

1.47 Welche Aussagen zum Thema Prüfungsordnungen aus dem Kurzvortrag von Frau Christa Borg sind richtig? (3)

Bitte kreuzen Sie die richtigen Antworten bzw. Aussagen an!

❏ a) Die jeweiligen Prüfungsordnungen sind Bestandteil der betreffenden Ausbildungsordnungen gemäß § 5 BBiG.

❏ b) Eine Prüfungsordnung bedarf der Zustimmung der zuständigen obersten Länderbehörde (§ 47 BBiG).

❏ c) Die jeweiligen Prüfungsordnungen beschließt und erlässt der Berufsbildungsausschuss der zuständigen Stelle (§ 47 BBiG).

❏ d) Der Berufsbildungsausschuss der zuständigen Stelle handelt dabei gemäß den Richtlinien des Bundesausschusses für Berufsbildung/des Hauptausschusses des BIBB.

❏ e) Die Prüfungsordnung erlässt der zuständige Prüfungsausschuss gemäß den Richtlinien des Bundesausschusses für Berufsbildung/des Hauptausschusses des BIBB.

1.48 Frau Christa Borg referierte anschließend noch über das Thema Vertragsrecht in der Berufsausbildung. (2)

Bitte kreuzen Sie die richtigen Antworten bzw. Aussagen an!

❏ a) Der Berufsausbildungsvertrag ist ein öffentlich-rechtlicher Vertrag.

❏ b) Der Berufsausbildungsvertrag ist ein privatrechtlicher Vertrag.

❏ c) Der Berufsausbildungsvertrag wird zwischen dem Ausbildenden, der/dem Auszubildenden (ggf. auch mit deren/dessen gesetzlichen Vertretern) und der Berufsschule geschlossen.

❏ d) Der Berufsausbildungsvertrag wird nur zwischen dem Ausbildenden und der/dem Auszubildenden (ggf. auch mit deren/dessen gesetzlichen Vertretern) geschlossen.

❏ e) Der Berufsausbildungsvertrag wird zwischen dem Ausbildenden, der/dem Auszubildenden (ggf. auch mit deren/dessen gesetzlichen Vertretern) und der Industrie- und Handelskammer (IHK) geschlossen.

1.49 Welche Rechte und Pflichten ergeben sich für die Vertragspartner aus dem Berufsausbildungsvertrag? (3)

Bitte kreuzen Sie die richtigen Antworten bzw. Aussagen an!

❏ a) Die Rechte des einen Vertragspartners sind die Pflichten des anderen Vertragspartners (gegenseitige Bedingtheit).

❏ b) Die Rechte und Pflichten aus dem Berufsausbildungsvertrag ergeben sich im wesentlichen aus den §§ 14–19 BBiG (Pflichten des Ausbildenden) und § 13 BBiG (Pflichten des Auszubildenden).

❏ c) Weitere Pflichten des Ausbildenden ergeben sich z. B. aus den §§ 6 und 9 BBiG.

❏ d) Weitere Pflichten des Ausbildenden ergeben sich aus dem Jugendarbeitsschutzgesetz, z. B. gemäß §§ 9–10 und §§ 32–33 JArbSchG.

❏ e) Weitere Pflichten des Auszubildenden ergeben sich aus §§ 32–33 BBiG.

1.50 Welches sind die allerwichtigsten Pflichten der Vertragspartner aus einem Berufsausbildungsvertrag? (3)

Bitte kreuzen Sie die richtigen Antworten bzw. Aussagen an!

❏ a) Die Hauptpflicht des Ausbildenden ist die Ausbildungspflicht.

❏ b) Die Hauptpflicht des/der Auszubildenden ist der Berufsschulbesuch.

❏ c) Die Hauptpflicht des/der Auszubildenden ist die Lernpflicht.

❏ d) Eine weitere wichtige Pflicht des Ausbildenden ist die Erziehungspflicht (§ 14 Abs. 1 Ziff. 5 BBiG).

❏ e) Eine weitere wichtige Pflicht des/der Auszubildenden ist das Bestehen der Zwischenprüfung (§ 48 BBiG).

Zu 1.51–1.58

Gerhard Gutmann ist erfolgreicher Gastronom. In Teichhausen betreibt er das Hotel Sonnenhof GmbH mit dem Speiserestaurant „Zur Sonne" sowie im benachbarten Ort Maindorf das Weinlokal „Zur Traube". In der nahen Kreisstadt Grüntal betreibt Gutmann als weiteres Restaurant das Steakhaus „ASADO". In den Betrieben des Gastronomen werden derzeit 2 angehende Köche, 2 künftige Restaurantfachleute und 1 angehende Fachkraft im Gastgewerbe ausgebildet. Damit ausreichend geeignetes Ausbildungspersonal zur Verfügung steht, haben kürzlich der Küchenchef des Restaurants „Zur Sonne" und sein Stellvertreter sowie die Leiter der Restaurants „Zur Sonne", „Zur Traube" und „ASADO" ihre Ausbilder-Eignungsprüfung (AEVO) mit Erfolg abgelegt. Zwischenzeitlich wurden der Küchenchef des Restaurants „Zur Sonne", Peter Hinze, und sein Stellvertreter, Herr Walter Zerg, sowie die Restaurantleiter Heinz Mayer (Restaurant „Zur Sonne"), Klaus Pribilla (Steakhaus „ASADO") und Walter Zweifel (Weinlokal "Zur Traube") als Ausbilder bestellt. Dies hat der Gastronom Gutmann der zuständigen Stelle gemäß § 36 Abs. 2 Ziffer 2 BBiG angezeigt.

Heute sitzen Herr Gutmann und seine Ausbilder zusammen, um die künftige Ausbildertätigkeit zweckmäßig zu organisieren. Zunächst wird die Frage nach den einzelnen Lernorten (allgemein und speziell innerhalb der gastronomischen Betriebe des Herrn Gutmann) diskutiert. Anschließend werden die möglichen Lernorte gemeinsam zusammengestellt. Dazu geht Herr Gutmann an den Flipchartständer und notiert auf Zuruf die einzelnen Lernorte. Dabei kam den neuen Ausbildern sehr das Wissen zugute, das sie im Vorbereitungslehrgang zur Ausbilder-Eignungsprüfung erworben haben.

Hierzu einige Stichworte:
- Ausbildungsbetrieb
- Berufsschule
- Überbetriebliche Ausbildungsstätte
- Außerbetriebliche Maßnahmen
- Ausbildungsverbund

1.51 Wo findet die Berufsausbildung (duales System) generell statt? (3)

Bitte kreuzen Sie die richtigen Antworten bzw. Aussagen an!

❏ a) Im Ausbildungsbetrieb.

❏ b) In der Berufsschule.

❏ c) In überbetrieblichen Ausbildungsstätten.

❏ d) Bei der Industrie- und Handelskammer (IHK).

❏ e) Bei der zuständigen Behörde.

1.52 Wo findet die Berufsausbildung (ganz allgemein gesehen) in einem Betrieb statt? (3)

Bitte kreuzen Sie die richtigen Antworten bzw. Aussagen an!

❏ a) Im Pausenraum der Jugendlichen und im Raum für Raucher.

❏ b) In der Werkstatt und am Ausbildungsplatz im Betrieb.

❏ c) Im Geschäftsraum und im Schulungsraum im Betrieb.

❏ d) Auf der Baustelle und in der Lehrwerkstatt im Betrieb.

❏ e) Auf dem Parkplatz und im Büro des Geschäftsführers.

1.53 Wo findet die Berufsausbildung (für Berufe des Hotel- und Gaststätten-gewerbes – Berufsgruppe 91) sinnvollerweise im „Hotel Sonnenhof" bzw. im Speiserestaurant „Zur Sonne" statt? (3)

Bitte kreuzen Sie die richtigen Antworten bzw. Aussagen an!

❏ a) In der Küche und im Restaurant.

❏ b) Im Chefbüro.

❏ c) In den Büros von Einkauf, Verwaltung, Verkauf.

❏ d) In der Werkstatt des Hauselektrikers.

❏ e) Am Empfang des Hotels sowie auf der Etage (Ausbildung im Zimmerservice).

1.54 Wo findet die Berufsausbildung in der Berufsschule statt? (3)

Bitte kreuzen Sie die richtigen Antworten bzw. Aussagen an!

❏ a) Im Klassenraum.

❏ b) In der Lehrküche oder im Labor/Maschinenraum.

❏ c) Im „point of sales".

❏ d) In der Lehrwerkstatt der Berufsschule.

❏ e) Im Lehrerzimmer der Berufsschule.

1.55 Was sind überbetriebliche Ausbildungsstätten (im Sinne von § 27 Abs. 2 BBiG)? (2)

Bitte kreuzen Sie die richtigen Antworten bzw. Aussagen an!

❏ a) Kreisberufsschulen.

❏ b) Industrie- und Handelskammern.

❏ c) Gemeinschaftslehrwerkstätten.

❏ d) Ausbildungszentren.

❏ e) Berufsfachschulen.

1.56 Was sind außerbetriebliche Maßnahmen?

Bitte kreuzen Sie die richtige Antwort bzw. Aussage an!

❏ a) Besuch der Berufsschule.

❏ b) Sprachkurs an der Volkshochschule.

❏ c) Besuch des Berufsgrundbildungsjahres.

❏ d) Besuch einer beruflich relevanten Ausstellung mit der Berufsschulklasse.

❏ e) Die Teilnahme an Ausbildungsmaßnahmen außerhalb der eigenen Ausbildungsstätte (z. B. bei befreundetem Betrieb) ist zwingend erforderlich, wenn in der eigenen Ausbildungsstätte die erforderlichen Kenntnisse und Fertigkeiten nicht in vollem Umfang vermittelt werden können (z.B. wegen fehlender Buchhaltung, EDV etc.). Siehe § 27 Abs. 2 BBiG.

1.57 Wer trägt im rechtlichen Sinne die Verantwortung für die Ausbildung außerhalb der Ausbildungsstätte?

Bitte kreuzen Sie die richtige Antwort bzw. Aussage an!

❏ a) Der entsendende ausbildende Betrieb (Vertragsverhältnis mit dem/der Auszubildenden).

❏ b) Die außerbetriebliche Ausbildungsstätte.

- c) Hier herrscht ein „rechtloser" Zustand.
- d) Die IHK, die von dieser Maßnahme Kenntnis hat.
- e) Die Berufsschule als Partner im dualen System und als zweiter Lernort.

1.58 Welche Gründe gibt es für solche Kooperationen im dualen System? (3)

Bitte kreuzen Sie die richtigen Antworten bzw. Aussagen an!

- a) Erhalt der Eignung der Ausbildungsstätte im Sinne des § 27 BBiG bei der Schließung einzelner Abteilungen (z. B. Einkaufsabteilung wird geschlossen, man kauft über einen Verband ein).
- b) Gezielte Ausbildung an den modernsten Maschinen/Einrichtungen, die z. B. ein Kleinbetrieb (noch) nicht besitzt.
- c) Vermittlung spezieller Fertigkeiten und Kenntnisse (z. B. vegetarische Küche), die in einem Spezialbetrieb gezielter erfolgen kann als im Allroundbetrieb.
- d) Entlastung des Ausbildungsbetriebes von Routineausbildungsaufgaben.
- e) Kostenersparnis in der Berufsausbildung.

Zu 1.59–1.65

Nachdem die einzelnen Lernorte identifiziert (und am Flipchart aufgelistet) sind, fordert Herr Gutmann seine Ausbilder auf, nunmehr alle Mitwirkenden und Beteiligten an der Berufsausbildung vollständig und detailliert am Flipchart aufzulisten. Auch bei der Bewältigung dieser Aufgabe zeigte sich, dass die Ausbilder das im Ausbilderseminar erworbene Wissen hier in der Praxis sehr gut gebrauchen können.

Einige Stichworte zu Mitwirkenden/Beteiligten an der Berufsausbildung:
- Mitarbeiter und Mitarbeiterinnen des Ausbildungsbetriebes (Ausbildender, Ausbilder, Betriebsräte etc.).
- Berufsschullehrer.
- Mitarbeiter der zuständigen Stelle (z. B. IHK) und deren Aufgaben.
- Prüfer.
- Gesetzliche Vertreter.
- Weitere Institutionen (Gewerkschaften, Arbeitsämter etc.).

1.59 Welches sind nun die an der Berufsausbildung beteiligten bzw. mitwirkenden Personen in den Betrieben des Herrn Gutmann? (3)

Bitte kreuzen Sie die richtigen Antworten bzw. Aussagen an!
- a) Der Ausbildende (Herr Gutmann).
- b) Die Ausbilder (Küchenchef, Restaurantleiter).

❑ c) Die Ausbildungsbeauftragten bzw. die sonstigen Fachkräfte in Küche, Hotel und Restaurant.

❑ d) Der Ausbildungsberater der IHK.

❑ e) Die Berufsschullehrer.

1.60 Welches sind nun die Beteiligten an der Ausbildung außerhalb der Betriebe des Herrn Gutmann? (4)

Bitte kreuzen Sie die richtigen Antworten bzw. Aussagen an!

❑ a) Die Berufsschullehrer.

❑ b) Die Ausbildungsberater der zuständigen Stelle.

❑ c) Die gesetzlichen Vertreter.

❑ d) Die Prüfer der IHK.

❑ e) Die Ausbilder.

1.61 Wer muss mit wem bei der Berufsausbildung zusammenarbeiten? (3)

Bitte kreuzen Sie die richtigen Antworten bzw. Aussagen an!

❑ a) Die Ausbilder mit dem Ausbildenden (Ausbildungsverlauf, sachliche und zeitliche Gliederung, Versetzungsplanung etc.).

❑ b) Die Ausbilder mit dem Ausbilderkollegen, der den betrieblichen Unterricht für alle Auszubildenden hält.

❑ c) Die Ausbilder mit der zuständigen Behörde.

❑ d) Die Ausbilder mit der Berufsberatung (bei Ausbildungsproblemen).

❑ e) Die Ausbilder mit der Berufsschule.

1.62 Die Zusammenarbeit mit der Berufsschule – welche Aussagen sind richtig? (3)

Bitte kreuzen Sie die richtigen Antworten bzw. Aussagen an!

❑ a) Das duale System basiert auf der Grundlage einer engen Zusammenarbeit zwischen Betrieb und Berufsschule.

❑ b) Beim sogenannten betriebsbezogenen Phasenunterricht (Münchner Modell) ist die gegenseitige Abstimmung der beiden Lernorte optimal (sogenannte didaktische Parallelität der Ausbildung).

❑ c) In der Zusammenarbeit hat sich die Berufsschule stofflich exakt nach den ausbildenden Betrieben zu richten.

❏ d) In der Zusammenarbeit haben sich die ausbildenden Betriebe exakt nach den Lehrplänen der Berufsschule zu richten.

❏ e) In der Zusammenarbeit müssen sich beide Lernorte gegenseitig unterrichten und möglichst exakt aufeinander abstimmen.

Anmerkung
Bitte bedenken Sie, dass in einer Berufsschulklasse meistens Auszubildende aus mehreren Betrieben unterrichtet werden.

1.63 Welche sind die wichtigsten Aufgaben der zuständigen Stelle (IHK, HwK etc.)? (4)

Bitte kreuzen Sie die richtigen Antworten bzw. Aussagen an!

❏ a) Die Feststellung der Eignung der Ausbildungsstätte und des Personals.

❏ b) Das Verzeichnis der Berufsausbildungsverhältnisse führen.

❏ c) Die Ausbildungsberatung und -überwachung (§ 76 BBiG).

❏ d) Das Prüfungswesen.

❏ e) Die außerbetriebliche Ausbildung.

1.64 Welche weiteren Institutionen sind im Bereich der Berufsbildung tätig? (3)

Bitte kreuzen Sie die richtigen Antworten bzw. Aussagen an!

❏ a) Volkshochschulen.

❏ b) Allgemeinbildende Schulen.

❏ c) Gewerkschaften.

❏ d) Verbände.

❏ e) Agenturen für Arbeit.

1.65 In welcher Organisationsform des Berufsschulunterrichts kann die Zusammenarbeit der beiden Lernorte Betrieb und Berufsschule besonders effizient erfolgen?

Bitte kreuzen Sie die richtige Antwort bzw. Aussage an!

❏ a) Im Teilzeitunterricht.

❏ b) Im Blockunterricht.

❏ c) Im betriebsbezogenen Phasenunterricht.

❏ d) In allen diesen Unterrichts-/Organisationsformen.

❏ e) In keiner dieser Unterrichts-/Organisationsformen.

Zu 1.66–1.70

Die ROKO Bürozentrum GmbH & Co. OHG in Kiel beschäftigt sich mit Beratung, Planung und Verkauf von Büroeinrichtungen, Registraturen und Lagereinrichtungen. Dabei werden Produkte mehrerer führender Hersteller vertrieben. Die Firma ROKO beschäftigt 228 Mitarbeiterinnen und Mitarbeiter, davon arbeiten insgesamt 105 Personen in Beratung und Verkauf, und zwar 80 im Verkaufsladen sowie 25 im Außendienst. Die restlichen Mitarbeiter sind in den Büros und im Lager beschäftigt.

ROKO-Chef K. Bullinger verfasste – nach einem eingehenden Gespräch mit Beauftragten der IHK – eine „M-Info" (Mitarbeiter-Information), in der er ankündigt, dass ROKO demnächst einige Auszubildende für die Berufe Kaufmann/Kauffrau im Einzelhandel und Kaufmann/Kauffrau für Bürokommunikation einstellen werde. Wer künftig gerne als Ausbilder/Ausbilderin (nebenamtlich) tätig werden möchte, möge sich bei der Geschäftsleitung melden.
Folgende Damen und Herren meldeten sich:
Herr Franz Bender, Abteilung Einkauf.
Frau Nelly Dörr, Abteilung Buchhaltung.
Herr Josef Korn, Abteilung Verkauf.
Frau Birgit Murr, Abteilung Service.
Herr Dieter Räst, Abteilung Versand.
Frau Petra Reichert, Abteilung Personal.

Herr K. Bullinger lud daraufhin diese 6 Damen und Herren zu einer Arbeitssitzung ein, in der über die Anforderungen an die Eignung der Ausbilderinnen und Ausbilder gesprochen werden sollte. Gleichzeitig sollte das weitere Vorgehen erörtert werden. Im Verlauf der Arbeitssitzung übergibt Herr Bullinger den 6 Damen und Herren Unterlagen zum Thema Ausbilderqualifikation mit dem Auftrag, diese Papiere bis zur nächsten Sitzung in 2 Wochen durchzuarbeiten und beim nächsten Treffen darüber zu berichten. Diese Aufgaben wurden wie folgt verteilt:

– Herr Franz Bender	Die rechtlichen Voraussetzungen für die Berufsausbildung. Die wechselseitigen Rechte und Pflichten aus einem BAV (Berufsausbildungsvertrag). Die Bestellung von Ausbildern/Ausbilderinnen.
– Frau Nelly Dörr	Die Anforderungen an die persönliche und fachliche Eignung des Ausbilders/der Ausbilderin.
– Herr Josef Korn	Funktion, Aufgaben und Rollen eines Ausbilders/einer Ausbilderin.
– Frau Birgit Murr	Schlüsselqualifikationen/Lernkompetenz.
– Herr Dieter Räst	Schlüsselqualifikationen/Methodenkompetenz.
– Frau Petra Reichert	Schlüsselqualifikationen/Sozialkompetenz.

1.66 Welche rechtlichen Voraussetzungen muss ein Ausbilder (nicht nur bei Firma ROKO) erfüllen? (3)

Bitte kreuzen Sie die richtigen Antworten bzw. Aussagen an!

❏ a) Die persönliche Eignung im Sinne von § 29 BBiG muss gegeben sein.

❏ b) Die persönliche Eignung im Sinne von § 25 Abs. 1 und 2 JArbSchG ist für die Berufsausbildung Jugendlicher ausreichend.

❏ c) Die fachliche Eignung im Sinne von § 30 Abs. 1–4 BBiG muss gegeben sein.

❏ d) Bestimmte Mängel bei der fachlichen Eignung sind durch § 30 Abs. 6 BBiG zu beheben.

❏ e) Bestimmte Mängel bei der persönlichen Eignung sind durch § 30 Abs. 6 BBiG zu beheben.

1.67 Ausbilder wird man, wenn man die persönliche und fachliche Eignung (§§ 29 und 30 BBiG) im Sinne des BBiG besitzt und ...

Bitte kreuzen Sie die richtige Antwort bzw. Aussage an!

❏ a) von der IHK berufen wird.

❏ b) vom Ausbildenden bestellt wird.

❏ c) den „Ausbilderschein" überreicht bekommt.

❏ d) bereits mehr als 3 Jahre als Ausbildungsbeauftragter nebenberuflich ausgebildet hat.

❏ e) man mindestens das Zweifache der Zeit, die als Ausbildungszeit vorgeschrieben ist, in seinem Beruf gearbeitet hat.

1.68 Lernkompetenz – welche Begriffe sind richtig? (3)

Bitte kreuzen Sie die richtigen Antworten bzw. Aussagen an!

❏ a) – Selbständiges Handeln.
  – Qualitätsbewusst sein.
  – Ordnungssinn.

❏ b) – Lernfähigkeit.
  – Steigerung des Lernwillens.
  – Beherrschen von Lerntechniken.

❏ c) – Konzentrationsübungen.
  – Gedächtnistraining.
  – Die Fähigkeit, Wissen auf andere zu übertragen.
  – Logisches Denken in Systemen.

❏ d) – Eigeninitiative.
     – Kreativität.
     – Toleranz.
     – Flexibilität.

❏ e) – Erkennen der Lernmöglichkeiten.
     – Erkennen und Auswerten der Informationsquellen.
     – Selbständige Weiterbildung.
     – Lernen zu Hause im Selbststudium.

1.69 Methodenkompetenz – welche Begriffe sind richtig? (3)

Bitte kreuzen Sie die richtigen Antworten bzw. Aussagen an!

❏ a) – Ordnung/Sauberkeit des Arbeitsplatzes.
     – Systematisches Vorgehen und selbständiges Planen.
     – Erkennen des geplanten Ziels.
     – Optimieren von Arbeitsabläufen.
     – Wirtschaftliches und rationelles Vorgehen.

❏ b) – Logisches Denken in Systemen.
     – Zuverlässigkeit.
     – Integrationsfähigkeit.
     – Gewissenhaftigkeit.
     – Firmentreue.

❏ c) – Flexibles Disponieren.
     – Qualitätsbewusstsein und Selbstkontrolle.
     – Auffinden von Informationsquellen.
     – Selbständiges Erarbeiten von Informationsquellen.
     – Wirtschaftliches Auswerten von Informationen.

❏ d) – Unterscheiden von Wichtigem und Unwichtigem.
     – Zusammenfassen von Ergebnissen.
     – Weitergabe von Informationen.
     – Zeitmanagement.
     – Entwickeln von Verbesserungsvorschlägen.

❏ e) – Positive Einstellung zum Beruf.
     – Selbständige Weiterbildung.
     – Eigeninitiative.
     – Kommunikationsfähigkeit.
     – Leistungswille.

1.70 Sozialkompetenz – welche Begriffe sind richtig? (3)

Bitte kreuzen Sie die richtigen Antworten bzw. Aussagen an!

❑ a) – Ordnungssinn.
   – Pünktlichkeit.
   – Sauberkeit.
   – Flexibles Denken.
   – Zuverlässigkeit.

❑ b) – Kommunikationsfähigkeit.
   – Integrations- und Kooperationsfähigkeit.
   – Gruppengerechtes und kollegiales Verhalten.
   – Soziale Verantwortung/Mitverantwortung.
   – Positive Einstellung zum Beruf.

❑ c) – Eigeninitiative.
   – Selbständigkeit/Selbstbewusstsein.
   – Selbstvertrauen/Selbsteinschätzung.
   – Einsatzbereitschaft.
   – Flexibilität.

❑ d) – Kreativität.
   – Toleranz.
   – Gewissenhaftigkeit.
   – Kritikfähigkeit und Selbstkritik.
   – Zuverlässigkeit.

❑ e) – Qualitätsbewusstsein.
   – Wahrheitsliebe.
   – Logisches Denken.
   – Termintreue.
   – Zielorientierung.

Zu 1.71–1.77

Ihr Name ist Horst Umland. Sie sind als Ausbildungsleiter der Grohe International AG, Leipzig (früher Kombinat Freundschaft) für die Berufsausbildung in der Zentrale verantwortlich. Sie betreuen – zusammen mit den Ihnen zugeordneten 3 hauptamtlichen und 18 nebenamtlichen Ausbildern und Ausbilderinnen – insgesamt 92 Auszubildende in folgenden Ausbildungsberufen:

– Bürokaufmann/Bürokauffrau

– Industriekaufmann/Industriekauffrau

– Kaufmann/Kauffrau im Groß- und Außenhandel

Bei der letzten Planungsrunde zur Berufsausbildung legte Ihr Personalchef den neuen Personalentwicklungsplan des Konzerns vor. Dieser zeigt, dass durch die beabsichtigten Firmenzukäufe der Fachkräftebedarf insbesondere in der Konzernzentrale beachtlich ansteigen wird. Wir brauchen künftig mehr kaufmännische Nachwuchskräfte sowie Fachleute aus den Bereichen:

- Datenverarbeitung
- Spedition
- Luftverkehr

sagte Ihr Personalchef. Und er fuhr fort:
Bitte prüfen Sie, ob wir in der Lage sind, in diesen Berufen selbst auszubilden.

Analysieren Sie:

- Den qualitativen und quantitativen künftigen Personalbedarf.
- Die entsprechenden Ausbildungsordnungen.
- Unterbreiten Sie Vorschläge zur Auswahl der entsprechenden neuen Ausbildungsberufe.

Zum Thema „Ausbildungsberufe auswählen" hat Horst Umland in der Broschüre „Handlungsorientierte Ausbildung der Ausbilder"
(Herausgeber: Bundesinstitut für Berufsbildung, Berlin/Bonn;
W. Bertelsmann Verlag, Bielefeld; ISBN 3-7639-0846-3)
folgende Passage gefunden:

Über 300 Ausbildungsberufe stehen zur Wahl. Dies eröffnet dem Betrieb zwar einerseits die Möglichkeit, aus der ganzen Palette der Berufe auswählen zu können, andererseits erfordert es aber auch eine sorgfältige Vorbereitung der Entscheidung für bestimmte Berufe. Bei dieser Auswahl ist nicht der gegenwärtige Fachkräftebedarf ausschlaggebend, sondern der zukünftige, denn dem Betrieb stehen erst nach 5–6 Jahren die ausgebildeten Fachkräfte zur Verfügung. Ausbildung bedeutet deshalb für den Betrieb eine Investition, die sich erst mittelfristig rentieren wird. Die Auswahl der Ausbildungsberufe sollte sich deshalb auch an der mittelfristigen Unternehmensplanung orientieren.

Herr Horst Umland hat auftragsgemäß die Ergebnisse seiner Überlegungen für den Personalchef zu Papier gebracht.

1.71 Welche Aussagen zum Personalbedarf (nicht nur bei der Grohe International AG) sind richtig? (2)

Bitte kreuzen Sie die richtigen Antworten bzw. Aussagen an!

❑ a) Der quantitative Personalbedarf ist der zahlenmäßige/mengenmäßige Bedarf („5 Mann").

❑ b) Der quantitative Personalbedarf ist der Bedarf hinsichtlich der Qualifikation (3 Industriekaufleute und 2 Diplomkaufleute).

56

❑ c) Der qualitative Personalbedarf ist der zahlenmäßige/mengenmäßige Bedarf („5 Mann").

❑ d) Der quantitative Personalbedarf ist Bedarf hinsichtlich der Qualifikation (3 Industriekaufleute und 2 Diplomkaufleute).

❑ e) Der qualitative Personalbedarf ist der Bedarf hinsichtlich der Qualifikation (3 Industriekaufleute und 2 Diplomkaufleute).

1.72 In welchen Bereichen soll sich ein Ausbilder im Hause der Grohe International AG auch als Personalentwickler betätigen? (3)

Bitte kreuzen Sie die richtigen Antworten bzw. Aussagen an!

❑ a) In der Ausbildungsarbeit allgemein.

❑ b) In der beruflichen Fortbildung.

❑ c) In seinen mediendidaktischen Überlegungen.

❑ d) In seinen Gesprächen mit dem Ausbildungsleiter Horst Umland.

❑ e) In der Fortbildung des Ausbildungspersonals (Ausbilder und Ausbildungsbeauftragte).

1.73 Wie kann ein Ausbilder im Hause Grohe International AG bei der Ermittlung des Personalbedarfs mitarbeiten? (3)

Bitte kreuzen Sie die richtigen Antworten bzw. Aussagen an!

❑ a) Das ist alleinige Aufgabe der Personalabteilung, hier hat sich der Ausbilder unbedingt herauszuhalten.

❑ b) Mithilfe bzw. Mitentscheidung bei der Ermittlung des quantitativen Bedarfs an Auszubildenden.

❑ c) Mitentscheidung über den optimalen Einsatz einer Nachwuchskraft am Ende der Ausbildung.

❑ d) Mitentscheidung bei Einstellung von Führungskräften.

❑ e) Mithilfe bzw. Mitentscheidung bei der Ermittlung des qualitativen Bedarfs an Auszubildenden.

1.74 Welche Möglichkeiten gibt es, den Personalbedarf eines Unternehmens festzustellen? (3)

Bitte kreuzen Sie die richtigen Antworten bzw. Aussagen an!

❑ a) Unternehmensplanung hinsichtlich einer kommenden Firmenerweiterung.

❑ b) Unternehmensplanung hinsichtlich einer möglichen Personalreduzierung.

❑ c) Bedarfsmeldungen einzelner Abteilungen/Bereiche.

❏ d) Fusionsgerüchte (an der Börse).

❏ e) Neue Patentanmeldungen der Produktentwicklung.

1.75 Welche Möglichkeiten gibt es, den Ersatzbedarf (für ausscheidende Mitarbeiter) zu ermitteln? (3)

Bitte kreuzen Sie die richtigen Antworten bzw. Aussagen an!

❏ a) Untersuchung des Betriebsklimas.

❏ b) Fluktuation im Betrieb.

❏ c) Altersstruktur.

❏ d) Anteil von Auszubildenden und deren Ausbildungsjahr.

❏ e) Mitarbeiterbefragung.

1.76 Welche Antwort ist richtig, wenn es um die Ermittlung des Nachwuchsbedarfes bei Firma Grohe International AG geht?

Bitte kreuzen Sie die richtige Antwort bzw. Aussage an!

❏ a) Der Betrieb stellt die im nächsten Jahr anstehenden Pensionierungen dem derzeitigen Auftragsvolumen gegenüber und ermittelt so den Nachwuchsbedarf.

❏ b) Der Betrieb prüft Arbeitskräftestruktur, Altersschichtung und Fluktuation und ermittelt so den zukünftigen Bedarf an Fachkräften.

❏ c) Aus Kostengründen ist es angebracht, unter Beachtung der gesetzlichen Auflagen jeweils die ausscheidenden Facharbeiter durch Auszubildende zu ersetzen.

❏ d) Lediglich die Fluktuationszahl der Vorjahre bietet eine aussagekräftige und gesicherte Bemessungsgrundlage für die Anzahl der im Folgejahr einzustellenden Auszubildenden.

❏ e) Anhand der in einem Betrieb vorhandenen unbesetzten Arbeitsplätze wird die Anzahl der einzustellenden Auszubildenden errechnet.

1.77 Die Stufenausbildung nach § 5 Abs. 2 (1) BBiG ist eine besondere Form der Ausbildung. (2) Sie ist ...

Bitte kreuzen Sie die richtigen Antworten bzw. Aussagen an!

❏ a) Ersatz für die bisherige Vier-Stufen-Methode.

❏ b) die neue Bezeichnung für den Blockunterricht, wonach die Ausbildung abwechselnd in Betriebs- und Schulabschnitten erfolgt.

❑ c) bisher noch nicht in Ausbildungsordnungen geregelt und gilt in erster Linie für stufenweises Anlernen von Hilfskräften.

❑ d) für staatlich anerkannte Berufe vorgesehen. Die Ausbildung erfolgt hier in aufeinander aufbauenden Stufen.

❑ e) im Berufsbildungsgesetz erwähnt und in den entsprechenden Ausbildungsordnungen geregelt.

Zu 1.78–1.81

Ihr Name ist Peter Zahn. Sie haben 15 Jahre lang die Bergsportabteilung eines großen Sportgeschäfts in München verantwortlich geleitet, als sich plötzlich die Gelegenheit ergab, als Teilhaber 49 % der Anteile der Alpin Biwak GmbH in Nürnberg zu übernehmen. Diese Firma betreibt ein großes Ladengeschäft für Alpinisten und einen kleineren Versandhandel (ebenfalls für Bergsteiger und Kletterer). Inzwischen besitzen Sie 65 % der Geschäftsanteile und sind als geschäftsführender Gesellschafter im Unternehmen tätig.

Nunmehr haben Sie sich entschlossen, jungen, bergsportbegeisterten Menschen die Gelegenheit zu bieten, in Ihrem Unternehmen eine Berufsausbildung als Kaufmann/Kauffrau im Einzelhandel zu absolvieren. Sie rechnen damit, dass bergsportlich interessiertes Verkaufspersonal von Ihren Kunden besonders geschätzt werden wird.

Da Sie selbst in einem Sportgeschäft den Beruf „Kaufmann im Einzelhandel" erlernt haben, sind Sie ohne Zweifel der fachlich kompetente Mann für die Berufsausbildung in Ihrem Metier. Und da man heute zur Berufsausbildung auch noch die Ausbilder-Eignungsprüfung benötigt, haben Sie ein entsprechendes Seminar besucht und die Prüfung vor dem Prüfungsausschuss der zuständigen Industrie- und Handelskammer Nürnberg mit Erfolg bestanden.

Sicherheitshalber hat auch noch Ihr Prokurist, Herr Umsicht (ebenfalls Kaufmann im Einzelhandel von Beruf und begeisterter Bergsteiger), die Ausbilder-Eignungsprüfung abgelegt.

Gemeinsam mit Herrn Frank Umsicht haben Sie sich jetzt die Aufgabe gestellt, zu untersuchen, ob Ihr Betrieb für die Ausbildung von Kaufleuten im Einzelhandel geeignet ist oder ob zuvor noch bestimmte (z. B. organisatorische) Veränderungen erforderlich sind.

Hierzu einige Stichworte:

– Rechtliche Bestimmungen (§§ 14, 27–28 BBiG), Personal und Einrichtung.

– Vermittlung der Ausbildungsinhalte.

– Außerbetriebliche und überbetriebliche Ausbildung.

– §§ 32, 33, 76 BBiG.

1.78 Welche rechtlichen Bestimmungen regeln die Ausstattung und Eignung eines Ausbildungsbetriebes (wie der Firma Alpin Biwak GmbH)? (2)

Bitte kreuzen Sie die richtigen Antworten bzw. Aussagen an!

❑ a) §§ 71 und 76 BBiG.

❑ b) §§ 27 und 28 BBiG.

❑ c) §§ 15 und 16 BBiG.

❑ d) §§ 29 und 30 BBiG.

❑ e) § 24 BBiG.

1.79 Welche Aussagen zur Ausstattung und Eignung eines Betriebes (hier der Firma Alpin Biwak GmbH) sind gesetzeskonform? (2)

Bitte kreuzen Sie die richtigen Antworten bzw. Aussagen an!

❑ a) Auszubildende dürfen nur eingestellt werden, wenn
  – die Ausbildungsstätte nach Art und Einrichtung für die Berufsausbildung geeignet ist und
  – die Zahl der Auszubildenden in einem angemessenen Verhältnis zur Zahl der Ausbildungsplätze oder zur Zahl der beschäftigten Fachkräfte steht, es sei denn, dass andernfalls die Berufsausbildung nicht gefährdet wird. Eine Ausbildungsstätte, in der die erforderlichen Kenntnisse und Fertigkeiten nicht in vollem Umfang vermittelt werden können, gilt als geeignet, wenn dieser Mangel durch Ausbildungsmaßnahmen außerhalb der Ausbildungsstätte behoben wird.

❑ b) Auszubildende dürfen nur eingestellt werden, wenn die Ausstattung des Betriebes (Einrichtung, Abteilungen, Sozialräume, Größe, Maschinen und Geräte) dies rechtfertigt.

❑ c) Auszubildende dürfen nur eingestellt werden, wenn
  – die Ausbildungsstätte nach Art und Einrichtung für die Berufsausbildung geeignet ist und
  – die Zahl der Auszubildenden in einem angemessenen Verhältnis zur Zahl der Ausbildungsplätze oder zur Zahl der beschäftigten Ausbilder steht, es sei denn, dass andernfalls die Berufsausbildung nicht gefährdet wird.

❑ d) Auszubildende dürfen nur eingestellt werden, wenn ausreichend Personal (Ausbilder und Ausbildungsbeauftragte) vorhanden ist.

❑ e) – Die zuständige Stelle hat darüber zu wachen, dass die persönliche und fachliche Eignung sowie die Eignung der Ausbildungsstätte vorliegen.
  – Werden Mängel der Eignung festgestellt, so hat die zuständige Stelle, falls der Mangel zu beheben und eine Gefährdung des Auszubildenden nicht zu erwarten ist, den Ausbildenden aufzufordern, innerhalb einer von ihr gesetzten Frist den Mangel zu beseitigen. Ist der Mangel der Eignung

nicht zu beheben oder ist eine Gefährdung des Auszubildenden zu erwarten oder wird der Mangel nicht innerhalb der gesetzten Frist beseitigt, so hat die zuständige Stelle dies der nach Landesrecht zuständigen Behörde mitzuteilen.

1.80 Welche Aussagen zu den Themen „Überwachung" und „Ausbildungsberater" sind konform mit dem BBiG? (2)

Bitte kreuzen Sie die richtigen Antworten bzw. Aussagen an!

❑ a) Die Aufsichtsbehörde teilt schwerwiegende Verstöße gegen die Vorschriften dieses Gesetzes oder gegen die auf Grund dieses Gesetzes erlassenen Rechtsverordnungen der nach dem Berufsbildungsgesetz oder der Handwerksordnung zuständigen Stelle mit.

❑ b) Ausnahmen, die die Aufsichtsbehörde nach diesem Gesetz oder den auf Grund dieses Gesetzes erlassenen Rechtsverordnungen bewilligen kann, sind zu befristen. Die Ausnahmebewilligungen können jederzeit widerrufen werden.

❑ c) Die zuständige Stelle überwacht die Durchführung der Berufsausbildung und fördert sie durch Beratung der Ausbildenden und der Auszubildenden. Sie hat zu diesem Zweck Ausbildungsberater zu bestellen. Die Ausbildenden sind verpflichtet, die für die Überwachung notwendigen Auskünfte zu erteilen und Unterlagen vorzulegen sowie die Besichtigung der Ausbildungsstätten zu gestatten.

❑ d) Die Beauftragten der Aufsichtsbehörde sind berechtigt, die Arbeitsstätten während der üblichen Betriebs- und Arbeitszeit zu betreten und zu besichtigen; außerhalb dieser Zeit oder wenn sich die Arbeitsstätten in einer Wohnung befinden, dürfen sie nur zur Verhütung von dringenden Gefahren für die öffentliche Sicherheit und Ordnung betreten und besichtigt werden.

❑ e) – Der Auskunftspflichtige kann die Auskunft auf solche Fragen verweigern, deren Beantwortung ihn selbst oder einen der in § 52 Abs. 1 Nr. 1 bis 3 der Strafprozessordnung bezeichneten Angehörigen der Gefahr strafgerichtlicher Verfolgung oder eines Verfahrens nach dem Gesetz über Ordnungswidrigkeiten aussetzen würde.
  – Die zuständige Stelle teilt der Aufsichtsbehörde nach dem Jugendarbeitsschutzgesetz Wahrnehmungen mit, die für die Durchführung des Jugendarbeitsschutzgesetzes von Bedeutung sein können.

1.81 Wie erfolgt im Hause der Firma Alpin Biwak GmbH die Vermittlung der Ausbildungsinhalte (gemäß Ausbildungsordnung bzw. gemäß der sachlichen und zeitlichen Gliederung)? (3)

Bitte kreuzen Sie die richtigen Antworten bzw. Aussagen an!

❑ a) Zuordnung der Ausbildungsinhalte der jeweiligen Ausbildungsordnungen zu den dafür geeigneten Abteilungen (z. B. Einkauf, Verkauf etc.).

❏ b) Beauftragung von geeignetem Personal mit der Ausbildung in den betreffenden Abteilungen (als Ausbildungsbeauftragte, später evtl. auch als Ausbilder).

❏ c) Erteilung von betrieblichem Unterricht und von Arbeitsplatzunterweisungen.

❏ d) Beauftragung der Berufsschule mit der Vermittlung der notwendigen Inhalte.

❏ e) Verteilung entsprechender Fachliteratur mit Lernauftrag an die Auszubildenden.

Zu 1.82–1.92

Die beiden Herren Peter Zahn und Frank Umsicht kamen – nach gewissenhafter Prüfung der Gegebenheiten in der Firma Alpin Biwak GmbH – zu dem Schluss, dass die Firma Auszubildende zu Kaufleuten im Einzelhandel ausbilden könne. Als nächster Schritt folgt nunmehr – noch bevor der/die erste Auszubildende eingestellt werden kann – die Festlegung des (künftigen) organisatorischen Ablaufs der Berufsausbildung im Hause der Alpin Biwak GmbH.

Da man kürzlich noch Filialen in Fürth, Erlangen und Bamberg eröffnet hat, wird derzeit intensiv überlegt, ob man künftig eher zentral oder eher dezentral ausbilden möchte. Der Filialleiter in Bamberg, Klaus Korf, hat seine Ausbilder-Eignungsprüfung bereits vor 6 Jahren bestanden. Die Filialleiterin in Erlangen, Eva Stein, ist Handelsfachwirtin (mit AdA-Prüfung) und der Filialleiter in Fürth, Franz Roth, besucht zur Zeit ein entsprechendes Ausbilderseminar.

Insofern wären alle Optionen auch hinsichtlich einer möglichen dezentralen Ausbildung offen, meint Geschäftsführer Zahn zu diesem Thema.

Anschließend bittet er Herrn Umsicht, das organisatorische Umfeld für eine Berufsausbildung zu Kaufleuten im Einzelhandel im Hause der Alpin Biwak GmbH zu prüfen und ihm anschließend zu berichten.

Herr Umsicht notiert sich vorab folgende Stichworte, mit deren Hilfe er Herrn Peter Zahn sowie die Filialleiterin Eva Stein und die Filialleiter Klaus Korf und Franz Roth informieren will:

– Lernorte (zentral oder dezentral).

– Organisationsmodelle der Ausbildung.

– Projektausbildung/Methode, Projektarbeit.

– Entscheidungskriterien für die Alpin Biwak GmbH.

1.82 Welche Lernorte gibt es grundsätzlich in einem Filialbetrieb wie der Alpin Biwak GmbH? (2)

Bitte kreuzen Sie die richtigen Antworten bzw. Aussagen an!

❏ a) Zentrale Lernorte (im Hauptgeschäft).

- ❏ b) Dezentrale Lernorte (in den Filialen).
- ❏ c) Lernorte mit sozialen Einrichtungen (Kantine, Pausenraum).
- ❏ d) Lernort Berufsschule.
- ❏ e) Lernort IHK.

1.83 Welche zentralen Lernorte wird es – ganz allgemein – in größeren Unternehmen geben? (3)

Bitte kreuzen Sie die richtigen Antworten bzw. Aussagen an!

- ❏ a) Unterrichtsräume.
- ❏ b) – Ausbildungswerkstatt (Lehrwerkstatt).
  – Lernbüro.
- ❏ c) Modellfirma (Juniorenfirma).
- ❏ d) Betriebsberufsschule.
- ❏ e) Betriebsrat/JAV.

1.84 Welche zentralen Lernorte wird es für Auszubildende in der Firma Alpin Biwak GmbH geben? (2)

Bitte kreuzen Sie die richtigen Antworten bzw. Aussagen an!

- ❏ a) Zentraleinkauf und andere zentrale Abteilungen.
- ❏ b) Schulungsräume im Hauptgeschäft.
- ❏ c) Die Geschäftsführung.
- ❏ d) Die Rechtsabteilung.
- ❏ e) Die Hausverwaltung.

1.85 Welche dezentralen Lernorte wird es – ganz allgemein – in einigen Filialunternehmen geben?

Bitte kreuzen Sie die richtige Antwort bzw. Aussage an!

- ❏ a) Schulungsräume.
- ❏ b) Modellbüro.
- ❏ c) Zentraleinkauf.
- ❏ d) Arbeitsplätze vor Ort (in den Abteilungen/Bereichen mit und ohne Kundenkontakt).
- ❏ e) Rechtsabteilung.

1.86 Welche dezentralen Lernorte wird es in den Filialen der Alpin Biwak GmbH geben? (3)

Bitte kreuzen Sie die richtigen Antworten bzw. Aussagen an!

❏ a) Liegenschaftsverwaltung.

❏ b) Steuerabteilung.

❏ c) Büro der Filiale.

❏ d) Verkaufsräume.

❏ e) Lager/Werkstatt/Service/Versand.

1.87 Welche Vorteile bieten zentrale Lernorte? (3)

Bitte kreuzen Sie die richtigen Antworten bzw. Aussagen an!

❏ a) Keine Gruppenarbeit möglich.

❏ b) Gute Ausstattung der Räume mit Hilfsmitteln/Medien.

❏ c) Viele Methoden (wie Gruppenarbeit, Rollenspiel etc.) sind räumlich/technisch einsetzbar.

❏ d) Im zentralen Schulungsraum ist man ungestört vom Tagesgeschäft.

❏ e) Nur die Methode „Unterweisung am Arbeitsplatz" kann an den zentralen Lernorten angewendet werden.

1.88 Welche Nachteile haben zentrale Lernorte? (2)

Bitte kreuzen Sie die richtigen Antworten bzw. Aussagen an!

❏ a) Die betriebliche Realität (z. B. bei Kundenreklamationen) fehlt häufig.

❏ b) Die Ausbildung ist hier besonders kundenorientiert und praxisnah.

❏ c) Das Kennenlernen der betrieblichen Realität wird im zentralen Schulungsraum besonders gefördert.

❏ d) Die Ausbildungsaktivitäten stören den Arbeitsablauf in der Zentrale nachhaltig.

❏ e) Oftmals fehlen an den zentralen Lernorten schlichtweg die Kunden, deren Betreuung/Bedienung gelernt werden soll.

1.89 Welche Vorteile bieten dezentrale Lernorte (wie z. B. die Filialen der Alpin Biwak GmbH)? (4)

Bitte kreuzen Sie die richtigen Antworten bzw. Aussagen an!

❏ a) Absolut praxisnahe Ausbildung.

❏ b) Eine besonders systematische Wissensvermittlung ist (nur) hier möglich, exakt nach den Vorgaben der sachlichen und zeitlichen Gliederung der Ausbildung.

❏ c) Kennenlernen der betrieblichen Realität.

❏ d) Ein gezieltes, individuelles Eingehen auf die einzelnen Auszubildenden ist möglich (individuelle Ausbildung).

❏ e) Die Ausbildung kann hier sehr kundenorientiert erfolgen (durch den ständigen Kundenkontakt).

1.90 Welche Nachteile bringen dezentrale Lernorte (wie z. B. die Filialen der Alpin Biwak GmbH) mit sich? (3)

Bitte kreuzen Sie die richtigen Antworten bzw. Aussagen an!

❏ a) Das Tagesgeschäft hat Vorrang vor der Ausbildung. Diese erfolgt daher oftmals nur mit Unterbrechungen.

❏ b) Der Tagesablauf in der Filiale ist ereignisgesteuert, geplante Unterweisungen müssen daher oftmals unterbrochen oder ganz verschoben werden.

❏ c) Die Methodenauswahl ist (bedingt durch das Umfeld) oft eingeschränkt, so sind Gruppenarbeiten, Rollenspiele und Brainstorming oftmals nicht durchführbar.

❏ d) Die dezentrale Ausbildung ist immer sehr systematisch.

❏ e) Die dezentrale Ausbildung ist oft nicht sehr praxisnah.

1.91 Welche Vorteile bieten außer- oder überbetriebliche Lernorte ganz allgemein? (3)

Bitte kreuzen Sie die richtigen Antworten bzw. Aussagen an!

❏ a) Betriebsindividuelles Wissen kann hier besonders wirksam erworben werden.

❏ b) Ergänzung der betrieblichen Ausbildung in Theorie und Praxis.

❏ c) Gute Übungsmöglichkeiten (z. B. Maschinenpraktikum).

❏ d) Erwerb von berufsgenerellem und branchentypischem Wissen.

❏ e) Dieser Ausbildungsteil verursacht keinerlei Kosten.

1.92 Welche Nachteile bringt eine Ausbildung an außer- oder überbetrieblichen Lernorten mit sich? (2)

Bitte kreuzen Sie die richtigen Antworten bzw. Aussagen an!

❏ a) Abwesenheit des Auszubildenden vom Betrieb.

❏ b) Bringt dem Auszubildenden keinen Nutzen.

❏ c) Unterbricht lediglich die betriebliche Ausbildung.

❏ d) Diese Ausbildung kostet den ausbildenden Betrieb zusätzlich Geld.

❏ e) Außer- bzw. überbetriebliche Ausbildungsabschnitte sind meistens wenig effizient.

Zu 1.93–1.100

Zur Stoffvertiefung folgen sogenannte „freie programmierte Übungsaufgaben", reine Sachfragen, jeweils ohne speziellen Firmenhintergrund.

1.93 Ein Unternehmer, der persönlich nicht geeignet ist, möchte dennoch in seinem Betrieb ausbilden. Er schlägt der zuständigen Stelle vor, einen hochqualifizierten Ausbilder, der sowohl persönlich als auch fachlich geeignet ist, mit der Ausbildung voll verantwortlich zu beauftragen. Wie ist die Rechtslage?

Bitte kreuzen Sie die richtige Antwort bzw. Aussage an!

❏ a) Unter diesen Voraussetzungen können in dem Unternehmen maximal 12 Auszubildende eingestellt werden.

❏ b) In diesem Unternehmen können Auszubildende eingestellt werden, wenn der Unternehmer der zuständigen Stelle schriftlich mitteilt, dass der Ausbilder auch die Einstellung der Auszubildenden selbständig und eigenverantwortlich durchführt.

❏ c) In diesem Unternehmen dürfen keine Auszubildenden eingestellt und ausgebildet werden, da der Unternehmer (Ausbildende) persönlich nicht geeignet ist.

❏ d) In diesem Unternehmen dürfen Auszubildende eingestellt und ausgebildet werden, wenn sich der Ausbildungsberater regelmäßig davon überzeugt, dass die Auszubildenden entsprechend den verbindlichen Ausbildungsordnungen vollständig ausgebildet werden.

❏ e) Die zuständige Stelle entscheidet, ob in diesem Unternehmen Auszubildende eingestellt und ausgebildet werden dürfen. Widerspruch gegen die Entscheidung der zuständigen Stelle ist zulässig.

1.94 Sie haben Peter Klug als Ausbilder für den jetzt einzustellenden Auszubildenden Jörg Hahn der Kammer benannt. Die Kammer hat ihrerseits herausgefunden, dass Peter Klug überwiegend in Ihrem Zweigbetrieb in Oberhofen beschäftigt ist und nur an ein bis zwei Tagen pro Woche in Ihrem Hauptbetrieb in Frankenberg anwesend ist. Die Kammer hat daraufhin die Eintragung des Vertrages Jörg Hahn in das Verzeichnis der Berufsausbildungsverhältnisse abgelehnt und die Benennung eines anderen Ausbilders gefordert. Wie sehen Sie die rechtliche Würdigung dieses Vorgehens?

Bitte kreuzen Sie die richtige Antwort bzw. Aussage an!

❏ a) Der Berufsausbildungsvertrag ist durch die Nichteintragung in das Verzeichnis der Berufsausbildungsverhältnisse durch die Industrie- und Handelskammer automatisch beendet worden.

❏ b) Der Vertrag gilt als aufgehoben, solange kein neuer Ausbilder benannt wird, der ständig „vor Ort" ist.

❏ c) Sie können den Vertrag jederzeit aus wichtigem Grund kündigen, wenn kein geeigneter Ausbilder für Ihre Betriebsstätte gefunden wird.

❏ d) Der Vertrag ist gültig. Sie müssen einen neuen geeigneten Ausbilder an Ihrer Betriebsstätte in einer von der Kammer gesetzten Frist benennen. Dann trägt die Kammer den Vertrag in das Verzeichnis der Berufsausbildungsverhältnisse ein.

❏ e) Der Betrieb verliert bei der Ablehnung der Eintragung eines Berufsausbildungsvertrages in das Verzeichnis der Berufsausbildungverhältnisse automatisch auch die Ausbildungsberechtigung.

1.95 Welche der nachstehenden Vereinbarungen zwischen Ausbildenden und Auszubildenden ist nach dem BBiG erlaubt?

Bitte kreuzen Sie die richtige Antwort bzw. Aussage an!

❏ a) Vertragsstrafen.

❏ b) Der Auszubildende verpflichtet sich bereits im Berufsausbildungsvertrag, ein Arbeitsverhältnis auf unbestimmte Zeit einzugehen.

❏ c) Der Auszubildende verpflichtet sich innerhalb der letzten sechs Monate des Berufsausbildungsverhältnisses, nach dessen Beendigung ein unbefristetes Arbeitsverhältnis einzugehen.

❏ d) Die Probezeit beträgt sechs Monate.

❏ e) Die Verpflichtung für den Auszubildenden, ohne Einschränkung alle Tätigkeiten zu übernehmen, die seinen körperlichen Kräften angemessen sind.

1.96 Ihre Jugend- und Auszubildendenvertretung möchte eigene Sprechstunden abhalten. Welche Anzahl von beschäftigten Jugendlichen und Auszubildenden sieht das BetrVG für ein solches Vorhaben vor? Wenn in der Regel mehr als ...

Bitte kreuzen Sie die richtige Antwort bzw. Aussage an!

❏ a) 10 Jugendliche beschäftigt werden.

❏ b) 5 Jugendliche beschäftigt werden.

❏ c) 50 Jugendliche beschäftigt werden.

❏ d) 20 Jugendliche beschäftigt werden.

❏ e) Eigene Sprechstunden sind nicht vorgesehen.

1.97 Die gewählten Mitglieder der Jugend- und Auszubildendenvertretung in Ihrem Unternehmen mit 67 Jugendlichen und Auszubildenden möchten ab sofort Sprechstunden während der Arbeitszeit einrichten und unterrichten den Ausbilder von ihrem Vorhaben. Als Zeit und Ort der Sprechstunden legen die Mitglieder der Jugend- und Auszubildendenvertretung Dienstag von 09.15 bis 12.00 Uhr im Büro des Betriebsrates fest. Wie soll sich der Ausbilder verhalten? Der Ausbilder ...

Bitte kreuzen Sie die richtige Antwort bzw. Aussage an!

❏ a) akzeptiert Zeit und Ort der Sprechstunden und bittet, alles noch schriftlich abzufassen.

❏ b) macht darauf aufmerksam, dass Zeit und Ort von ihm genehmigt werden müssen.

❏ c) verlangt eine Einverständniserklärung des Betriebsrates zu den Sprechstunden.

❏ d) weist darauf hin, dass die Sprechstunden mit der Betriebsleitung vereinbart werden müssen.

❏ e) weist darauf, dass „Zeit und Ort der Sprechstunden" zwischen dem Betriebsrat und dem Arbeitgeber zu vereinbaren sind.

1.98 Ein Auszubildender nimmt am Tag nach der bestandenen Abschlussprüfung seine Arbeit auf, ohne dass ein Arbeitsvertrag ausdrücklich geschlossen wurde. Welche der folgenden Aussagen ist richtig?

Bitte kreuzen Sie die richtige Antwort bzw. Aussage an!

❏ a) Dadurch ist kein Arbeitsvertrag zustande gekommen.

❏ b) Dadurch gilt ein Arbeitsverhältnis auf unbestimmte Zeit als begründet.

❏ c) Ein Arbeitsverhältnis gilt für die Zeit zwischen bestandener Abschlussprüfung und vertraglich vereinbartem Ausbildungsende als begründet.

❏ d) Dadurch gilt ein Arbeitsverhältnis auf unbestimmte Zeit nur dann als begründet, wenn der Arbeitgeber zu Beginn des nächsten Kalendermonats der Weiterbeschäftigung schriftlich zustimmt.

❏ e) Dadurch wird kein Arbeitsverhältnis auf unbestimmte Zeit begründet.

1.99 Klaus Höhler, der bereits wegen häufigen unentschuldigten Fehlens in der Berufsschule abgemahnt worden ist, versäumt die Berufsschule erneut unentschuldigt. Der allein zur Kündigung berechtigte Geschäftsführer des Unternehmens fährt in Kenntnis des neuen Vorfalls für 3 ½ Wochen in Urlaub. Unmittelbar nach seiner Rückkehr kündigt er das Ausbildungsverhältnis unter Angabe des wichtigen Grundes schriftlich. Wie ist die rechtliche Bewertung dieses Falles?

Bitte kreuzen Sie die richtige Antwort bzw. Aussage an!

❏ a) Auch wiederholtes unentschuldigtes „Schwänzen" der Berufsschule stellt keinen wichtigen Kündigungsgrund dar.

❏ b) Einer Kündigung aus wichtigem Grund müssen zwingend mindestens zwei Abmahnungen vorausgegangen sein.

❏ c) Die Kündigung ist unwirksam, da die ihr zugrundeliegenden Tatsachen dem zur Kündigung Berechtigten länger als zwei Wochen bekannt waren.

❏ d) Die Kündigung ist wirksam, da es unerheblich ist, wann dem Chef die der Kündigung zugrundeliegenden Tatsachen bekannt geworden sind.

❏ e) Die einzig zulässige Sanktion für wiederholtes unentschuldigtes Fernbleiben von der Berufsschule ist die anteilige Kürzung der Ausbildungsvergütung (pro rata temporis).

1.100 Susi K., eine Auszubildende im Beruf Bürokauffrau, hat sich einen gebrauchten Computer (PC) gekauft, um mehr Gelegenheit zu haben, die Textverarbeitung zu üben und sich auch besser auf die Abschlussprüfung vorbereiten zu können. Der Computer steht in ihrer Wohnung. Bei ihrem Ausbildungsbetrieb beantragt sie eine angemessene Beteiligung an den Anschaffungskosten von € 660,–. Lässt sich dieser Wunsch rechtlich durchsetzen?

Bitte kreuzen Sie die richtige Antwort bzw. Aussage an!

❏ a) Da die Textverarbeitung am PC Teil der Abschlussprüfung einer Bürokauffrau ist und die Auszubildende ihn ausschließlich berufsbildgemäß einsetzen will, hat sie Anspruch auf den halben Ersatz ihrer Aufwendungen (zuzüglich Mehrwertsteuer).

❏ b) Aufwendungen für privat angeschaffte Arbeitsmittel sind auch dann nicht vom Ausbildenden zu bezahlen, wenn sie ausschließlich zu Ausbildungszwecken eingesetzt werden.

❏ c) Wenn im Ausbildungsbetrieb zu wenig Gelegenheit zur Anwendung und Übung der Textverarbeitung am PC besteht, hat die Auszubildende Anspruch auf vollen Ersatz ihrer Auslagen.

❏ d) Die Auszubildende hat nur unter der Voraussetzung Anspruch auf Ersatz der getätigten Ausgaben, dass die im Ausbildungsbetrieb angewendete Textverarbeitungssoftware von der prüfenden Kammer in der Abschlussprüfung nicht zugelassen ist und sie sich daher auf einem privaten PC mit der zugelassenen Software auf die Prüfung vorbereiten muss.

❏ e) Der Ausbildungsbetrieb muss bis zu 75 % der Anschaffungskosten erstatten, wenn er nicht selbst über die Textverarbeitungssoftware verfügt, die die Kammer bei Prüfungen zulässt.

Löungen zu den Aufgaben 1.01 – 1.100

Frage	a	b	c	d	e	Frage	a	b	c	d	e
1.01	X		X		X	1.41				X	X
1.02	X	X				1.42	X	X			X
1.03			X	X		1.43	X	X			X
1.04	X			X	X	1.44	X	X	X		
1.05	X	X				1.45	X	X	X	X	
1.06	X	X	X			1.46	X	X			X
1.07					X	1.47		X	X	X	
1.08				X		1.48		X			X
1.09				X		1.49	X	X			X
1.10			X		X	1.50	X			X	X
1.11			X	X	X	1.51	X	X	X		
1.12	X	X			X	1.52		X	X	X	
1.13	X	X			X	1.53	X			X		X
1.14	X	X			X	1.54	X	X			X
1.15		X	X		X	1.55			X	X	
1.16		X	X		X	1.56					X
1.17	X	X	X			1.57	X				
1.18	X			X	X	1.58	X	X	X		
1.19	X	X		X		1.59	X	X	X		
1.20		X		X		1.60	X	X	X	X	
1.21		X	X			1.61	X	X			X
1.22	X	X				1.62	X	X			X
1.23			X	X	X	1.63	X	X	X	X	
1.24					X	1.64			X	X	X
1.25					X	1.65			X		
1.26		X	X			1.66	X			X	X
1.27	X	X	X			1.67		X			
1.28				X	X	1.68		X	X		X
1.29		X		X	X	1.69	X		X	X	
1.30	X					1.70		X	X	X	
1.31			X			1.71	X				X
1.32				X		1.72	X	X			X
1.33	X					1.73		X	X		X
1.34	X	X	X			1.74	X	X	X		
1.35	X	X			X	1.75		X	X	X	
1.36		X	X	X		1.76		X			
1.37	X	X			X	1.77				X	X
1.38	X	X				1.78		X		X	
1.39		X	X			1.79	X				X
1.40			X	X		1.80			X		X

Frage	a	b	c	d	e
1.81	X	X	X		
1.82	X	X			
1.83	X	X	X		
1.84	X	X			
1.85				X	
1.86			X	X	X
1.87		X	X	X	
1.88	X				X
1.89	X		X	X	X
1.90	X	X	X		
1.91		X	X	X	
1.92	X			X	
1.93			X		
1.94				X	
1.95			X		
1.96			X		
1.97					X
1.98		X			
1.99			X		
1.100		X			

Kapitel 2 – Aufgaben 2.01 – 2.100 (mit Lösungen)

In diesem Kapitel finden Sie **100 Mehrfachauswahlaufgaben**, die häufig auch als **Programmierte Aufgaben** oder **Multiple-Choice-Aufgaben** bezeichnet werden. Diese Aufgaben stammen aus dem Handlungsfeld 2 und zusätzlich, wo es im Sinne von ganzheitlichem Lernen zweckmäßig erschien, auch aus den übrigen 3 Handlungsfeldern.

Zu 2.01–2.04

Bankier Albrecht Schwarz junior vom Bankhaus A. Schwarz & Co. in Villberg diskutiert häufig mit dem Leiter seiner Personalabteilung, Herrn Kurt Koch. Herr Koch – gelernter Bankkaufmann und seit kurzer Zeit geprüfter Ausbilder nach AEVO – soll sich in der Bank um die demnächst einzustellenden 2 Auszubildenden (Ausbildungsberuf: Bankkaufmann/Bankkauffrau) kümmern. Herr Koch ist gerade dabei, Organisation und Inhalt der künftigen Berufsausbildung im Bankhaus mit dem Rahmenlehrplan der Berufsschule abzustimmen, als sein Chef, der Bankier Albrecht Schwarz junior, in die Personalabteilung kommt. Herr Koch berichtet kurz vom Stand seiner Arbeiten, als Herr Schwarz ihn recht barsch unterbricht: Mich als Inhaber dieser Privatbank interessieren die Lehrpläne der Berufsschule überhaupt nicht. Die Öffentlichkeit soll froh sein, dass wir auf Fürsprache der IHK jetzt zwei Auszubildende einstellen. Ich habe aber keine Lust, mir den Ablauf unserer Privatbankausbildung von den Lehrern der Berufsschule diktieren zu lassen. Das geht mir dann doch zu weit! Das habe ich doch neulich bereits Herrn Gutmut von der IHK gesagt.

Welche Argumente wird Herr Koch im Sinne von „Zusammenarbeit der beiden Lernorte Betrieb und Berufsschule" und „Gemeinsam handeln im Rahmen des dualen Systems" nun vorbringen?
Dabei denkt er spontan an folgende Punkte:

– Notwendigkeit der Zusammenarbeit im dualen System.

– Schlagwort: Didaktische Parallelität.

– Pädagogische Gründe.

– Mögliche Abstimminstrumente.

2.01 Folgende Punkte sprechen nach Ansicht von Herrn Koch (Bankhaus A. Schwarz & Co.) für die Notwendigkeit einer Zusammenarbeit der beiden hauptsächlichen Lernorte im dualen System.
Welchen Punkten können Sie zustimmen? (3)

Bitte kreuzen Sie die richtigen Antworten bzw. Aussagen an!

❏ a) Entlastung des Bankhauses von Ausbildungsaufgaben.

❏ b) Verlagerung der Verantwortung für den Ausbildungserfolg vom Bankhaus auf die Berufsschule.

❏ c) – Theoretische Vertiefung praktischer Abläufe.
    – Verzahnung von Theorie und Praxis.
    – Sicherstellung der systematischen Ausbildung (zeitlich, fachlich).

❏ d) – Informationen über technische Neuerungen und deren Anwendung.
    – Praxisnahe Gestaltung des Unterrichts.

❏ e) – Kennenlernen unterschiedlicher Betriebsabläufe.
    – Gemeinsame Entwicklung von Handlungskompetenz.

2.02 So definiert Herr Koch vom Bankhaus A. Schwarz & Co. den Begriff der „didaktischen Parallelität". (2)

Bitte kreuzen Sie die richtigen Antworten bzw. Aussagen an!

❑ a) Inhaltliche Abstimmung der Ausbildung zwischen der Berufsschule und dem Bankhaus.

❐ b) Zeitliche Abstimmung der Ausbildung zwischen der Berufsschule und dem Bankhaus.

❑ c) Beide Lernorte bilden – ohne formelle Abstimmung – nach ihren jeweiligen Lehr- bzw. Ausbildungsplänen aus.

❑ d) Die Berufsschule kennt die Ausbildungspläne des Bankhauses.

❑ e) Das Bankhaus hat die Lehrpläne der Berufsschule vorliegen.

2.03 Folgende pädagogische Gründe sprechen nach Meinung von Herrn Koch (Bankhaus A. Schwarz & Co.) ebenfalls für eine enge Kooperation der beiden Lernorte. (3)

Bitte kreuzen Sie die richtigen Antworten bzw. Aussagen an!

❑ a) Besseres Erreichen des Ausbildungszieles durch verstärkte Vermittlung der Kenntnisse und Fertigkeiten sowie Erwerb der Handlungskompetenz.

❑ b) Entlastung der Ausbilder des Bankhauses.

❑ c) Senkung der Ausbildungskosten im Bankhaus.

❑ d) Persönlichkeitsbildung und Erwerb von Allgemeinbildung.

❑ e) Erwerb von Schulabschlüssen und Hilfen bei Lernschwierigkeiten.

2.04 Welche Instrumente der (gegenseitigen) Abstimmung wird Herr Koch anführen? (3)

Bitte kreuzen Sie die richtigen Antworten bzw. Aussagen an!

❑ a) Rasche Kontaktaufnahme mit der Berufsschule.

❑ b) Bessere Anpassung der Lehrpläne der Berufsschule an die Ausbildungsordnung für die Ausbildung von Bankkaufleuten.

❑ c) Bildung von Gesprächs- und Arbeitskreisen (Bank – Berufsschule).

❑ d) Einführung regelmäßiger Ausbildersprechtage an der Berufsschule.

❑ e) Bessere Anpassung der Ausbildungsordnung zur Ausbildung von Bankkaufleuten an die Lehrpläne der Berufsschule.

Zu 2.05–2.06

Die Solemna Deutschland AG ist die Tochtergesellschaft eines schweizerischen Versicherungskonzerns und gehört zu den jungen und aufstrebenden Universalversicherungsgesellschaften in unserem Land. Mit bundesweit 16 Filialdirektionen und der Zentrale in Frankfurt / Main ist jetzt die erste Stufe des Aufbaus vollzogen. In den Filialdirektionen sind jeweils ca. 20–30 Personen beschäftigt, in der Zentrale arbeiten insgesamt (neben dem Vorstand) ca. 350 Mitarbeiterinnen und Mitarbeiter. Bisher hat die Solemna Deutschland AG noch nicht ausgebildet. Per Umfrage hat der Personalchef, Herr Hans Keller, kürzlich ermittelt, dass alleine in der Zentrale 12 gelernte Versicherungskaufleute/Versicherungskauffrauen bzw. Versicherungsfachwirte/Versicherungsfachwirtinnen arbeiten, die bereits die Ausbilder-Eignungsprüfung bei der IHK erfolgreich abgelegt haben.

Auf Anregung des Vorstandes wurde ein Arbeitskreis „Berufsausbildung" ins Leben gerufen, an welchem (unter der Leitung des Personalchefs Hans Keller) folgende Damen und Herren (alle mit AdA-Prüfung) regelmäßig teilnehmen:
Frau Petra Altendorf, Abteilung Außendienst Mitte.
Herr Jürgen Anders, Abteilung Volkswirtschaft.
Frau Rita Beck, Rechtsabteilung.
Herr Arnulf Sprock, Abteilung Bestandspflege.
Frau Nicole Stroh, Abteilung Organisation I.
Herr Harro Wöhner, Abteilung Organisation II.

Nachdem innerhalb der letzten Monate die sachlichen und personellen Fragen im Zusammenhang mit der erstmaligen Aufnahme der Berufsausbildung für den Ausbildungsberuf Versicherungskaufmann/Versicherungskauffrau geklärt und mit dem zuständigen Ausbildungsberater der IHK erörtert worden sind, dreht sich bei der heutigen Sitzung des Arbeitskreises alles um die Frage: Wie erstellen wir unseren betrieblichen Ausbildungsplan?

Herr Keller führt aus, dass dazu einige Vorarbeiten zu leisten seien, die er gerne auf die 6 Mitglieder des Arbeitskreises wie folgt verteilen möchte (was er dann auch prompt tat):

Frau Petra Altendorf: Welche Informationen/Inhalte gehören in einen betrieblichen Ausbildungsplan?

Her Jürgen Anders: Die Grundprinzipien der sachlogischen Planung.

Frau Rita Beck: Die Grundprinzipien einer zeitlichen Gliederung.

Herr Arnulf Sprock: Das Erstellen eines betrieblichen Ausbildungsplanes.

Frau Nicole Stroh: Das Erstellen eines Versetzungsplanes.

Herr Harro Wöhner: Die rechtlichen Vorgaben durch die Zwischenprüfung.

Herr Keller bittet die 6 Mitglieder des Arbeitskreises, ihre Kernideen anläßlich der nächsten Sitzung per Metaplan-Technik darzustellen.

2.05 Petra Altendorf hat ihre „Hausaufgabe" (Welche Informationen/Inhalte gehören in einen betrieblichen Ausbildungsplan?) gelöst und die Lösung in eine Art „Quiz für Ausbilder" verpackt. Welche Lösungskombination ist richtig?

1. Kenntnisse und Fertigkeiten (Ausbildungsordnung und betriebs- bzw. branchenspezifische Kenntnisse und Fertigkeiten).

2. Ausbildungsbeauftragte/Fachkräfte.

3. Lernorte.

4. Dauer der Ausbildungsabschnitte (Ausbildungsordnung und didaktische Gewichtung).

5. Zeit (Ausbildungsordnung und sachlogische bzw. pädagogische Gesichtspunkte).

Die Inhalte von 1–5 sind nun zu kombinieren mit den Fragen 1–5. Dabei ist jedem Inhalt die richtige Frage zuzuordnen.

A. Wie lange?

B. Wann?

C. Was?

D. Wer?

E. Wo?

Bitte kreuzen Sie die richtige Antwort bzw. Aussage an!

❏ a) 1 A, 2 B, 3 C, 4 D, 5 E

❏ b) 1 B, 2 C, 3 D, 4 E, 5 A

❏ c) 1 C, 2 D, 3 E, 4 B, 5 A

❏ d) 1 D, 2 E, 3 A, 4 B, 5 C

❏ e) 1 C, 2 D, 3 E, 4 A, 5 B

2.06 Auch Jürgen Anders hatte bei der Bearbeitung des Themas „Prinzipien der sachlogischen Planung" eine kreative Idee für die Präsentation. Finden Sie heraus, welche Zahlen-Buchstaben-Kombinatin die richtige Vorgehensweise beschreibt.

1. Erster Schritt.

2. Zweiter Schritt.

3. Dritter Schritt.

4. Vierter Schritt.

A. Feststellen der zu vermittelnden Kenntnisse und Fertigkeiten und deren Reihenfolge.

B. Festlegen der Dauer der einzelnen Ausbildungsabschnitte.

C. Durchführung der Ausbildung entsprechend dem Plan.

D. Zuordnung von Kenntnissen und Fertigkeiten zu bestimmten Lernorten bzw. zu bestimmten Aufträgen.

Bitte kreuzen Sie die richtige Antwort bzw. Aussage an!

❑ a) 1 A, 2 B, 3 C, 4 D

❑ b) 1 A, 2 B, 3 D, 4 C

❑ c) 1 B, 2 C, 3 D, 4 A

❑ d) 1 B, 2 A, 3 D, 4 C

❑ e) 1 C, 2 D, 3 A, 4 B

Einige Stichworte aus den Vorträgen von Jürgen Anders und Rita Beck sind beigefügt (als weitere Lernaufträge für Ihre Prüfungsvorbereitung).

Jürgen Anders, Solemna Deutschland AG, Abteilung Volkswirtschaft:

Die Grundprinzipien der sachlogischen Planung
(Stichpunkte zum Vortrag)

1. Der betriebliche Ausbildungsplan muss alle im Ausbildungsrahmenplan aufgeführten Fertigkeiten und Kenntnisse enthalten.

2. Die zu vermittelnden Fertigkeiten und Kenntnisse werden zu Ausbildungseinheiten (entsprechend den Betriebsabteilungen/Betriebsfunktionen) zusammengefasst.

3. Größere Ausbildungseinheiten werden in sachlich zu begründende Unterabschnitte gegliedert.

4. Die Probezeit solle möglichst jeweils die Maximaldauer von 3 Monaten umfassen und inhaltlich so gestaltet sein, dass Aussagen über die Eignung und Neigung des Auszubildenden (und des Ausbildungsbetriebes) möglich werden.

5. Die sachliche Gliederung der Ausbildung (bis zur Zwischenprüfung) muss sich ganz an den Anforderungen der Zwischenprüfung orientieren.

6. Der betriebliche Unterricht in der Solemna Deutschland AG und die außerbetriebliche Ausbildung bei der Versicherungsakademie müssen die praktische Ausbildung vor Ort sinnvoll ergänzen.

7. Die einzelnen Ausbildungsmodule/Ausbildungseinheiten sind wie folgt aufzubauen:

- Breite Grundlagenausbildung und danach erst die
- spezielle Anwendungsausbildung.

Rita Beck, Solemna Deutschland AG, Rechtsabteilung

Die Grundprinzipien einer zeitlichen Gliederung
(Stichpunkte zum Vortrag)

1. Die Ausbildungszeit ist unbedingt nach der Reihenfolge der Prüfungen zu gliedern.

2. Sofern der Ausbildungsrahmenplan (als Teil der verbindlichen Ausbildungsordnung, siehe § 25 BBiG) eine zeitliche Folge von Ausbildungsinhalten vorsieht, ist diese zeitliche Folge unbedingt zu beachten.

3. Der betriebliche Ausbildungsplan muss Urlaubszeiten (siehe Berufsschulferien) und Zeiten des Blockunterrichts in der Berufsschule berücksichtigen. Eine Terminabstimmung mit der Berufsschule ist unabdingbar.

4. Die einzelnen Ausbildungsabschnitte (Antragsbearbeitung, Schadensabteilung, Vertrieb etc.) sollen überschaubar sein und nie länger als 6–7 Monate dauern. Dies gilt auch für die Ausbildung in den Filialen.

5. Auch die Unterabschnitte der Ausbildung (z. B. Schadensabteilung Kfz, Schadensabteilung Haftpflicht und Schadensabteilung PKV) sollen mit exakten Zeitangaben (ggf. Tage, mindestens aber Wochen oder Monate) versehen werden, die dann auch strikt einzuhalten sind.

6. Die zeitliche Gliederung des Ausbildungsplanes muss auch eine mögliche individuelle Verkürzung der Ausbildungszeit zulassen.

7. Aus betrieblichen und/oder pädagogischen Gründen können die Dauer und die zeitliche Abfolge einzelner Ausbildungseinheiten variiert werden, soweit die Teilziele und das Gesamtziel der Ausbildung dadurch nicht beeinträchtigt werden.

8. Innerhalb eines Ausbildungsabschnittes sind zeitliche Verschiebungen und Umstellungen statthaft, wenn die Prinzipien einer vollständigen und gegliederten Ausbildung dennoch beachtet werden.

9. In Ausnahmefällen kann in begrenztem Umfang vom Ausbildungsplan abgewichen werden. Die Ausbildende hat dies der zuständigen Stelle schriftlich anzuzeigen.

Zu 2.07–2.11

Sie sind Ausbildungsleiter Peter Weck und im Hause der Maschinenfabrik Stümpfle KG für die kaufmännische Berufsausbildung (Industriekaufleute) verantwortlich.

Zu Beginn des letzten Ausbildungsjahres hatte die Stümpfle KG 6 Auszubildende als angehende Industriekaufleute eingestellt. Noch während der Probezeit nutzen Sie

78

einen Nachmittag, um die 6 neuen Auszubildenden im Rahmen des betrieblichen Unterrichts über das bei Stümpfle verwendete Beurteilungssystem zu informieren. Insbesondere über Zielsetzung, Beurteilungsanlässe und Vorgehensweise (im Regelfall) wollen Sie aufklären.

Nach dem selbstgewählten Motto „be-urteilen", nicht „ver-urteilen" haben Sie sich folgende Punkte notiert, über die Sie mit den Auszubildenden sprechen werden (jeweils Kurzvortrag mit Diskussion, unterstützt durch Meta-Plan-Technik).

– Prinzipien der Beurteilung bei der Stümpfle KG (Ziele, Anlässe, Informationsquellen).

– Beurteilungsgrundsätze.

– Formen und Vorgehensweise.

– Beurteilungsfehler.

– Gesetzliche Grundlagen.

– Betriebsrat/JAV.

– Zusammenfassung
(Beurteilung als Hilfe zur Selbsthilfe).

Sämtliche Meta-Plan-Tafeln werden stets anschließend mit dem „Pinnwand-Kopierer" fotografiert. Dieses Gerät liefert pro Meta-Plan-Tafel eine Seite DIN A4-Wiedergabe. Diese DIN A4-Blätter werden anschließend fotokopiert und als Unterlagen an alle Teilnehmer/Teilnehmerinnen verteilt.

Anmerkung
Folgende Begriffe werden in diesem Buch jeweils synonym gebraucht:
Pinnwand – Stecktafel – Meta-Plan-Tafel
Overheadprojektor – Tageslichtprojektor
Flipchart – Papiertafel

2.07 Peter Weck informiert seine Auszubildenden über das Thema Beurteilungen im Hause der Maschinenfabrik Stümpfle KG. Welche Ziele verfolgen wir bei Stümpfle mit den Beurteilungen? (3)

Bitte kreuzen Sie die richtigen Antworten bzw. Aussagen an!

❏ a) Ermittlung von Charakterschwächen.

❏ b) Feedback für den Ausbilder.

❏ c) Feedback für den Auszubildenden.

❏ d) Information für den Berufsschullehrer.

❏ e) Information der Eltern.

2.08 Welche Anlässe gibt es bei der Stümpfle KG für Beurteilungen? (3)

Bitte kreuzen Sie die richtigen Antworten bzw. Aussagen an!

❏ a) Ende der Probezeit und regelmäßig am Ende eines Ausbildungsabschnittes.

❏ b) Anstehende Prüfungen (Zwischen- und Abschlussprüfung) und Verkürzung/ Verlängerung der Ausbildungszeit.

❏ c) Geschäftsjahresschluss.

❏ d) Gewerkschaftliche Betätigung.

❏ e) Beendigung der Ausbildung.

2.09 Welche Informationsquellen benutzt man bei der Maschinenfabrik Stümpfle KG für Beurteilungen Auszubildender? (3)

Bitte kreuzen Sie die richtigen Antworten bzw. Aussagen an!

❏ a) Ausbildungsnachweise, ausgefüllte Beurteilungsbögen von Ausbildungsbeauftragten und Beobachtungen am Arbeitsplatz.

❏ b) Auskünfte des Betriebsrates und der JAV über den Auszubildenden.

❏ c) Beobachtungen während der Freizeit.

❏ d) Arbeitsproben, mündliche Erfolgskontrollen und Prüfungen sowie schriftliche Erfolgskontrollen.

❏ e) Schulleistungen und betriebliche Tests.

2.10 Welche Grundsätze gelten (nicht nur bei Maschinenfabrik Stümpfle KG) für Beurteilungen? (2)

Beurteilt werden:

Bitte kreuzen Sie die richtigen Antworten bzw. Aussagen an!

❏ a) Vertrauenswürdigkeit, Ehrlichkeit.

❏ b) Fachwissen, Arbeitsverhalten.

❏ c) Sozialverhalten, besondere Fähigkeiten und Fertigkeiten.

❏ d) Charakterfestigkeit, Charakterstärke.

❏ e) Persönliche Schwächen (wie Nikotin- oder Alkoholkonsum in der Freizeit).

2.11 Welche weiteren Grundsätze gelten für Beurteilungen? (3)

Bitte kreuzen Sie die richtigen Antworten bzw. Aussagen an!

❏ a) Beurteilungsergebnisse dürfen nicht schriftlich festgehalten werden (Datenschutz, Persönlichkeitsschutz).

❏ b) Die Auszubildenden sind über das Beurteilungssystem ausführlich zu informieren. Jede Beurteilung muss sich auf konkrete Beobachtungen stützen.

❏ c) Die Beurteilungen sind regelmäßig durchzuführen. Die Beurteilungsergebnisse sind schriftlich festzuhalten.

❏ d) Die Beurteilungen sind mit den Auszubildenden ausführlich zu besprechen.

❏ e) Jeder Auszubildende sollte während der Berufsausbildung zweimal (jeweils kurz vor der Zwischen- und Abschlussprüfung) beurteilt werden.

Zu 2.12–2.23

Zur Stoffvertiefung folgen sogenannte „freie programmierte Übungsaufgaben", reine Sachfragen, jeweils ohne speziellen Firmenhintergrund.

2.12 Die freien programmierten Fragen in diesem Buch dienen mehreren pädagogischen Zielsetzungen. (3)

Bitte kreuzen Sie die richtigen Antworten bzw. Aussagen an!

❏ a) Sie unterstützen Sie beim Erlernen der neuen Themen/Lerninhalte.

❏ b) Sie unterstützen Sie bei den notwendigen Wiederholungen (zur Festigung des Wissens).

❏ c) Sie nehmen Ihrem AdA-Dozenten einen Großteil seiner Arbeit ab.

❏ d) Wer alle freien programmierten Fragen richtig gelöst hat, wird mit Sicherheit die AdA-Prüfung bestehen.

❏ e) Wer alle in diesem Buch gestellten Fragen gründlich bearbeitet hat, ist bestens auf die AdA-Prüfung vorbereitet.

2.13 Welchen der folgenden Aussagen können Sie zustimmen? (3)

Bitte kreuzen Sie die richtigen Antworten bzw. Aussagen an!

❏ a) Als Vorteile der betrieblichen Ausbildung gelten die praxisnahe Ausbildung, der direkte Zusammenhang zwischen Ausbildungsplatzangebot und Beschäftigungsbedarf und die vergleichsweise niedrigen Kosten (zumindest für die öffentlichen Haushalte). Dem stehen als Nachteil die besondere Kostenbelastung für die ausbildenden Betriebe, die Abhängigkeit des Angebotes von einzelbetrieblichen Entscheidungen und die mangelhafte Durchlässigkeit zu höheren Bildungsabschlüssen gegenüber.

❏ b) Die Vorteile der betrieblichen Berufsausbildung liegen einwandfrei auf der Seite der Ausbildenden (= Arbeitgeber), da diese die Auszubildenden nach Belieben disziplinieren und als superbillige Arbeitskräfte ausnutzen.

❏ c) Die betriebliche Berufsbildung steht im Spannungsfeld von betrieblichem Personalbedarf und dem gesellschaftlichen Bedarf an Ausbildungsplätzen. Die Anforderungen werden durch die Ausbildungsordnungen einerseits und durch die im Betrieb eingesetzten Arbeitsverfahren und -techniken bestimmt. Die rechtlichen Anforderungen sind im Berufsbildungs- und im Berufsbildungsförderungsgesetz formuliert.

❏ d) Die Berufsschule, der Auszubildende und der Betrieb, das sind die Beteiligten/ Mitwirkenden an der Berufsausbildung. Andere Stellen/Personen haben hier nichts verloren.

❏ e) Als Beteiligte und Mitwirkende an der Ausbildung können aufgezählt werden: Ausbilderin oder Ausbilder und Auszubildende, Eltern, Betrieb mit den ausbildenden Fachkräften, Berufsschule, Kammer, Gewerkschaft und Betriebsrat sowie Jugend- und Auszubildendenvertretung.

2.14 Welchen Aussagen zum Thema „Eignung der Ausbildungsstätte" können Sie zustimmen? (2)

Bitte kreuzen Sie die richtigen Antworten bzw. Aussagen an!

❏ a) In der heutigen Zeit muss man froh sein, wenn ein Betrieb einen Auszubildenden einstellt und ausbildet. Da spielt die Eignung keine große Rolle.

❏ b) Das BBiG schreibt die vollständige Vermittlung aller Ausbildungsinhalte vor. Es ist deshalb zu überprüfen, ob im Betrieb alle Inhalte der Ausbildungsordnung des ausgewählten Berufes auch vermittelt werden können.

❏ c) Das BBiG schreibt viel vor, die Praxis sieht anders aus. Bei der hohen Zahl von arbeitslosen Jugendlichen sollte man eher nach dem Grundsatz verfahren: Lieber eine Ausbildung mit 75 % der vorgeschriebenen Inhalte als keine Ausbildung (und Dauerarbeitslosigkeit).

❏ d) Wenn Betriebe nicht alle Inhalte des Berufes selbst vollständig abdecken können, bietet sich die Ausbildung im Verbund mit anderen Betrieben sowie mit überbetrieblicher Ausbildung an. Für die Gewinnung neuer Ausbildungsplätze hat diese Lösung eine besondere bildungspolitische Bedeutung.

❏ e) Die Ausbildung im Verbund funktioniert in der Praxis kaum, da sich die Verbundpartner meistens nicht auf eine gemeinsame Linie einigen können.

2.15 Eine breit angelegte berufliche Grundbildung (§ 1 Abs. 3 BBiG) führt ...

Bitte kreuzen Sie die richtige Antwort bzw. Aussage an!

❏ a) zu einer immer geringeren Spezialisierung der Menschen.

❏ b) zu einer größeren Durchfallquote bei den Abschlussprüfungen.

❏ c) für die meisten zu einer Verkürzung der Ausbildungszeit.

□ d) zu verbesserten beruflichen Chancen des einzelnen.

□ e) lediglich zu einer sinnlosen Verlängerung der Berufsbildung.

2.16 Unter Mobilität versteht man im Zusammehang mit der Berufsausbildung:

Bitte kreuzen Sie die richtige Antwort bzw. Aussage an!

□ a) Manuelles Geschick in seinem Beruf (Fertigkeiten).

□ b) Spezialkenntnisse in einem einzigen Beruf (Kenntnisse).

□ c) Anpassungsfähigkeit an einen anderen Beruf (Anpassungsfähigkeit).

□ d) Berufliche Beweglichkeit, um auch bei Bedarf den Arbeitsplatz wechseln zu können (Beweglichkeit).

□ e) Körperliches Fitness-Training in der Berufsausbildung, um stets mobil zu sein (Training).

2.17 Ausbildungsordnungen nach § 5 BBiG können Zusatzbestimmungen enthalten, die bei der Planung der Ausbildung zu berücksichtigen sind. Welche Aussagen sind richtig? (2)

Es handelt sich um Zusatzbestimmungen, die ...

Bitte kreuzen Sie die richtigen Antworten bzw. Aussagen an!

□ a) die Berufsschule betreffen.

□ b) die Ausbildung der Ausbilder (AdA) betreffen.

□ c) die Jugendvertretung betreffen.

□ d) die Ausbildungsmaßnahmen betreffen, die außerhalb des Ausbildungsbetriebes liegen.

□ e) die Anerkennung anderer Ausbildungsmaßnahmen betreffen.

2.18 Wann ist eine Ausbildungsmaßnahme außerhalb der Ausbildungsstätte in jedem Fall erforderlich (siehe § 27 Abs. 2 BBiG)?

Bitte kreuzen Sie die richtige Antwort bzw. Aussage an!

□ a) Wenn die Berufsschule nicht alle vorgeschriebenen Fachkenntnisse vermitteln kann (Lehrermangel).

□ b) Wenn die Auszubildenden eine Verkürzung der Arbeitszeit anstreben.

□ c) Bei längerer Krankheit eines Auszubildenden.

❏ d) Wenn der Ausbildungsbetrieb die in der Ausbildungsordnung vorgeschriebenen Fertigkeiten und Kenntnisse im eigenen Betrieb nicht vollständig vermitteln kann.

❏ e) Bei längerer Krankheit des Ausbilders.

2.19 Welche der folgenden Abgrenzungen zwischen den Aufgaben der Betriebe und der Berufsschule treffen zu? (2)

Bitte kreuzen Sie die richtigen Antworten bzw. Aussagen an!

❏ a) Der Betrieb vermittelt ausschließlich praktische Fertigkeiten, die Berufsschule lehrt nur theoretisches Fachwissen.

❏ b) Die Fachausbildung geschieht allein im Betrieb; in der Berufsschule wird nur die Allgemeinbildung fortgesetzt und vertieft.

❏ c) Die Fachausbildung geschieht im Betrieb, während fachliches Wissen aus eher theoretischer Sicht und ein gutes Allgemeinwissen von der Berufsschule vermittelt wird.

❏ d) Die Abgrenzung ist durch die unterschiedliche Zielsetzung gegeben: Während die betriebliche Ausbildung stärker auf die qualifizierte Fachkraft hinzielt, liegt das Ziel der Berufsschulausbildung stärker im Erreichen der beruflichen Mobilität und der sozialen Mündigkeit.

❏ e) Die Berufsschule muss die betriebliche Ausbildung ergänzen, um die auffälligsten Ausbildungsmängel der Betriebe auszugleichen.

2.20 Welchen Hauptzielen dienen „Blockunterricht" und „betriebsbezogener Phasenunterricht"? (2)

Bitte kreuzen Sie die richtigen Antworten bzw. Aussagen an!

❏ a) Verbesserung des Ausbildungserfolges allgemein.

❏ b) Bessere Koordinierung der dualen Ausbildung in Betrieb und Berufsschule.

❏ c) Vereinfachung der Ausbildung für den einzelnen Auszubildenden.

❏ d) Entlastung des Lehrpersonals der Berufsschule.

❏ e) Verminderung der unentschuldigten Schulversäumnisse.

2.21 Welchem Zweck dient eigentlich der Blockunterricht in der Berufsschule?

Bitte kreuzen Sie die richtige Antwort bzw. Aussage an!

❏ a) Die weitere Abstimmung der Ausbildungsinhalte zwischen Betrieb und Berufsschule kann entfallen, da ja die Inhalte in der Berufsschule hintereinander durchgenommen werden müssen.

❏ b) Die Wissensverarbeitung für die Auszubildenden wird allgemein verbessert, da sowohl theoretische als auch praktische Kenntnisse jeweils zusammenhängend vermittelt werden können.

❏ c) Die Ausbildungsbetriebe können während des Blockunterrichts die Ausbildungsvergütungen der betroffenen Auszubildenden völlig einsparen.

❏ d) Bei Krankheit versäumt der Auszubildende entweder nur die Theorie (Berufsschule) oder nur die Praxis (Betrieb) und kann dadurch die versäumten Themen leichter nachlernen.

❏ e) Der Blockunterricht verbessert das Image der Berufsschulen in Richtung „Fachschule".

2.22 Warum sollte sich der verantwortungsbewusste Ausbilder ständig über Inhalt und Verlauf des Berufsschulunterrichts orientieren?

Bitte kreuzen Sie die richtige Antwort bzw. Aussage an!

❏ a) Er kann sich so ein exaktes Bild über die Leistung des Berufsschullehrers machen.

❏ b) Er kann dadurch laufend praktische Beispiele zum theoretischen Stoff der Berufsschule bilden bzw. bilden lassen.

❏ c) Nur das gibt ihm die Möglichkeit zu kontrollieren, ob sich die Lehrer auch an die Lehrpläne halten.

❏ d) Er verhindert so, dass die Auszubildenden mehr wissen als er selbst.

❏ e) Er kann so feststellen, ob ein weiterer Berufsschulbesuch seiner Auszubildenden noch notwendig ist.

2.23 Ständige Kontakte zwischen Berufsschule und Ausbildungsbetrieb bieten den Vorteil, dass ... (2)

Bitte kreuzen Sie die richtigen Antworten bzw. Aussagen an!

❏ a) die Schule laufend die Eignung des Ausbildungsbetriebes kontrollieren kann.

❏ b) die Lehrer die betrieblichen Beurteilungen in ihre Notengebung mit einbeziehen.

❏ c) die Lehrer sich über neue Entwicklungen informieren und ihre früher gewonnenen betriebspraktischen Erfahrungen ständig aktualisieren können.

❏ d) der Unterricht wirklich praxisnah gestaltet werden kann.

❏ e) die Lehrer den Ausbildern vielfältige Hinweise für eine systematische Vorbereitung auf die Zwischen- und Abschlussprüfungen geben können.

Zu 2.24–2.29

Ihr Name ist Christa Borg. Sie sind als Personalchefin der Firma Data Technologies GmbH vom Alleingeschäftsführer Peter Finck beauftragt worden, Ausbildungsplatzinteressenten für die Berufe Industriekaufmann/Industriekauffrau und Fachinformatiker/in für das neue Ausbildungsjahr zu finden.

Über 30 Bewerbungen für die Ausbildung zum Industriekaufmann/zur Industriekauffrau liegen Ihnen bereits vor. Für die Ausbildung zum/zur Fachinformatiker/in sind ebenfalls bereits über 20 Bewerbungen eingegangen.

Da die Firma Data Technologies GmbH in beiden Berufen jeweils 5–6 Auszubildende einstellen möchte, geht es jetzt zunächst einmal darum, eindeutige **Anforderungsprofile** für beide Berufe zu erstellen (quantitativ und qualitativ). Anschließend müssen die notwendigen **Auswahlkriterien** definiert und festgelegt werden, um die richtigen (= bestgeeignetsten) Bewerber herauszufinden.

Da Herr Finck Sie gebeten hat, ihm kurzfristig Ihre diesbezüglichen Vorschläge zukommen zu lassen, machen Sie sich gleich an die Arbeit. Dabei haben Sie sich vorab folgende Punkte überlegt:

– Anforderungsprofile pro Beruf – quantitiativ und qualitativ.
– Leistungskriterien der Bewerber.
– Persönliche Merkmale der Bewerber.
– Auswahlkriterien abgleichen mit Anforderungsprofilen.
– Mitwirkende beim Auswahlprozess einschalten.
– Sonstige Punkte.

2.24 Welche Vorgehensweise zur Festlegung von Auswahlkriterien für die Auszubildenden der Firma Data Technologies GmbH halten Sie für richtig? (3)

Bitte kreuzen Sie die richtigen Antworten bzw. Aussagen an!

❏ a) Die Kriterien bei der Firma Data Technologies GmbH sind recht einfach: Bewerber(innen) mit Abitur werden solchen mit Realschulabschluss vorgezogen. Die Abiturnoten selbst spielen eine untergeordnete Rolle.

❏ b) Data Technologies sollte ausschließlich solche Bewerber(innen) einstellen, die sich schon längere Zeit mit einem PC beschäftigt und bereits einige eigene Programme geschrieben haben. Dabei haben Abiturienten den Vorrang.

❏ c) Da bei der Festlegung der Auswahlkriterien (siehe BetrVG § 95 Auswahlrichtlinien) der Betriebsrat ein volles Mitbestimmungsrecht hat, muss man die angestrebten Auswahlkriterien rechtzeitig und gründlich mit diesem Gremium diskutieren, um hier eine für beide Seiten befriedigende Lösung zu erzielen.

❏ d) Die Aufstellung von Kriterien, nach denen bei der Firma Data Technologies GmbH Bewerberinnen und Bewerber ausgewählt werden sollen, ist eine Aufgabe der Personalplanung und soll aus der Personalentwicklungsplanung der Unternehmen abgeleitet werden.

❏ e) In erster Linie geht es bei der Firma Data Technologies GmbH um die Frage, welche Eingangsvoraussetzungen die Auszubildenden haben sollen. Voraussetzung für die Bearbeitung dieser Aufgabe sind also einerseits Kenntnisse über die zukünftig gewünschte Personalstruktur des Unternehmens (in der Perspektive von 5–10 Jahren), andererseits Kenntnisse über Aufbau und Abschlüsse des Schulsystems.

2.25 Wie wird bei der Firma Data Technologies GmbH wohl der gegenwärtige und künftige Personalbedarf ermittelt? (2)

Bitte kreuzen Sie die richtigen Antworten bzw. Aussagen an!

❏ a) Fachliche Anforderungen.

❏ b) Personelle Engpässe während der Urlaubszeit.

❏ c) Förderungsversetzungen.

❏ d) Persönliche Anforderungen.

❏ e) Kapazität der innerbetrieblichen Fort- und Weiterbildungseinrichtungen.

2.26 Welche Anforderungen stellt wohl die Firma Data Technologies GmbH hinsichtlich der Leistungskriterien ihrer Ausbildungsbewerber? (4)

Bitte kreuzen Sie die richtigen Antworten bzw. Aussagen an!

❏ a) Besuchte Schule(n).

❏ b) Persönlicher Eindruck.

❏ c) Erreichte Schulabschlüsse (Abschluss, Zeugnis).

❏ d) Eventuell abgeleistete Praktika.

❏ e) Ergebnisse der Einstellungstests.

2.27 Welche Anforderungen stellt wohl die Firma Data Technologies GmbH hinsichtlich der Persönlichkeit ihrer Ausbildungsbewerber? (3)

Bitte kreuzen Sie die richtigen Antworten bzw. Aussagen an!

❏ a) Interessen, Neigungen und Begabungen.

❏ b) Sympathie, Referenzen.

❏ c) Qualifizierender Hauptschulabschluss oder Realschulabschluss.

❏ d) Erfahrung beim Umgang mit dem PC.

❏ e) Flexibilität, Selbständigkeit.

2.28 Welche Rechte hat der Betriebsrat bei der Bewerberauswahl? (3)

Bitte kreuzen Sie die richtigen Antworten bzw. Aussagen an!

❏ a) Keine besonderen Rechte. Die Einstellung von Auszubildenden ist ausschließlich Sache des Unternehmens Data Technologies GmbH.

❏ b) Es besteht eine Unterrichtungspflicht des Betriebsrates (§ 92 Abs. 1 BetrVG).

❏ c) Es besteht eine Beratungspflicht mit dem Betriebsrat (§ 92 Abs. 1 BetrVG).

❏ d) Der Betriebsrat kann dem Arbeitgeber Vorschläge für die Einführung einer Personalplanung machen (§ 92 Abs. 2 BetrVG).

❏ e) Die Bewerberauswahl für die Berufsausbildung ist eine Angelegenheit im Zuständigkeitsbereich der JAV (Jugend- und Auszubildendenvertretung) gemäß §§ 60–71 BetrVG.

2.29 Bei der Bewerberauswahl hat die Firma Data Technologies GmbH die gesetzlichen Beschäftigungsverbote und Schutzvorschriften für Jugendliche zu beachten. Wo ist dies im Gesetz geregelt? (3)

Bitte kreuzen Sie die richtigen Antworten bzw. Aussagen an!

❏ a) §§ 3–4 MuSchG.

❏ b) §§ 10–11 BBiG.

❏ c) §§ 15–16 BBiG.

❏ d) §§ 22–24 JArbSchG.

❏ e) §§ 30–31 JArbSchG.

Zu 2.30–2.36

Sie sind Restaurantleiter Heinz Mayer und leiten das Restaurant „Zur Sonne", das zusammen mit dem Hotel Sonnenhof und zwei weiteren Restaurants dem Gastronomen Gerhard Gutmann gehört. In Ihrem Betrieb werden derzeit 2 Restaurantfachleute und 1 Fachkraft im Gastgewerbe ausgebildet.

Ihr Chef Gutmann hat Sie vor einiger Zeit zum Ausbilder bestellt und dies der IHK angezeigt. Die Arbeit als Berufsausbilder macht Ihnen sehr viel Freude, Sie sind mit Leib und Seele dabei, dem Berufsnachwuchs Wissen und Können beizubringen, obwohl Sie eigentlich mit der Leitung des Restaurants „Zur Sonne" schon völlig ausgelastet sind. Wenn es aber um die Nachwuchsausbildung geht, dann nehmen Sie sich halt die erforderliche Zeit.

Sie hatten gerade ein Gespräch mit dem Chef, in welchem er Ihnen eröffnete:
Also, wir stellen zum nächsten Termin wieder eine ganze Reihe von Auszubildenden
ein für die Berufe:

– Koch/Köchin,
– Restaurantfachmann/Restaurantfachfrau und
– Fachkraft im Gastgewerbe.

Ich denke, für jeden Beruf sollten wir jeweils 3 Auszubildende einstellen und diese im
Laufe der Ausbildung einige Zeit in jedem unserer 3 Betriebe ausbilden. So lernen sie
die Vielfalt der Möglichkeiten in unserer Berufssparte besonders gut kennen.

Anschließend hat Sie Herr Gutmann beauftragt, sich darum zu kümmern, dass wir
entsprechende Bewerbungen erhalten. Und im Weggehen meinte Herr Gutmann noch:
Das ist Ihnen ja sicher klar, mit einem Schild „Lehrlinge gesucht" an der Eingangstür
zum Restaurant ist mein Auftrag nicht erledigt.

Sie machen sich noch am selben Tag (in einer ruhigen Viertelstunde) an die Arbeit,
um Ihre Ideen zum Thema schon mal zu Papier zu bringen. Hier Ihre Stichworte:

– Stellenausschreibung/Werbung.
– Bewerbungsunterlagen.
– Vorstellungsgespräche.
– Personalfragebogen.
– Berufseignungstest.
– Sonstige Punkte.

**2.30 Welche Ideen hat sich Restaurantleiter Heinz Mayer bezüglich der Aus-
bildungsstellenausschreibung notiert? (4)**

Bitte kreuzen Sie die richtigen Antworten bzw. Aussagen an!

❏ a) Stellenausschreibungen können öffentlich (Zeitung) oder innerbetrieblich
(schwarzes Brett) erfolgen.

❏ b) Die Mitbestimmungsrechte des Betriebsrates sind zu beachten (§ 93 BetrVG).

❏ c) Stellenausschreibungen müssen geschlechtsneutral formuliert sein.

❏ d) Stellenausschreibungen müssen nicht geschlechtsneutral formuliert sein.

❏ e) Stellenausschreibungen sollen folgenden inhaltlichen Anforderungen entspre-
chen:
– Beschreibung des Ausbildungsplatzes.
– Geforderte Qualifikationen (= persönliche und fachliche Anforderungen).
– Einstellungstermin.

2.31 Für Ausbildungsbewerber (speziell auch in der Gastronomie) hält Heinz Mayer folgende Tipps für eine Bewerbung bereit. Eine Bewerbung soll ... (3)

Bitte kreuzen Sie die richtigen Antworten bzw. Aussagen an!

❏ a) von der äußeren Form her ordentlich und sauber aussehen.

❏ b) vom Inhalt her vollständig und aussagekräftig sein.

❏ c) keine Originalzeugnisse, sondern nur Fotokopien enthalten.

❏ d) unbedingt mit einem PC geschrieben sein.

❏ e) Rückporto (für die Rücksendung der Unterlagen) enthalten.

2.32 In den Betrieben des Gastronomen Gutmann erwartet man, dass die Bewerbungen von Ausbildungsinteressenten mindestens folgende Bestandteile aufweisen: (4)

Bitte kreuzen Sie die richtigen Antworten bzw. Aussagen an!

❏ a) Bewerbungsschreiben (eventuell mit Schreibmaschine oder PC geschrieben).

❏ b) Lebenslauf, Lichtbild (kein Automatenfoto).

❏ c) Schulzeugnisse der letzten 2 Jahre (in Fotokopie).

❏ d) Referenzen (z. B. von Betriebspraktikum oder Ferienjob).

❏ e) Nachweis der Einkommensverhältnisse der Eltern (Gehaltsbescheinigung).

2.33 Heinz Mayer, der Leiter des Restaurants „Zur Sonne" hat auch die Verpflichtungen aufgelistet, die man (den Bewerbern gegenüber) mit der Annahme von Bewerbungen eingeht. Welchen Pflichten des Arbeitgebers stimmen Sie zu? (2)

Bitte kreuzen Sie die richtigen Antworten bzw. Aussagen an!

❏ a) Pflicht, mit jedem Bewerber ein persönliches Bewerbungsgespräch zu führen.

❏ b) Pflicht zur Verwahrung und Rücksendung der Bewerbungsunterlagen (z. B. bei Absagen).

❏ c) Obhuts- und Sorgfaltspflichten des Betriebes beim Umgang mit der Bewerbung/den Bewerberdaten.

❏ d) Pflicht, den Eingang der Bewerbung per Einschreiben zu bestätigen.

❏ e) Pflicht, dem Betriebsrat jede eingegangene Bewerbung vorzulegen (§§ 92–95 BetrVG).

2.34 Zur Zielsetzung für ein Vorstellungsgespräch hat sich Restaurantleiter Heinz Mayer (für die Betriebe des Gastronomen Gutmann handelnd) folgende Punkte notiert. (3)
Das Vorstellungsgespräch soll Aufschluss geben über ...

Bitte kreuzen Sie die richtigen Antworten bzw. Aussagen an!

❏ a) die Person der Bewerberin/des Bewerbers.

❏ b) die umgangssprachliche Ausdrucksfähigkeit.

❏ c) die Allgemeinbildung (die Schulkenntnisse).

❏ d) das Branchenfachwissen.

❏ e) die Leistungsfähigkeit.

2.35 Herr Heinz Mayer hat auch die Vor- und Nachteile von Personalfragebogen untersucht. Nennen Sie den wichtigsten Vorteil und den bedeutendsten Nachteil. (2)

Bitte kreuzen Sie die richtigen Antworten bzw. Aussagen an!

❏ a) Vorteil: Kein Einzelpunkt wird vergessen.

❏ b) Vorteil: Man spart Zeit.

❏ c) Nachteil: Sehr unpersönliche Vorgehensweise.

❏ d) Nachteil: Man gewinnt keinen unmittelbaren persönlichen Eindruck vom Bewerber.

❏ e) Nachteil: Mitbestimmungspflicht des Betriebsrates.

2.36 Restaurantleiter Heinz Mayer hat auftragsgemäß auch noch die (Haupt)-Gütekriterien für Tests (also auch für Berufseignungstests) zusammengestellt. Welches sind diese (Haupt-)Gütekriterien? (3)

Bitte kreuzen Sie die richtigen Antworten bzw. Aussagen an!

❏ a) Seriosität.

❏ b) Reliabilität.

❏ c) Validität.

❏ d) Objektivität.

❏ e) Standardisierung.

Zu 2.37–2.41

Die Personalabteilung der Grohe International AG, Leipzig, hat Ihnen, Horst Umland, Ausbildungsleiter der Konzernzentrale, die vorliegenden Bewerbungsunterlagen für eine Berufsausbildung in folgenden Ausbildungsberufen vorgelegt:

- Bürokaufmann/Bürokauffrau.
- Industriekaufmann/Industriekauffrau.
- Kaufmann/Kauffrau im Groß- und Außenhandel.

Entsprechend dem Personalentwicklungsplan sollen ab dem neuen Ausbildungsjahr möglichst auch Auszubildende für die Berufe:

- Datenverarbeitungskaufmann/Datenverarbeitungskauffrau,
- Speditionskaufmann/Speditionskauffrau und
- Luftverkehrskaufmann/Luftverkehrskauffrau

ausgebildet werden.

Sie sollen nun die vorliegenden Bewerbungsunterlagen sichten und jene Bewerber auswählen, die Sie gerne persönlich kennenlernen möchten. Die entsprechenden Ausbildungsplatzinteressenten werden Sie daher demnächst zu Vorstellungsgesprächen einladen.

Dazu nehmen Sie Ihre Checkliste vom letzten Jahr zur Hand und gehen die Hauptpunkte nochmals durch, um ganz sicher zu sein, keinen wichtigen Punkt zu vergessen:

- Vorbereitung (Unterlagen, Raum, Zeit).
- Durchführung (Gesprächsführung, Ablauf).
- Nachbereitung.
- Rechtliche Aspekte und Rechtsfolgen.
- Sonstige Punkte.

Derart vorbereitet machen Sie sich an die Arbeit, sortieren die Bewerbungsunterlagen und bereiten die Vorstellungsgespräche vor.

Ausbildungsleiter Horst Umland von Grohe International hat nun vier Checklisten zum Thema „Einstellungsgespräche planen und durchführen" erstellt. In jede Checkliste hat sich ein Fehler eingeschlichen. Finden Sie diese Fehler.

2.37 Checkliste „Vorbereitung eines Einstellungsgespräches". Welcher Punkt gehört *nicht* in diese Checkliste?

Bitte kreuzen Sie die *falsche* Antwort bzw. Aussage an!

❑ a) Bewerbungsunterlagen vorher auf Vollständigkeit prüfen.

❑ b) Bewerbungsunterlagen auswerten und Fragen notieren.

❏ c) Richtige Zeitplanung vornehmen, also genügend Zeit je Bewerber einplanen, um jedem die gleiche Chance zu geben.

❏ d) Raumfrage klären. Der Raum muss störungsfrei sein, darf aber keineswegs abweisend oder bedrohlich wirken.

❏ e) Um eine gute Gesprächsatmosphäre herzustellen, sollen Kaffee/Tee und Kuchen bereitgestellt werden.

2.38 Die Checkliste „Gesprächsführung beim Einstellungsgespräch" enthält ebenfalls einen Fehler. Finden Sie diesen heraus.

Bitte kreuzen Sie die *falsche* Antwort bzw. Aussage an!

❏ a) Führen Sie einen Dialog, keinen Monolog.

❏ b) Hören Sie aktiv zu und geben Sie ermunternde Zeichen durch Blickkontakt, Kopfnicken etc.

❏ c) Führen Sie das Gespräch zielklar durch gezielte Fragen (wer fragt, der führt).

❏ d) Verhindern Sie möglichst Fragen des Bewerbers.

❏ e) Ermutigen Sie den Bewerber/die Bewerberin frei zu sprechen.

2.39 Die Checkliste „Ablauf eines Einstellungsgespräches" enthält ebenfalls einen Fehler. Finden Sie diesen heraus.

Bitte kreuzen Sie die *falsche* Antwort bzw. Aussage an!

❏ a) – Begrüßung, Einleitung, Vorstellung der Teilnehmer.
      – Erläuterung des Ablaufs und der Inhalte.

❏ b) – Informationen über den Betrieb geben.
      – Werdegang des Bewerbers.
      – Freizeit, Hobbies.

❏ c) – Politische Einstellung.
      – Weltanschauliche Einstellung.

❏ d) – Vertragsinhalte.
      – Gesprächsabschluss.

❏ e) – Informationen über weiteren Verfahrensverlauf.
      – Verabschiedung.

2.40 Checkliste „Nachbereitung von Einstellungsgesprächen". Auch hier ist eine Information fehlerhaft. Finden Sie diese heraus.

Bitte kreuzen Sie die *falsche* Antwort bzw. Aussage an!

❏ a) Dokumentation erstellen, wichtige Eindrücke und Beobachtungen sofort niederschreiben.

❏ b) Kopien der Dokumentation sofort an Betriebsrat und JAV weiterleiten.

❏ c) Qualifikationsvergleich der Bewerber durchführen.

❏ d) Ergebnisfindung/Abstimmung/Entscheidung/Ergebnisanalyse.

❏ e) Benachrichtigung aller Bewerber veranlassen.

2.41 Im Einstellungsgespräch werden oft sehr viele Fragen gestellt. Aus rechtlicher Sicht sind einige Fragen zulässig, andere unzulässig. Prüfen Sie die nachfolgenden Aussagen.

Bitte kreuzen Sie die *falsche* Antwort bzw. Aussage an!

❏ a) Fragen nach Religions- und Parteizugehörigkeit sind unzulässig.

❏ b) Fragen nach einer Schwerbehinderung sind zulässig.

❏ c) Fragen nach der Ableistung von Wehr- bzw. Ersatzdienst sind zulässig.

❏ d) Fragen nach dem Bestehen einer Schwangerschaft sind stets zulässig.

❏ e) Fragen nach den Vermögensverhältnissen: Je nach Tätigkeit, bei Auszubildenden wohl keine besonderen Vertrauenspositionen berührend, also in der Regel unzulässig.
Fragen nach eventuellen Vorstrafen: Nur beschränkt zulässig, wenn von Bedeutung für konkreten Ausbildungsplatz.

Zu 2.42–2.46

Sie sind Petra Reichert, Mitarbeiterin der Personalabteilung der Firma ROKO Bürozentrum GmbH & Co. OHG. Anläßlich der „Mitarbeiterinformation" des ROKO-Chefs K. Bullinger zum Thema „Aufnahme der Berufsausbildung bei ROKO" hatten Sie sich gemeldet, da Sie gerne als (nebenamtliche) Ausbilderin tätig werden möchten. Sie haben inzwischen ein Ausbilderseminar besucht und bei der IHK die Ausbilder-Eignungsprüfung bestanden. Damit sind Sie jetzt fit im Bereich „Abschluss von Berufsausbildungsverträgen".

Da die Firma ROKO Bürozentrum GmbH & Co. OHG demnächst Auszubildende in den Berufen:

– Kaufmann/Kauffrau im Einzelhandel und
– Kaufmann/Kauffrau für Bürokommunikation

ausbilden möchte, wurden entsprechende Inserate in örtlichen Zeitungen und Anzeigenblättern geschaltet. Das Echo hierauf war beeindruckend: Insgesamt gingen über 100 Bewerbungen ein. Nach einem entsprechenden Auswahlverfahren kamen 25 Bewerberinnen und Bewerber in die engere Wahl. Bei den anschließenden Vorstellungsgesprächen hat man alle 25 jungen Leute persönlich kennengelernt und sich für insgesamt 12 Bewerberinnen und Bewerber entschieden. Jeweils 6 Kandidaten/ Kandidatinnen wollen zu

- Kaufleuten im Einzelhandel bzw. zu
- Kaufleuten für Bürokommunikation

ausgebildet werden. Diese 12 Bewerberinnen und Bewerber erhielten bei den Vorstellungsgesprächen bereits mündliche Einstellungszusagen.

Ihr Chef, der Leiter der Personalabteilung, hat Sie gebeten, jetzt auch bei den Vertragsabschlüssen selbst mitzuwirken, um gemäß § 11 Abs. 1 BBiG unverzüglich den wesentlichen Inhalt der Verträge schriftlich niederzulegen.

Sie erinnern sich an die diesbezüglichen Punkte aus Ihrem Ausbilderseminar zum Thema „Vetragsabschluss":

- Berufsausbildungsvertrag (BAV).
- Rechtliche Grundlagen.
- Rechte und Pflichten des Ausbildenden.
- Rechte und Pflichten des/der Auszubildenden.
- Formvorschriften.
- Sonstige Punkte.

2.42 Petra Reichert hat sich bei der Vorbereitung auf ihre künftige Mitwirkung bei den Vertragsabschlüssen einige Punkte notiert. Welche sind richtig? (4)

Bitte kreuzen Sie die richtigen Antworten bzw. Aussagen an!

❏ a) Privatrechtlicher Aspekt des Berufsausbildungsvertrages:
Formfreiheit, selbst mündlicher Abschluss gilt.

❏ b) Privatrechtlicher Aspekt des Berufsausbildungsvertrages:
Der Berufsausbildungsvertrag ist ein auf die Ausbildungszeit befristeter Dienstvertrag, auf den die Grundsätze des allgemeinen Arbeitsrechts (§ 10 Abs. 2 BBiG) anzuwenden sind (wie bei allen anderen privatrechtlichen Arbeitsverträgen auch).

❏ c) Privatrechtlicher Aspekt des Berufsausbildungsvertrages:
Bundesurlaubsgesetz, Jugendarbeitsschutzgesetz, Mutterschutzgesetz etc. gelten (wie bei allen privatrechtlichen Arbeitsverträgen).

❏ d) Öffentlich-rechtlicher Aspekt des Berufsausbildungsvertrages:
Siehe die §§ 10–12 und §§ 34–36 BBiG.
Insbesondere aber siehe § 71 BBiG:
Zuständige Stelle
Für die Berufsbildung in Gewerbebetrieben, die nicht Handwerksbetriebe oder handwerksähnliche Betriebe sind, ist die Industrie- und Handelskammer zu-

ständige Stelle im Sinne dieses Gesetzes. Das gleiche gilt für die Berufsbildung in anderen Berufsbildungseinrichtungen, soweit sie in Ausbildungsberufen der gewerblichen Wirtschaft durchgeführt wird; § 71 bleibt unberührt.

❏ e) Öffentlich-rechtlicher Aspekt des Berufsausbildungsvertrages:
Siehe § 47 JArbSchG:
Bekanntgabe des Gesetzes und der Aufsichtsbehörde.

2.43 Welches sind die rechtlichen Grundlagen für den Abschluss eines Berufsausbildungsvertrages (BAV)? (3)

Bitte kreuzen Sie die richtigen Antworten bzw. Aussagen an!

❏ a) – Berufsbildungsförderungsgesetz.
– Berufsgrundbildungsjahr-Anrechnungsverordnung gewerbliche Wirtschaft.

❏ b) – Berufsbildungsgesetz.
– Jugendarbeitsschutzgesetz.

❏ c) – Arbeitszeitgesetz.
– Bundesurlaubsgesetz.

❏ d) – Tarifverträge.
– Bürgerliches Gesetzbuch (BGB).

❏ e) – Bundesgesetzbuch.
– Arbeitsförderungsgesetz.

2.44 Frau Reichert hat für die Firma ROKO Bürozentrum GmbH & Co. OHG die „Rechte und Pflichten des Ausbildenden" zusammengestellt. Dabei hat sich leider ein Fehler eingeschlichen. Finden Sie ihn heraus.

Bitte kreuzen Sie die *falsche* Antwort bzw. Aussage an!

❏ a) – Schutz vor körperlicher Gefährdung.
– Zeugnispflicht.
– Schutz vor sittlicher Gefährdung.
– Charakterliche Förderung.

❏ b) – Ausbildungspflicht.
– Freistellung für Berufsschulunterricht.
– Freistellung für außerbetriebliche Ausbildung.

❏ c) – Freistellung für Prüfungen.
– Benennung weisungsberechtigter Personen.
– Aufsichtspflicht.
– Kontrolle des Ausbildungsnachweises.
– Bereitstellung der Ausbildungsmittel.

❏ d) – Vergütungspflicht.

- Urlaubsgewährung.
- Zweckgebundene Übertragung von Verrichtungen.

❏ e) – Verlängerte Ausbildungspflicht bei Nichtbestehen der Abschlussprüfung.
- Beschäftigungspflicht nach Bestehen der Wiederholungsprüfung.

2.45 Frau Petra Reichert hat ein „Merkblatt für die Auszubildenden" bei der Firma ROKO Bürozentrum GmbH & Co. OHG erstellt zum Thema „Die Rechte und Pflichten der Auszubildenden". In den Entwurf haben sich 2 Fehler eingeschlichen. Finden Sie diese heraus. (2)

Bitte kreuzen Sie die *falschen* Antworten bzw. Aussagen an!

❏ a) – Lernpflicht.
- Teilnahme am Berufsschulunterricht.
- Teilnahme an außerbetrieblicher Ausbildung.

❏ b) – Bereitschaft, auch ausbildungsfremde Tätigkeiten bei Bedarf zu übernehmen.
- Bereitschaft, im Notfall auf den Berufsschulbesuch zu verzichten und statt dessen im Betrieb zu arbeiten.

❏ c) – Teilnahme an Prüfungen.
- Weisungsgebundenheit.
- Einhaltung von Ordnung.
- Ausbildungsnachweise führen.
- Pflegliche Behandlung der Ausbildungsmittel.

❏ d) – Anwesenheit im Betrieb vor und nach dem Berufsschulunterricht.
- Bereitschaft zur Wochenendarbeit.

❏ e) – Benachrichtigungspflicht (z. B. bei Krankheit).
- Erholungspflicht (z. B. Urlaub).
- Sorgfältige Ausführung von Verrichtungen.
- Ärztliche Untersuchungen.
- Verschwiegenheitspflicht (Geschäftsgeheimnisse).

2.46 Frau Petra Reichert hat für die Personalabteilung der Firma ROKO eine Notiz zu den „Vertraglichen Voraussetzungen für Berufsausbildungsverträge" verfasst – leider mit einem Fehler. Finden Sie diesen Fehler heraus.

Bitte kreuzen Sie die *falsche* Antwort bzw. Aussage an!

❏ a) Die Vertragsniederschrift hat unverzüglich, spätestens vor Beginn der Berufsausbildung zu erfolgen (§ 11 Abs. 1 BBiG).

❏ b) Die Niederschrift ist vom Ausbildenden, dem Auszubildenden und (bei Minderjährigen) von dessen gesetzlichem Vertreter zu unterzeichnen (§ 11 Abs. 2 BBiG).

❏ c) Der Ausbildende hat dem Auszubildenden und dessen gesetzlichem Vertreter eine Ausfertigung der unterzeichneten Niederschrift unverzüglich auszuhändigen (§ 11 Abs. 3 BBiG).

❏ d) Die sachliche und zeitliche Gliederung der Fertigkeiten und Kenntnisse ist nicht in die Niederschrift aufzunehmen (§ 11 Abs. 1 Ziff. 1 BBiG).

❏ e) Abgeschlossene Ausbildungsverträge müssen also unverzüglich bei der Kammer in das Verzeichnis der Ausbildungsverhältnisse eingetragen werden. Auch die Anmeldung bei der zuständigen Berufsschule sollte möglichst frühzeitig erfolgen, damit diese rechtzeitig ihre Kapazitäten planen kann.

Zu 2.47–2.57

Die 12 Berufsausbildungsverträge der Firma ROKO Bürozentrum GmbH & Co. OHG liegen nun unterschriftsreif vor. Der Personalchef des Hauses ist mit Ihrer Arbeit sehr zufrieden. Er bittet Sie, Petra Reichert, die Berufsausbildungsverträge den künftigen Auszubildenden zur Unterschrift zuzusenden. Bei Jugendlichen unter 18 Jahren ist zusätzlich die Unterschrift des/der gesetzlichen Vertreter(s) erforderlich.

Elf Verträge kommen richtig unterschrieben nach wenigen Tagen zurück. Ein künftiger Auszubildender (Paul Frei, 19 Jahre, Fachhochschulreife, angehender Kaufmann für Bürokommunikation) meldet sich am Telefon und bittet um die Beantwortung einiger Fragen im Zusammenhang mit dem Vertragstext.

Da Sie der Meinung sind, dass man die Einzelheiten des Berufsausbildungsvertrages besser in einem persönlichen Gespräch erörtern sollte, laden Sie Paul Frei zu einem Gespräch in die Firma ein. Paul Frei ist damit einverstanden und will gerne gleich am nächsten Tag kommen (was Ihnen ebenfalls von der Zeit her gut passt).

Bevor Paul Frei kommt, gehen Sie nochmals das „10 Punkteprogramm zum Vertragsinhalt" durch, das Ihnen Ihr AdA-Dozent im Ausbilderseminar so sehr an das Herz gelegt hatte.

Hier die 10 Punkte zum Vertragsinhalt:

1. Ziel der Berufsausbildung, Art, sachliche und zeitliche Gliederung.

2. Beginn und Dauer der Ausbildung.

3. Probezeit.

4. Ausbildungsmaßnahmen außerhalb der Ausbildungsstätte.

5. Dauer der regelmäßigen täglichen Ausbildungszeit.

6. Zahlung und Höhe der Vergütung.

7. Dauer des Urlaubs.

8. Hinweis auf Tarifverträge und Betriebsvereinbarungen.

9. Kündigungsvoraussetzungen.

10. Unwirksame Vereinbarungen.

2.47 Petra Reichert hat noch einige Ausarbeitungen zum Thema „Berufsausbildungsvertrag (BAV)" gemacht. Zum Beispiel diese Aufstellung zum Thema „Ziele der Berufsausbildung". Darin ist Petra Reichert (wieder einmal) ein Fehler unterlaufen. Finden Sie diesen heraus.

Bitte kreuzen Sie die *falsche* Antwort bzw. Aussage an!

❏ a) Die Ziele einer Berufsausbildung ergeben sich aus § 5 Abs. 1 BBiG (Ausbildungsordnung).

❏ b) Eine Ausbildungsordnung nach § 5 BBiG enthält mindestens:
1. Die Bezeichnung des Ausbildungsberufes (gegebenenfalls mit Fachrichtung/ Schwerpunkt).
2. Die Ausbildungsdauer.
3. Die Fertigkeiten und Kenntnisse, die Gegenstand der Berufsausbildung sind (Ausbildungsberufsbild).
4. Eine Anleitung zur sachlichen und zeitlichen Gliederung der Fertigkeiten und Kenntnisse (Ausbildungsrahmenplan).
5. Die Prüfungsanforderungen.

❏ c) Die Ziele der Berufsausbildung sind – sehr übersichtlich und detailliert – der sachlichen und zeitlichen Gliederung der Ausbildung gemäß § 5 Abs. 1 (4) BBiG zu entnehmen.

❏ d) Die Ziele der Berufsausbildung sind an keiner Stelle des Berufsausbildungsvertrages dokumentiert. Sie müssen daher den Auszubildenden in einem separaten Schreiben mitgeteilt werden.

❏ e) Der betriebliche Ausbildungsplan soll als „innerbetrieblicher Fahrplan" u. a. Auskunft gegen über:
– Die innerbetrieblichen Lernorte.
– Die außerbetrieblichen/überbetrieblichen Lernorte.
– Den Unterweisungsplan.
– Den Stoffplan für den betrieblichen Unterricht usw.

2.48 Der Berufsausbildungsvertrag (BAV) muss u. a. exakte Angaben über Beginn und Dauer der Berufsausbildung enthalten. Welche Aussagen sind richtig? (3)

Bitte kreuzen Sie die richtigen Antworten bzw. Aussagen an!

❏ a) Im BAV ist das Datum des Beginns der Berufsausbildung festzuhalten.

❏ b) Im BAV ist das voraussichtliche Ende der Berufsausbildung (z. B. nach 3 Jahren) festzuhalten.

❏ c) Im BAV sind bei der Errechnung des voraussichtlichen Endes der Berufsausbildung mögliche Verkürzungen gemäß § 7 BBiG zu berücksichtigen.

❏ d) Eine mögliche vorzeitige Zulassung zur Abschlussprüfung (nach § 40 Abs. 1 BBiG) ist bereits bei Vertragsabschluss zu berücksichtigen.

❏ e) Eine mögliche Verlängerung der Ausbildungszeit (gemäß § 29 Abs. 3 BBiG) ist bereits bei Vertragsabschluss zu berücksichtigen.

2.49 Welche Aussagen von Petra Reichert (Firma ROKO Bürozentrum GmbH & Co. OHG) zur Probezeit sind richtig? (4)

Bitte kreuzen Sie die richtigen Antworten bzw. Aussagen an!

❏ a) Das Berufsausbildungsverhältnis beginnt mit der Probezeit. Sie muss mindestens einen Monat und darf höchstens vier Monate betragen (§ 20 BBiG).

❏ b) Da die Probezeit schon zur Berufsausbildung gehört, bestehen auch die vollen Pflichten des Ausbildenden und des Auszubildenden. Der Ausbildende ist während der Probezeit verpflichtet, die Eignung des Auszubildenden für den zu erlernenden Beruf besonders sorgfältig zu prüfen. Auch der Auszubildende muss prüfen, ob er die richtige Wahl getroffen hat.

❏ c) Während der Probezeit kann das Berufsausbildungsverhältnis jederzeit sowohl vom Ausbildenden als auch vom Auszubildenden ohne Angabe von Gründen und ohne Einhalten einer Frist schriftlich gekündigt werden (§ 22 BBiG).

❏ d) Die Probezeit bietet die Möglichkeit, die Berufs- oder Bewerberauswahl zu korrigieren. Sie darf jedoch nicht die sorgfältige Auswahl von Bewerberinnen und Bewerbern ersetzen. Die Eignung der Auszubildenden kann am besten festgestellt werden, wenn sie während der Probezeit berufstypische Aufgaben ausführen. Dabei ist festzulegen, wie die Auswertung dieser Aufgaben erfolgen soll.

❏ e) Das Berufsausbildungsverhältnis beginnt mit der Probezeit. Sie muss mindestens zwei Monate und darf höchstens vier Monate betragen.

2.50 Welche Aussagen zur „Ausbildung außerhalb der Ausbildungsstätte" sind richtig? (4)

Bitte kreuzen Sie die richtigen Antworten bzw. Aussagen an!

❏ a) Der Ausbildende hat dafür zu sorgen, dass dem Auszubildenden alle Fertigkeiten und Kenntnisse vermittelt werden, die zum Erreichen des Ausbildungszieles erforderlich sind (siehe § 14 Abs. 1 Ziff. 1 BBiG).

❏ b) Eine Ausbildungsstätte, in der die erforderlichen Kenntnisse und Fertigkeiten nicht in vollem Umfang vermittelt werden können, gilt als geeignet, wenn der Mangel durch Ausbildungsmaßnahmen außerhalb der Ausbildungsstätte behoben wird (siehe § 27 Abs. 2 BBiG).

❏ c) Überbetriebliche Ausbildungen können z. B. nach Satzungsrecht von einer Kammer (oder Innung) beschlossen werden. Der Ausbildende ist dann verpflichtet, seine Auszubildenden dafür freizustellen und die Kosten zu tragen.

❏ d) Alle vorgeschriebenen außerbetrieblichen Ausbildungsmaßnahmen und alle freiwillig vereinbarten außerbetrieblichen Ausbildungsmaßnahmen müssen in der sachlichen und zeitlichen Gliederung des jeweiligen Berufsausbildungsvertrages vermerkt sein.

❏ e) Alle außerbetrieblichen Ausbildungsstätten unterliegen der Dienstaufsicht der zuständigen Schulbehörde.

2.51 Wie errechnet sich die Dauer der täglichen Arbeitszeit? Stellen Sie bitte fest, welche Behauptungen von Petra Reichert richtig sind. (4)

Bitte kreuzen Sie die richtigen Antworten bzw. Aussagen an!

❏ a) Die gesetzliche Höchstdauer ist wie folgt geregelt:
- Bei Jugendlichen (Jugendarbeitsschutzgesetz).
- Bei Erwachsenen (Arbeitszeitgesetz).

❏ b) Die tarifliche Höchstdauer ist in den einzelnen Tarifverträgen geregelt.

❏ c) Bei Mißachtung der Arbeitszeitvorschriften drohen:
- Gesundheitliche Risiken (für die Auszubildenden).
- Schadenersatzpflicht (für den Ausbildenden).
- Bußgeld- und Strafandrohung (für den Ausbildenden).

❏ d) Jugendliche dürfen nicht mehr als 7 Stunden pro Tag und 35 Stunden pro Woche arbeiten (35-Stunden-Woche).

❏ e) Das JArbSchG schreibt vor:
§ 8 – Dauer der Arbeitszeit
(1) Jugendliche dürfen nicht mehr als acht Stunden täglich und nicht mehr als 40 Stunden wöchentlich beschäftigt werden.
(2) Wenn in Verbindung mit Feiertagen an Werktagen nicht gearbeitet wird, damit die Beschäftigten eine längere zusammenhängende Freizeit haben, so darf die ausfallende Arbeitszeit auf die Werktage von fünf zusammenhängenden, die Ausfalltage einschließenden Wochen nur dergestalt verteilt werden, dass die Wochenarbeitszeit im Durchschnitt dieser 5 Wochen 40 Stunden nicht überschreitet. Die tägliche Arbeitszeit darf hierbei achteinhalb Stunden nicht überschreiten.
(2a) Wenn an einzelnen Werktagen die Arbeitszeit auf weniger als acht Stunden verkürzt ist, können Jugendliche an den übrigen Werktagen derselben Woche achteinhalb Stunden beschäftigt werden.
(3) In der Landwirtschaft dürfen Jugendliche über 16 Jahre während der Erntezeit nicht mehr als neun Stunden täglich und nicht mehr als 85 Stunden in der Doppelwoche beschäftigt werden.

2.52 Wie sind Zahlung und Höhe der Vergütung geregelt? (4)

Bitte kreuzen Sie die richtigen Antworten bzw. Aussagen an!

❏ a) Die Vergütung kann in Geldleistung oder (in den Grenzen des § 160 Abs. 2 RVO) als Sachleistung erfolgen.

❏ b) Die Vergütung muss nach dem Lebensalter angemessen sein und mit fortschreitender Berufsausbildung (mindestens jährlich) ansteigen.

❏ c) Mehrarbeit ist nicht extra zu vergüten.

❏ d) Mehrarbeit ist besonders zu vergüten oder durch Freizeitausgleich abzugelten.

❏ e) Der Auszubildende erhält vom Ausbildenden während der Ausbildung eine angemessene Vergütung. Sie richtet sich nach dem Alter des Auszubildenden und der Dauer der Berufsausbildung. Die Vergütung ist so zu bemessen, dass sie mindestens jährlich ansteigt. Die Vergütung muss spätestens am letzten Arbeitstag des Monats gezahlt werden. Im Krankheitsfall wird die Vergütung bis zu sechs Wochen weitergezahlt.

2.53 Welche Regelungen zur Vergütung durch die Firma ROKO Bürozentrum sind gesetzeskonform? (3)

Bitte kreuzen Sie die richtigen Antworten bzw. Aussagen an!

❏ a) 1. Der Ausbildende hat dem Auszubildenden eine angemessene Vergütung zu gewähren. Sie ist nach dem Lebensalter des Auszubildenden so zu bemessen, dass sie mit fortschreitender Berufsausbildung, mindestens jährlich, ansteigt.
2. Sachleistungen können in Höhe der nach § 160 Abs. 2 der Reichsversicherungsordnung festgesetzten Sachbezugswerte angerechnet werden, jedoch nicht über fünfundsiebzig vom Hundert der Bruttovergütung hinaus.
3. Eine über die vereinbarte regelmäßige tägliche Ausbildungszeit hinausgehende Beschäftigung ist besonders zu vergüten oder durch entsprechende Freizeit auszugleichen.

❏ b) Die Vergütung bemisst sich nach Wochen. Bei Berechnung der Vergütung für einzelne Tage wird die Woche zu sieben Tagen gerechnet.

❏ c) Die Vergütung für den laufenden Kalendermonat ist spätestens am letzten Freitag des Monats zu zahlen.

❏ d) Dem Auszubildenden ist die Vergütung auch zu zahlen
1. für die Zeit der Freistellung (§ 15 BBiG),
2. bis zur Dauer von sechs Wochen, wenn er
a) sich für die Berufsausbildung bereit hält, diese aber ausfällt oder
b) aus einem sonstigen, in seiner Person liegenden Grund unverschuldet verhindert ist, seine Pflichten aus dem Berufsausbildungsverhältnis zu erfüllen.
Wenn der Auszubildende infolge einer unverschuldeten Krankheit, einer Maß-

nahme der medizinischen Vorsorge oder Rehabilitation, einer Sterilisation oder eines Abbruchs der Schwangerschaft durch einen Arzt an der Berufsausbildung nicht teilnehmen kann, findet das Entgeltfortzahlungsgesetz Anwendung.

❏ e) Kann der Auszubildende während der Zeit, für welche die Vergütung fortzuzahlen ist, aus berechtigtem Grund Sachleistungen nicht abnehmen, so sind diese nach den Sachbezugswerten (§ 17 Abs. 2) abzugelten.

2.54 Welche rechtlichen Regelungen gibt es zum Thema „Urlaub für die Auszubildenden"? (3)

Bitte kreuzen Sie die richtigen Antworten bzw. Aussagen an!

❏ a) Das Bundesurlaubsgesetz (BUrlG) gilt u. a. auch für Auszubildende über 18 Jahren.

❏ b) Auch entsprechende Tarifverträge können Regelungen zum Urlaub treffen.

❏ c) Für Jugendliche gilt die Urlaubsregelung des Jugendwohlfahrtsgesetzes.

❏ d) § 19 – JArbSchG (Urlaub)
(1) Der Arbeitgeber hat Jugendlichen für jedes Kalenderjahr einen bezahlten Erholungsurlaub zu gewähren.
(2) Der Urlaub beträgt jährlich
  1. mindestens 30 Werktage, wenn der Jugendliche zu Beginn des Kalenderjahres noch nicht 16 Jahre alt ist,
  2. mindestens 27 Werktage, wenn der Jugendliche zu Beginn des Kalenderjahres noch nicht 17 Jahre alt ist,
  3. mindestens 25 Werktage, wenn der Jugendliche zu Beginn des Kalenderjahres noch nicht 18 Jahre alt ist.
  Jugendliche, die im Bergbau unter Tage beschäftigt werden, erhalten in jeder Altersgruppe einen zusätzlichen Urlaub von drei Werktagen.
(3) Der Urlaub soll Berufsschülern in der Zeit der Berufsschulferien gegeben werden. Soweit er nicht in den Berufsschulferien gegeben wird, ist für jeden Berufsschultag, an dem die Berufsschule während des Urlaubs besucht wird, ein weiterer Urlaubstag zu gewähren.
(4) Im übrigen gelten für den Urlaub der Jugendlichen § 3 Abs. 2, §§ 4 bis 12 und § 13 Abs. 3 des Bundesurlaubsgesetzes. Der Auftraggeber oder Zwischenmeister hat jedoch abweichend von § 12 Nr. 1 des Bundesurlaubsgesetzes den jugendlichen Heimarbeitern für jedes Kalenderjahr einen bezahlten Erholungsurlaub entsprechend Absatz 2 zu gewähren; das Urlaubsentgelt der jugendlichen Heimarbeiter beträgt bei einem Urlaub von 30 Werktagen 11,6 vom Hundert, bei einem Urlaub von 27 Werktagen 10,3 vom Hundert und bei einem Urlaub von 25 Werktagen 9,5 vom Hundert.

❏ e) Urlaubsansprüche nach § 19 JArbSchG können vom Ausbildenden gekürzt werden, wenn der Auszubildende während mehr als einem Zwanzigstel der geplanten betrieblichen Ausbildungstage krankheitshalber abwesend war.

2.55 **Beim ROKO Bürozentrum diskutiert man über die Unterschiede zwischen Tarifverträgen (TV) und Betriebsvereinbarungen (BV). Was ist richtig? (2)**

Bitte kreuzen Sie die richtigen Antworten bzw. Aussagen an!

❏ a) Tarifverträge werden von den Tarifvertragsparteien (Gewerkschaften einerseits und Arbeitgeberverbände bzw. einzelne Arbeitgeber andererseits) auf der Grundlage des Tarifvertragsgesetzes vom 25.08.1969 abgeschlossen.

❏ b) Tarifverträge der Gewerkschaften mit einzelnen Arbeitgebern (z. B. VW) nennt man auch Betriebsvereinbarungen (BV).

❏ c) Tarifverträge haben stets längere Laufzeiten als Betriebsvereinbarungen.

❏ d) Wenn der Betriebsrat mit dem Arbeitgeber eine Regelung bezüglich der Höhe der Löhne und Gehälter aushandelt, nennt man das einen Haustarifvertrag.

❏ e) Betriebsvereinbarungen werden zwischen dem Betriebsrat und dem Arbeitgeber auf der Grundlage des Betriebsverfassungsgesetzes (BetrVG) vereinbart.

2.56 **Wie ist das Thema „Kündigungen" für Auszubildende rechtlich geregelt? (4)**

Bitte kreuzen Sie die richtigen Antworten bzw. Aussagen an!

❏ a) Die Voraussetzungen für eine Kündigung sind gesetzlich festgelegt. Während der Probezeit kann ohne Angabe von Gründen gekündigt werden.

❏ b) Nach der Probezeit kann auf Grund von schwerwiegenden Vorfällen fristlos gekündigt werden. Schwerwiegende Gründe, die schon länger als zwei Wochen bekannt sind, können kein Anlass zur Kündigung sein.

❏ c) Der Auszubildende kann außerdem kündigen, wenn er die Berufsausbildung aufgeben oder eine andere Berufsausbildung ergreifen will. Jede Kündigung muss schriftlich und bei einer Kündigung nach der Probezeit unter Angabe der Gründe erfolgen.

❏ d) Bei noch nicht volljährigen Auszubildenden hat der Arbeitgeber die Kündigung gegenüber dem gesetzlichen Vertreter vorzunehmen (Empfangszuständigkeit beachten).

❏ e) Nach Ablauf der Probezeit kann der Auszubildende mit einer Frist von 6 Wochen kündigen, wenn er die Berufsausbildung aufgeben oder sich für einen anderen Beruf ausbilden lassen will.

2.57 An wen kann sich ein Auszubildender wenden, wenn er sich in seinen Rechten eingeschränkt fühlt? (4)

Bitte kreuzen Sie die richtigen Antworten bzw. Aussagen an!

❏ a) Im Betrieb kann sich der Auszubildende in allen Fragen an den Ausbildenden, seinen Ausbilder oder an den Betriebs- bzw. Personalrat wenden. Daneben gibt es noch eine Reihe von außerbetrieblichen Beratungs- oder Beschwerdestellen. Die zuständige Stelle (z. B. Kammer) ist gesetzlich verpflichtet, die Berufsausbildung durch Beratung zu fördern. Sie muss u. a. Ausbildungsberater bestellen.

❏ b) Gegen eine Entscheidung der zuständigen Stelle (z. B. Kammer) kann der betroffene Auszubildende innerhalb eines Monats schriftlich Widerspruch erheben. Bleibt der Widerspruch erfolglos, kann er innerhalb eines Monats beim Verwaltungsgericht klagen.

❏ c) Bei Meinungsverschiedenheiten mit dem Ausbildenden sollte man lieber nicht den Betriebsrat bzw. die JAV einschalten, da dies zum Verlust des Ausbildungsplatzes führen kann.

❐ d) Über Ausbildungsstätten und Ausbildungsberufe berät das Arbeitsamt. Über Fragen des Jugendarbeitsschutzes geben die Gewerbeaufsichtsämter Auskunft.

❏ e) Das Arbeitsgericht ist für Streitigkeiten aus einem Berufsausbildungsverhältnis zuständig. Vorher muss ein besonderer Ausschuss angerufen werden. (§ 111 Abs. 2 ArbGG)

Zu 2.58–2.59

Sie sind Hans Keller, Personalchef der Solemna Deutschland AG, mit der Zentrale in Frankfurt (Main). Inzwischen haben Sie vom Vorstand Ihre Ernennung zum Ausbildungsleiter erhalten und wurden bei der IHK Frankfurt (Main) entsprechend eingetragen. Ihr Haus hat für die Zentrale Frankfurt zum Beginn des nächsten Ausbildungsjahres 10 Auszubildende als angehende Versicherungskaufleute eingestellt. Die 6 Mitglieder des Arbeitskreises „Berufsausbildung" werden künftig in ihren Abteilungen als „nebenamtliche Ausbilder/Ausbilderinnen" tätig werden.

Die 10 Berufsausbildungsverträge liegen nun alle unterschrieben in Ihrem Büro. Ihnen ist bekannt, dass nunmehr einige Anmeldungen vorzunehmen sind und die Eintragung (bei der IHK) fällig wird. Sie haben dafür auch bereits eine kleine Checkliste erstellt:

– Antrag auf Eintragung IHK.
– Anmeldung zur Berufsschule.
– Anmeldung zur Sozialversicherung.

2.58 Hans Keller, Personalchef und Ausbildungsleiter der Solemna Deutschland AG mit Sitz in Frankfurt (Main), hat eine Notiz zum Thema „Eintragung bei der zuständigen Stelle" verfasst – leider mit einem Fehler. Finden Sie diesen heraus.

Bitte kreuzen Sie die *falsche* Antwort bzw. Aussage an!

❏ a) Die Solemna Deutschland AG hat unverzüglich nach Abschluss eines Berufsausbildungsvertrages bei der zuständigen Stelle die Eintragung in das dort geführte Verzeichnis der Berufsausbildungsverhältnisse zu beantragen (§ 36 Abs. 1 BBiG).

❏ b) In dieses Verzeichnis werden alle Arbeitsverhältnisse jugendlicher Arbeitnehmer eingetragen – nicht nur die Berufsausbildungsverhältnisse.

❏ c) Vor Beginn der Ausbildung muss die ärztliche Bescheinigung nach § 32 JArbSchG vorliegen.

❏ d) Mit dem Antrag sind anzuzeigen:
– Vorausgegangene allgemeine und berufliche Ausbildungen des Auszubildenden.
– Die Bestellung von Ausbildern (§ 36 Abs. 2 BBiG).

❏ e) Eine Ausfertigung des Berufsausbildungsvertrages ist beizufügen (§ 36 Abs. 1 BBiG).

2.59 Zu den weiteren Anmeldungen hat Hans Keller folgendes notiert. (2)

Bitte kreuzen Sie die richtigen Antworten bzw. Aussagen an!

❏ a) Die Solemna Deutschland AG hat die Auszubildenden bei der Berufsschule anzumelden (Berufsschulbesuch aufgrund des Schulpflichtgesetzes oder freiwilligen Schulbesuchs).

❏ b) Die Auszubildenden haben sich auf Grund des Schulpflichtgesetzes selbst bei der Berufsschule anzumelden.

❏ c) Die Solemna Deutschland AG hat die Auszubildenden bei der Sozialversicherung anzumelden (Kranken- und Rentenversicherung sowie Berufsgenossenschaft).

❏ d) Die Auszubildenden haben sich selbst bei der Sozialversicherung anzumelden (Kranken- und Rentenversicherung sowie Berufsgenossenschaft).

❏ e) Die Anmeldung bei der Berufsschule erfolgt zentral durch die IHK auf Grund der Eintragungen in das Verzeichnis der Berufsausbildungsverhältnisse.

Zu 2.60–2.62

Heute ist Ausbildungsbeginn bei der Firma Maschinenfabrik Stümpfle KG. Und pünktlich erscheinen alle 25 neuen Auszubildenden. Es sind dies:

- 7 angehende Industriekaufleute.
- 10 angehende Industriemechaniker/Industriemechanikerinnen (Fachrichtung Betriebstechnik).
- 8 angehende Werkzeugmechaniker/Werkzeugmechanikerinnen (Fachrichtung Formentechnik).

Damit an diesem für die jungen Leute so wichtigen Tag alles wie am Schnürchen klappt, haben die beiden Ausbildungsleiter Peter Weck (kaufmännische Ausbildung) und Franz Reiter (gewerbliche Ausbildung) gemeinsam mit ihren Ausbildern diesen Einführungstag sehr gut geplant und bis in alle Einzelheiten vorbereitet. Zuvor hatten die beiden Ausbildungsleiter die wesentlichsten Punkte gemeinsam festgelegt:

- Informations-Checkliste erstellen.
- Über Sicherheitsvorschriften und Unfallverhütung informieren.
- Wege zur Einführung in den Betrieb festlegen.
- Den Ausbildungs- und Arbeitsplatz vorstellen.
- Sonstige Punkte besprechen.

Bitte prüfen Sie die von Peter Weck und Franz Reiter für die Einführung von neuen Auszubildenden im Hause der Stümpfle KG erstellten Checklisten.

2.60 Was wir mit den neuen Auszubildenden zu Beginn ihrer Berufsausbildung unbedingt besprechen müssen. (3)

Bitte kreuzen Sie die richtigen Antworten bzw. Aussagen an!

- ❏ a) – Ziele, Chancen, Motivation (die Ausbildung betreffend).
  - Unternehmensziele darstellen.
  - Erwartungen und Rollenverständnis erörtern.
  - Eingliederung in das Unternehmen Stümpfle KG.
- ❏ b) – Rechte als Lohnsteuerzahler nennen.
  - Allgemeine staatsbürgerliche Pflichten nennen.
  - Bilanzerläuterung des Unternehmens.
- ❏ c) – Kommunikation und Information betreiben.
  - Rechte und Pflichten des Auszubildenden erläutern.
  - Pflichten des Ausbilders nennen.
  - Unfallverhütungsvorschriften.
  - Sicherheitsvorschriften erklären.
- ❏ d) – Alle Produkte des Unternehmens vorstellen.
  - Alle Kunden der Firma Stümpfle KG nennen.

- Alle Länder aufzählen, in welche Firma Stümpfle KG bereits Maschinen geliefert hat.
- ❏ e) – Einführung in den Betrieb vornehmen.
  - Ausbildungs- und Arbeitsplatz zeigen.
  - Mitarbeiter vorstellen.
  - Berufsschultage nennen.

2.61 Was wir den Jugendlichen zum Thema Sicherheitsvorschriften und Unfallverhütung am ersten Ausbildungstag sagen müssen. (3)

Bitte kreuzen Sie die richtigen Antworten bzw. Aussagen an!

❏ a) Die Rechtsgrundlagen zum Thema Sicherheitsvorschriften und Unfallverhütung kurz ansprechen.

❏ b) Die zuständige Berufsgenossenschaft kurz vorstellen und erste Unterweisung gemäß § 29 Abs. 1 JArbSchG durchführen.

❏ c) Auf Delegation von Pflichten und Verantwortung beim Unfallschutz hinweisen.

❏ d) Vor Arbeitsende die zweite Unterweisung gemäß § 29 Abs. 2 JArbSchG vornehmen.

❏ e) Während der ersten Ausbildungswoche keine Unterweisung nach § 29 JArbSchG vornehmen (führt nur zur Irritierung).

2.62 Wie wir die Einführung in den Betrieb gestalten werden. Welche Gedanken sind richtig? (4)

Bitte kreuzen Sie die richtigen Antworten bzw. Aussagen an!

❏ a) Mitarbeiter und Auszubildende vorstellen, mit denen die neuen Auszubildenden demnächst zusammenarbeiten werden. Dabei ein „Patensystem" einführen.

❏ b) Orientierungs- bzw. Einführungsveranstaltung (mit Firmen-Videos) durchführen.

❏ c) Informationsmaterial aushändigen.

❏ d) Fachseminar (1/2 Tag) zum Thema „Qualitätssicherung bei den digitalen Steuerungssignalen für die Maschine OMNITEX" durchführen.

❏ e) Betriebsrundgang machen und danach alle Fragen der neuen Auszubildenden in Ruhe beantworten.

Zu 2.63–2.64

Der Bankier Albrecht Schwarz junior hat sich dann also doch entschlossen, zu Beginn des nächsten Ausbildungsjahres – nicht zuletzt auf Grund der Bemühungen von Herrn Gutmut von der IHK – zwei Auszubildende für den Beruf Bankkaufmann/Bankkauffrau einzustellen. Die anfänglichen Vorbehalte und Bedenken des Bankiers wegen eventueller unerwünschter externer Einflüsse auf die Berufsausbildung im Bankhaus A. Schwarz & Co. konnten inzwischen allesamt ausgeräumt werden.

Herr Prokurist Beil, der Leiter der Organisationsabteilung der Bank, wurde mit der verantwortlichen Durchführung der Berufsausbildung beauftragt. Herr Beil war vor seinem Eintritt in das Bankhaus A. Schwarz & Co. bei der Neckarbank AG mehrere Jahre als Ausbildungs- und Schulungsleiter tätig. Er bringt also für diese Aufgabe neben der persönlichen und fachlichen Eignung nach §§ 28–30 BBiG auch eine mehrjährige Erfahrung in der Weitergabe von Wissen mit.

Bankier Albrecht Schwarz junior bittet Herrn Beil heute zu sich, um mit ihm den Einstieg in die Berufsausbildung im Bankhaus zu besprechen. Haben Sie alles für den Ausbildungsbeginn vorbereitet, eröffnet Herr Schwarz das Gespräch. Herr Beil versichert, dass die Verträge unterschrieben und die notwendigen Anmeldungen und Eintragungsanträge erledigt seien. Dann zeigt er den endgültigen innerbetrieblichen Ausbildungsplan und den betrieblichen Unterrichtsplan. Beide Pläne sind mit den entsprechenden Rahmenlehrplänen der Berufsschule abgestimmt (didaktische Parallelität).

Herr Schwarz zeigt sich sehr zufrieden und meint: Nun gut, wir haben ja jeweils 3 Monate Probezeit vereinbart. Da muss sich zeigen, ob unsere Entscheidung richtig war. Stellen Sie die jungen Leute richtig auf den Prüfstand.

Herr Beil schmunzelt. Unser AdA-Dozent hat uns seinerzeit folgende 3 Sätze eingebleut, die ich nie mehr vergessen werde:

1. Sie haben die Probezeit für Ihre Auszubildenden inhaltlich so zu gestalten, dass Sie am Ende der Probezeit im beiderseitigen Interesse die richtige Entscheidung über die Eignung der Auszubildenden treffen können.

2. Deshalb ist es wichtig, dass die Auszubildenden in der Probezeit viele verschiedenartige Ausbildungsinhalte kennenlernen.

3. Das setzt eine gezielte Planung der Ausbildungstätigkeiten in der Probezeit voraus.

Jetzt schmunzelt auch Herr Schwarz: Ja, ja, nun machen Sie mal. Damit ist das Gespräch beendet.

Herr Beil weiß, dass es hierbei auf folgende 2 Teilbereiche im Handlungsfeld „Auszubildende einstellen" besonders ankommt:

1. Die richtige Gestaltung der Probezeit.
2. Die Beurteilung des/der Auszubildenden während der Probezeit.

Nachdem das Thema Probezeit zwischen dem Bankier Albrecht Schwarz und seinem Prokuristen Beil ausführlich erörtert ist, sind Sie nun aufgerufen, die beiden folgenden Checklisten des Herrn Beil auf ihre Richtigkeit zu prüfen.

2.63 Stichworte zur Gestaltung der Probezeit. (4)

Die Probezeit soll ermöglichen:

Bitte kreuzen Sie die richtigen Antworten bzw. Aussagen an!

❏ a) Vielfältige Einsatzbereiche in der Bank. Repräsentative Auswahl von Tätigkeiten.

❏ b) Aufzeigen von Möglichkeiten, Chancen und Schwierigkeiten.

❏ c) Teamarbeit sollte vermieden werden.

❏ d) Begegnung mit unterschiedlichen Situationen.

❏ e) Gelegenheit zu ersten Kundenkontakten (unter Anleitung durch den Ausbilder).

2.64 Stichworte zur Beurteilung der Auszubildenden in der Probezeit. (4)

Die Beurteilung soll Auskunft geben über:

Bitte kreuzen Sie die richtigen Antworten bzw. Aussagen an!

❏ a) – Vorhandenes Bankfachwissen.
  – EDV-Kenntnisse.
  – Volkswirtschaftliche Kenntnisse.

❏ b) – Lernfähigkeit.
  – Merkfähigkeit.
  – Logisches Denken.
  – Intuition.

❏ c) – Leistungsfähigkeit.
  – Belastbarkeit.
  – Effektivität.
  – Entwicklungsfähigkeit.

❏ d) – Fleiß.
  – Engagement.
  – Verhalten gegenüber Vorgesetzten, Kollegen und Kunden.

❏ e) – Begabung für den gewählten Beruf.
  – Eignung und Teamfähigkeit.
  – Anpassungsfähigkeit.

Zu 2.65–2.100

Zur Stoffvertiefung folgen sogenannte „freie programmierte Übungsaufgaben", reine Sachfragen, jeweils ohne speziellen Firmenhintergrund.

2.65 Im dualen System gibt es ganz unterschiedliche Lernorte. Welche beiden Lernorte sind typisch für unser duales System?

Bitte kreuzen Sie die richtige Antwort bzw. Aussage an!

❏ a) Betrieb und überbetriebliche Einrichtungen.

❏ b) Betrieb und Berufsschule.

❏ c) Betriebsinterner Unterricht und außerbetriebliche Stellen.

❏ d) Allgemeinbildende und berufsbildende Lehrgänge.

❏ e) Betriebsberufsschule und Fachschule.

2.66 Im Rahmen der unterschiedlichen Aufgaben von Betrieb und Berufsschule in der Berufsausbildung soll der Betrieb vermitteln: (2)

Bitte kreuzen Sie die richtigen Antworten bzw. Aussagen an!

❏ a) Die praxisbezogene Theorie.

❏ b) Das Allgemeinwissen.

❏ c) Die fachlichen Inhalte mit den konkreten Anforderungen des späteren Berufes, also Fachpraxis und berufliche Erfahrungen.

❏ d) Die rein berufstheoretischen Kenntnisse.

❏ e) Einen Einblick in die Verdienstmöglichkeiten in verschiedenen anderen Berufen.

2.67 Der Lernort „Berufsschule" vermittelt schwerpunktmäßig: (2)

Bitte kreuzen Sie die richtigen Antworten bzw. Aussagen an!

❏ a) Die berufliche Erfahrung.

❏ b) Die allgemeine Bildung.

❏ c) Die Fachpraxis.

❏ d) Die psychomotorischen Fertigkeiten.

❏ e) Die Fachtheorie.

2.68 Im Bereich der beruflichen Ausbildung wurde in der Vergangenheit der Begriff „duales System" geprägt. Was ist das duale System?

Bitte kreuzen Sie die richtige Antwort bzw. Aussage an!

❏ a) Das duale System ist das Zusammenwirken von Berufsschule und Ausbildungsbetrieb; dabei werden in der Berufsschule Fachtheorie und allgemeine Bildung, im Betrieb Fachpraxis und berufliche Erfahrung vermittelt.

❏ b) Duales System ist der Begriff für die dringend notwendige Ergänzung der betrieblichen Ausbildung durch den betriebsinternen Unterricht.

❏ c) Das duale System ist ein Begriff aus dem Bereich der beruflichen Höherqualifizierung (z. B. Fachwirte, Industriemeister etc.).

❏ d) Das duale System wurde zur Einführung der Stufenausbildung entwickelt.

❏ e) Duales System bedeutet, dass man zwischen den beiden Schulformen „Teilzeitunterricht" und „Blockunterricht" frei wählen kann.

2.69 Die Ausbildung soll Kenntnisse, Fertigkeiten und Berufserfahrungen vermitteln (nach § 1 Abs. 3 BBiG). Welche der folgenden Behauptungen sind richtig? (3)

Bitte kreuzen Sie die richtigen Antworten bzw. Aussagen an!

❏ a) Fachkenntnisse kann der Auszubildende auch gut in der Schule erwerben.

❏ b) Berufliche Fertigkeiten werden hauptsächlich in den Betrieben vermittelt.

❐ c) Einzelne Fertigkeiten, wie etwa technisches Zeichnen oder sogar Maschinenschreiben, können auch in Schulen gut vermittelt werden.

❏ d) Die notwendigen Berufserfahrungen (siehe § 1 BBiG) sammelt der Auszubildende vor allem in der Berufsschule.

❏ e) § 1 Abs. 3 BBiG gilt deshalb nur für Berufsschulen.

2.70 Welche der folgenden Forderungen des § 1 BBiG zur beruflichen Ausbildung spricht am stärksten für die Unentbehrlichkeit des Lernortes „Betrieb" in Abgrenzung zu dem Lernort „Schule"?

Die Berufsausbildung hat (siehe Wortlaut § 1 Abs. 3 BBiG) ...

Bitte kreuzen Sie die richtige Antwort bzw. Aussage an!

❏ a) eine breit angelegte berufliche Grundausbildung zu vermitteln.

❏ b) die für die Ausübung einer qualifizierten beruflichen Tätigkeit notwendigen fachlichen Fertigkeiten zu vermitteln.

❏ c) die notwendigen fachlichen Kenntnisse zu vermitteln.

❏ d) den Erwerb der erforderlichen Berufserfahrungen zu ermöglichen.

❏ e) die beruflichen Kenntnisse und Fertigkeiten in einem geordneten Ausbildungsgang zu vermitteln.

2.71 Welche These zu unserem Schulsystem ist richtig?

Bitte kreuzen Sie die richtige Antwort bzw. Aussage an!

❏ a) Es gibt ein in allen Bundesländern einheitliches Berufsschulsystem, weil die
Fragen der Berufsschule – im Gegensatz zur allgemeinbildenden Schule – per
Gesetz bundeseinheitlich geregelt sind.

❏ b) Das Bundesministerium für Bildung und Wissenschaft ist – da für die berufliche
Bildung zuständig – allein für Berufsbildung und somit auch für die Berufsschulen zuständig.

❏ c) Das Grundgesetz sieht die Kulturhoheit der Länder vor, d. h. die einzelnen
Länder regeln schulische Angelegenheiten in eigener Verantwortung und unab-
hängig voneinander. Zur Koordinierung und Abstimmung der unterschiedlichen
Regelungen gibt es die "Ständige Konferenz der Kultusminister der Länder
(KMK)", deren Beschlüsse empfehlenden Charakter haben und damit die
Eigenständigkeit der Länder nicht einschränken.

❏ d) Die Kulturhoheit der Länder kann im Bereich der beruflichen Schulen zu starken Unterschieden führen; deshalb haben die Länder die „Ständige Konferenz
der Kultusminister der Länder (KMK)" gegründet, deren Beschlüsse für alle
Länder verbindlich sind. Die Länder haben damit im Interesse eines bundes-
einheitlichen Berufsschulwesens freiwillig auf ein Recht gemäß Grundgesetz
verzichtet.

❏ e) Die Berufsschulen unterliegen der Dienstaufsicht der jeweiligen zuständigen
Stellen (IHK, HwK), wodurch eine praxisorientierte Ausbildung garantiert wird.

**2.72 Beim Einstellungsverfahren werden meist die Schulzeugnisse als Hilfe zur
Entscheidungsfindung herangezogen. Welche Aussagen sind richtig? (4)**

Bitte kreuzen Sie die richtigen Antworten bzw. Aussagen an!

❏ a) Die jüngsten Schulzeugnisse sind uneingeschränkt als aussagekräftige Grad-
messer für die Leistungsfähigkeit des Bewerbers anzusehen.

❏ b) Die Schulzeugnisse erhalten einen wesentlich höheren Aussagewert, wenn
auch die früheren Zeugnisse eingesehen werden können.

❏ c) Aus Schulzeugnissen lassen sich häufig die individuellen Neigungen und
Interessen des Bewerbers ablesen.

❏ d) Der Aussagewert von Schulzeugnissen wird höher, wenn sie gemeinsam mit
dem Bewerber besprochen werden können.

❏ e) Schulzeugnisse sollten in jedem Falle eingesehen und mit dem Bewerber besprochen werden.

2.73 Welchen Wert haben die Schulzeugnisse für eine Berufseignungsprognose?

Bitte kreuzen Sie die richtige Antwort bzw. Aussage an!

❏ a) Sie haben überhaupt keinen Wert.

❏ b) Sie lassen absolut sichere Rückschlüsse zu.

❏ c) Die Fachnoten können in Bezug auf den Ausbildungsberuf recht wichtige Auswahlkriterien sein.

❏ d) Die einzelnen Noten haben keinerlei Bedeutung, da es sich auch um Gefälligkeitszensuren handeln kann.

❏ e) Der Notendurchschnitt im Schulzeugnis sagt etwas über die Intelligenzstruktur des Bewerbers aus.

2.74 Wie sollen Tests für eine betriebliche Eignungsuntersuchung aufgebaut sein?

Bitte kreuzen Sie die richtige Antwort bzw. Aussage an!

❏ a) Für alle Berufe im gleichen Unternehmen sollen gleiche Tests verwendet werden.

❐ b) Für die Abgänger aller Schularten sollen gleiche Tests verwendet werden, sofern sie den gleichen Beruf ergreifen sollen.

❏ c) Für die beiden Geschlechter soll es unterschiedliche Tests (geschlechterspezifische Tests) geben.

❏ d) Für jeden Bewerber soll ein individueller Test erstellt werden.

❏ e) Für die Abgänger verschiedener Schularten sollen die Tests verschieden sein, auch wenn sie den gleichen Berufswunsch haben.

2.75 Eine betriebliche Eignungsuntersuchung hat als Ziel, ... (2)

Bitte kreuzen Sie die richtigen Antworten bzw. Aussagen an!

❏ a) aus einer größeren Bewerberzahl den geeigneten Nachwuchs auszuwählen.

❏ b) die Charaktereigenschaften der Bewerber zu ermitteln.

❏ c) die Leistungen der Bewerber zu messen.

❏ d) den voraussichtlichen beruflichen Werdegang der Bewerber vorherzusagen.

❏ e) die Arbeitsweise und das Arbeitsverhalten der Bewerber zu beurteilen.

2.76 Bei einem Auswahlverfahren wird von zwei Ausbildern u. a. auch mit einer schriftlichen Arbeit (z. B. Aufsatz) getestet. Später zeigt sich, dass die von Ausbilder X geprüften Bewerber viel besser abgeschnitten haben als die Gruppe des Ausbilders Z. Da nach den Schulleistungen aber derartige Unterschiede nicht bestehen dürften, ist bei Verfahren Z wahrscheinlich ein wichtiges Gütemerkmal nicht erfüllt worden, das für Verfahren dieser Art entscheidend ist, und zwar die ...

Bitte kreuzen Sie die richtige Antwort bzw. Aussage an!

❏ a) Eichung.

❏ b) Qualität.

❏ c) Gültigkeit.

❏ d) Zuverlässigkeit.

❏ e) Objektivität.

2.77 Beim Vorstellungsgespräch (Ausbilder – Bewerber) ...

Bitte kreuzen Sie die richtige Antwort bzw. Aussage an!

❏ a) interessieren den Ausbilder ausschließlich die persönlichen Verhältnisse und familiären Umstände, aus denen der Bewerber kommt.

❏ b) soll der Ausbilder einen möglichst umfassenden Eindruck von der Person, den Interessen und Fähigkeiten des Bewerbers erhalten.

❏ c) wird der berufliche Werdegang des Bewerbers festgelegt.

❏ d) soll der Bewerber möglichst alle seine künftigen Ausbilder kennenlernen.

❏ e) soll der Bewerber vor allem auch über die wirtschaftliche Bedeutung seines künftigen Arbeitgebers informiert werden.

2.78 Im Einstellungsgespräch kommt es zum ersten persönlichen Kontakt zwischen dem Ausbilder und dem Auszubildenden. Dieser erste Eindruck kann dem Ausbilder keine Aufschlüsse geben über ...

Bitte kreuzen Sie die richtige Antwort bzw. Aussage an!

❏ a) das Temperament des Bewerbers.

❏ b) die Kontaktfähigkeit des Bewerbers.

❏ c) seine sprachliche Ausdruckskraft.

❏ d) seine geistige Beweglichkeit.

❏ e) die manuelle Geschicklichkeit des Bewerbers.

2.79 Bei einem Einstellungsgespräch stellt der verantwortliche Ausbilder in erster Linie Fragen ...

Bitte kreuzen Sie die richtige Antwort bzw. Aussage an!

❏ a) aus der Branche (Fachfragen/Fachbegriffe).

❏ b) nach dem jetzigen Gesundheitszustand des Bewerbers.

❏ c) nach seinen späteren Einkommensvorstellungen.

❏ d) zur politischen und religiösen Einstellung des Bewerbers.

❏ e) zu Lebenslauf, Berufsziel, besonderen Interessen, Hobby etc.

2.80 Was soll der Ausbilder in erster Linie bei einem Einstellungsgespräch erreichen? Er soll ...

Bitte kreuzen Sie die richtige Antwort bzw. Aussage an!

❏ a) versuchen, dem Bewerber die betriebliche Erwartungshaltung zu verdeutlichen, um so mögliche Enttäuschungen zu vermeiden.

❏ b) sich einen möglichst umfassenden Eindruck von der Persönlichkeit des Bewerbers sowie von seinen beruflichen und persönlichen Neigungen verschaffen.

❏ c) feststellen, wie sich der Jugendliche in einer belastenden Situation (Stress) verhält.

❏ d) herausfinden, ob der Bewerber auch nach der Ausbildung noch im ausbildenden Betrieb tätig sein möchte.

❏ e) feststellen, ob der Bewerber voraussichtlich die Abschlussprüfung schaffen wird.

2.81 Ein Auszubildender kommt nun an seinem ersten Arbeitstag in den Betrieb. Wie soll dieser erste Tag gestaltet sein? (2)

Bitte kreuzen Sie die richtigen Antworten bzw. Aussagen an!

❏ a) Der Auszubildende soll alle Informationen erhalten, die er braucht, um sich im Betrieb zurecht zu finden.

❏ b) Man soll von diesem ersten Tag nicht zuviel Aufhebens machen – es ist ein ganz normaler Arbeitstag.

❏ c) Die Auszubildenden müssen verstehen, dass das bequeme Schülerleben jetzt beendet ist.

❏ d) Man soll gleich zu Beginn der Ausbildung dem neuen Auszubildenden klarmachen, dass heute der Ernst des Lebens beginnt.

❏ e) Man soll den Auszubildenden möglichst schon mit allen Personen bekannt-machen, die mit der Ausbildung zu tun haben.

2.82 Um den neuen Auszubildenden den Übergang von der Schule zum Betrieb etwas zu erleichtern, sollte man ...

Bitte kreuzen Sie die richtige Antwort bzw. Aussage an!

❏ a) die neuen Auszubildenden systematisch mit der für sie ungewohnten Um-gebung und den notwendigen Spielregeln (z. B. in einer Einführungswoche) vertraut machen.

❏ b) die neuen Auszubildenden in den ersten Wochen nur halbtags beschäftigen, damit sie nicht länger von zu Hause weg sind als bisher.

❏ c) mit der Berufsschule rechtzeitig vereinbaren, dass die neuen Auszubildenden sofort am ersten Tag ihrer Ausbildung Berufsschulunterricht haben.

❏ d) die neuen Auszubildenden sofort unmittelbar mit der Praxis in Kontakt bringen; dadurch gewöhnen sie sich am schnellsten an die betriebliche Ordnung und Realität.

❏ e) in den ersten Wochen der Ausbildung für die neuen Auszubildenden fast aus-schließlich nur Unterricht halten, um ihnen dadurch sehr schnell viel Fachwissen zu vermitteln.

2.83 Die Betreuung des Berufsanfängers beim Übergang aus der Schule in die Arbeitswelt fordert vom betrieblichen Ausbilder, dass er ... (4)

Bitte kreuzen Sie die richtigen Antworten bzw. Aussagen an!

❏ a) jeden neuen Auszubildenden individuell in die Ausbildungsstätte einführt.

❏ b) den neuen Auszubildenden in den ersten Wochen der Ausbildung besonders betreut.

❏ c) den neuen Auszubildenden persönlich mit den für die Ausbildung zuständigen und allen sonstigen nach § 13 BBiG weisungsberechtigten Personen bekannt-macht.

❏ d) den betrieblichen Ausbildungsplan nach den Wünschen der einzelnen Auszu-bildenden für sie zu individuellen Ausbildungsplänen abändert.

❏ e) jeden neuen Auszubildenden die einzelnen Lernorte im Betrieb kennenlernen lässt und seinen betrieblichen Ausbildungsplan mit ihm bespricht.

2.84 Der Sinn der Probezeit (gemäß § 20 BBiG) liegt darin, ...

Bitte kreuzen Sie die richtige Antwort bzw. Aussage an!

❏ a) das Sozialverhalten des Auszubildenden abzuprüfen.

❏ b) die psychische Belastbarkeit des Auszubildenden zu testen.

❏ c) alle im gewählten Beruf irgendwann vorkommenden Arbeiten des Auszubildenden jetzt in der Praxis vorzustellen.

❏ d) die Eignung des Auszubildenden für die von ihm eingeschlagene Berufsrichtung zu erkennen.

❏ e) die Eignung des Berufsanwärters für seine spätere Verwendung an einem bestimmten Arbeitsplatz im Betrieb zu ermitteln.

2.85 Wann sollte der Ausbilder mit der gezielten Beobachtung eines neuen Auszubildenden beginnen?

Bitte kreuzen Sie die richtige Antwort bzw. Aussage an!

❏ a) So früh wie möglich, um rechtzeitig eventuelles Fehlverhalten und mögliche Minderleistungen zu erkennen und zu korrigieren/zu verbessern.

❏ b) Erst dann, wenn das schultpyische Verhalten vom neuen Auszubildenden abgelegt ist.

❏ c) So spät wie möglich, um falsche Beobachtungen weitgehend auszuschließen.

❏ d) Erst kurz vor der Beurteilung, damit die Erinnerung noch ganz frisch ist.

❐ e) Sobald er von anderen Auszubildenden erstmals negative Dinge über den neuen Auszubildenden hört.

2.86 Eine gelegentliche Aussprache zwischen dem Ausbilder und den Eltern des Auszubildenden ...

Bitte kreuzen Sie die richtige Antwort bzw. Aussage an!

❏ a) lohnt eigentlich nicht, denn die Eltern verstehen ohnehin zu wenig von Ausbildungsfragen.

❏ b) lohnt eigentlich nicht, denn die Eltern sind in der Regel uninteressiert.

❏ c) stellt eine Möglichkeit dar, den Ausbildungserfolg zu sichern sowie weiteren Einblick in die Persönlichkeit und Verhaltensweisen des Auszubildenden zu gewinnen.

❏ d) ist stets abzulehnen, denn erzieherische Probleme sind ausschließlich Angelegenheit der Erziehungsberechtigten.

❏ e) ist stets abzulehnen, weil ein Einblick in das häusliche Milieu lediglich dem Zwecke möglicher charakterlicher Förderung dienen könnte, was nicht Sache des Ausbilders sein kann.

2.87 Zu welchem Zeitpunkt empfiehlt sich vor allem ein Gespräch mit den Eltern des Auszubildenden?

Bitte kreuzen Sie die richtige Antwort bzw. Aussage an!

❏ a) Sofort nach Beginn der Ausbildung.

❏ b) Nach der Zwischenprüfung.

❏ c) Kurz vor der Abschlussprüfung.

❏ d) Vor Ablauf der Probezeit, sobald eine konkrete Beurteilung des Auszubildenden möglich ist.

❏ e) Kurz nach Beginn der Ausbildung.

2.88 Der Ausbilder kann die Kontakte zum Elternhaus des Auszubildenden aufgeben, sobald ...

Bitte kreuzen Sie die richtige Antwort bzw. Aussage an!

❏ a) die Abschlussprüfung erfolgreich abgelegt ist.

❏ b) die Probezeit abgelaufen ist.

❏ c) die Grundausbildung abgeschlossen ist.

❏ d) die eigentliche Berufsausbildung begonnen hat.

❏ e) die Zwischenprüfung mit gutem Ergebnis abgelegt ist.

2.89 Sie sind der verantwortliche Ausbilder. Ihnen liegen die Ergebnisse der Intelligenztests von mehreren Bewerbern um einen Ausbildungsplatz vor. Wie wählen Sie den künftigen Auszubildenden aus? (2)

Bitte kreuzen Sie die richtigen Antworten bzw. Aussagen an!

❏ a) Der Bewerber mit dem höchsten Intelligenzquotienten (IQ) erhält in jedem Falle den Ausbildungsplatz.

❏ b) Sie richten sich weniger nach dem Test, sondern mehr nach den Schulzeugnissen.

❏ c) Sie vergleichen Testergebnisse und Anforderungen des künftigen Arbeitsplatzes; Sie wählen nicht nach dem Gesamttestergebnis aus, sondern nach den Ergebnissen der Untertests (im Hinblick auf die Anforderungen des künftigen Arbeitsplatzes).

❏ d) Das Testergebnis ist für Sie nur ein Anhaltspunkt unter anderen, da ein Intelligenztest nicht alle für einen Beruf wichtigen Fähigkeiten umfasst.

❏ e) Sie richten sich in erster Linie nach dem Teilergebnis, das über die sprachliche Gewandtheit Auskunft gibt und vergleichen dieses Ergebnis mit der Note für Deutsch im letzten Schulzeugnis.

2.90 Welche Gründe sollten für die Berufswahl Jugendlicher eigentlich ausschlaggebend sein? (2)

Bitte kreuzen Sie die richtigen Antworten bzw. Aussagen an!

❑ a) Der Beruf verspricht gute Verdienstaussichten.

❑ b) Der Jugendliche interessiert sich stark für gerade diese berufliche Tätigkeit.

❑ c) Die Freundin des Jugendlichen hat den gleichen Berufswunsch wie er.

❑ d) Der Vater des Jugendlichen hat denselben Beruf, der Sohn soll diese Tradition fortsetzen.

❑ e) Bei einem Berufseignungstest hat sich herausgestellt, dass der Jugendliche für diesen Beruf besonders geeignet ist.

2.91 Für einen guten Ausbildungserfolg müssen beim Auszubildenden bestimmte individuelle Voraussetzungen gegeben sein. Welche der folgenden Aussagen sind richtig? (2)

Bitte kreuzen Sie die richtigen Antworten bzw. Aussagen an!

❑ a) Ausreichende Befähigung ist die Grundvoraussetzung für gute Ausbildungsleistungen.

❑ b) Gute Ausbildungsleistungen sind ausschließlich eine Sache der Anstrengung.

❑ c) Mit Disziplin und Tatkraft lassen sich immer gute Ausbildungsleistungen erzielen.

❑ d) Leistungserfolge sind allein das Ergebnis ausgereifter Unterweisungsmethoden/Unterweisungstechniken.

❑ e) Ohne dauerhaftes Interesse für den gewählten Beruf sind gute Ausbildungsleistungen kaum zu erwarten.

2.92 Welche Aussage über Schulzeugnisse ist richtig?

Bitte kreuzen Sie die richtige Antwort bzw. Aussage an!

❑ a) Sie sind amtlich und wegen ihres Zifferncharakters in hohem Grade vergleichbar. Sie sollten daher bei der Auswahl von Auszubildenden eine ganz entscheidende Rolle spielen.

❑ b) Gute Schulnoten sind für die Bewerberauswahl wichtiger als das Interesse des Jugendlichen an dem angestrebten Beruf.

❑ c) Die Schulnoten können auch zur charakterlichen Beurteilung des Jugendlichen mit herangezogen werden.

❑ d) Die Schulnoten sind nur relativ gültig, weil sie sich vielfach auf das Leistungsniveau einer speziellen Schulklasse beziehen; man darf ihre Aussagekraft also nicht überbewerten.

☐ e) Die Schulzeugnisse haben keinerlei wirkliche Aussagekraft, da bei der Notengebung oft genug nicht nur die schulischen Leistungen, sondern auch andere Faktoren eine große Rolle spielen können.

2.93 Welche Faktoren sind bei Jugendlichen für die Ergreifung eines bestimmten Berufes wichtig? (2)

Bitte kreuzen Sie die richtigen Antworten bzw. Aussagen an!

☐ a) Intelligenzquotient (IQ).

☐ b) Neigung.

☐ c) Schulnoten.

☐ d) Eignung.

☐ e) Charakter.

2.94 Der Ausbilder soll die Persönlichkeitsentwicklung der Jugendlichen fördern. Er tut dies, indem er z. B. ... (2)

Bitte kreuzen Sie die richtigen Antworten bzw. Aussagen an!

☐ a) allen Auszubildenden jede nur erdenkliche Freiheit lässt.

☐ b) allen Auszubildenden den Merksatz einhämmert: Lehrjahre sind keine Herrenjahre.

☐ c) bei guten Leistungen stets deutliches Lob ausspricht.

☐ d) ganz auf Leistungskontrollen verzichtet, da die Jugendlichen in der Schulzeit schon dem bekannten Prüfungsstress ausgesetzt waren.

☐ e) Kritikgespräche stets nur unter vier Augen führt.

2.95 Welche Fragen wird sich ein Ausbilder stellen, um die Kreativität eines Auszubildenden abzuschätzen? (2)

Bitte kreuzen Sie die richtigen Antworten bzw. Aussagen an!

☐ a) Formuliert der Auszubildende gelegentlich eigene Ideen zu verschiedenen betrieblichen Regelungen und Handlungen?

☐ b) Ist der Auszubildende ruhig, besonnen, sachlich und freundlich?

☐ c) Hat der Auszubildende noch Geschwister, die das Gymnasium besuchen?

☐ d) Macht der Auszubildende gelegentlich Verbesserungsvorschläge?

☐ e) Wird der Auszubildende von den Ausbildern sehr geschätzt?

2.96 Welche Zusammenhänge bestehen Ihrer Meinung nach zwischen Intelligenz und Kreativität? (2)

Bitte kreuzen Sie die richtigen Antworten bzw. Aussagen an!

❏ a) Intelligenz und Kreativität sind zwei Eigenschaften, die nur bedingt voneinander abhängen.

❏ b) Intelligenz und Kreativität hängen sehr stark voneinander ab.

❏ c) Es ist ein sehr hohes Maß von Intelligenz nötig, um wirklich kreative Leistungen zu vollbringen.

❏ d) Es muss ein Mindestmaß an Intelligenz vorhanden sein, um kreative Leistungen vollbringen zu können.

❏ e) Hohe Intelligenz ist ein Garant für große Kreativität und umgekehrt.

2.97 Wichtig für den Ausbildungserfolg sind besonders Konzentration und Ausdauer des Auszubildenden. Zutreffend ist, dass ... (2)

Bitte kreuzen Sie die richtigen Antworten bzw. Aussagen an!

❏ a) die Konzentration die bedeutendste Persönlichkeitsdimension ist.

❏ b) die Konzentration die Fähigkeit zu kurzfristiger Anspannung ist.

❏ c) die Ausdauer haargenau das gleiche ist wie Konzentration.

❏ d) die Ausdauer als längerfristige Dauerleistung anzusehen ist.

❏ e) die Ausdauer als kurzfristige Anspannung zu verstehen ist.

2.98 Aufgrund welcher der folgenden Informationen kann der Ausbilder auf Konzentration und Ausdauer einer Auszubildenden schließen? (2)

Bitte kreuzen Sie die richtigen Antworten bzw. Aussagen an!

❏ a) Sie lässt sich nicht von ihrer Arbeit abbringen, egal was um sie vorgeht.

❏ b) Sie hört nie zu, wenn man ihr etwas erklären oder sie informieren will.

❏ c) Sie ist sehr beliebt bei ihren Kolleginnen und bei den Ausbildern.

❏ d) Sie arbeitet im Betrieb sehr gleichmäßig und gewissenhaft, fast schon penibel.

❏ e) Sie ist stets höflich gegenüber ihren Ausbildern.

2.99 Die Kooperationsbereitschaft seiner Auszubildenden erkennt der Ausbilder:

Bitte kreuzen Sie die richtige Antwort bzw. Aussage an!

❏ a) An ihrem rechthaberischen Verhalten.

❏ b) Wenn sie anderen gegenüber eine erbetene Gefälligkeit verweigern.

❏ c) Wenn sie anderen gegenüber eine spontane Hilfsbereitschaft zeigen.

❏ d) Wenn sie sich in der Gruppe herumstreiten.

❏ e) An ihrer Haartracht, Kleidung und Sprache.

2.100 Was sind die sogenannten „sensiblen Phasen" in der Entwicklung des Menschen? (2)

Bitte kreuzen Sie die richtigen Antworten bzw. Aussagen an!

❏ a) Zeiten, in denen der Mensch besonders empfindsam und empfindlich, also sensibel ist.

❏ b) Zeitabschnitte, in denen der Mensch aufgrund des jeweiligen Reifezustandes besonders für bestimmte Anregungen und Lernangebote seiner Umgebung aufgeschlossen ist.

❏ c) Phasen, in denen bestimmte Lernvorgänge aufgrund der vorangegangenen körperlichen Reifung fast von selbst ablaufen.

❏ d) Mit Eintritt der sensiblen Phase ist die betreffende Funktion eines Organes ausgereift. Ihr Gebrauch kann nun gelernt werden.

❏ e) Als sensible Phase bezeichnet man die letzten Wochen vor der Abschlussprüfung. Die Jugendlichen sind dann sehr sensibel und leiden ziemlich stark unter Prüfungsangst.

Löungen zu den Aufgaben 2.01 – 2.100

Frage	a	b	c	d	e	Frage	a	b	c	d	e
2.01			X	X	X	2.41				X	
2.02	X	X				2.42	X	X	X	X	
2.03	X			X	X	2.43		X	X	X	
2.04	X		X	X		2.44					X
2.05					X	2.45		X		X	
2.06		X				2.46				X	
2.07		X	X	X		2.47				X	
2.08	X	X			X	2.48	X	X	X		
2.09	X			X	X	2.49	X	X	X	X	
2.10		X	X			2.50	X	X	X	X	
2.11		X	X	X		2.51	X	X	X		X
2.12	X	X			X	2.52	X	X		X	X
2.13	X		X		X	2.53	X			X	X
2.14		X		X		2.54	X	X		X	
2.15				X		2.55	X				X
2.16				X		2.56	X	X	X	X	
2.17				X	X	2.57	X	X		X	X
2.18				X		2.58		X			
2.19			X	X		2.59	X		X		
2.20	X	X				2.60	X		X		X
2.21		X				2.61	X	X	X		
2.22		X				2.62	X	X	X		X
2.23			X	X		2.63	X	X		X	X
2.24			X	X	X	2.64		X	X	X	X
2.25	X			X		2.65		X			
2.26	X		X	X	X	2.66	X		X		
2.27	X	X			X	2.67		X			X
2.28		X	X	X		2.68	X				
2.29	X			X	X	2.69	X	X	X		
2.30	X	X	X		X	2.70				X	
2.31	X	X	X			2.71			X		
2.32	X	X	X	X		2.72		X	X	X	X
2.33		X	X			2.73			X		
2.34	X	X	X			2.74		X			
2.35		X		X		2.75	X				X
2.36		X	X	X		2.76					X
2.37					X	2.77		X			
2.38				X		2.78					X
2.39			X			2.79					X
2.40		X				2.80		X			

Frage	a	b	c	d	e
2.81	X				X
2.82	X				
2.83	X	X	X		X
2.84				X	
2.85	X				
2.86			X		
2.87				X	
2.88	X				
2.89			X	X	
2.90		X			X
2.91	X				X
2.92				X	
2.93		X		X	
2.94			X		X
2.95	X			X	
2.96	X			X	
2.97		X		X	
2.98	X			X	
2.99			X		
2.100		X		X	

In diesem Kapitel finden Sie 150 **Mehrfachauswahlaufgaben**, die häufig auch als **Programmierte Aufgaben** oder **Multiple-Choice-Aufgaben** bezeichnet werden. Diese Aufgaben stammen aus dem Handlungsfeld 3 und zusätzlich, wo es im Sinne von ganzheitlichem Lernen zweckmäßig erschien, auch aus den übrigen 3 Handlungsfeldern.

Zu 3.01–3.16

Die Firma Grohe International AG, Leipzig, stellt in diesem Jahr insgesamt 36 Auszubildende ein, und zwar jeweils 10 Auszubildende für die klassischen Ausbildungsberufe des Konzerns:

- Bürokaufmann/Bürokauffrau.
- Industriekaufmann/Industriekauffrau.
- Kaufmann/Kauffrau im Groß- und Außenhandel.

Für 3 weitere Berufe, in denen der Konzern bisher nicht ausgebildet hat, wurden jeweils 2 Auszubildende eingestellt:

- Datenverarbeitungskaufmann/Datenverarbeitungskauffrau.
- Speditionskaufmann/Speditionskauffrau.
- Luftverkehrskaufmann/Luftverkehrskauffrau.

Sie sind Horst Umland, der Ausbildungsleiter des Konzerns und beauftragen Paul Nuck (einen Ihrer 3 hauptamtlichen Ausbilder) damit, auf Grund der vorliegenden betrieblichen Ausbildungspläne für diese 3 neuen Berufe nunmehr gemeinsam mit den betreffenden nebenamtlichen Ausbilderinnen und Ausbildern die entsprechenden Ausbildungsplätze einzurichten.

Nach einer ersten Besprechung mit den betreffenden Nebenamtlichen präsentiert Ihnen Herr Nuck folgenden Fahrplan für das Einrichten der Ausbildungsplätze. Dieser Fahrplan gelte für alle 3 Ausbildungsberufe, betonte Herr Nuck bei der Präsentation.

Hier die Kernpunkte des Fahrplans:

1. Fertigkeiten und Kenntnisse (gemäß Ausbildungsordnung bzw. betrieblichem Ausbildungsplan) den entsprechenden Lernorten zuordnen.
2. Festlegung der innerbetrieblichen Lernorte.
3. Ausstattung der Ausbildungsplätze.
4. Umwelteinflüsse.
5. Betriebsklima.
6. Unfallverhütung.

Anschließend geben Sie Herrn Nuck einige „Testfragen zur Ausbildung am Arbeitsplatz" mit, die Sie der BIBB-Broschüre „Handlungsorientierte Ausbildung der Ausbilder" entnommen haben. Herr Nuck und seine beiden hauptamtlichen Ausbilderkollegen sollen diesen Test gemeinsam lesen.

3.01 Wenn man Arbeitsplätze/Ausbildungsplätze auswählt und aufbereitet, sollte man beachten: (4)

Bitte kreuzen Sie die richtigen Antworten bzw. Aussagen an!

❏ a) Auszubildende dürfen nur mit ausbildungsrelevanten Tätigkeiten beschäftigt werden. Deshalb müssen Arbeitsplätze, an denen ausgebildet werden soll, danach ausgewählt werden, ob sich an ihnen vorgegebene Ausbildungsinhalte vermitteln lassen.

❏ b) Die Auswahl der Arbeitsplätze hat insbesondere nach wirtschaftlichen Gesichtspunkten zu erfolgen. Als Faustregel gilt: Die Kosten pro Arbeitsplatz dürfen nicht mehr betragen als das Dreieinhalbfache der monatlichen Vergütung eines Auszubildenden. Beim 3. Ausbildungsjahr wird ein Zuschlag von 25 % akzeptiert (siehe Ausbilderinformation 3/99).

❏ c) Besonders wichtig ist die Feinplanung. Dazu müssen als erstes für die Vermittlung der Inhalte, die durch die Ausbildungsordnung vorgegeben sind, geeignete Arbeitsplätze/Arbeitsaufgaben und geeignetes Ausbildungspersonal gefunden werden. Als zweites ist festzulegen, was genau an diesen Arbeitsaufgaben in welcher Reihenfolge gelernt werden soll.

❏ d) Bei kleineren Betrieben werden häufig sehr komplexe Arbeitsaufgaben von einer Person allein ausgeführt. Aufgabe der Ausbildungskräfte ist es in diesem Fall, die komplexen Arbeitsaufgaben aufzuteilen, um den Auszubildenden die sinnvolle Mitarbeit an einzelnen Teilaufgaben schrittweise zu ermöglichen.

❏ e) In größeren Betrieben sind Leistungsprozesse oft sehr arbeitsteilig organisiert. Für die Ausbildung am Arbeitsplatz ist es deshalb wichtig, die Zusammenhänge der einzelnen Arbeitstätigkeiten verständlich zu machen.

3.02 Wie können wir die Auszubildenden auf die (ständigen) Veränderungen der Arbeitsorganisation vorbereiten? (3)

Bitte kreuzen Sie die richtigen Antworten bzw. Aussagen an!

❏ a) Der globale Wettbewerb zwingt viele Betriebe dazu, Techniken und Arbeitsverfahren den sich ständig ändernden Anforderungen des Marktes anzupassen. Betrieblicher Wandel wird damit zu einem kontinuierlichen Prozess. Eine zukunftsorientierte Ausbildung muss die zukünftigen Fachkräfte darauf vorbereiten, diesen Wandel selbst aktiv mitzugestalten.

❏ b) Die Entwicklung der Bereitschaft zum Wandel ist eine Aufgabe der Organisationsabteilung oder der Arbeitsgruppe „Wandel" und nicht Angelegenheit der Berufsausbilder, die ganz andere Aufgaben haben (siehe § 1 Abs. 3 BBiG).

❏ c) Andere große Unternehmen begleiten diese Wandlungsprozesse mit enormem personellem und finanziellem Aufwand. Wenn die Grohe International AG hier mitmachen möchte, muss sofort eine Arbeitsgruppe „Wandel" installiert werden. Wir Ausbilder können das nicht von uns aus leisten.

❏ d) Der immer schneller werdende Wandel von Techniken und Arbeitsverfahren verlangt von Fachkräften zunehmend, dass sie sich selbst verstärkt über veränderte Sachverhalte informieren und den Wandel selbst aktiv begleiten.

❏ e) Eine wesentliche Voraussetzung dafür ist, dass die Ausbilderinnen und Ausbilder die betrieblichen Veränderungen mitvollziehen, unterschiedliche Strategien für die Veränderung der Arbeitsorganisation kennen und die Auszubildenden in Veränderungsprozesse einbinden.

3.03 Wie können wir unsere Auszubildenden zum aktiven Lernen anleiten? (3)

Bitte kreuzen Sie die richtigen Antworten bzw. Aussagen an!

❏ a) Ausbilderinnen und Ausbilder müssen fähig werden, die Auszubildenden im aktiven Lernen zu unterrichten, zu trainieren und zu unterstützen.

❏ b) Das eigenaktive Lernen als Voraussetzung für die Fähigkeit zum lebenslangen Lernen wird deshalb in der Ausbildung immer wichtiger. Aus diesem Grund werden in der Ausbildung zunehmend Methoden eingesetzt, bei denen sich die Auszubildenden selbst aktiv neue Kenntnisse aneignen müssen.

❏ c) Der Ausbilder übernimmt dabei eine Rolle als Lernberater (Moderator, Coach).

❏ d) Das aktive Lernen ist eine Modeerscheinung, die sich schon bald überlebt haben wird.

❏ e) Das aktive Lernen entlastet die ausbildenden Betriebe von vielen Ausbildungsverpflichtungen und ist daher zu begrüßen.

3.04 Wie können wir die Handlungskompetenz unserer Auszubildenden fördern? (4)

Bitte kreuzen Sie die richtigen Antworten bzw. Aussagen an!

❏ a) Veränderte Formen der Arbeitsorganisation haben zur Folge, dass auch von jungen Fachkräften ohne lange Berufserfahrung erwartet wird, komplexe Arbeitsaufgaben selbständig lösen zu können.

❏ b) Handlungskompetenz wird deshalb in den Ausbildungsordnungen definiert als die Fähigkeit zum selbständigen Planen von Arbeitstätigkeiten.

❏ c) Auch die Fähigkeit zum selbständigen Durchführen von Arbeitstätigkeiten bedeutet Handlungskompetenz.

❏ d) Handlungskompetenz ist ein Modewort und bedeutet soviel wie „allgemeine Arbeitsbereitschaft".

❏ e) Auch die Fähigkeit zum selbständigen Kontrollieren von Arbeitstätigkeiten bedeutet Handlungskompetenz.

3.05 Wie können wir adäquate Lernerfolgskontrollen durchführen? (4)

Bitte kreuzen Sie die richtigen Antworten bzw. Aussagen an!

❏ a) Nach dem Berufsbildungsgesetz haben die Ausbildenden alles zu tun, dass die Auszubildenden das vorgesehene Ausbildungsziel in der vorgegebenen Zeit erreichen. Zu einer planmäßigen Ausbildung gehört deshalb, dass der Lernerfolg regelmäßig kontrolliert wird.

❏ b) Lernerfolgskontrollen haben in einer Zeit, in der eigenaktives Lernen und der Erwerb von Handlungskompetenz gefragt ist, nichts mehr in der Ausbildung zu suchen. Lernerfolgskontrollen sind veraltete Verfahren, mit deren Hilfe die Lehrherren früher ihre Lehrlinge diszipliniert haben.

❏ c) Lernerfolgskontrollen sind wichtig, um den jeweiligen Ausbildungsstand festzustellen und um Lernfortschritte zu dokumentieren.

❏ d) Dies kann durch die Kontrolle der Arbeitsergebnisse oder durch formelle Lernerfolgskontrollen geschehen. Lernerfolgskontrollen sollen Lehrenden wie Lernenden eine Rückmeldung darüber geben, ob das Vermittelte wirklich gelernt worden ist.

❏ e) Im Gegensatz zu Tests dienen Lernerfolgskontrollen nicht der differenzierten Leistungsmessung und eignen sich deshalb auch schlecht zur Notengebung. Ziel ist vielmehr der individuelle Soll-Ist-Vergleich. Lernerfolgskontrollen sind deshalb nur dann sinnvoll, wenn sie gewissenhaft nachbereitet werden mit dem Ziel, erkannte Defizite auszugleichen.

3.06 Wie können wir die Beurteilungsgespräche richtig führen? (2)

Bitte kreuzen Sie die richtigen Antworten bzw. Aussagen an!

❏ a) Beurteilungsgespräche werden üblicherweise
   1. vor Ablauf der Probezeit und
   2. kurz vor Ablauf der Ausbildungszeit geführt.
   Häufigere Gespräche bedeuten vermehrte Kosten. Denn diese Gespräche sind zeitaufwendig. Und Zeit ist Geld.

❏ b) Beurteilungsgespräche werden üblicherweise am Ende eines Ausbildungsabschnittes geführt.

❏ c) In diesem Gespräch sollen sowohl die bisherigen Leistungen gewürdigt als auch Schwächen oder Defizite benannt werden.

❏ d) Beurteilungsgespräche sollte der Ausbilder immer im Beisein eines Mitarbeiters der Personalabteilung führen.

❏ e) Der/die Auszubildende sollte zu jedem Beurteilungsgespräch ein Mitglied des Betriebsrates oder der JAV mitnehmen.

3.07 Welche Fragen stellt man sich bei Firma Grohe International AG, wenn man die einzelnen Fertigkeiten und Kenntnisse den verschiedenen betrieblichen Lernorten zuordnen will? (3)

Bitte kreuzen Sie die richtigen Antworten bzw. Aussagen an!

❏ a) Welche Kosten verursacht dieser Ausbildungsabschnitt?

❏ b) Kann man auf diese Fertigkeiten und Kenntnisse im Rahmen der neuen Handlungsorientierung nicht ganz verzichten?

❏ c) Was soll vermittelt werden? Wer vermittelt die Inhalte?

❏ d) Wann soll der Inhalt vermittelt werden? Wo soll der Inhalt vermittelt werden?

❏ e) Unter welchen Bedingungen wird der Ausbildungsinhalt am besten dem Auszubildenden vermittelt?

3.08 Welche Planungs- und Dispositionsaufgaben haben die Ausbilder der Firma Grohe International AG im Hinblick auf die Festlegung der innerbetrieblichen Lernorte? (3)

Bitte kreuzen Sie die richtigen Antworten bzw. Aussagen an!

❏ a) Aus dem Ausbildungsrahmenplan entwickeln sie den betrieblichen Ausbildungsplan; aus dem betrieblichen Ausbildungsplan entwickeln sie die individuellen Ausbildungspläne (für jeden Auszubildenden). Ferner ist wichtig: Die Anordnung der ausgewählten Inhalte muss dann sachlogisch und lernwirksam in einen Bildungsgang integriert werden.

❏ b) Entwicklung der Prüfungspläne (für die IHK).

❏ c) Gemeinsame Erstellung der Pläne für den betrieblichen Unterricht.

❏ d) Erstellen der Stundenpläne (für die Berufsschule).

❏ e) Erstellung der betrieblichen Versetzungs- und Maschinenbelegungspläne. Dabei sind die Zwischen- und Abschlussprüfungen zu berücksichtigen. Darüber hinaus ist die Abstimmung der verschiedenen betrieblichen Lernorte mit den Inhalten der Berufsschule erforderlich. Zudem sind die Berufsschulzeiten (Teilzeit- bzw. Blockunterricht) zu berücksichtigen.

3.09 Die Berufsausbildung erfolgt bei der Grohe International AG stets nach einer Adressatenanalyse. Welche Aussage dazu ist *falsch*?

Bitte kreuzen Sie die *falsche* Antwort bzw. Aussage an!

❏ a) Eine Ausbildung nur nach Adressatenanalyse ist viel zu teuer.

❏ b) Eine Adressatenanalyse bedingt: Abstimmung der ausbildungsrelevanten Tätigkeiten mit dem Ausbildungsplatz.

❏ c) Eine Adressatenanalyse bedingt: Einfache und komplexe Arbeitsaufgaben in Abhängigkeit von den Fähigkeiten und dem Lernfortschritt lösen zu lassen.

❏ d) Eine Adressatenanalyse bedingt: Planungen müssen realistisch und umsetzbar sein.

❏ e) Bei der Adressatenanalyse sollte man gegebenenfalls auch den betrieblichen Unterricht einbeziehen.

3.10 Welche Ausstattung steht beim Ausbildungsbetrieb Grohe International AG für die Berufsausbildung zur Verfügung? (4)

Bitte kreuzen Sie die richtigen Antworten bzw. Aussagen an!

❏ a) Grundausstattung an Werkzeugen, Maschinen, Geräten, Pflege- und Wartungseinrichtungen.

❏ b) Bürotechnische Einrichtungen und Organisationsmittel. Ausbildungsmittel, Ausbildungsmedien, Lehr- und Lernmittel.

❏ c) Produktions- und Betriebsanlagen, Lager und Versand.

❏ d) Wenn benötigte Ausrüstungen fehlen, ist die betreffende Fertigkeit eben nur theoretisch zu vermitteln.

❏ e) Die Ausstattung muss im Sinne § 27 Abs. 1 BBiG geeignet sein – andernfalls gelten § 27 Abs. 2 BBiG (Ausbildungsmaßnahmen außerhalb) oder § 33 Abs. 2 BBiG (Verbot des Einstellens und Ausbildens).

3.11 Welche ergonomischen Anforderungen stellt der Betriebsarzt der Firma Grohe International AG an einen Arbeitsplatz im Unternehmen? (2)

Bitte kreuzen Sie die richtigen Antworten bzw. Aussagen an!

❏ a) Die ergonomische Gestaltung von Arbeitsplätzen ist eine Wunschvorstellung, die derzeit nicht finanzierbar ist.

❏ b) Was heißt schon „körpergerechte Gestaltung des Arbeitsplatzes", zu Hause haben die Leute auch keine Superstühle zur Verfügung.

❏ c) Ergonomie in Ehren, die Beleuchtung und die Beheizung der Büros ist in Ordnung. Man kann es auch mit der bedürfnisgerechten Einrichtung übertreiben.

❏ d) Die Bedürfnisse und Verhaltensweisen des arbeitenden Menschen müssen im Betrieb mit berücksichtigt werden.

❏ e) Die körpergerechte Gestaltung der Arbeitsplätze hat Vorrang vor reinem Kostendenken.

3.12 Wie erfolgt bei Firma Grohe International AG die personelle Sicherstellung der Ausbildungskompetenz? (4)

Bitte kreuzen Sie die richtigen Antworten bzw. Aussagen an!

❏ a) Alle Ausbilder müssen in der Lage sein, modernste technische Anlagen jederzeit sinnvoll in den Lehr-/Lernprozess einzubeziehen.

❏ b) Die Weiterbildung der Ausbilder und Ausbildungsbeauftragten hat einen besonders hohen Stellenwert.

❏ c) Die Anleitung von neuen Ausbildern und Ausbildungsbeauftragten wird forciert.

❏ d) In Zukunft soll die Durchführung eigener AdA-Lehrgänge (im Hause der Grohe International AG) vorgesehen werden.

❏ e) Wir haben derzeit genügend Ausbildungskompetenz im Hause, daher sind keine besonderen Maßnahmen erforderlich.

3.13 Die möglichst günstige Gestaltung der Umweltfaktoren im Betrieb wirkt sich insgesamt positiv auf die Belegschaft der Firma Grohe International AG aus. Welche Aussagen sind richtig? (3)

Bitte kreuzen Sie die richtigen Antworten bzw. Aussagen an!

❏ a) Arbeitspausen vermindern ermüdungsbedingtes Nachlassen von Aufmerksamkeit und Konzentration.

❏ b) Bei sehr viel geistiger Arbeit mangelt es oft an aktiver körperlicher Betätigung.

❏ c) Die günstige Gestaltung der Umweltfaktoren (Raumklima, Beleuchtung, Lärmschutz) hat nur ein Ziel: Gewinnsteigerung durch Steigerung der Arbeitsleistung der Belegschaft.

❏ d) Besondere Maßnahmen (wie Pflanztröge in den Büros, Hintergrundmusik etc.) kosten viel Geld und werden obendrein auch noch von der Belegschaft abgelehnt.

❏ e) Lärm, unpassende Raumtemperaturen und falsche Beleuchtung führen rasch zum Unwohlsein der Belegschaft.

3.14 Welche Faktoren beeinflussen das Betriebsklima bei Firma Grohe International AG positiv oder negativ? (3)

Bitte kreuzen Sie die richtigen Antworten bzw. Aussagen an!

❏ a) Negatives Betriebsklima entsteht durch dauernde Demotivation der Belegschaft.

❏ b) Ein positives Betriebsklima entsteht durch richtige Menschenführung und Humanisierung des Ausbildungs- und Arbeitsplatzes.

❏ c) Ein negatives Betriebsklima entsteht durch gerechte Bezahlung der Arbeit.

❏ d) Ein negatives Betriebsklima entsteht durch Spannungen in der betrieblichen Zusammenarbeit.

❏ e) Ein positives Betriebsklima entsteht auf Anordnung der Grohe-Firmenleitung.

3.15 Welches sind – nicht nur bei der Grohe International AG – mögliche Ursachen von Konflikten? (3)

Bitte kreuzen Sie die richtigen Antworten bzw. Aussagen an!

❏ a) Regelmäßige Feedbackgespräche zwischen Vorgesetzten und Mitarbeitern.

❏ b) Jeder Mitarbeiter kennt seine Aufgaben, Kompetenzen und Verantwortungsbereiche.

❏ c) Organisatorische Mängel und mangelnde Kompetenzabgrenzung.

❏ d) Zu viele unterschiedliche Tätigkeitsbereiche, die sich mit anderen überschneiden und einander widersprechende Anordnungen durch mehrere Vorgesetzte.

❏ e) Die Übertragung von Aufgaben ohne entsprechende Befugnisse.

3.16 Wie informieren die Ausbilder der Firma Grohe International AG ihre Auszubildenden über Unfallgefahren im Betrieb? (3)

Bitte kreuzen Sie die richtigen Antworten bzw. Aussagen an!

❏ a) Mehrmaliges Verlesen der einschlägigen firmeninternen Unfallverhütungsvorschriften.

❏ b) Welche Gefahren gibt es bei der anstehenden Arbeit bzw. am Arbeitsplatz? Wie kann ich die Gefahren vermeiden?

❏ c) Strafandrohung für diejenigen, die einen Arbeitsunfall verursachen.

❏ d) Welche Unfallverhütungsvorschriften gibt es für den Arbeitsplatz? Wo sind die persönlichen Schutzausrüstungen? Welche Rettungswege gibt es?

❏ e) Wo befindet sich der Feuerlöscher? Wer ist der Sicherheitsbeauftragte im Betrieb?

Zu 3.17–3.22

Die Firma Alpin Biwak GmbH bildet inzwischen seit 2 Jahren im Hauptgeschäft in Nürnberg sowie in den Filialen in Fürth, Erlangen und Bamberg insgesamt 10 angehende Kaufleute im Einzelhandel aus. In Kürze soll der bisher in Nürnberg etablierte kleine Versandhandel geschlossen werden. Statt dessen können sich die Kunden dann künftig an allen 4 Standorten telefonisch beraten lassen und auch telefonische Bestellungen aufgeben (Alpiner Teleshop wird sich dieser neue Service nennen). Die bestellten Waren werden dann den Kunden mittels Paketservice oder am Ort per Boten direkt von der Filiale aus zugeschickt. Dadurch wird sich die Arbeitsorganisation vor Ort ändern und es wird neue (zusätzliche) Arbeitsanforderungen an das Verkaufspersonal geben (z. B. telefonische Beratung und Bestellaufnahme). Man rechnet damit, dass das Teleshop-Geschäft einmal etwa 10–15 % des Gesamtumsatzes des Unternehmens ausmachen wird.

Geschäftsführer Peter Zahn, Prokurist Frank Umsicht und die Filialleiter Klaus Korf (Bamberg), Eva Stein (Erlangen) und Franz Roth (Fürth) überlegen anläßlich einer Arbeitssitzung des Leitungskreises gemeinsam, wie man sich im Hinblick auf
– die bestehenden und
– die künftigen
Berufsausbildungsverhältnisse auf die kommenden Veränderungen vorbereiten kann.

Peter Zahn notiert am Flipchart die Stichworte, die im Rahmen der Diskussion genannt werden:

1. Die strukturellen Veränderungen im Betrieb.

2. Der ständige Wandel von Techniken und Arbeitsverfahren.

3. Die neuen Ausbildungsberufe.

4. Mögliche Berufs- und arbeitspädagogische Gründe.

5. Der veränderte Stellenwert der Handlungskompetenz.

6. Die Rationalisierung im Betrieb.

Peter Zahn notiert am Flipchart auch die von den Kollegen und Frau Stein genannten Unterpunkte.

3.17 Welche Gründe bzw. Notwendigkeiten gibt es für den Wandel von Techniken und Verfahren in einer Firma wie der Alpin Biwak GmbH? (3)

Bitte kreuzen Sie die richtigen Antworten bzw. Aussagen an!

❏ a) Ein Grund kann sein: Der Wandel von Techniken und Verfahren ist heute „in". Firmen, die hier nicht mitmachen, erhalten ein ganz schlechtes Image.

❏ b) Gründe können sein: Änderungen in der Berufs- und Arbeitswelt. Mitarbeiter bzw. Ausbilder verlassen den Betrieb. Betriebsaufgabe.

❏ c) Gründe können sein: Betrieb stellt den Vergleichs- oder Konkursantrag. Anforderungen des Marktes. Einführung neuer Arbeitsstrukturen.

❏ d) Gründe können sein: Änderung der Produktionsverfahren auf Grund von Arbeitszeitstudien. Änderung der Arbeitsplatzgestaltung. Änderung der Arbeitsmethode.

❏ e) Gründe können sein: Dem Chef fällt nichts Besseres ein, als umzuorganisieren. Die IHK verlangt eine Umorganisation.

3.18 Warum müssen die Auszubildenden der Firma Alpin Biwak GmbH flexibel sein? (4)

Bitte kreuzen Sie die richtigen Antworten bzw. Aussagen an!

❏ a) Die Kunden erwarten heute einfach eine große Flexibilität vom Verkaufspersonal eines Fachgeschäftes wie Alpin Biwak GmbH.

❏ b) Neue Technologien (Datenkassen, Tele-Marketing, Internet etc.) verlangen eine hohe Flexibilität der Arbeitnehmer.

❏ c) Auch auf Änderungen im Qualifikationsprofil des Verkäufers (Produktwissen) muss man flexibel reagieren.

❏ d) Gerade in einem alteingesessenen Fachgeschäft ist Tradition gefragt, aber nicht Flexibilität.

❏ e) Die Kunden der Alpin Biwak GmbH – alles Alpinisten – erwarten eine gleichbleibend freundliche Bedienung, die flexibel ist und deren Fachwissen stets auf dem neuesten Stand ist. Ebenso werden heute flexible Ladenöffnungszeiten erwartet.

3.19 Durch welche Maßnahmen kann Peter Zahn die Belegschaft (incl. der Auszubildenden) auf mögliche Veränderungen vorbereiten? (3)

Bitte kreuzen Sie die richtigen Antworten bzw. Aussagen an!

❏ a) Durch schriftliche Anweisungen an das Personal.

❏ b) Durch einen Vortrag nach Ladenschluss/Geschäftsschluss.

❏ c) Durch die Einführung von Gruppenarbeit und durch das Einsetzen von Problemlösungsgruppen.

❏ d) Durch das Einsetzen von Qualitätszirkeln.

❏ e) Durch die Optimierung der Ablaufprinzipien, z. B. bei der Materialflussgestaltung und bei der Verknüpfung von Platz-, Ablauf- und Materialflussgestaltung.

3.20 Wie kann man bei der Firma Alpin Biwak GmbH die Ausbildungskompetenz erhalten und erweitern? (3)

Bitte kreuzen Sie die richtigen Antworten bzw. Aussagen an!

❏ a) Untersuchung der Auswirkungen technischer und organisatorischer Entwicklungen auf den Arbeitsplatz.

❏ b) Veränderung der Zahl des hauptberuflichen Ausbildungspersonals.

❏ c) Suche von neuen Ausbildern bzw. Ausbildungsbeauftragten, die das „Ausbilderhandwerk" von den vorhandenen Ausbildern abschauen sollen.

❏ d) Suche von neuen Ausbildern bzw. Ausbildungsbeauftragten, die durch entsprechende Kurse (z. B. AdA-Qualifikation) systematisch auf die Übernahme von Ausbildungsverantwortung vorbereitet werden.

❏ e) Die Ausbilderkompetenz (Ausbildereignung) hat man durch die Ausbilderprüfung bei der IHK erworben. Da man diese nicht wieder verlieren kann, sind Maßnahmen zum Erhalt der Ausbilderkompetenz nicht erforderlich.

3.21 Wie kann man bei der Firma Alpin Biwak GmbH den veränderten Anforderungen an die Handlungskompetenz von Ausbildern, Auszubildenden und Mitarbeitern Rechnung tragen? (3)

Bitte kreuzen Sie die richtigen Antworten bzw. Aussagen an!

❏ a) Das lernen die Mitarbeiter sehr rasch in der Praxis, denn: Am meisten lehrt das Leben (Goethe).

❏ b) Durch die Einbindung der Auszubildenden in die Veränderungsprozesse.

❏ c) Durch die Mitwirkung bei der Gestaltung der Arbeit.

❏ d) Durch eine Veränderung der Anforderungen an die Mitarbeiter.

❏ e) Durch eindeutige schriftliche Arbeitsanweisungen.

3.22 Welche Ziele verfolgt die Alpin Biwak GmbH durch die vorgesehenen Rationalisierungsmaßnahmen? (4)

Bitte kreuzen Sie die richtigen Antworten bzw. Aussagen an!

❏ a) Kosteneinsparungsziele, wobei die Kostenmatrix als Entscheidungshilfe für die Auswahl von Rationalisierungsschwerpunkten genutzt wird.

❏ b) Wirtschaftliche Ziele.

❏ c) Humane Ziele.

❏ d) Organisatorische Ziele und Terminziele.

❏ e) Keine besonderen Ziele.

Zu 3.23–3.33

Herr Hans Keller, Personalchef und Ausbildungsleiter der Solemna Deutschland AG, legt großen Wert auf eine vollständige Handlungsorientierung der Ausbildung. Darum veranstaltet er mit seinen 6 Ausbilderinnen und Ausbildern regelmäßig Ausbilder-Workshops im Rahmen des vom Vorstand angeregten „Arbeitskreises Berufsbildung". Als Teilnehmerinnen und Teilnehmer nehmen daran heute wieder teil:
Frau Petra Altendorf, Abteilung Außendienst Mitte.
Herr Jürgen Anders, Abteilung Volkswirtschaft.
Frau Rita Beck, Rechtsabteilung.
Herr Arnulf Sprock, Abteilung Bestandspflege.
Frau Nicole Stroh, Abteilung Organisation I.
Herr Harro Wöhner, Abteilung Organisation II.

Der heutige Workshop findet außerhalb der Firma in einem Tagungshotel statt und dauert – sehr zur Verwunderung der 6 Ausbilderinnen und Ausbilder – 3 volle Tage.

Zu Beginn erläutert Herr Keller die Agenda für dieses Treffen, das ganz unter dem Motto „Handlungsorientiert ausbilden, eine Unterweisungseinheit planen und durchführen" stehen soll. An der Pinnwand hängen diese 8 Themenkärtchen:

1. Eine Unterweisung planen.

2. Die Methoden der Unterweisung.

3. Didaktische Überlegungen im Betrieb.

4. Die didaktischen Prinzipien.

5. Einen Unterweisungsentwurf erstellen und präsentieren.

6. Eine Unterweisung selbst als Ausbilder/Ausbilderin mit seinen Auszubildenden durchführen.

7. Entsprechende Lernerfolgskontrollen einplanen/durchführen.

8. Die Analyse der geplanten und durchgeführten Unterweisungen.

Auf die Frage, wie sich Herr Keller die Durchführung der Punkte 5–8 vorstelle, antwortete dieser: Jeder von Ihnen wird in diesem Workshop – nach der gründlichen Bearbeitung der Punkte 1–4 – eine Unterweisung zu einem bestimmten Ausbildungsinhalt planen und das Ergebnis präsentieren. Am Nachmittag kommen dann einige unserer Auszubildenden. Mit diesen werden die erarbeiteten Unterweisungen dann durchgeführt, eine Unterweisung nach der anderen. Zum Schluss werden wir dann alle gemeinsam die Planung und Durchführung der Unterweisungen reflektieren. Zuvor jedoch werden wir die Tagesordnungspunkte 1–4 einzeln und in Teams bearbeiten, um unser didaktisches und methodisches Repertoire zu stärken. Unsere Arbeitsergebnisse werden wir per Meta-Plan-Technik visualisieren.

Der Workshop beginnt mit einer moderierten Ideensammlung in der Gruppe zum Thema: Eine Unterweisung planen.

3.23 Welche der folgenden Aussagen zum Thema „Eine Unterweisung planen" sind *falsch*? (2)

Bitte kreuzen Sie die *falschen* Antworten bzw. Aussagen an!

❏ a) Handlungsziel festlegen. Lernstufen der Handlungsziele beachten. Inhalte festlegen.

❏ b) Adressatenanalyse vornehmen. Methodenauswahl vornehmen. Medienauswahl vornehmen.

❏ c) Auf aktivierende Methoden und Lernerfolgskontrollen verzichten.

❏ d) Materialienauswahl und lernfördernde Maßnahmen einplanen.

❏ e) Stur nach Plan unterweisen und auf Nachbereitung der Unterweisung verzichten.

3.24 Wie kann man den Begriff „Brainstorming" für die Belange der Ausbildung in der Firma Solemna Deutschland AG richtig umschreiben/ übersetzen? (3)

Bitte kreuzen Sie die richtigen Antworten bzw. Aussagen an!

❏ a) „Gruppendiskussion".

❏ b) „Gehirnsturm".

❏ c) „Chaotensitzung".

❏ d) „Ideen(an)sturm".

❏ e) „Gedankenwirbel".

3.25 Welche Aufgaben hat der Leiter einer Brainstorming-Sitzung (nicht nur im Hause der Solemna Deutschland AG)? (3)

Bitte kreuzen Sie die richtigen Antworten bzw. Aussagen an!

❏ a) Regeleinhaltung überwachen. Ideen dokumentieren.

❏ b) Teilnehmer aktivieren. Fragen stellen.

❏ c) Für absolute Ruhe sorgen. Unsinnige Beiträge gleich entsprechend bewerten.

❏ d) Verbindungen schaffen und auch eigene Ideen äußern.

❏ e) Bei abermaliger Nennung einer Idee zu sagen: Guten Morgen, das hatten wir schon!

3.26 Welche Spielregeln gelten für Teilnehmer an Brainstorming-Sitzungen allgemein? (4)

Bitte kreuzen Sie die richtigen Antworten bzw. Aussagen an!

❏ a) Keine Kritik äußern.

❏ b) Fortführen jeder fremden Idee ist erlaubt.

❏ c) Qualität geht vor Quantität.

❏ d) Quantität geht vor Qualität.

❏ e) „Spinnen" ist erwünscht.

3.27 Welche Vorteile sieht Hans Keller beim Einsatz der Methode Brainstorming für die Berufsausbildung in der Firma Solemna Deutschland AG? (3)

Bitte kreuzen Sie die richtigen Antworten bzw. Aussagen an!

❏ a) Erheiterung der Gruppe. Allgemeine Belustigung.

❏ b) Aktivierung der Gruppe – auch beim anschließenden gemeinsamen Bewerten und Gewichten der gefundenen Ideen.

❏ c) Produktion vieler Ideen in kurzer Zeit, Stimulierung der Kreativität.

❏ d) Belebende Atmosphäre durch neue, ungewohnte Ansichten und Einsichten.

❏ e) Entlastung des Ausbilders von der Vortragstätigkeit.

3.28 Welche Nachteile hat die Methode Brainstorming? (4)

Bitte kreuzen Sie die richtigen Antworten bzw. Aussagen an!

❏ a) Stimulierung von Spontanität und Kreativität der Auszubildenden.

❏ b) Quantität geht vor Qualität (Gefahr, das Ziel aus den Augen zu verlieren).

❏ c) Einzelne können sich in den Vordergrund spielen, andere treten nicht oder kaum in Erscheinung.

❏ d) Großer Zeitaufwand bei der Auswertung. Ungeübte Teilnehmer sind gehemmt.

❏ e) Auch der die Brainstormingsitzung leitende Ausbilder muss in der Anwendung dieser Methode geübt sein.

3.29 Wie definiert man den Begriff der „Demonstration" in der Berufsausbildung? (2)

Bitte kreuzen Sie die richtigen Antworten bzw. Aussagen an!

❏ a) Die Demonstration ist keine Methode der Berufsausbildung.

❏ b) Die Demonstration ist eine Ausbildungsmethode, die durch Anschauung das Verständnis von abstrakten und/oder komplexen Sachverhalten vermittelt.

❏ c) Die Demonstration ist ein Teil der bewährten Methode Lehrgespräch.

❏ d) Die Demonstration ist eine vorführend-vortragende Methode.

❏ e) Die Demonstration ist eine Methode zur Erarbeitung von technisch-wissenschaftlichen Themen in Gruppen.

3.30 Welche Arten von Demonstrationen gibt es in der Berufsausbildung der Firma Solemna Deutschland AG? (3)

Bitte kreuzen Sie die richtigen Antworten bzw. Aussagen an!

❏ a) Die Bewertungsdemonstration:
– Auszubildende erfahren ihre Bewertung der Arbeitsproben.
– Ausbilder begründen diese Bewertungen.

❏ b) Die Begeisterungsdemonstration:
– Auszubildende an neue Themen heranführen und begeistern.
– Vorstellung nur von Highlights der Inhalte.

❏ c) Die Beweis- und Nutzendemonstration:
– Auszubildende vom erarbeiteten Nutzen überzeugen.
– Hilfestellung, damit Zweifel beseitigt und die Lösung bzw. Lösungswege für Probleme erkannt werden.

❏ d) Die Prüfungsdemonstration:
– Auszubildende erfahren den Ablauf der Abschlussprüfung.
– Ausbilder geben dazu Erklärungen ab.

❏ e) Die Identifikationsdemonstration:
– Identifizierung mit dem Thema.
– Optimierung der Arbeitsabläufe.
– Anwendung bei der praktischen Arbeit zur Problemlösung.

3.31 Grundsätze für die Durchführung einer Demonstration im Hause der Solemna Deutschland AG. (3)

Bitte kreuzen Sie die richtigen Antworten bzw. Aussagen an!

❏ a) Wählen Sie alle Medien sehr sorgfältig aus.

❏ b) Denken Sie daran, dass die eingesetzten technischen Hilfsmittel zusätzliche Transportmedien für Ihre Botschaft sind.

❏ c) Die beste Demonstration ist die improvisierte, spontane Demonstration ohne jede Vorbereitung.

❏ d) Bei der Erstellung der Demonstrationsunterlagen müssen Sie „zuschauerorientiert" vorgehen. Betrachten Sie Ihre Unterlagen daher mit den Augen der Zuschauer.

❏ e) Meistens ist ein guter Fachvortrag viel anschaulicher als eine Demonstration.

3.32 Tipps für die Demonstration – aus der Praxis für die Praxis. Welcher der hier dokumentierten Tipps ist *falsch*?

Bitte kreuzen Sie die *falsche* Antwort bzw. Aussage an!

❏ a) Einfache Gliederung/Ordnung, Kürze/Prägnanz, Klarheit in Wort und Bild. Demonstration soll aus einem Guss sein.

❏ b) Vorbereitung und Organisation der Unterlagen sowie überprüfte Funktionsfähigkeit der Medien sind zwei Drittel des Erfolgs bzw. Mißerfolgs.

❏ c) Niemals Fließtext visualisieren.

❏ d) Medien so ausrichten, dass jeder freien Blick auf sie hat.

❏ e) Sich den Medien zuwenden und diese stets anblicken.

3.33 Welches sind die Aufgaben des Auszubildenden während einer Demonstration? (3)

Bitte kreuzen Sie die richtigen Antworten bzw. Aussagen an!

❏ a) Während der Demonstration hat der Auszubildende (zumindest geistig) erst einmal Pause.

❏ b) Der Auszubildende soll alles aufmerksam und konzentriert beobachten und das Wesentliche erfassen.

❏ c) Dem Vormachen folgt anschließend das nachahmende Üben des Auszubildenden.

❏ d) Die Auszubildenden sollen sich beim nachahmenden Üben in Form von Rückkoppelungen selbst kontrollieren.

❏ e) Der Auszubildende hat während der Demonstration lediglich eine Anwesenheitspflicht im betreffenden Veranstaltungsraum.

Zu 3.34–3.94

Danach werden in Partnerarbeit die einzelnen Methoden bearbeitet und die Ergebnisse ebenfalls in Metaplan-Technik dargestellt.

Frau Petra Altendorf und Herr Jürgen Anders bearbeiten die Methoden:
- Brainstorming,
- Demonstration,

- Diskussion,
- Einzelarbeit und
- Fallmethode.

Frau Rita Beck und Herr Arnulf Sprock bearbeiten die Methoden:
- Gruppenarbeit,
- Kurzvortrag,
- Lehrgespräch,
- Leittext-Methode und
- Partnerarbeit.

Frau Nicole Stroh und Herr Harro Wöhner bearbeiten die Methoden:
- Planspiel,
- Projektmethode,
- Rollenspiel,
- Vier-Stufen-Methode und
- didaktische Überlegungen.

Darauf folgt wieder eine moderierte Arbeitsphase: Didaktische Überlegungen und didaktische Prinzipien werden diskutiert und dargestellt.

Anschließend stellen Petra Altendorf und Jürgen Anders ihre Ausarbeitungen zu verschiedenen Methoden vor (3.34–3.45).

3.34 Welche Regeln gelten für die Methode „Diskussion"? (3)

Bitte kreuzen Sie die richtigen Antworten bzw. Aussagen an!

❏ a) Geregelte Auseinandersetzung mit dem Thema und den Argumenten der Diskussionsteilnehmer. Leitung durch den Diskussionsleiter oder Moderator.

❏ b) Das Schlagwort „Diskussion statt Disziplin" gilt nicht für Diskussionen mit Auszubildenden.

❏ c) Bemühen der Teilnehmer, einen Sachverhalt rational zu erhellen. Engagiertes Argumentieren der Teilnehmer.

❏ d) Diskussionen, die die Geschäftspolitik der Firma Solemna Deutschland AG in Frage stellen, dürfen bei Auszubildenden nicht zugelassen werden.

❏ e) Gleichberechtigung aller Teilnehmer. Konzentration aller Teilnehmer.

3.35 Welches sind die Aufgaben des Ausbilders bei einer Diskussion mit Auszubildenden der Firma Solemna Deutschland AG? (4)

Bitte kreuzen Sie die richtigen Antworten bzw. Aussagen an!

❏ a) Wenn ein Ausbilder die Diskussion eines bestimmten Themas ablehnt, so ist und bleibt dieser Themenkomplex tabu – keine Diskussion.

❏ b) Ziel festlegen. Zeitrahmen vorgeben.

❏ c) Weitere Informationen zum Thema liefern. Wortmeldungen koordinieren.

❏ d) Sich zurückhaltende Auszubildende zu Wort kommen lassen. Mißverständnisse klären. Verbale Angriffe versachlichen.

❏ e) Diskussionsergebnisse zusammenfassen. Diskussion abschließen.

3.36 Welches sind die Aufgaben der Auszubildenden bei einer Diskussion im Rahmen der Berufsausbildung der Firma Solemna Deutschland AG? (3)

Bitte kreuzen Sie die richtigen Antworten bzw. Aussagen an!

❏ a) Die Auszubildenden sollen ihre eigenen Gedanken und Erfahrungen äußern und die Erfahrungen und Gedanken der anderen Auszubildenden aufnehmen und eventuell verstehen.

❏ b) Bei der Diskussion sollen sie ihr Fachwissen unter Beweis stellen können.

❏ c) Die Auszubildenden sollen ein ernsthaftes Interesse an der Diskussion und an den dadurch zu gewinnenden Erkenntnissen haben.

❏ d) Die Auszubildenden sollen Motive, wie Selbstdarstellung oder Demütigung der Partner, zurückdrängen, aktiv zuhören, Gedanken und Einstellungen möglichst kurz und präzise äußern und auf entsprechendes Verhalten ihrer Partner mit Offenheit reagieren.

❏ e) Die Auszubildenden sind vielfach nicht in der Lage, auf Selbstdarstellungen im Rahmen einer Diskussion zu verzichten. Daher sind Diskussionen mit Auszubildenden tunlichst zu vermeiden.

3.37 Welche Funktion hat die Einzelarbeit im Rahmen der Berufsausbildung bei der Solemna Deutschland AG? (2)

Bitte kreuzen Sie die richtigen Antworten bzw. Aussagen an!

❏ a) Die Einzelarbeit bestimmt durch didaktische Prinzipien Aktivität und Individualisierung der Auszubildenden.

❏ b) Die Einzelarbeit ermöglicht die selbständige Auseinandersetzung mit dem Ausbildungsgegenstand.

❏ c) Die Einzelarbeit ist für leistungsschwache Auszubildende besonders geeignet.

❏ d) Die Einzelarbeit behindert das eigenverantwortliche Lernen.

❏ e) Die Einzelarbeit behindert das Prinzip der Aktivität des Auszubildenden.

3.38 Die Einzelarbeit wird bei der Firma Solemna Deutschland gezielt eingesetzt: (4)

Bitte kreuzen Sie die richtigen Antworten bzw. Aussagen an!

❏ a) Bei Aufgaben, die ein hohes Maß an Konsensfähigkeit erfordern.

❏ b) Bei Aufgaben, die einer ganz persönlichen Entscheidung und Begründung bedürfen.

❏ c) Bei Aufgaben, deren Einzelergebnisse sich zu Gemeinschaftsleistungen addieren lassen.

❏ d) Bei Feststellungen, die das Ziel haben, einen persönlichen Zugang oder schon vorhandenes Wissen zu entdecken und zu sichern.

❏ e) Wenn eigene Einfälle wahrgenommen und festgehalten werden sollen.

3.39 Vorteile der Einzelarbeit in der Berufsausbildung bei Firma Solemna Deutschland AG. (4)

Mit der Einzelarbeit üben die Auszubildenden diese Schlüsselqualifikationen:

Bitte kreuzen Sie die richtigen Antworten bzw. Aussagen an!

❏ a) Planvolles Handeln und Zielstrebigkeit.

❏ b) Selbstverantwortung.

❏ c) Überforderungsgefahr.

❏ d) Selbstständigkeit.

❏ e) Ausdauer.

3.40 Welche Nachteile bringt die Methode Einzelarbeit möglicherweise in der Berufsausbildung der Firma Solemna Deutschland AG? (4)

Bitte kreuzen Sie die richtigen Antworten bzw. Aussagen an!

❏ a) Zu häufiger Einsatz der Einzelarbeit führt in der Tendenz zu ichbezogenen und kooperations- und kommunikationsunfähigen Mitarbeitern.

❏ b) Diese Methode sollte man nur einsetzen, wenn ganz gezielt die erwähnten Schlüsselqualifikationen gefördert werden sollen.

❏ c) Mit häufiger Einzelarbeit werden die Auszubildenden zu einer Art von „Einzelkämpfermentalität" erzogen.

❏ d) Einzelarbeit ist gut geeignet für das Training bestimmter Schlüsselqualifikationen.

❏ e) Für die Einzelarbeit gibt es in der heutigen handlungsorientierten Ausbildungsumgebung keinen einzigen pädagogisch relevanten Ansatz mehr.

3.41 Welche Funktion hat die Fallmethode in der Berufsausbildung bei der Solemna Deutschland AG? (3)

Die Fallmethode ermöglicht ...

Bitte kreuzen Sie die richtigen Antworten bzw. Aussagen an!

❏ a) ein problemlösendes Lernen, d.h. Lernen an Beispielen mit offenen Entscheidungsalternativen.

❏ b) ein praxisnahes Lernen.

❏ c) ein sozial-interaktives Lernen (wie im Rollenspiel).

❏ d) die Vermittlung von Handlungs- und Entscheidungswissen.

❏ e) die Vermittlung von technisch-physikalischem Grundlagenwissen (z.B. Ohmsches Gesetz).

3.42 Welches sind die Aufgaben des Ausbilders beim Einsatz der Fallmethode in der Berufsausbildung der Firma Solemna Deutschland AG? (4)

Bitte kreuzen Sie die richtigen Antworten bzw. Aussagen an!

❏ a) Fallmaterialien zur Verfügung stellen. Fallmaterial didaktisch reduzieren.

❏ b) Arbeitsschritte erarbeiten. Lernprozess strukturieren.

❏ c) In die Fallstudie einführen. Bei der Beschaffung der Hintergrundinformationen helfen.

❏ d) Unterstützung bei der zeitlichen und räumlichen Planung geben. Sich ggf. an den Diskussionen beteiligen.

❏ e) Unter der Hand Tipps zur Lösung des Falles an bestimmte Auszubildende geben.

3.43 Welches sind die Aufgaben der Auszubildenden beim Einsatz der Fallmethode (laut Petra Altendorf/Jürgen Anders, Firma Solemna Deutschland AG)? (3)

Bitte kreuzen Sie die richtigen Antworten bzw. Aussagen an!

❏ a) Auszubildende versetzen sich in real handelnde Personen.

❏ b) Auszubildende versuchen komplexe Zusammenhänge zu überblicken.

❏ c) Auszubildende beschaffen sich selbständig die notwendigen Informationen.

❏ d) Auszubildende benötigen keinerlei Fachwissen aus dem Gebiet, aus dem das Fallbeispiel stammt.

❏ e) Auszubildende sollten in der Probezeit verstärkt an Aufgaben der Fallmethode herangeführt werden.

3.44 Welche Vorteile bringt die Fallmethode für die Berufsausbildung bei der Solemna Deutschland AG? (4)

Die Vorteile der Fallmethode sind:

Bitte kreuzen Sie die richtigen Antworten bzw. Aussagen an!

☐ a) Man kann mit kleinen, interessanten praktischen Fällen die Auszubildenden gut beschäftigen. Dadurch bleibt dem Ausbilder etwas Zeit für den „Schriftkram".

☐ b) Theoretisches Wissen kann an einer praxisnahen Problematik demonstriert, erarbeitet und angewandt werden. Risikofreies Entwickeln von Lösungsalternativen kann eingeübt werden. Problembewusstsein wird erhöht.

☐ c) Das Erkennen von Gesamtzusammenhängen wird erleichtert und optimale Verbindung von theoretischem und praktischem Können geschaffen.

☐ d) Urteilsvermögen, Flexibilität, Sensivität, Motivation, Fragetechnik, Arbeitssystematik, Informationsgewinnung und -verarbeitung werden trainiert.

☐ e) Konstruktive Reaktionen werden ermöglicht. Dirigierende und motivierende Konfliktlösungsmöglichkeiten werden kennengelernt. Spielcharakter wird dynamisiert und befreit.

3.45 Welches sind die Nachteile der Fallmethode? (4)

Bitte kreuzen Sie die richtigen Antworten bzw. Aussagen an!

☐ a) Die Erarbeitung und Durchführung während der Ausbildung ist sehr zeitaufwendig.

☐ b) Eine exakte Vorbereitung der Unterlagen und des Moderators muss gegeben sein.

☐ c) Die Gefahr der Routine bei zu häufiger Anwendung ist groß.

☐ d) Und es stellt sich unter Umständen keine tiefgreifende Verhaltensänderung ein.

☐ e) Die benutzten Fälle sind oft keine realen Fälle aus dem Berufs- und Arbeitsleben.

3.46 Zur Funktion einer Gruppenarbeit in der Berufsausbildung ist zu sagen: (4)

Eine Gruppenarbeit soll ...

Bitte kreuzen Sie die richtigen Antworten bzw. Aussagen an!

☐ a) den Gruppen(mitgliedern) Gelegenheit geben, einen vorgegebenen Auftrag gemeinsam und selbständig zu lösen.

☐ b) der Sozialerziehung dienen und die Selbständigkeit fördern.

❏ c) durch gegenseitige Kontrolle zur Sachlichkeit führen und Techniken zum Selbsterwerb von Wissen vermitteln.

❏ d) das Elitebewusstsein der wenigen wirklichen Leistungsträger entwickeln und fördern.

❏ e) durch soziale Lern- und Handlungsgelegenheiten die Auszubildenden auf zukünftige Situationen vorbereiten.

3.47 Welches sind typische Aufgaben des Ausbilders bei einer Gruppenarbeit im Hause der Solemna Deutschland AG? (4)

Bitte kreuzen Sie die richtigen Antworten bzw. Aussagen an!

❏ a) Lernhelfer, Organisator.

❏ b) Aufpasser, Kontrolleur.

❏ c) Beobachter, Moderator.

❏ d) Coach, Fachmann.

❏ e) Berater und allgemeine Anlaufstelle.

3.48 Was hat der Ausbilder bei einer Gruppenarbeit zu beobachten? (3)

Er beobachtet, ...

Bitte kreuzen Sie die richtigen Antworten bzw. Aussagen an!

❏ a) ob einzelne Auszubildende/ganze Gruppen öfter mal kleine Arbeitspausen einlegen.

❏ b) ob die (Gruppen-)Arbeit allgemein vorangeht.

❏ c) ob viel geschwätzt wird.

❏ d) ob Störungen/Probleme auftreten.

❏ e) ob alle mit der Zeit hinkommen und ob eventuell weitere Hilfsmittel benötigt werden.

3.49 Welches sind die Aufgaben der Auszubildenden in der Gruppenarbeit? (4)

Bitte kreuzen Sie die richtigen Antworten bzw. Aussagen an!

❏ a) Selbständige Zusammenarbeit in den Gruppen.

❏ b) Sachbezogene Diskussion in den Gruppen.

❏ c) Sachbezogene Kommunikation in den Gruppen.

❏ d) Ständiger Kontakt zum Ausbilder – während der gesamten Gruppenarbeit.

❏ e) Lösung der Gruppenaufgabe.

3.50 **Welches sind die Vorteile der Gruppenarbeit im Rahmen der Berufsausbildung bei der Solemna Deutschland AG? Rita Beck und Arnulf Sprock berichten. Was ist richtig? (3)**

Bitte kreuzen Sie die richtigen Antworten bzw. Aussagen an!

❏ a) Der einzelne Auszubildende kann mehr eigene Aktivität entwickeln und die Ausbilderdominanz und Ausbilderlenkung wird abgelöst.

❏ b) Den individuellen Leistungsmöglichkeiten der Auszubildenden kann Rechnung getragen werden. Ein eher selbständiges Lernen ist möglich.

❏ c) Die Selbständigkeit des Einzelnen wird eingeschränkt. Die Hilfsbereitschaft wird herabgesetzt. Das Selbstbewusstsein wird beeinträchtigt.

❏ d) Die Gruppenarbeit entlastet die Ausbilder. Bei der Gruppenarbeit disziplinieren sich die Auszubildenden selbst untereinander von selbst.

❏ e) Der Auszubildende wird zur Artikulation von eigenen Meinungen und zur Kritikfähigkeit befähigt und die Fähigkeit zur Kooperation in der Gruppe wird entwickelt.

3.51 **Welche Nachteile sehen Rita Beck und Arnulf Sprock in der Gruppenarbeit? (3)**

Bitte kreuzen Sie die richtigen Antworten bzw. Aussagen an!

❏ a) Die Gruppen klammern sich in der Regel viel stärker an die ihnen genehmen Informationen.

❏ b) Die Gruppen zweifeln weniger an der Richtigkeit ihrer Beschlüsse.

❏ c) Die Gruppen zweifeln häufig an der Richtigkeit ihrer Beschlüsse.

❏ d) Die Gruppen schlagen seltener triftige Gegenargumente in den Wind als Einzelpersonen.

❏ e) Gruppen schlagen häufiger triftige Gegenargumente in den Wind als Einzelpersonen.

3.52 **Wie definieren Sie die Methode „Lehrgespräch"? (2)**

Bitte kreuzen Sie die richtigen Antworten bzw. Aussagen an!

❏ a) Der Ausbilder gibt Inhalt und Ziel des Gespräches vor.

❏ b) Die Auszubildenden geben Inhalt und Ziel des Gespräches vor.

❏ c) Die Auszubildenden werden beim Lehrgespräch nicht zum aufmerksamen Nachvollziehen des Gedankenganges eingebunden.

❏ d) Die Auszubildenden werden beim Lehrgespräch zum aufmerksamen Nachvollziehen des Gedankenganges eingebunden.

❏ e) Das Lehrgespräch ist eine lehrerhafte Art der Vortragstechnik.

3.53 Welche Funktionen hat ein Lehrgespräch in der Berufsausbildung bei der Firma Solemna Deutschland AG? (4)

Bitte kreuzen Sie die richtigen Antworten bzw. Aussagen an!

❏ a) Rückmeldefunktion.

❏ b) Steuerungsfunktion.

❏ c) Beschäftigungsfunktion.

❏ d) Übungsfunktion.

❏ e) Motivationsfunktion.

3.54 Welches sind die Aufgaben des Ausbilders beim Lehrgespräch? (3)

Bitte kreuzen Sie die richtigen Antworten bzw. Aussagen an!

❏ a) Er muss vorab prüfen, ob sich das Lehrgespräch für das Thema eignet.

❏ b) Daher: Einsatz nur dort, wo Vorkenntnisse der Auszubildenden vorhanden sind.

❏ c) Er muss seine Fach- und Methodenkompetenz dort einbringen, wo die Auszubildenden nicht weiterkommen.

❏ d) Er sollte keineswegs das Lehrgespräch durch Fragen steuern.

❏ e) Er sollte darauf achten, dass die Auszubildenden nicht in seinen Lehrvortrag „hineinquatschen".

3.55 Was muss ein Auszubildender vor einem Lehrgespräch wissen?

Bitte kreuzen Sie die richtige Antwort bzw. Aussage an!

❏ a) Was er im Lehrgespräch lernen soll.

❏ b) Ob das Gespräch einen Einstieg in ein neues Thema vorbereitet.

❏ c) Wie lange das Lehrgespräch heute genau dauern wird.

❏ d) Ob es der Planung weiterer Arbeitsabläufe dient.

❏ e) Ob es die Auswertung der bisher geleisteten Arbeit zum Ziel haben soll.

3.56 Definition der Leittextmethode für Auszubildende. (2)

Bei der Leittextmethode ...

Bitte kreuzen Sie die richtigen Antworten bzw. Aussagen an!

❏ a) lernen die Auszubildenden, eine Aufgabenstellung selbständig zu durchleuchten.

- b) lernen die Auszubildenden, leicht verständliche Texte selbst zu verfassen.
- c) lernen die Auszubildenden, sich gegen die Leitung (des Betriebes) durchzusetzen.
- d) lernen die Auszubildenden, die zuvor durchdachten Aufgaben anschließend praktisch zu bewältigen.
- e) lernen die Auszubildenden, die Leitung mit entsprechenden Texten zu informieren.

3.57 Welches sind die Ziele der Leittextmethode? (3)

Bitte kreuzen Sie die richtigen Antworten bzw. Aussagen an!

- a) Bearbeitung komplexer Aufgaben, häufig sind es Projekte. Die dazu erforderlichen Kenntnisse erarbeiten sich die Auszubildenden aus bereitgestellten Medien möglichst selbständig, angeleitet durch Leitfragen.
- b) Information der Auszubildenden mit Hilfe gedruckter Informationen, ähnlich den programmierten Unterweisungen, die regelmäßig in Einzelarbeit bzw. zu Hause (in der Freizeit) bearbeitet werden.
- c) Auszubildende bereiten die Informationen selbst vor, strukturieren diese und planen die Durchführung der praktischen Arbeiten.
- d) Auszubildende werten den Verlauf und die Ergebnisse ihrer Arbeit zunächst aus, dokumentieren die Prozesse und Ergebnisse und besprechen ihre Auswertung mit dem Ausbilder selbst.
- e) Auszubildende üben neue Fertigkeiten an sogenannten Übungshilfen ein. Auszubildende führen die Fertigkeit schließlich an der eigentlichen Aufgabe bzw. am Projekt aus.

3.58 Welche Funktionen hat der Leittext? (3)

Bitte kreuzen Sie die richtigen Antworten bzw. Aussagen an!

- a) Er führt nicht in den kommenden Ausbildungsabschnitt ein.
- b) Er führt in den kommenden Ausbildungsabschnitt ein und erläutert die „Spielregeln" für den folgenden Lern- und Arbeitsprozess.
- c) Er stellt keine Informationen zur Verfügung, von wo man sich die benötigten Informationen beschaffen kann.
- d) Er stellt anstehende praktische Aufgaben vor, leitet mit Leitfragen und Impulsen den Kenntniserwerb und die Arbeitsplanung.
- e) Er beinhaltet Hinweise, anhand welcher Medien die Kenntnisse erarbeitet werden können und enthält Auswertungsbögen zur Selbst- und Fremdeinschätzung der geleisteten Arbeit.

3.59 **Die Einsatzfelder für Leittexte in der Berufsausbildung der Firma Solemna Deutschland AG sind ... (4)**

Bitte kreuzen Sie die richtigen Antworten bzw. Aussagen an!

❑ a) Vermittlung von Kenntnissen und Fertigkeiten.

❑ b) Entlastung des Ausbilders.

❑ c) Unterstützung bei der praktischen Arbeit.

❑ d) Einführung in den Ausbildungsabschnitt.

❑ e) Anleitung zur Auswertung des Arbeitsablaufes und -ergebnisses.

3.60 **Die Aufgaben der Auszubildenden bei der Arbeit mit Leittexten sind: (3)**

Bitte kreuzen Sie die richtigen Antworten bzw. Aussagen an!

❑ a) Die Auszubildenden verschaffen sich einen großen Überblick und holen selbst Informationen ein.

❑ b) Die Auszubildenden erstellen einen Arbeitsplan, eine Arbeitsmittelliste und einen Kontrollbogen für die abschließende Bewertung.

❑ c) Die Auszubildenden erlangen dadurch eine zusätzliche Arbeitspause.

❑ d) Die Auszubildenden werden hierdurch keinesfalls aktiviert.

❑ e) Die Auszubildenden kontrollieren ihre Arbeit selbst.

3.61 **Welche Aktivitäten gehören zu welchen Phasen der Leittextmethode? Welche Buchstaben-Zahlen-Kombination ist richtig?**

A   Informieren (was soll getan werden?).

B   Planen (wie gehen wir vor?).

C   Entscheiden (Fertigungsweg und Betriebsmittel festlegen).

D   Ausführen (Fertigen des Werkstückes).

E   Kontrollieren (ist der Auftrag fachgerecht gefertigt?).

F   Bewerten (was muss beim nächsten Mal besser gemacht werden?).

Die 6 Aktivitäten(bündel):

1   Leittext/Leitfragen.

2   Arbeitsplan, Materialbeschaffung, festlegen der Kontrollkriterien.

3   Fachgespräch mit Ausbilder.

4   Auftragsbearbeitung.

5 Kontrollbogen und Wissenskontrollfragen.

6 Fachgespräch mit dem Ausbilder.

Bitte kennzeichnen Sie die richtige Buchstaben-Zahlen-Kombination!

❏ a) A 6 / B 5 / C 4 / D 3 / E 2 / F 1

❏ b) A 5 / B 4 / C 3 / D 2 / E 1 / F 6

❏ c) A 3 / B 2 / C 1 / D 6 / E 5 / F 4

❏ d) A 2 / B 1 / C 6 / D 5 / E 4 / F 3

❏ e) A 1 / B 2 / C 3 / D 4 / E 5 / F 6

3.62 Wie lauten die sechs Tätigkeitswörter (Verben) aus der Leittextmethode richtig? (Siehe auch das Modell der vollständigen Handlung.)

Bitte kreuzen Sie die richtige Antwort bzw. Aussage an!

❏ a) Instruieren, planen, entscheiden, auslassen, kontrollieren, bewerten.

❏ b) Informieren, entwerfen, entscheiden, vergessen, kontrollieren, beurteilen.

❏ c) Informieren, planen, entscheiden, ausführen, kontrollieren, bewerten.

❏ d) Instruieren, planen, entscheiden, ausführen, kontrollieren, beurteilen.

❏ e) Informieren, diskutieren, abstimmen, erarbeiten, konstruieren, bewerten.

3.63 Welchen Nutzen bringt die Partnerarbeit für die Berufsausbildung bei Firma Solemna Deutschland AG? (2)

Bitte kreuzen Sie die richtigen Antworten bzw. Aussagen an!

❏ a) Einübung zwischenmenschlicher Verhaltensweisen, eines kooperativen Arbeitsstils und gemeinsame Übernahme von Verantwortung.

❏ b) Kontrolle des gegenseitigen Verhaltens sowie des Arbeitsergebnisses und gegenseitige Unterstützung.

❏ c) Training von Ausdauer und Selbständigkeit.

❏ d) Einüben praxisnahen Lernens.

❏ e) Vermittlung von Expertenwissen.

3.64 Was sind die Aufgaben des Ausbilders bei der Partnerarbeit? (3)

Bitte kreuzen Sie die richtigen Antworten bzw. Aussagen an!

❏ a) Information über die Ausgangslage, die Probleme sowie die Zielsetzung der Aufgabe.

❏ b) Beaufsichtigung der Regeleinhaltung.

❏ c) Beobachtung der Auszubildenden.

❏ d) Kontrolle der Zeiteinhaltung.

❏ e) Vermittlung von Denkanstößen und gezielten Lösungshinweisen.

3.65 Was sind die Aufgaben des Auszubildenden bei der Partnerarbeit? (3)

Bitte kreuzen Sie die richtigen Antworten bzw. Aussagen an!

❏ a) Diskussion der Vorgehensweise mit dem Ausbilder.

❏ b) Selbständige Arbeit in Zweiergruppen.

❏ c) Kommunikation und Kooperation innerhalb dieser Zusammenarbeit.

❏ d) Unterstützung des schwächeren Partners (falls erforderlich).

❏ e) Beurteilung und Bewertung der Arbeitsleistung des Partners.

3.66 Welches sind die Vorteile der Partnerarbeit in der Berufsausbildung der Firma Solemna Deutschland AG? (4)

Bitte kreuzen Sie die richtigen Antworten bzw. Aussagen an!

❏ a) Die beiden Partner müssen sich jeweils hinsichtlich der Vorgehensweise und des Arbeitstempos einigen.

❏ b) Die Selbständigkeit und Selbsttätigkeit wird erhöht.

❏ c) Die Fähigkeit, präzise zu formulieren, wird trainiert in der Kommunikation mit dem Partner.

❏ d) Zwei wissen selten mehr als einer.

❏ e) Die Hilfsbereitschaft (dem Partner gegenüber) wird trainiert.

3.67 Welches sind die Nachteile der Partnerarbeit in der Berufsausbildung? (2)

Bitte kreuzen Sie die richtigen Antworten bzw. Aussagen an!

❏ a) Der stärkere Partner schleppt den schwächeren Partner mit.

❏ b) Der schwächere Partner profitiert vom Wissen des stärkeren Partners.

❏ c) Der stärkere Partner trainiert seine Fähigkeit, (schwächeren) Kollegen zu helfen.

❏ d) Es erfolgt ein gewisser Know-How-Transfer vom stärkeren zum schwächeren Partner.

❏ e) Der schwächere Partner versteckt sich oft hinter dem stärkeren Partner.

Nicole Stroh und Harro Wöhner berichten von ihren Untersuchungen von Ausbildungsmethoden (3.68–3.94).

3.68 Wozu dient das Planspiel in der Berufsausbildung? Diese Frage stellen Nicole Stroh und Harro Wöhner. (2)

Bitte kreuzen Sie die richtigen Antworten bzw. Aussagen an!

❑ a) Beim Planspiel werden Entscheidungsprozesse simuliert.

❑ b) Das Planspiel vereinigt verschiedene Einzeltätigkeiten, die auf ein Gesamtziel ausgerichtet sind.

❑ c) Das Planspiel ist eine wenig aktivierende Ausbildungsmethode.

❑ d) Das Planspiel ist nur in Großunternehmen einsetzbar.

❑ e) Ein Planspiel dauert (vom Zeitaufwand her) für die Berufsausbildung zu lange.

3.69 Welches sind die Aufgaben des Ausbilders beim Planspiel? (4)

Bitte kreuzen Sie die richtigen Antworten bzw. Aussagen an!

❑ a) Der Ausbilder entscheidet über den Typ des einzusetzenden Spielers.

❑ b) Der Ausbilder wählt und überwacht das Verfahren und beschafft die nötigen Informationen.

❑ c) Der Ausbilder lässt das Planspiel ablaufen, ohne selbst einzugreifen.

❑ d) Der Ausbilder greift bei Problemen ein und animiert die Auszubildenden.

❑ e) Der Ausbilder schlichtet Streitfälle und kontrolliert den zeitlichen Ablauf.

3.70 Welches sind die Aufgaben der Auszubildenden der Firma Solemna Deutschland AG beim Planspiel? (4)

Bitte kreuzen Sie die richtigen Antworten bzw. Aussagen an!

❑ a) Die Auszubildenden übernehmen die verschiedensten Aufgaben aus dem Berufsalltag.

❑ b) Die Auszubildenden erkennen die Regeln des Modells für die Dauer des Spiels als Regeln der Wirklichkeit an.

❑ c) Die Auszubildenden vertreten mehrere Unternehmen, die mit gleichen Startbedingungen beginnen.

❑ d) In jeder Spielperiode, die ein bis zwölf Monate dauert, müssen die Auszubildenden eine Anzahl von Entscheidungen treffen.

❑ e) Die Auszubildenden üben beim Planspiel insbesondere auch psychomotorische Fertigkeiten.

3.71 Welche Definitionen zur Projektmethode sind richtig? (3)

Bitte kreuzen Sie die richtigen Antworten bzw. Aussagen an!

❏ a) Bei der Projektmethode wird die Ausbildung auf ein ganzheitliches und praktisch durchführbares Arbeitsvorhaben ausgerichtet, das der Auszubildende in eigener Tätigkeit bearbeiten kann.

❏ b) Die Projektmethode ermöglicht den selbständigen praxisnahen Erwerb von Kenntnissen und Fertigkeiten und das Gewinnen von sozialen Erfahrungen.

❏ c) Die Projektmethode ist eine Ausbildungsmethode, in deren Mittelpunkt ein Arbeitsvorhaben (Projekt) steht, das der Auszubildende selbständig bearbeitet.

❏ d) Die Projektmethode ist eine Ausbildungsform, bei der die Projektion methodisch untersucht wird.

❏ e) Die Projektmethode beschäftigt sich mit projektiven Tests in der Ausbildung.

3.72 Welche Rollen übernimmt der Ausbilder bei der Projektmethode? (4)

Bitte kreuzen Sie die richtigen Antworten bzw. Aussagen an!

❏ a) Lernhelfer, Anlaufstelle.

❐ b) Organisator, Beobachter.

❏ c) Aufpasser, Kontrolleur.

❏ d) Berater, Coach.

❏ e) Moderator, Fachmann.

3.73 Welches sind die Aufgaben des Auszubildenden der Firma Solemna Deutschland AG bei Anwendung der Projektmethode? (4)

Bitte kreuzen Sie die richtigen Antworten bzw. Aussagen an!

❏ a) Der Auszubildende ist verantwortlich Handelnder in einer praxisnahen Situation.

❏ b) Seine Tätigkeit hat aufgrund seiner Erfahrung und die seiner Mitstreiter koordiniert zu erfolgen.

❏ c) Er muss hinreichend qualifiziert sein.

❏ d) Er muss keinerlei Vorwissen über das Praxisfeld besitzen.

❏ e) Er muss das Interessengefüge analysieren können, welches das Projekt bestimmt.

3.74 Welche Definitionen zum Thema „Rollenspiel in der Berufsausbildung" sind richtig? (4)

Bitte kreuzen Sie die richtigen Antworten bzw. Aussagen an!

❏ a) Auszubildende führen als Rollenspiel zur Erheiterung der Zuschauer einige lustige Sketche auf (z. B. bei der jährlichen Weihnachtsfeier).

❏ b) Auszubildende übernehmen (vorgegebene/berufliche) Rollen.

❏ c) Auszubildende betätigen sich in simulierten Umwelten.

❏ d) Auszubildende entwickeln Handlungs- und Entscheidungsfähigkeiten.

❏ e) Auszubildende erproben ihre soziale Kompetenz in simulierten (aber lebensnahen) Situationen.

3.75 Welchen Aufgaben dient die Methode „Rollenspiel" in der Berufsausbildung bei Firma Solemna Deutschland AG? (3)

Bitte kreuzen Sie die richtigen Antworten bzw. Aussagen an!

❏ a) Erweiterung der Erlebnisbasis.

❏ b) Antizipatorisches Lernen.

❏ c) Spielerisches Lernen/Üben in einer Rollenübung.

❏ d) Reduzierung der sozialen Kompetenz.

❏ e) Kein Training der Übernahme verschiedener (beruflicher) Rollen.

3.76 Welches sind die Aufgaben des Ausbilders bei der Anwendung der Methode „Rollenspiel"? (4)

Bitte kreuzen Sie die richtigen Antworten bzw. Aussagen an!

❏ a) Der Ausbilder übernimmt im Rollenspiel der Auszubildenden jeweils auch eine bestimmte Rolle.

❏ b) Der Ausbilder entscheidet über den Typ des einzusetzenden Rollenspielers.

❏ c) Der Ausbilder wählt und überwacht das Verfahren und hilft bei der Beschaffung der nötigen Informationen.

❏ d) Der Ausbilder schlichtet Streitfälle, kontrolliert den Ablauf und korrigiert falsche Lösungswege.

❏ e) Der Ausbilder hilft bei Problemen und animiert die Auszubildenden durch seine eigene Begeisterung.

3.77 Welches sind die Aufgaben des Auszubildenden beim Rollenspiel? (3)

Bitte kreuzen Sie die richtigen Antworten bzw. Aussagen an!

❏ a) Der Auszubildende ist hier ein Spieler im weitesten Sinne, der alle seine Fähigkeiten frei erproben kann.

❏ b) Der Auszubildende muss sich nicht mit seiner Rolle identifizieren.

❏ c) Der Auszubildene muss (anschließend) sein Handeln kritisch reflektieren.

❏ d) Rollenspiel-Training soll/muss den Rollenspielern Spaß machen.

❏ e) Das Training der sozialen Kompetenz ist keinesfalls Ziel eines Rollenspiels.

3.78 Welches sind die Vorteile eines Rollenspiels im Rahmen der Berufsausbildung der Firma Solemna Deutschland AG? (3)

Bitte kreuzen Sie die richtigen Antworten bzw. Aussagen an!

❏ a) Das Rollenspiel befähigt die Auszubildenden, verborgene Gefühle zu äußern, eigene Absichten und Probleme zu erörtern, Mitgefühl und Verständnis der Beweggründe anderer aufzubringen.

❏ b) Das Rollenspiel bietet die Möglichkeit, verschiedene Verhaltensweisen einzuüben und ist zielorientiert.

❏ c) Das Rollenspiel bietet schweigsamen Auszubildenden Gelegenheit zur Interaktion und betont die Bedeutung nicht-verbaler und emotionaler Antworten.

❏ d) Das Rollenspiel kann Einstellungen nicht verändern.

❏ e) Das Rollenspiel gestaltet keine Übung in der Kontrolle von Gefühlen und Meinungen.

3.79 Welches sind die Nachteile der Methode „Rollenspiel" in der Berufsausbildung? (4)

Bitte kreuzen Sie die richtigen Antworten bzw. Aussagen an!

❏ a) Wenn man mit den Auszubildenden Rollenspiele durchführt, kann es vorkommen, dass diese Spaß an der Übung bekommen und noch mehr Rollenspieltraining fordern.

❏ b) Der Spieler kann die Kontrolle darüber, was gelernt und wie es gelernt wird, verlieren. Vereinfachungen können irreführen. Für das Rollenspiel benötigt man viel Zeit.

❏ c) Man braucht für das Rollenspiel zusätzliche Mittel. Das Rollenspiel hängt von der Qualifikation und der Einstellung des Ausbilders und der Auszubildenden zum Rollenspiel ab.

❏ d) Seine Auswirkungen können u. a. Rückzugs- oder Abwehrsymptome auslösen. Das Rollenspiel kann zu sehr als Unterhaltung oder Spielerei aufgefasst werden.

Das Rollenspiel kann das Lernen so dominieren, dass solide Theorien- und Faktenvermittlung nicht adäquat angenommen werden.

❏ e) Das Rollenspiel führt nicht zur Kenntnisvertiefung bzw. -erweiterung der Auszubildenden.

3.80 Welche Ziele verfolgt man bei der Anwendung der „Vier-Stufen-Methode"? (3)

Bitte kreuzen Sie die richtigen Antworten bzw. Aussagen an!

❏ a) Auflockerung des Unterweisungsgeschehens.

❏ b) Vermittlung von Wissen und Können.

❏ c) Die Möglichkeit des Lernenden, Fehler zu machen, wird hierdurch gezielt eingeschränkt/verhindert.

❏ d) Auftretende Fehler können schon frühzeitig erkannt werden.

❏ e) Vier-Stufen-Methode heißt unterweisen ohne jede Vorbereitung.

3.81 Welchen Ablauf hat die Vier-Stufen-Methode wirklich?

Bitte kennzeichnen Sie die richtige Folge der Stufen!

❏ a) 1. Stufe: Vormachen.
   2. Stufe: Erklären.
   3. Stufe: Nachmachen lassen.
   4. Stufe: Kritik des Nachvollzuges.

❏ b) 1. Stufe: Vorbereiten.
   2. Stufe: Vormachen und erklären.
   3. Stufe: Nachmachen und erklären lassen.
   4. Stufe: Selbstständiges Anwenden.

❏ c) 1. Stufe: Vorbereiten.
   2. Stufe: Vormachen.
   3. Stufe: Nachmachen (1. Versuch).
   4. Stufe: Nachmachen (2. Versuch).

❏ d) 1. Stufe: Vormachen.
   2. Stufe: Mitmachen.
   3. Stufe: Nachmachen.
   4. Stufe: Weitermachen.

❏ e) 1. Stufe: Vorbereiten.
   2. Stufe: Vorzeigen und erklären.
   3. Stufe: Nachvollzug.
   4. Stufe: Erfolgskontrolle.

3.82 Welche der folgenden Merkpunkte treffen auf die Vier-Stufen-Methode zu? (3)

Bitte kreuzen Sie die richtigen Antworten bzw. Aussagen an!

❑ a) Die Unterweisung erfordert eine planmäßige Vorbereitung, d. h. Ziel, Umfang und Gliederung des Stoffes müssen vom Ausbilder genau festgelegt werden.

❑ b) Die Unterweisung geht von Bekanntem aus und führt zu Neuem.

❑ c) Die Unterweisung muss das Erklären, Zeigen und Vormachen enthalten.

❑ d) Die Unterweisung braucht nur das Erklären und Zeigen zu enthalten.

❑ e) Es müssen folgende Fragen logisch bearbeitet und beantwortet werden:
Wozu? Wozu dienen Unterweisungen?
Wie lange? Wie lange dauert diese Unterweisung?
Wieso? Wieso unterweise ich gerade diesen Auszubildenden?

3.83 Welche weiteren Merkpunkte treffen noch auf die Vier-Stufen-Methode zu? (4)

Bitte kreuzen Sie die richtigen Antworten bzw. Aussagen an!

❑ a) Es müssen folgende Fragen logisch bearbeitet und beantwortet werden:
Woran? Z. B. Werkstoff.
Womit? Z. B. Werkzeug, Arbeitsmittel.
Was? Z. B. Arbeitsvorgang.
Wie? Arbeitstechnik.
Warum? Was ist der Zweck?

❑ b) Die Unterweisung muss kurz sein.

❑ c) Die Unterweisung muss schrittweise erfolgen.

❑ d) Die Unterweisung muss anschaulich sein und überzeugen (Medienvielfalt).

❑ e) Die Unterweisung muss überleiten zum Üben.

3.84 Die Unterweisung nach der Vier-Stufen-Methode. (3)

Bitte kreuzen Sie die richtigen Antworten bzw. Aussagen an!

❑ a) Die Vier-Stufen-Methode wurde in den 20er Jahren von der REFA-Organisation in Deutschland entwickelt.

❑ b) Im Ausland ist diese Methode als „Training within Industry" bekannt.

❑ c) Die Vier-Stufen-Methode enthält in jeder Stufe mehrere Punkte, die zur erfolgreichen Durchführung der Unterweisung erforderlich sind.

❏ d) Die Vier-Stufen-Methode ist nur für die Ausbildung Auszubildender geeignet, nicht für die Unterweisung Erwachsener.

❏ e) Im Ausland ist diese Methode als „Vocational Training" bekannt.

3.85 1. Stufe „Vorbereiten". Welches sind die hier zu beachtenden Punkte? (4)

Bitte kreuzen Sie die richtigen Antworten bzw. Aussagen an!

❏ a) Arbeitsmaterial/Medien bereitstellen. Unterweisungsplatz zweckmäßig vorbereiten.

❏ b) Begrüßung/Vorstellung. Befangenheit abbauen, Kontakt herstellen.

❏ c) Vorkenntnisse ermitteln, Anknüpfungspunkte herstellen. Interesse wecken, motivieren (verbal und nonverbal). Das Ausbilderverhalten (Auftreten, Sprache, Blickkontakt, Zuwendung, Mimik, Gestik) muss den Auszubildenden während der gesamten Unterweisung positiv stimmen.

❏ d) Lernziel benennen, Sinn und Zweck der Aufgabe erklären. Lernziel im ausbildungsorganisatorischen Gesamtzusammenhang darstellen.

❏ e) Den Auszubildenden zur Wiederholung des Lernzieles auffordern. Gegebenenfalls muss der Auszubildende das Lernziel an die Tafel schreiben.

3.86 2. Stufe „Vormachen/Erklären". Welches sind die hier zu beachtenden Punkte? (4)

Bitte kreuzen Sie die richtigen Antworten bzw. Aussagen an!

❏ a) Aufgabe vorführen. Lernabschnitte in Kernpunkten und Begründungen verdeutlichen:
   – WAS wird gemacht?
   – WIE wird es gemacht?
   – WARUM wird es gemacht?

❏ b) Lernschritte dabei dosieren. Arbeitsgliederung berücksichtigen.

❏ c) Unterweisungs- und Hilfsmittel (Medien) zweckmäßig einsetzen. Lern- und Lösungshilfen geben.

❏ d) Sehr eindringlich und prägnant sprechen. Keine Rückfragen zulassen.

❏ e) Bei Bedarf Aufgabe wiederholen. Wesentliche Punkte verdeutlichen.

3.87 3. Stufe „Nachmachen und erklären lassen". Welches sind die hier zu beachtenden Punkte? (4)

Bitte kreuzen Sie die richtigen Antworten bzw. Aussagen an!

❏ a) Aufgabe nachvollziehen lassen. Wenn erforderlich: Korrigierend eingreifen.

❏ b) Wenn erforderlich: Übungshilfen geben. Verständnis- und Kontrollfragen stellen.

❏ c) Bei Fehlern beim Nachvollzug: Auszubildende sofort zurechtweisen und fortan höchste Konzentration beim Nachvollzug fordern.

❏ d) Begründen lassen:
   – WAS wird gemacht?
   – WIE wird es gemacht?
   – WARUM wird es so gemacht?
   Aufgabe eventuell wiederholen lassen.

❏ e) Sicherheit geben. Zum Nachvollzug wertend Stellung nehmen: Lob bzw. Kritik.

3.88 4. Stufe „Selbstständig anwenden". Welches sind die hier zu beachtenden Punkte? (4)

Bitte kreuzen Sie die richtigen Antworten bzw. Aussagen an!

❏ a) Zusammenfassung der wesentlichen Punkte durch den Lernenden veranlassen. Fertigkeits- und Kenntnislücken schließen.

❏ b) Die Zusammenfassung der wesentlichen Punkte durch den Lernenden kann entfallen, wenn es sich um einen schnell lernenden Auszubildenden handelt.

❐ c) Übungserfolg besprechen: Lob/Anerkennung. Bezug zur Praxis herstellen.

❏ d) Fragen und fragen lassen. Weitere selbständige Vertiefung veranlassen.

❏ e) Verabschiedung, Hinweis auf nächste Unterweisung. Nach dieser Unterweisung selbständig weiterarbeiten lassen.

3.89 Welche Vorteile hat die Vier-Stufen-Methode? (4)

Bitte kreuzen Sie die richtigen Antworten bzw. Aussagen an!

❏ a) Sie ist auch bei knappen Zeitvorgaben anwendbar.

❏ b) Sie hat eine einfache Strukturierung.

❏ c) Sie unterstützt die Zweckbezogenheit der Unterweisung.

❏ d) Sie ist kostengünstiger als ein Lehrgespräch.

❏ e) Sie ist auch bei einfachen pädagogischen Kenntnissen des Ausbilders anwendbar.

3.90 Welche Nachteile hat die Vier-Stufen-Methode? (3)

Bitte kreuzen Sie die richtigen Antworten bzw. Aussagen an!

❏ a) Sie ist nicht ausreichend selbständigkeitsfördernd (weil Einüben von Abläufen).

❏ b) Sie ist wenig handlungsorientiert.

162

❏ c) Sie dient kaum der Förderung der Sozial- und Persönlichkeitskompetenz.

❏ d) Diese Methode erfüllt viele Aspekte einer „Dressur".

❏ e) Sie hat sich auch in der Vergangenheit in der Berufsausbildung nicht bewährt.

3.91 Faustregeln der Ausbildung. Welche „Vom ... zum"-Kombination ist richtig?

Die 6 „Vom-Begriffe":
A Vom Einfachen
B Vom Leichten
C Vom Allgemeinen
D Vom Konkreten
E Vom Nahen
F Vom Bekannten

Die 6 „Zum-Begriffe":
1 Zum Unbekannten
2 Zum Entfernten
3 Zum Abstrakten
4 Zum Speziellen
5 Zum Schweren
6 Zum Zusammengesetzten

Bitte kreuzen Sie die richtige Kombination an!

❏ a) A 6 / B 5 / C 4 / D 3 / E 2 / F 1

❏ b) A 1 / B 6 / C 5 / D 4 / E 3 / F 2

❏ c) A 2 / B 1 / C 6 / D 5 / E 4 / F 3

❏ d) A 3 / B 2 / C 1 / D 6 / E 5 / F 4

❏ e) A 2 / B 3 / C 4 / D 5 / E 6 / F 1

3.92 Welche Begriffe gehören zu den didaktischen Prinzipien? (3)

Bitte kreuzen Sie die richtigen Antworten bzw. Aussagen an!

❏ a) Zielklarheit. Stoffklarheit.

❏ b) Anschaulichkeit. Selbsttätigkeit/Aktivität.

❏ c) Keine Erfolgssicherung.

❏ d) Nicht entwicklungsgemäß.

❏ e) Erfolgssicherung. Praxis- und Lebensnähe.

3.93 Welche Punkte sollte ein Unterweisungsentwurf enthalten? (4)

Bitte kreuzen Sie die richtigen Antworten bzw. Aussagen an!

❏ a) Datum der Entwurfserstellung. Ort, an welchem der Entwurf geschrieben wurde.

❏ b) Name des Ausbilders. Thema der Unterweisung.

❏ c) Einordnung der zu vermittelnden Inhalte in die Ausbildungsordnung. Handlungsziele.

❏ d) Methode. Adressatenanalyse.

❏ e) Verwendete Hilfsmittel. Dauer der Unterweisung.

3.94 Wie muss eine Unterweisung didaktisch aufgebaut sein? (4)

Bitte kreuzen Sie die richtigen Antworten bzw. Aussagen an!

❏ a) Phase (Zeit). Unterweisungsschritte.

❏ b) Inhalte/Ziele/Kompetenz.

❏ c) Rolle des Ausbilders. Rolle des Auszubildenden.

❏ d) Beabsichtigte Effekte. Schlüsselqualifikationen.

❏ e) Grobziel und operationalisierte(s) Feinziel(e).

Zu 3.95–3.102

Danach erstellt jeder Teilnehmer einen Unterweisungsentwurf und präsentiert diesen anschließend vor der Gruppe.

Später wird die Unterweisung mit einem Auszubildenden durchgeführt und eine Lernerfolgskontrolle vorgenommen.

Abschließend erfolgt die Analyse der geplanten und durchgeführten Unterweisung.

3.95 Wie kann man die Widerstände zu Beginn (und im weiteren Verlauf) einer Unterweisung und mögliche Gegenkräfte überwinden, damit das Lernen in Gang kommt? (3)

Bitte kreuzen Sie die richtigen Antworten bzw. Aussagen an!

❏ a) Spannung(szustand) erzeugen.

❏ b) Aktive Auseinandersetzung mit dem Lerngegenstand einleiten.

❏ c) Unwillige Auszubildende zurechtweisen.

❏ d) Den Energievorrat eines Auszubildenden ansprechen, verstärken und auf die Dauer des Lernprozesses richten.

❏ e) Bei starkem Widerstand notfalls auf ein anderes Unterweisungsthema ausweichen, das besser akzeptiert wird.

3.96 Wie kann man die Motive des Auszubildenden (noch besser) ansprechen? (4)

Bitte kreuzen Sie die richtigen Antworten bzw. Aussagen an!

❏ a) Motive von den Auszubildenden erfragen. Neigungen und Interessengebiete erfahren.

❏ b) Primäre Motivation ansprechen:
Besonderes Interesse am Unterweisungsgegenstand ist meist nicht gegeben.

❏ c) Sekundäre Motivation ansprechen:
Ein Motiv kann z. B. die Vorstellung sein, dass die Kenntnisse über diesen Lerngegenstand große Chancen zum Geldverdienen eröffnen.

❏ d) Auf die Ansprache der Motivation kann man ganz verzichten, wenn man zuvor die Auszubildenden zur aktiven Mitarbeit richtig „verdonnert" hat.

❏ e) Handlungsziele erstrebenswert formulieren:
Auszubildende daran beteiligen. Handlungsziele sollen als erstrebenswerte Leistungsform beschrieben werden.

3.97 Wie kann man während einer Unterweisung die Motive der Auszubildenden (noch stärker) ansprechen? (4)

Bitte kreuzen Sie die richtigen Antworten bzw. Aussagen an!

❏ a) Den Lerngegenstand anziehend präsentieren:
Viele Sinne ansprechen. Lerngegenstände durch Ausbildungsmittel mit intensivem Aufforderungscharakter ansprechen.

❏ b) Den Lerngegenstand mit den Bedürfnissen des Auszubildenden verbinden: Bedeutung für eine erfolgreiche Berufstätigkeit erklären. Aufzeigen, dass der Lerngegenstand bestimmten individuellen Bedürfnissen des Auszubildenden dient.

❏ c) Die Auszubildenden in eine handelnde Auseinandersetzung mit dem Lerngegenstand bringen:
Originale Gegenstände des Arbeitsgebietes in die Hand geben. Ohne viele Worte Teile von Arbeitsaufgaben des Ausbilders übertragen.

❏ d) Den Auszubildenden bei Desinteresse mögliche Konsequenzen aufzeigen.

❏ e) Durch die eigene Ausbilderpersönlichkeit motivieren. Der Ausbilder soll sich seiner Rolle als Vorbild bewusst sein.

3.98 Welche weiteren Möglichkeiten gibt es, während einer Unterweisung die Motive der Auszubildenden anzusprechen? (3)

Bitte kreuzen Sie die richtigen Antworten bzw. Aussagen an!

❏ a) Die Leistungen der Lernenden sofort während der Unterweisung zu bewerten/ zu benoten.

❏ b) Erfolgserlebnisse vermitteln:
Lerngegenstand so gliedern, dass Teilerfolge möglich werden. Aufgaben, Tests und Übungsarbeiten mit gestaffelten Schwierigkeitsgraden formulieren.

❏ c) Durch Anerkennung/Lob, aber auch durch förderliche, konstruktive Kritik motivieren.

❏ d) Durch soziale Bezüge motivieren:
Wettbewerb zwischen gleichaltrigen Auszubildenden veranstalten. Der Ausbilder soll die Erfahrung der erfolgreichen Zusammenarbeit pflegen, z. B. durch das Erlebnis der Gruppenarbeit.

❏ e) Durch strenge Benotung die Auszubildenden zur (Höchst-)Leistung bringen.

3.99 Wie man die Auszubildenden zum aktiven Lernen anleitet. (4)

Bitte kreuzen Sie die richtigen Antworten bzw. Aussagen an!

❏ a) Multi-methodisch arbeiten (Methodenmix).

❏ b) Unsicherheit nehmen, Sicherheit geben.

❏ c) Bei Widerstand gegen die Aufgabe selbst sollte man umgehend eine fachliche Wissenskontrolle (mit Benotung) durchführen.

❏ d) Veränderte Ziele in der Ausbildung beachten:
Selbständiges Planen, Handeln und Kontrollieren.

❏ e) Impulse geben:
– Sprachliche Impulse.
– Mimisch-gestische Impulse.
– Zeichenhafte Impulse.

**3.100 Wie man Handlungskompetenz fördert: Problemorientierte Ausbildung hin zum selbständigen Planen, Handeln und Kontrollieren.
Welche Zuordnung (Buchstaben-Zahlen-Kombination) ist richtig?**

Die Kompetenzen:
A   Handlungskompetenz
B   Fachkompetenz
C   Methodenkompetenz
D   Sozialkompetenz

Das entsprechende Verhalten:

1 Teamarbeit bei veränderten Arbeitsstrukturen im Arbeitsbereich, bei Problemlö-
sungsgruppen und Qualitätszirkeln.
Kooperatives Verhalten.
Kompromißfähigkeit.

2 Kenntnisse zum methodischen Vorgehen bei komplexer Aufgabenstellung.
Unterschiedliche Arbeitsaufträge mit steigendem Schwierigkeitsgrad.
Herstellung bis zur Abwicklung komplexer Vorgänge mit Zeit- und Arbeitsvertei-
lungsplänen.
Eigenverantwortliche Durchführung.
Im Vordergrund stehen die Kenntnisse über die relevanten Arbeitsabläufe.

3 Basis: Solide fachpraktische und fachtheoretische Ausbildung.
Fachliches Engagement.
Einzelkenntnisse reichen nicht mehr.

4 Selbständig handeln und entscheiden.
Auf neue Aufgaben einstellen.
Im Team mitarbeiten können.

Bitte kreuzen Sie die richtige Buchstaben-Zahlen-Kombination an!

❑ a) A 4 / B 2 / C 3 / D 4

❑ b) A 1 / B 3 / C 2 / D 4

❑ c) A 4 / B 3 / C 2 / D 1

❑ d) A 3 / B 2 / C 1 / D 4

❑ e) B 2 / C 3 / D 4 / A 1

3.101 Wie kann man Handlungskompetenz entwickeln und trainieren? (4)

Bitte kreuzen Sie die richtigen Antworten bzw. Aussagen an!

❑ a) Selbstgesteuertes und offenes Lernen ermöglichen.

❑ b) Schlüsselqualifikationen fördern.

❑ c) Ca. 2. Stunden Betriebsunterricht zum Thema „Handlungskompetenz" reichen
pro Ausbildungsjahr.

❑ d) Selbständiges Planen, durchführen und kontrollieren trainieren.

❑ e) Vollständige Handlung (als Methode) üben.

3.102 Wie man Lernerfolgskontrollen pädagogisch sinnvoll durchführt? (4)

Bitte kreuzen Sie die richtigen Antworten bzw. Aussagen an!

❏ a) Lernaufträge und Lernaufgaben werden individuell nachbereitet.

❏ b) Förderung der Selbstkontrolle, der Entscheidungsfähigkeit und des Qualitätsbewusstseins der Auszubildenden.

❏ c) Die Arbeit des Ausbilders wird mit der Arbeit des Auszubildenden verglichen. Fehler werden dabei aufgedeckt und Tipps erteilt, wie bestimmte Fehler sich vermeiden lassen.

❏ d) Aus Ist-Soll-Vergleichen (der Arbeitsergebnisse) Verbesserungsvorschläge ableiten.

❏ e) Abschaffung der Lernerfolgskontrollen, da sie auf leistungsschwächere Auszubildende eher demotivierend wirken.

Zu 3.103–3.108

Sie sind Christa Borg, die Personalchefin der Data Technologies GmbH und haben die Aufgabe übernommen, Themen der Berufsausbildung in Ihrem Hause zu koordinieren. Ihr Kollege Klaus Berg wurde (nach der erfolgreich abgelegten Ausbilder-Eignungsprüfung) zum Ausbildungsleiter für die Ausbildung zum Fachinformatiker/zur Fachinformatikerin bestellt. Frau Maria Lidt wurde (ebenfalls nach bestandener Ausbilder-Eignungsprüfung) Ausbildungsleiterin für die Ausbildung der Industriekaufleute. Auch die Kollegen Karg, Mack und Schnor sowie die Betriebsratsvorsitzende Noll haben inzwischen durch eine erfolgreiche Ausbilder-Eignungsprüfung ihre „Ausbildung der Ausbilder" beendet.

Heute sitzen sie in der Ausbilderrunde zusammen. Anwesend sind (neben Ihnen) folgende Damen und Herren:
Herr Klaus Berg, Leiter technischer Service
Herr Franz Karg, Vertriebschef
Frau Maria Lidt, kaufmännische Leiterin
Herr Fritz Mack, Leiter Software
Frau Erna Noll, Betriebsratsvorsitzende
Herr Otto Schnor, Leiter interne Dienste und Sicherheitsbeauftragter

Das Thema des heutigen Treffens lautet: Das Beurteilungsgespräch als Impuls zur Persönlichkeitsentwicklung und zum Leistungsanreiz.

Nach der Begrüßung durch Sie meldet sich sofort Frau Noll zu Wort: Wie ist das mit dem Leistungsanreiz eigentlich gemeint? Das werden wir im Laufe des Treffens bestimmt noch ausführlich diskutieren, aber bitte nicht gleich zu Beginn – ist Ihre Antwort. Frau Noll akzeptiert diese Aussage.

Anschließend stellen Sie die neuen Leitlinien für Beurteilungen und Beurteilungsgespräche bei Auszubildenden der Firma Data Technologies GmbH vor. In der Arbeitsgruppe wird anschließend darüber diskutiert. Dabei werden konkrete Ansatzpunkte und Vorschläge für die Praxis der Auszubildendenbeurteilung erarbeitet und mittels Meta-Plan-Technik visualisiert.

Die 7 Hauptthemenfelder sind:
1. Die notwendigen Beurteilungsgrundlagen schaffen.
2. Mögliche Formen der Beurteilung.
3. Die organisatorische Vorbereitung der Beurteilung.
4. Wie man ein Beurteilungsgespräch führt.
5. Die Grundsätze der Beurteilung Auszubildender.
6. Die Stellungnahme des Auszubildenden.
7. Häufige Beurteilungsfehler.

3.103 Frau Christa Borg hat als Personalchefin bei Firma Data Technologies GmbH folgende Beurteilungsgrundsätze aufgestellt. (3)

Bitte kreuzen Sie die richtigen Antworten bzw. Aussagen an!

❏ a) Die Auszubildenden sind über das (neue) Beurteilungssystem nicht speziell zu informieren.

❏ b) Jede Beurteilung muss sich auf eigene Beobachtungen des Beurteilers stützen.

❏ c) Eine Beurteilung muss sich nicht auf eigene Beobachtungen des Beurteilers stützen. Es genügt, wenn er die notwendigen Informationen über Dritte erhalten hat.

❏ d) Beurteilungen sind regelmäßig durchzuführen.

❏ e) Beurteilungen sind schriftlich festzuhalten.

3.104 Welche Formen der Beurteilung/Bewertung gibt es? (3)

Bitte kreuzen Sie die richtigen Antworten bzw. Aussagen an!

❏ a) Die freie Beurteilung/Bewertung (verbale Beurteilung/Bewertung).

❏ b) Die quantifizierbare Beurteilung/Bewertung mit Auswahlmöglichkeiten nach einer Skala (z. B. Werte 1–9).

❏ c) Die quantifizierbare Beurteilung/Bewertung mit Auswahlmöglichkeiten durch Ankreuzen vorgegebener Begriffe.

❏ d) Die Beurteilung einer Arbeitsleistung (z. B. in der Produktion).

❏ e) Die Bewertung eines Verhaltens (z. B. bei Reklamationsgesprächen mit Kunden).

3.105 Was ist bei der organisatorischen Vorbereitung von Beurteilungsgesprächen zu beachten? (3)

Bitte kreuzen Sie die richtigen Antworten bzw. Aussagen an!

❑ a) Zeit(punkt), Zeitrahmen.

❑ b) Kosten.

❑ c) Störungsfreiheit.

❑ d) Unterlagen, Umfeld (z. B. Getränke).

❑ e) Gesprächszeugen.

3.106 Grundsätze für die Beurteilungsgespräche bei Firma Data Technologies GmbH. (4)

Der Beurteiler soll im Beurteilungsgespräch ...

Bitte kreuzen Sie die richtigen Antworten bzw. Aussagen an!

❑ a) vor allem die Schwächen des Auszubildenden herausstellen.

❑ b) Selbstvertrauen und Selbstkritik des Auszubildenden fördern.

❑ c) Stärken und Schwächen aufzeigen und reflektieren.

❑ d) Hilfen geben, damit Schwächen selbst erkannt werden.

❑ e) Zielvereinbarungen treffen.

3.107 Gesprächsablauf bei Beurteilungsgesprächen im Hause Data Technologies GmbH. Ordnen Sie den fünf Einzelschritten (A–E) die fünf Ausbilderaktivitäten (1–5) richtig zu.

Die fünf Einzelschritte:

A Gesprächseröffnung.

B Mitteilung von Beobachtungen (erst positiv, dann negativ).

C Stellungnahme des Auszubildenden.

D Konsequenzen und Abhilfe.

E Gesprächsende.

Die fünf Ausbilderaktivitäten:

1 Gesprächsergebnisse schriftlich festlegen und der Beurteilung beilegen. Mit dem Auszubildenden die nächsten Ziele festlegen. Gespräch freundlich beenden und den Auszubildenden motivieren.

2 Beurteilungsgespräch vorbereiten. Freundliche Eröffnung des Gespräches unter vier Augen. Beurteilungssystem/Beurteilungstradition ggf. kurz erwähnen.

3 Auszubildender soll Stellung nehmen. Auszubildender erhält Gelegenheit, seine Einwände gegen die Beurteilung zu äußern. Einigung mit dem Auszubildenden über die Beurteilung.

4 Auszubildenden Beobachtungen mitteilen. Darstellung der positiven Beurteilungsergebnisse. Danach negative Beurteilungen mitteilen und erläutern.

5 Folgen deutlich machen, die bei einer Fortdauer der Mängel notwendigerweise eintreten. Mit dem Auszubildenden ein Programm zur Abschwächung der negativen Verhaltensmuster und zum verstärkten Aufbau der beruflich bedeutsamen Verhaltensmuster erarbeiten.

Bitte kreuzen Sie die richtige Zuordnung an!

❏ a) A 5 / B 4 / C 3 / D 2 / E 1

❏ b) A 4 / B 5 / C 1 / D 2 / E 3

❏ c) A 3 / B 4 / C 5 / D 1 / E 2

❏ d) A 1 / B 2 / C 3 / D 4 / E 5

❏ e) A 2 / B 4 / C 3 / D 5 / E 1

3.108 Welches sind typische Fehler bei der Beurteilung der Auszubildenden der Firma Data Technologies GmbH? (4)

Bitte kreuzen Sie die richtigen Antworten bzw. Aussagen an!

❏ a) Tendenz zur Mitte.

❏ b) Kontrastfehler. Mildefehler.

❏ c) Sympathieeffekt. Erster Eindruck.

❏ d) Denkeffekt. Testeffekt.

❏ e) Vorurteile. Hofeffekt.

Zu 3.109–3.150

Zur Stoffvertiefung folgen sogenannte „freie programmierte Übungsaufgaben", reine Sachfragen, jeweils ohne speziellen Firmenhintergrund.

3.109 Wie kann ein Ausbilder möglichst positive Lernbedingungen schaffen?

Bitte kreuzen Sie die richtige Antwort bzw. Aussage an!

❏ a) Er zeigt dem Auszubildenden häufig auf, welchen Leistungsstand er im Verhältnis zum Lernziel bereits erreicht hat und motiviert ihn gleichzeitig zu weiteren Anstrengungen.

❏ b) Er konzentriert sich auf die Unterrichtsmethode, die er besonders gut beherrscht (z. B. Vortrag).

❏ c) Er teilt den Lehrstoff in kleinste Einheiten auf und erklärt umständlich jedes Detail.

❏ d) Er baut seine Unterrichtseinheiten unabhängig von der Zielgruppe jeweils völlig nach „Lust und Laune" auf.

❏ e) Er kontrolliert die Auszubildenden täglich sehr genau (Vertrauen ist gut – Kontrolle ist besser).

3.110 Der Ausbilder hat im Betrieb eine Vielzahl von Erziehungsaufgaben zu lösen. Dabei begegnet er den Begriffen „intentionale" und „funktionale" Erziehung. Welche Definitionen sind dazu richtig? (2)

Bitte kreuzen Sie die richtigen Antworten bzw. Aussagen an!

❏ a) Die intentionale Erziehung ist die bewusste, gezielte, beabsichtigte Erziehung.

❏ b) Die funktionale Erziehung ist die bewusste, gezielte, beabsichtigte Erziehung.

❏ c) Die intentionale Erziehung ist ein Prozess der Formung durch die Lebensumstände, also nicht bewusst, gezielt, beabsichtigt.

❏ d) Die funktionale Erziehung ist ein Prozess der Formung durch die Lebensumstände, also nicht bewusst, gezielt, beabsichtigt.

❏ e) Die intentionale und die funktionale Erziehung sind völlig gleichbedeutende Begriffe.

3.111 Welche der folgenden Aussagen über die Aufgaben des Ausbilders ist richtig?

Bitte kreuzen Sie die richtige Antwort bzw. Aussage an!

❏ a) Fachliches Wissen allein ist kein Kriterium für einen guten Ausbilder. Dieser braucht daneben auch pädagogische und psychologische Kenntnisse.

❏ b) Es genügt völlig, wenn der Ausbilder die Jugendlichen auf die Abschlussprüfung vorbereitet.

❏ c) Eine Kontrolle des Erfolgs von Ausbildungsmaßnahmen während der Ausbildung ist nicht nötig, da nur die Abschlussprüfung zählt.

❏ d) Die Fortbildung von Ausbildern ist nicht notwendig, da sich in der Berufsbildung derzeit sowieso nichts ändert.

❏ e) Ein Ausbilder kann unaufgefordert und jederzeit in die Privatsphäre der ihm anvertrauten Jugendlichen eindringen, z. B., um sich ein umfassendes Bild vom Charakter des Jugendlichen zu machen.

3.112 Welche berufsbezogenen Aufgaben hat ein betrieblicher Ausbilder? (2)

Bitte kreuzen Sie die richtigen Antworten bzw. Aussagen an!

❏ a) Der Ausbilder hat ausschließlich die Aufgabe der Unterweisung am Arbeitsplatz.

❏ b) Der Ausbilder hat für eine möglichst optimale berufliche Qualifikation der Auszubildenden zu sorgen.

❏ c) Der Ausbilder soll bemüht sein, die Auszubildenden möglichst betriebsspezifisch auszubilden, damit sie später dem Betrieb als gute Fachkräfte erhalten bleiben.

❏ d) Ein Ausbilder muss bestrebt sein, den Auszubildenden nur fachliches Können zu vermitteln.

❏ e) Der Ausbilder muss sich bemühen, dem Auszubildenden einen umfassenden Einblick in die betrieblichen, wirtschaftlichen und gesellschaftlichen Zusammenhänge zu verschaffen.

3.113 Der Ausbilder hat als Berufspädagoge organisatorische, didaktische und erzieherische Aufgaben. Zu den vorwiegend erzieherischen (pädagogischen) Aufgaben des Ausbilders gehören im Sinne des § 14 Abs. 1 BBiG und § 31 Abs. 2 JArbSchG: (2)

Bitte kreuzen Sie die richtigen Antworten bzw. Aussagen an!

❏ a) Kenntnisvermittlung nach der Ausbildungsordnung.

❏ b) Charakterliche Förderung des Auszubildenden.

❏ c) Vermittlung von Fertigkeiten nach dem Ausbildungsberufsbild.

❏ d) Schutz vor sittlicher Gefährdung.

❏ e) Vermittlung der erforderlichen Berufserfahrungen im Betrieb.

3.114 Welches Ziel wird in der betrieblichen Berufsausbildung *nicht* verfolgt?

Bitte kreuzen Sie die richtige Antwort bzw. Aussage an!

❏ a) Sozialisation (im Sinne von Hineinwachsen in die soziale Umwelt).

❏ b) Entlastung des Elternhauses von der Erziehungsarbeit.

❏ c) Aneignung von Einstellungen, Haltungen, Wertsystemen.

❏ d) Erwerb beruflicher Kenntnisse.

❏ e) Erwerb beruflicher Fertigkeiten.

3.115 Welches ist das wichtigste Merkmal jeder lernzielorientierten Erfolgskontrolle?

Bitte kreuzen Sie die richtige Antwort bzw. Aussage an!

❏ a) Alle Aufgaben bzw. Fragen sind ausgerichtet auf die angestrebten Lernziele.

❏ b) Die Ergebnisse der Erfolgskontrolle sind bequem auswertbar.

❏ c) Bei jeder Unterweisung werden die angestrebten Lernziele vorher festgelegt.

❏ d) Die Lernerfolgskontrolle wird nach einem genauen Kontrollplan vorgenommen.

❏ e) Lernzielorientierte Erfolgskontrollen haben keine besondere Aussagekraft.

3.116 Welche Anforderungen sind an Erfolgskontrollen allgemein zu stellen?

Bitte kreuzen Sie die richtige Antwort bzw. Aussage an!

❏ a) Dass Lehr- und Prüfungsstoff (zumindest teilweise) nicht identisch sind.

❏ b) Dass ein möglichst breiter Teil des durchgenommenen Lehrstoffes/Ausbildungsstoffes in die Erfolgskontrolle einbezogen wird.

❏ c) Dass der Prüfer in dieser Situation auf Transferleistungen möglichst verzichtet.

❏ d) Dass sich solche Erfolgskontrollen auf Faktenwissen beschränken.

❏ e) Dass Erfolgskontrollen nicht ungerecht benotet werden.

3.117 Welche Methode der Erfolgskontrolle benachteiligt besonders den ausdrucksschwachen Auszubildenden?

Bitte kreuzen Sie die richtige Antwort bzw. Aussage an!

❏ a) Fragen, die nur Kurzantworten erfordern.

❏ b) Fragen mit Auswahlantworten.

❏ c) Ein Fachaufsatz.

❏ d) Eine Lückentextaufgabe.

❏ e) Eine Zuordnungsaufgabe.

3.118 Was versteht man unter dem Begriff „Transfer"? (2)

Bitte kreuzen Sie die richtigen Antworten bzw. Aussagen an!

❏ a) Transfer ist eine moderne Art der Vermittlung von Lernstoffen.

❏ b) Transfer ist die erste Stufe im Lernprozess.

❏ c) Transfer ist die Übertragung des Gelernten von einer Situation auf die andere.

❏ d) Transfer ist eine besondere Art des Wissenserwerbes.

174

❏ e) Transfer ist die Anwendung (früher) erworbenen Wissens auf neue, unbekannte Situationen.

3.119 Wie kann der Ausbilder erreichen, dass Gelerntes auch auf andere Situationen übertragen (transferiert) wird? (2)

Bitte kreuzen Sie die richtigen Antworten bzw. Aussagen an!

❏ a) Er wechselt im Unterricht selten das Thema und vermeidet so jede Überforderung seiner Auszubildenden.

❏ b) Er gibt auf jede Frage eine passende Antwort.

❏ c) Er zeigt die Gleichartigkeit zweier oder mehrerer Situationen auf.

❏ d) Er arbeitet mit audiovisuellen Medien.

❏ e) Er vermittelt nicht nur Fakten, sondern zeigt an praktischen Beispielen deren Gesetzmäßigkeit auf.

3.120 Welche der folgenden Thesen über die Bereiche „Didaktik" und „Methodik" sind richtig? (2)

Bitte kreuzen Sie die richtigen Antworten bzw. Aussagen an!

❏ a) Die Bereitstellung von Medien für den Betriebsunterricht gehört zur Didaktik, nicht zur Methodik.

❏ b) Didaktische und methodische Fragen stehen in keinerlei Zusammenhang.

❏ c) Didaktik (aus dem Griechischen) bedeutet „lehren, lernen", aber auch „aus sich selbst lernen".

❏ d) In der Methodik geht es in erster Linie um die Bestimmung und Beurteilung von Lernzielen.

❏ e) Die Bereiche Didaktik und Methodik lassen sich im allgemeinen nicht eindeutig voneinander abgrenzen (siehe z. B. bei der „Mediendidaktik").

3.121 Welche Aussagen zum Begriff „Methodik" sind richtig? (3)

Bitte kreuzen Sie die richtigen Antworten bzw. Aussagen an!

❏ a) Methodik kommt aus dem Griechischen und bedeutet soviel wie „den richtigen Weg entlangführen".

❏ b) Methodik ist die Bezeichnung für eine bestimmte Form des Vorgehens bei der Auseinandersetzung mit dem Vorgesetzten.

❏ c) Im Bereich der Methodik sprechen wir von „Unterrichtsmethoden" und „Unterweisungsmethoden", aber auch die Begriffe „Lehrmethoden" und „Ausbildungsmethoden" werden häufig verwendet.

❑ d) In der Methodik stellt sich die Frage nach den Lehrinhalten.

❑ e) Die Vier-Stufen-Methode ist eine Unterweisungsmethode.

3.122 Der Ausbilder will bei der Unterrichtsplanung möglichst erfolgsversprechende Unterrichtsmethoden einplanen. Wonach richtet er sich?

Bitte kreuzen Sie die richtige Antwort bzw. Aussage an!

❑ a) Nach den im Betrieb bisher üblichen Methoden.

❑ b) Nach den festgelegten Lernzielen.

❑ c) Nach dem zu vermittelnden Stoff.

❑ d) Nach den Lernvoraussetzungen der Lernenden, nach dem zu vermittelnden Stoff, nach den Lehrmitteln, die zur Verfügung stehen, und nach den Lernzielen.

❑ e) Nach den Anweisungen des Ausbildungsleiters.

3.123 Welche der folgenden Methoden fordert vom Auszubildenden im allgemeinen wenig oder gar keine aktive Beteiligung?

Bitte kreuzen Sie die richtige Antwort bzw. Aussage an!

❑ a) Programmiertes Lernen.

❑ b) Rollenspiel.

❑ c) Brainstorming.

❑ d) Referat des Ausbilders.

❑ e) Gruppenarbeit.

3.124 Die Vorteile des Frontalunterrichts sind allenfalls darin zu sehen, dass die Auszubildenden ... (2)

Bitte kreuzen Sie die richtigen Antworten bzw. Aussagen an!

❑ a) nicht genügend gefordert werden.

❑ b) von dem, was vorgetragen wird, nicht einmal 20 % behalten werden.

❑ c) nicht genügend aktiv mitarbeiten können.

❑ d) viel Stoff anschaulich dargeboten bekommen können.

❑ e) in großen Gruppen dem Vortragenden zuhören können.

3.125 Ein besonders wichtiges Mittel für die Unterweisung ist die menschliche Sprache. Wie soll der Ausbilder sprechen? (2)

Bitte kreuzen Sie die richtigen Antworten bzw. Aussagen an!

❑ a) Verständlich, klar, deutlich.

❑ b) Klar und leise, damit alle intensiv zuhören müssen.

❑ c) Kurz, prägnant, ohne lange Erläuterungen.

❑ d) Laut, deutlich, befehlend.

❑ e) Bestimmt, überzeugend, aber keinesfalls befehlend.

3.126 Welche Fehler begehen häufig selbst erfahrene Spezialisten beim Unterricht? (2)

Bitte kreuzen Sie die richtigen Antworten bzw. Aussagen an!

❑ a) Dass sie zu wenig ins Detail gehen.

❑ b) Dass sie zu viele Fachausdrücke verwenden, ohne sie zu erklären.

❒ c) Dass sie sich auf einen kurzen Überblick über ihr Fachgebiet beschränken.

❑ d) Dass sie viele Begriffe nicht exakt genug definieren.

❑ e) Dass sie häufig schwer verständliche Schachtelsätze verwenden.

3.127 Welche Aussagen treffen auf den Vortrag zu? (3)

Bitte kreuzen Sie die richtigen Antworten bzw. Aussagen an!

❑ a) In relativ kurzer Zeit kann verhältnismäßig viel Wissen systematisch vorgetragen werden.

❑ b) Weil in kurzer Zeit viel Wissen vermittelt wird, bleibt bei den Zuhörern auch viel „hängen".

❑ c) Der Vortrag gehört zu den passiven Unterrichtsmethoden.

❑ d) Die Zuhörer müssen sich viele Informationen anhören.

❑ e) Der Vortrag gehört zu den aktiven Unterrichtsmethoden.

3.128 Welche der nachfolgenden Sprechtechniken sind negativ zu beurteilen? (2)

Bitte kreuzen Sie die richtigen Antworten bzw. Aussagen an!

❑ a) Langsames und exaktes Vortragen wichtiger Gedanken.

❑ b) Monotones und wenig moduliertes Sprechen beim Vortrag.

❏ c) Deutlich vernehmbare Modulation und Artikulation in der Rede.

❏ d) Der Einbau von Atem- und Spannungspausen in den Vortrag.

❏ e) Sprechen mit stark ausgeprägtem Dialekt.

3.129 Welche der folgenden Thesen ist richtig?

Bitte kreuzen Sie die richtige Antwort bzw. Aussage an!

❏ a) Das Lehrgespräch ist die effektivste Unterrichtsmethode überhaupt.

❏ b) Der Vortrag führt in kürzester Zeit zum höchsten Behaltensergebnis.

❏ c) Diskussionen sind als Unterrichtsmethode ungeeignet, weil sie zu keinen Ergebnissen führen und viel Zeit kosten.

❏ d) Den höchsten Behaltensgrad bringen Unterrichtsmethoden, bei denen die Auszubildenden selbst handeln müssen (sogenannte aktive Unterrichtsmethoden).

❏ e) Gruppenarbeiten sind bei Jugendlichen ziemlich unbeliebt.

3.130 Lernpsychologische Untersuchungen haben ergeben, dass im allgemeinen der Mensch am meisten behält von dem, ...

Bitte kreuzen Sie die richtige Antwort bzw. Aussage an!

❏ a) was er hört.

❏ b) was er hört und sieht.

❏ c) worüber er redet.

❏ d) was er sieht.

❏ e) was er selbst tut.

3.131 Dem Prinzip der Aktivität (Aktivierung) der Auszubildenden handelt der Ausbilder *zuwider*, wenn er ... (2)

Bitte kreuzen Sie die richtigen Antworten bzw. Aussagen an!

❏ a) den Auszubildenden möglichst oft praxisnahe berufliche Probleme lösen lässt und ihm dabei hilft.

❏ b) alles bis ins kleinste Detail erklärt und dabei dem Auszubildenden jede Denkarbeit abnimmt.

❏ c) die Auszubildenden motiviert, während der Unterweisung so viel wie möglich zu fragen.

178

- ❏ d) Anregungen und Wünsche des Auszubildenden gerne aufgreift und in sein Programm einbaut.
- ❏ e) nur Faktenwissen paukt, um ein gutes Abschneiden in der Zwischen- und Abschlussprüfung sicherzustellen.

3.132 Warum muss der Ausbilder die Fragemethodik anwenden? (2)

Bitte kreuzen Sie die richtigen Antworten bzw. Aussagen an!

- ❏ a) Durch das Anwachsen des Ausbildungsstoffes müssen die Ausbildungsinhalte heute viel schneller vermittelt werden.
- ❏ b) Der Ausbilder muss feststellen können, ob er verstanden worden ist.
- ❏ c) Durch gute Fragemethodik werden die Auszubildenden aktiviert und motiviert.
- ❏ d) Der Ausbilder kann das Gelernte schneller üben lassen (Intervalltraining).
- ❏ e) Der Ausbilder benutzt seine Fragemethodik vor allem bei der Vorbereitung von Beurteilungsgesprächen.

3.133 Fragen an die Auszubildenden während einer Unterweisung bezwecken vor allem ... (2)

Bitte kreuzen Sie die richtigen Antworten bzw. Aussagen an!

- ❏ a) eine Konzentration der Auszubildenden auf das Unterweisungsthema.
- ❏ b) vermehrte Denkanstöße bei den Auszubildenden.
- ❏ c) verdiente Entspannungspausen für den Unterweisenden.
- ❏ d) eine starke Aktivierung der Auszubildenden.
- ❏ e) die schon gelernten Fertigkeiten zu beweisen.

3.134 Didaktisch besonders wertvoll sind Fragen ... (2)

Bitte kreuzen Sie die richtigen Antworten bzw. Aussagen an!

- ❏ a) des Auszubildenden an seinen Ausbilder.
- ❏ b) gleich zu Beginn der Unterweisung.
- ❏ c) des Ausbilders an die Gruppe der Auszubildenden.
- ❏ d) an den Ausbilder, die er aus dem Stegreif beantworten kann.
- ❏ e) spontaner Art, welche die Auszubildenden dem Ausbilder während der Unterweisung stellen.

3.135 Was verstehen Sie unter dem Begriff „Demonstration" in der betrieblichen Unterweisung?

Bitte kreuzen Sie die richtige Antwort bzw. Aussage an!

❏ a) Das besonders intensive und exakte Erklären durch den betrieblichen Ausbilder.

❏ b) Das Vorführen von Arbeitsvorgängen, das Verdeutlichen der Funktion von Geräten und dergleichen.

❏ c) Die Beschwerde von Auszubildenden über ihre mangelhafte Ausbildung.

❏ d) Das gute Beispiel, das der Ausbilder vor den Auszubildenden abgibt.

❏ e) Das Vorstellen eines neuen Ausbildungsabschnittes durch den Ausbilder.

3.136 „Brainstorming" kann als aktivierende Unterrichtsmethode verwendet werden. Zwei der nachfolgenden Aussagen können als wesentliche Merkmale für das Brainstorming angesehen werden. (2)

Bitte kreuzen Sie die richtigen Antworten bzw. Aussagen an!

❏ a) Wichtig ist, festzustellen, von welchem Auszubildenden ein bestimmter Gedanke stammte.

❏ b) Alle Beiträge sind sofort kritisch zu bewerten.

❏ c) So viele Gesichtspunkte wie möglich sind zum Thema zu sammeln.

❏ d) Jeder Auszubildende trägt seine Gedanken der Reihe nach diszipliniert vor.

❏ e) Jeder Auszubildende nennt seine Einfälle spontan. Quantität geht vor Qualität.

3.137 Immer wichtiger werden Formen des Lernens, in denen der Auszubildende zur eigenen Initiative und zu selbständigem Denken angeregt wird. Das Prinzip der Individualisierung und Aktivierung wird am stärksten verwirklicht ... (2)

Bitte kreuzen Sie die richtigen Antworten bzw. Aussagen an!

❏ a) bei der Gruppenarbeit.

❏ b) beim Fachvortrag.

❏ c) beim Abfassen der Tätigkeitsberichte.

❏ d) beim Frontalunterricht.

❏ e) bei gruppendynamischen Übungen.

3.138 Warum ist bei einzelnen Themen die Gruppenarbeit der Einzelarbeit überlegen? (2)

Bitte kreuzen Sie die richtigen Antworten bzw. Aussagen an!

❏ a) Weil in der Gruppe die Gruppenmitglieder gegenseitig ihre Fehler ausgleichen, sich meistens in ihren Fähigkeiten und Kenntnissen ergänzen und sich gegenseitig Impulse geben.

❏ b) Weil die Gruppe schneller entscheiden kann und daher auch stets rascher zu Ergebnissen kommt als der einzelne Auszubildende.

❏ c) Weil die Entscheidungen der Gruppe qualitativ immer weit besser sind als die Entscheidungen eines einzelnen Auszubildenden.

❏ d) Weil bei der Gruppenarbeit die erwünschte Eigenaktivität der Lernenden durch die Methode selbst stark gebremst wird.

❏ e) Weil bei der Gruppenarbeit die erwünschte Eigenaktivität jedes einzelnen Lernenden durch die Methode selbst stark gefördert wird.

3.139 Welche der folgenden Aussagen charakterisiert am besten die Gruppenarbeit? (2)

Bitte kreuzen Sie die richtigen Antworten bzw. Aussagen an!

❏ a) Einteilung in mehrere kleine Gruppen, wobei jede ein bestimmtes Thema selbstständig bearbeitet.

❏ b) Eine kleine Gruppe bereitet das nächste Thema für die gesamte Unterrichtsgruppe für den folgenden Tag vor.

❏ c) Jeder erarbeitet das Thema selbst und diskutiert sein Ergebnis anschließend im Plenum.

❏ d) Die Gruppe verteilt den Unterrichtsstoff auf einige Freiwillige.

❏ e) Bei Gruppenarbeiten ist – je nach Lernziel – vor allem zwischen arbeitsgleichen und arbeitsteiligen Aufgabenstellungen zu unterscheiden.

3.140 Warum ist die Gruppenarbeit häufig der Arbeit des einzelnen überlegen? (2)

Bitte kreuzen Sie die richtigen Antworten bzw. Aussagen an!

❏ a) Für Gruppenarbeiten gilt: keiner weiß soviel wie alle.

❏ b) Die gleiche Information wird häufig wiederholt (Redundanz).

❏ c) Die Gruppenmitglieder ergänzen sich in ihren Fähigkeiten und Kenntnissen.

❏ d) Die Gruppe kann immer viel schneller entscheiden als der einzelne.

❏ e) Die Mitglieder der Gruppe behindern sich stets gegenseitig und verhindern so gute Leistungen.

3.141 Welche Aussagen über die Gruppenarbeit sind *falsch*? (2)

Bitte kreuzen Sie die *falschen* Antworten bzw. Aussagen an!

❏ a) Es werden auch soziale Verhaltensweisen geübt. Somit werden auch die sozialen Bedürfnisse der Beteiligten befriedigt.

❏ b) Durch den Zwang zur Arbeit in der Gruppe nehmen die Konflikte zwischen den Lernenden ständig zu.

❏ c) Durch die Nutzung der psychologischen Prozesse innerhalb der Gruppe findet ein intensiver Lernprozess statt.

❏ d) Die Gruppenarbeit ist relativ zeitaufwendig (verglichen mit dem Frontalunterricht).

❏ e) Die Gruppenarbeit in der Berufsausbildung ist eine vorübergehende Modeerscheinung, die schon bald überwunden sein wird.

3.142 Der Sinn der Gruppenarbeit besteht darin, dass ... (2)

Bitte kreuzen Sie die richtigen Antworten bzw. Aussagen an!

❏ a) die sozialen Verhaltensweisen innerhalb der Gruppe durch Kommunikation und Kooperation positiv beeinflusst werden.

❏ b) der Ausbilder weitgehend entlastet wird.

❏ c) die Eigeninitiative des Lernenden gefordert und gefördert wird.

❏ d) die Lernenden tun können, was ihnen gerade Spaß macht.

❏ e) die Rivalität unter den Lernenden gefördert wird; Konkurrenz ist immer gut.

3.143 Das Lehrgespräch ist eine der wichtigsten Unterrichtsmethoden, weil ...

Bitte kreuzen Sie die richtige Antwort bzw. Aussage an!

❏ a) es keine besondere Ausbildung des Ausbilders voraussetzt.

❏ b) die Lernenden den Lernstoff selbst aktiv mit erarbeiten.

❏ c) es sehr wenig Zeit in Anspruch nimmt.

❏ d) es für den Ausbilder immer leicht zu führen ist.

❏ e) für ein Lehrgespräch keinerlei Vorbereitung notwendig ist.

3.144 Bei der Durchführung eines Lehrgespräches muss der Ausbilder eine Reihe von Grundsätzen beachten. In welchem der folgenden Fälle verhält sich der Ausbilder *falsch*?

Bitte kreuzen Sie die *falsche* Antwort bzw. Aussage an!

❏ a) Der Ausbilder lässt den Auszubildenden genügend Zeit zum Nachdenken und lässt sie ausreden.

❏ b) Der Ausbilder führt seine Lehrgespräche mal in der Form des „Frage-Antwort-Unterrichts", mal in der Form des „Impuls-Unterrichts".

❏ c) Der Ausbilder stellt in der Regel Fragen an die ganze Gruppe, nicht nur an einzelne Auszubildende.

❏ d) Im Lehrgespräch muss sehr viel Wissen in wenig Zeit „hineingetrichtert" werden.

❏ e) Im Lehrgespräch wird – durch richtige Anwendung der Fragetechnik – vorhandenes Wissen ermittelt und dann „herausgetrichtert".

3.145 Welchen Vorteil besitzt das Lehrgespräch gegenüber dem (Lehr-)Vortrag?

Bitte kreuzen Sie die richtige Antwort bzw. Aussage an!

❏ a) Der Auszubildende muss sich vorbereiten.

❏ b) Der Ausbilder kann den Lernerfolg bereits während der Anwendung der Methode selbst erkennen.

❏ c) Der Ausbilder kann die Auszubildenden besser kontrollieren.

❏ d) Der Ausbilder kann im Lehrgespräch dem Auszubildenden viel besser als beim (Lehr-)Vortrag beim Lernen helfen.

❏ e) Es gibt keinerlei Vorteile des Lehrgespräches gegenüber dem (Lehr-)Vortrag.

3.146 Wenn der Ausbilder eine nur teilweise richtige Antwort erhält, reagiert er pädagogisch falsch, wenn er ... (2)

Bitte kreuzen Sie die richtigen Antworten bzw. Aussagen an!

❏ a) die unvollständige Antwort selbst ergänzt, verbessert oder dann sofort im Thema weitergeht.

❏ b) die unvollständige Antwort ohne Ironie in der Gruppe der Auszubildenden zur Diskussion stellt und man die Antwort gemeinsam ergänzt.

❏ c) den Auszubildenden tadelt, weil dieser sachlich nicht vollständig geantwortet hat.

❑ d) den Auszubildenden bittet, sich die Frage bzw. Aufgabe nochmals zu überlegen und dann die Antwort neu zu formulieren.

❑ e) die Frage plus Antwort an die Gruppe weitergibt, um sie von den Auszubildenden selbst ergänzen und vollständig beantworten zu lassen.

3.147 Im Zusammenhang mit Lehr- und Lernprozessen versteht man unter „Transfer" ...

Bitte kreuzen Sie die richtige Antwort bzw. Aussage an!

❑ a) die sinnvolle Verbindung von Theorie und Praxis in der Ausbildung.

❑ b) die Übertragung von Gelerntem von einer Situation auf die andere, von einem Gebiet auf ein anderes.

❑ c) Übungen des Ausbilders mit dem Ziel, die Auszubildenden bei einem neuen Lehrstoff das Wesentliche selbst erkennen zu lassen.

❑ d) Vorstellungen von Praxisbeispielen im Unterricht.

❑ e) die systematische Gliederung eines Lehrgespräches.

3.148 Welche der folgenden Unterrichtsmethoden ist besonders gut geeignet, affektive Lernziele zu erreichen?

Bitte kreuzen Sie die richtige Antwort bzw. Aussage an!

❑ a) Der programmierte Unterricht (PU).

❑ b) Das Rollenspiel.

❑ c) Der Lehrvortrag.

❑ d) Das Lehrgespräch.

❑ e) Die Diskussion.

3.149 Der Ausbilder muss beim Rollenspiel unbedingt beachten, dass ... (2)

Bitte kreuzen Sie die richtigen Antworten bzw. Aussagen an!

❑ a) nur ältere Auszubildende (mit größerer Belastbarkeit) bestimmte Rollen übernehmen.

❑ b) er das Rollenspiel schrittweise sorgfältig vor- und nachbereitet.

❑ c) nur Auszubildende mit schauspielerischem Talent spielen dürfen.

❑ d) die Auszubildenden genügend Spielraum für eigene Initiativen erhalten.

❑ e) die Auszubildenden sich exakt an die vorgegebenen Rollen und Texte halten.

3.150 Einige Thesen zur Fallstudie. Welche ist richtig?

Bitte kreuzen Sie die richtige Antwort bzw. Aussage an!

❏ a) Mit einer Fallstudie kann jeder Sachverhalt in kurzer Zeit geklärt werden.

❏ b) Mit Hilfe der Fallstudie werden vorwiegend Analyse- und Entscheidungsprozesse trainiert.

❏ c) Bei einer Fallstudie benötigen die Lernenden keinerlei Vorkenntnisse.

❏ d) Bei der Fallstudie spielt jeder Lernende eine vorgegebene Rolle.

❏ e) Für die Fallstudienarbeit benötigt man nur sehr wenig Zeit.

Lösungen zu den Aufgaben 3.01 – 3.150

Frage	a	b	c	d	e	Frage	a	b	c	d	e
3.01	X		X	X	X	3.42	X	X	X	X	
3.02	X			X	X	3.43	X	X	X		
3.03	X	X	X			3.44		X	X	X	X
3.04	X	X	X		X	3.45	X	X	X	X	
3.05	X		X	X	X	3.46	X	X	X		X
3.06		X	X			3.47	X		X	X	X
3.07		X	X	X		3.48		X		X	X
3.08	X		X		X	3.49	X	X	X		X
3.09	X					3.50	X	X			X
3.10	X	X	X		X	3.51	X	X			X
3.11				X	X	3.52	X			X	
3.12	X	X	X	X		3.53	X	X		X	X
3.13	X	X			X	3.54	X	X	X		
3.14	X	X		X		3.55	X	X		X	X
3.15			X	X	X	3.56	X			X	
3.16		X		X	X	3.57	X		X	X	X
3.17		X	X	X		3.58		X		X	X
3.18	X	X	X		X	3.59	X		X	X	X
3.19			X	X	X	3.60	X	X			X
3.20	X	X		X		3.61					X
3.21		X	X	X		3.62			X		
3.22	X	X	X	X		3.63	X	X			
3.23			X		X	3.64	X		X		X
3.24		X		X	X	3.65		X	X	X	
3.25	X	X		X		3.66	X	X	X		X
3.26	X	X		X	X	3.67	X				X
3.27		X	X	X		3.68	X	X			
3.28		X	X	X	X	3.69	X	X		X	X
3.29		X		X		3.70	X	X	X	X	
3.30		X	X		X	3.71	X	X	X		
3.31	X	X		X		3.72	X	X		X	X
3.32					X	3.73	X	X	X		X
3.33		X	X	X		3.74		X	X	X	X
3.34	X		X		X	3.75	X	X	X		
3.35		X	X	X	X	3.76		X	X	X	X
3.36	X		X	X		3.77	X		X	X	
3.37	X	X				3.78	X	X	X		
3.38		X	X	X	X	3.79		X	X	X	X
3.39	X	X		X	X	3.80		X	X	X	
3.40	X	X	X	X		3.81		X			
3.41	X	X		X		3.82	X	X	X		

Frage	a	b	c	d	e	Frage	a	b	c	d	e
3.83	X		X	X	X	3.117			X		
3.84	X	X	X			3.118			X		X
3.85	X	X	X	X		3.119			X		X
3.86	X	X	X		X	3.120			X		X
3.87	X	X		X	X	3.121	X		X		X
3.88	X		X	X	X	3.122				X	
3.89	X	X	X		X	3.123				X	
3.90	X	X	X			3.124				X	X
3.91	X					3.125	X				X
3.92	X	X			X	3.126		X			X
3.93		X	X	X	X	3.127	X		X	X	
3.94	X	X	X	X		3.128		X			X
3.95	X	X		X		3.129				X	
3.96	X	X	X		X	3.130					X
3.97	X	X	X		X	3.131		X			X
3.98		X	X	X		3.132		X	X		
3.99	X	X		X	X	3.133		X		X	
3.100			X			3.134	X				X
3.101	X	X		X	X	3.135		X			
3.102	X	X	X	X		3.136		X			X
3.103		X		X	X	3.137	X				X
3.104	X	X	X			3.138	X				X
3.105	X		X	X		3.139	X				X
3.106		X	X	X	X	3.140	X		X		
3.107					X	3.141		X			X
3.108	X	X	X		X	3.142	X		X		
3.109	X					3.143		X			
3.110	X			X		3.144				X	
3.111	X					3.145		X		X	
3.112		X			X	3.146	X		X		
3.113		X		X		3.147		X			
3.114		X				3.148		X			
3.115	X					3.149		X		X	
3.116		X				3.150		X			

Kapitel 4 – Aufgaben 4.01 – 4.100 (mit Lösungen)

In diesem Kapitel finden Sie **100 Mehrfachauswahlaufgaben**, die häufig auch als **Programmierte Aufgaben** oder **Multiple-Choice-Aufgaben** bezeichnet werden. Davon stammen 70 Aufgaben aus dem Handlungsfeld 4, weitere 30 Aufgaben kommen zur Lernstoffwiederholung und Lernstoffergänzung aus den bereits bearbeiteten Handlungsfeldern 1 – 3.

Zu 4.01–4.02

Die beiden Ausbildungsleiter der Maschinenfabrik Stümpfle KG, Peter Weck (kaufmännische Ausbildung) und Franz Reiter (gewerbliche Ausbildung) sind seit vielen Jahren erfolgreich in der Berufsausbildung tätig. Da die Stümpfle KG jetzt jährlich 25–30 Auszubildende neu einstellt, sind beide daran interessiert, immer wieder Kolleginnen und Kollegen als nebenamtliche Ausbilder/Ausbilderinnen zu gewinnen. Um diese Damen und Herren für ihre Ausbildertätigkeit richtig vorzubereiten, veranstaltet die Stümpfle KG einen innerbetrieblichen Ausbilderkurs zur Vorbereitung auf die Ausbilder-Eignungsprüfung bei der IHK. Zehn Damen und Herren nehmen am derzeit laufenden Kurs teil. Als Referenten sind – neben den beiden Ausbildungsleitern Weck und Reiter – folgende Damen und Herren vorgesehen:

Herr Ludger Fink, Personalchef.
Herr Franz Mandel, Betriebsratsvorsitzender.
Herr Rolf Nagel, Industriemeister, Prüfer bei der IHK.
Herr Piet Otto, JAV-Mitglied.
Herr Peter M. Stümpfle, Geschäftsführender Direktor.
Herr Alfred Tuner, Refa-Ingenieur, Prüfer bei der IHK.
Frau Vera Zenk, AdA-Dozentin (selbstständig).

Der laufende Lehrgang für die neuen Ausbilder und Ausbilderinnen der Stümpfle KG neigt sich schon langsam seinem Ende (und damit der Prüfung) zu.

Heute ist der erste Baustein des 4. Handlungsfeldes dran.

Themenschwerpunkte:
1. Die Funktionen von Prüfungen allgemein.
2. Die rechtlichen Vorgaben erfüllen (gemäß AO und Ausbildungsvertrag).
3. Die Bewältigung von psychischen Extremsituationen.
4. Die Optimierung der eigenen Leistungsfähigkeit.

Zunächst werden in 2 Gruppen die Themenkomplexe 1 und 2 bearbeitet und die Ergebnisse mit Hilfe der beiden Pinnwände präsentiert. In der anschließenden Diskussion mit den Referenten werden die erarbeiteten Punkte noch ergänzt. Abschließend werden die beiden Pinnwände mit dem Pinnwandkopierer fotografiert, die DIN A4-Fotos fotokopiert und an alle verteilt.

Danach werden die Themenkomplexe 3 und 4 in einer moderierten Diskussion bearbeitet und die Ergebnisse ebenfalls auf den Pinnwänden dokumentiert/visualisiert.

4.01 Welche Funktionen haben eigentlich Prüfungen, das fragen sich Peter Weck und Franz Reiter, beides Ausbildungsleiter der Maschinenfabrik Stümpfle KG, immer wieder? (4)

Bitte kreuzen Sie die richtigen Antworten bzw. Aussagen an!

❏ a) Prüfungen fungieren als Erfolgskontrolle bezüglich der Vermittlung des (bisherigen) Lehrstoffes.

❏ b) Prüfungsergebnisse lassen auch Prognosen über künftige Leistungen des Prüflings zu (in Sinne von Indizien).

❏ c) Prüfungsergebnisse sind eine Basis der Personalauswahl (vielfach neben ergänzenden Tests, Assessments etc.).

❏ d) Da Prüfungsergebnisse stets durch die besondere Prüfungssituation beeinflusst sind, haben sie keine Aussagekraft hinsichtlich der fachlichen und überfachlichen Qualifikation des Prüflings.

❏ e) Die Zwischenprüfung(en) nimmt/nehmen im Prüfungswesen eine Sonderstellung ein. Sie dienen lediglich der Ermittlung des Ausbildungsstandes und sollen ggf. zu einer Korrektur der laufenden Ausbildung durch den Auszubildenden, den Betrieb und die Berufsschule führen.

4.02 Wie bewältigt man die psychische Extremsituation „Prüfung" und optimiert dabei (auch noch) seine eigene Leistungsfähigkeit? (4)

Bitte kreuzen Sie die richtigen Antworten bzw. Aussagen an!

❏ a) Der Ausbilder sollte die Auszubildenden ständig auf die noch vorhandenen Wissenslücken (im Hinblick auf die Prüfung) aufmerksam machen.

❏ b) Schon während der Ausbildung Belastbarkeit des Auszubildenden trainieren und sein Selbstvertrauen stärken.

❏ c) Optimierung der Leistungsfähigkeit durch Training der Prüfungssituation. Prüfungsstress kann ungeahnte Kräfte freisetzen.

❏ d) Anforderungen mit fortschreitender Ausbildung in allen Bereichen – wenn möglich – erhöhen.

❏ e) Die Erfahrung, dass sich eine Überforderung doch meistern lässt, kann positive Übertragungseffekte auf andere Lebensbereiche haben.

Zu 4.03–4.08

Anschließend geht es sehr lebhaft zur Sache. Die 10 angehenden Ausbilderinnen und Ausbilder diskutieren untereinander und mit den beiden Referenten Fink und Wagner über die am Ende einer jeden Berufsausbildung stehende Abschlussprüfung. Im Mittelpunkt steht das Thema „Optimale Prüfungsvorbereitung". Wie muss/

soll/kann eine optimale Prüfungsvorbereitung von Auszubildenden aussehen? Gibt es hierfür einige erprobte Patentrezepte? Dozent Wagner meinte so nebenbei, dass die optimale Prüfungsvorbereitung spätestens am ersten Tag nach der Probezeit zu beginnen habe, vielleicht aber auch schon früher. Es wurde hierüber nochmals heftig diskutiert. Auf Vorschlag von Herrn Wagner wurde dann aber die Diskussion zum Thema „Auf Prüfungen vorbereiten" zunächst einmal zurückgestellt, bis die an den Pinnwänden vorbereiteten Themen bearbeitet sind.

Und dies sind die zu bearbeitenden Themen:

1. Die systematische und flexible Gestaltung der Ausbildung.
2. Die notwendige Abstimmung mit der Berufsschule (von Anfang an).
3. Die Berücksichtigung psychologischer Aspekte.
4. Die Rahmenbedingungen für den schriftlichen Teil.
5. Die praktische Prüfung immer wieder üben lassen.
6. Die Rahmenbedingungen für den mündlichen Teil.
7. Die notwendigen Kontakte zur zuständigen Stelle und zum Prüfungsausschuss.

Im Rahmen der moderierten Diskussion (mit Dokumentation der Leitgedanken an den Pinnwänden) wurde das Thema „Optimale Prüfungsvorbereitung" bearbeitet. Am Ende des Seminartages waren sich alle einig: Die optimale Prüfungsvorbereitung beginnt eigentlich schon am ersten Ausbildungstag!

4.03 Die gemäß der Ausbildungsordnung zu vermittelnden Inhalte der Berufs- ausbildung sind ... (3)

Bitte kreuzen Sie die richtigen Antworten bzw. Aussagen an!

❏ a) die Maximalinhalte der Berufsausbildung, von denen Abstriche vorgenommen werden können.

❏ b) die verbindlichen Vorgaben für die Berufsausbildung.

❏ c) unbedingt zu vermitteln, auch bei Abkürzung, Unterbrechung oder Störung (z. B. durch längere Krankheit).

❏ d) im Prinzip zu vermitteln, können aber jederzeit gegen betriebsindividuelle Inhalte ausgetauscht werden.

❏ e) die Mindestinhalte, die zu vermitteln sind.

4.04 Die Abstimmung mit der Berufsschule, also die Verzahnung von betrieb- licher und schulischer Ausbildung zur didaktischen Parallelität, ist der Schlüssel zur erfolgreichen Ausbildung im dualen System. Wie soll man konkret vorgehen? (3)

Bitte kreuzen Sie die richtigen Antworten bzw. Aussagen an!

❏ a) Kontakte zur Berufsschule zu Beginn der Ausbildung genügen.

❏ b) Kontakte zur Berufsschule während der gesamten Ausbildung.

❏ c) Gespräche mit den Berufsschullehrern, z. B. über im Betrieb eingeführten neuen Techniken, Verfahren, Abläufe (Prozessorientierung).

❏ d) Aufforderung an die Berufsschule, sich künftig voll nach den betrieblichen Ausbildungsplänen zu richten.

❏ e) Konkrete stofflich-didaktische Absprachen Schule – Betrieb führen am ehesten zu einem guten dualen Ausbildungserfolg.

4.05 Wie können unsere Auszubildenden ihre Prüfungsangst überwinden? (4)

Bitte kreuzen Sie die richtigen Antworten bzw. Aussagen an!

❏ a) Ein normales Leben (mit Kino, Disco, Freunden) kann zu Prüfungszeiten keinesfalls weitergeführt werden.

❏ b) Gemeinsame Vorbereitung mehrerer Auszubildender anregen.

❏ c) Bewusstmachen der Notwendigkeit von Prüfungen.

❏ d) Prüfungsaufgaben üben lassen.

❏ e) Stärkung der Fähigkeit der Selbsteinschätzung (realistische Einschätzung der eigenen Fähigkeiten).

4.06 Welche Lerntechniken sind hierbei zu bevorzugen? (4)

Bitte kreuzen Sie die richtigen Antworten bzw. Aussagen an!

❏ a) Der Wechsel zwischen Fragen stellen und Antworten suchen ist sinnvoll.

❏ b) Der Wechsel zwischen Lesen und Schreiben sorgt für Abwechslung.

❏ c) Der Wechsel zwischen Lernen und Entspannung ist wichtig.

❏ d) Fleißig und lange lernen, denn die Zeit läuft davon.

❏ e) Nicht zu lange das gleiche Gebiet bearbeiten.

4.07 Vorbereitung auf die schriftliche Prüfung, was sollte sinnvollerweise getan werden? (4)

Bitte kreuzen Sie die richtigen Antworten bzw. Aussagen an!

❏ a) Zeitmanagement üben (Zeiteinteilung, Zeitplanung, Bearbeitungsmodus der Fragen).

❏ b) Ausfüllen der Prüfungsbogen (anhand alter Aufgabensätze) üben.

❏ c) Techniken der Bearbeitung programmierter Fragen üben.

❏ d) Für die Bearbeitung programmierter Fragen gibt es keine Techniken. Da muss jeder sehen, wie er zurecht kommt.

❏ e) Die Beantwortung offener Fragen üben (spontane Antworten) und (etwas komplexere) Sonderaufgaben lösen.

4.08 Vorbereitung auf die mündliche Prüfung, was sollte sinnvollerweise getan werden? (3)

Bitte kreuzen Sie die richtigen Antworten bzw. Aussagen an!

❏ a) Den gesamten (für die mündliche Prüfung relevanten) Stoff auswendig lernen.

❏ b) Auf die mündliche Prüfung kann man sich gar nicht extra vorbereiten, weil das einfach zu viel an Stoff ist.

❏ c) Stärkung der Kommunikationsfähigkeit durch entsprechendes Training (z. B. im aktiven Zuhören).

❏ d) Gedächtnisleistung durch Training stärken (Mnemotechnik).

❏ e) Mündliche Prüfungen zuvor simulieren (z. B. Auszubildende als Prüfer und Prüflinge).

Zu 4.09–4.12

Inzwischen sind fast 2 Jahre ins Land gegangen. Die ersten angehenden Kaufleute im Einzelhandel des Ausbildungsbetriebes Alpin Biwak GmbH haben ihre Zwischenprüfung hinter sich, mit jeweils 75 bis 85 Punkten. Jetzt befinden sich diese Auszubildenden im Endspurt, wie sie allerseits verkünden. Im betrieblichen Unterricht, den heute der Prokurist Frank Umsicht hält, stellt Bert Lang folgende Frage: Ich bin ja schon volljährig, also kann ich mich doch bestimmt auch selbst bei der IHK für meine Abschlussprüfung im nächsten Jahr anmelden?. Herr Umsicht blättert kurz in der Broschüre „Ausbildung & Beruf". Dann hat er die entsprechende Stelle auch schon gefunden und liest vor: Also Bert, § 10 Abs. 1 der Musterprüfungsordnung besagt folgendes:

Die Anmeldung zur Prüfung hat schriftlich nach den von der zuständigen Stelle bestimmten Anmeldefristen und -formularen durch den Ausbildenden mit Zustimmung des Auszubildenden zu erfolgen.

Das hat den Zweck, den Auszubildenden z. B. nicht mit der Fristeinhaltung bei der IHK (und auch nicht mit den sonstigen Regularien einer Prüfungsanmeldung) zu belasten.

Da alle Auszubildenden an dem Thema „Zur Prüfung anmelden" interessiert sind, sagt Herr Umsicht zu, die entsprechenden Informationen im Rahmen des betrieblichen Unterrichts in einer Woche zu präsentieren.

Nach gründlicher Vorbereitung hat Herr Umsicht seine Präsentation in die folgenden Unterpunkte gegliedert:

1. Die rechtlichen Grundlagen.
2. Die Anmeldung zur Prüfung.
3. Die Zulassungsvoraussetzungen im Regelfall.
4. Die Voraussetzungen für vorzeitige Zulassung.
5. Die Zulassungsentscheidung.
6. Der Prüfungsgegenstand.

Die Präsentation war ein voller Erfolg, die Auszubildenden bedankten sich hinterher ausdrücklich für die erhaltenen Informationen.

4.09 Welches sind die rechtlichen Grundlagen der Prüfungen (Zwischen- und Abschlussprüfungen der zuständigen Stellen)? (4)

Bitte kreuzen Sie die richtigen Antworten bzw. Aussagen an!

❏ a) Berufsbildungsförderungsgesetz.

❏ b) Ausbildungsordnung.

❏ c) Prüfungsordnung.

❏ d) Ausbildungsvertrag.

❏ e) Berufsbildungsgesetz.

4.10 Wer meldet wen zur Prüfung bei der zuständigen Stelle an? (3)

Bitte kreuzen Sie die richtigen Antworten bzw. Aussagen an!

❏ a) Der Ausbildende meldet den Auszubildenden an:
   - Im Normalfall der Abschlussprüfung.
   - Bei vorzeitiger Zulassung.
   - Bei einer Wiederholungsprüfung nach verlängertem Ausbildungsverhältnis.

❏ b) Der Auszubildende meldet sich selbst an, u. a. bei einer Wiederholungsprüfung nach dem Auslaufen des Ausbildungsvertrages.

❏ c) Externe (also Prüfungsbewerber z. B. nach § 45 Abs. 2 BBiG) melden sich selbst an.

❏ d) Der Auszubildende muss sich bei vorzeitiger Zulassung zur Abschlussprüfung in jedem Fall selbst anmelden.

❏ e) Im Falle einer Wiederholungsprüfung muss sich der Prüfungsbewerber ebenfalls immer selbst anmelden.

4.11 Welches sind (im Regelfall) die Zulassungsvoraussetzungen zur Abschlussprüfung? (4)

Bitte kreuzen Sie die richtigen Antworten bzw. Aussagen an!

❏ a) Die Zwischenprüfung muss bestanden sein (§ 48 BBiG).

❏ b) Ausbildungsnachweis/Berichtshefte sind geführt/liegen vor.

❏ c) Das Berufsausbildungsverhältnis gemäß § 36 Berufsbildungsgesetz ist eingetragen oder ist ohne Verschulden des Auszubildenden nicht eingetragen.

❏ d) Die Ausbildungszeit ist zurückgelegt oder sie endet nicht später als 2 Monate nach dem Prüfungstermin. Prüfungstermin = letzter Akt, also in der Regel Termin der mündlichen Prüfung.

❏ e) Der Auszubildende muss zur Prüfung angemeldet sein und muss an den vorgeschriebenen Zwischenprüfungen (§48 BBiG) teilgenommen haben.

4.12 Welche Vorausaussetzungen gelten für die vorzeitige Zulassung zur Abschlussprüfung? (3)

Bitte kreuzen Sie die richtigen Antworten bzw. Aussagen an!

❏ a) Die vollständige Vermittlung aller Ausbildungsinhalte der Ausbildungsordnung muss in der gekürzten Zeit erfolgt sein.

❏ b) Die Bewertung der schulischen Leistungen durch die Berufsschule muss die vorzeitige Zulassung rechtfertigen.

❏ c) Die Bewertung der betrieblichen Leistungen durch den Ausbildenden muss die vorzeitige Zulassung rechtfertigen.

❏ d) In der Berufsschule und im Betrieb darf der Auszubildende nicht schlechter als mit Note 1,3 bewertet worden sein.

❏ e) Der Ausbildende und die Berufsschule sind zuvor zu hören.

Zu 4.13–4.17

Die beiden Auszubildenden des Bankhauses A. Schwarz & Co. in Villberg haben ihre Abschlussprüfungen als Bankkaufmann/Bankkauffrau beide glänzend bestanden. Bankier Albrecht Schwarz junior ist recht stolz auf seinen Banknachwuchs, wie er die beiden bezeichnet. Und selbstverständlich hat das Bankhaus auch beide Auszubildenden in ein unbefristetes Arbeitsverhältnis übernommen.

Trotzdem gibt es da ein kleines Problem. Beide Nachwuchsbanker erscheinen bei Prokurist Beil und bitten um ein Zeugnis. Da Herr Beil auf diese Bitte etwas eigenartig reagiert, sagen die beiden Ex-Auszubildenden wie aus einem Mund: Wir wollen die Bank nicht verlassen, wir hätten nur gerne unser „Lehrzeugnis". Herr Beil ist sichtlich erleichtert und verspricht das Zeugnis für die nächste Woche. Nachdem die beiden gegangen sind, ruft Herr Beil Herrn Gutmut von der IHK an und bittet um Unterstützung. Herr Gutmut sagt diese zu und schickt Herrn Beil per Fax 7 Seiten zum Thema „Das betriebliche Zeugnis". Die 7 Seiten tragen folgende Überschriften:

1. Die verschiedenen Zeugnisse des Auszubildenden.
2. Wie man das Abschlussgespräch führen sollte.
3. Die Doppelfunktion des Zeugnisses.
4. Die rechtlichen Anforderungen entsprechend der Doppelfunktion.
5. Form und Inhalt des Zeugnisses.
6. Der Anspruch auf Änderung
7. Die Haftung des Auszubildenden.

4.13 Welche Zeugnisse erhält ein Auszubildender am Ende seiner Berufsausbildung? (3)

Bitte kreuzen Sie die richtigen Antworten bzw. Aussagen an!

❑ a) Zeugnis des Ausbildenden gemäß § 16 BBiG (einfaches oder qualifiziertes Zeugnis).

❑ b) Zeugnis der Berufsschule.

❑ c) Zeugnis über die Abschlussprüfung gemäß § 37 Abs. 2 BBiG.

❑ d) Zeugnis über die Leistungen in der Zwischenprüfung gemäß § 48 BBiG.

❑ e) Zeugnis über die Probezeit gemäß § 20 BBiG.

4.14 Welchen Aussagen zum Abschlussgespräch können Sie zustimmen? (4)

Beim Abschlussgespräch sollte man ...

Bitte kreuzen Sie die richtigen Antworten bzw. Aussagen an!

❑ a) Fragen nach besonderer fachlicher Eignung und Neigung des Auszubildenden stellen.

❑ b) Fragen nach beruflichen Zielen des Auszubildenden stellen.

❑ c) die Frage nach einem qualifizierten Zeugnis stellen (siehe dazu § 16 Abs. 2 BBiG).

❑ d) auf kritische Punkte ganz verzichten.

❑ e) Das Abschlussgespräch sollte man vor Abfassung des Zeugnisses führen.

4.15 Was wissen Sie zur Doppelfunktion von Zeugnissen? (3)

Bitte kreuzen Sie die richtigen Antworten bzw. Aussagen an!

❑ a) Das Zeugnis soll die erbrachten Leistungen und Verhaltensweisen bestätigen.

❏ b) Das Zeugnis soll dem beruflichen Fortkommen dienen.

❏ c) Das Zeugnis soll für den künftigen Arbeitgeber eine Entscheidungshilfe sein.

❏ d) Das Zeugnis soll keineswegs die zurückgelegte Ausbildung dokumentieren.

❏ e) Das Zeugnis muss auf Wunsch auch Formulierungsvorschläge des Azubi enthalten.

4.16 Welche allgemeinen Regeln gelten für die Zeugnisverteilung (gerade bei negativen Beurteilungspunkten)? (4)

Bitte kreuzen Sie die richtigen Antworten bzw. Aussagen an!

❏ a) Alle wesentlichen Tatsachen und Bewertungen müssen aufgenommen werden.

❏ b) Einmalige Vorfälle, die nicht charakteristisch sind, sind wegzulassen.

❏ c) Durch Wortwahl, Satzstellung oder Auslassungen dürfen keine Fehlvorstellungen (beim Leser des Zeugnisses) erzeugt werden.

❏ d) Das Zeugnis muss in jedem Fall auch Angaben über Führung und Leistung des Auszubildenden enthalten (§ 16 Abs. 2 BBiG).

❏ e) Ansonsten hat der Ausbildende genügend Beurteilungsspielraum, z. B. bei den beliebten Formulierungsübungen zur Zufriedenheit.

4.17 Was wissen Sie über Form und Inhalt des Zeugnisses? (3)

Bitte kreuzen Sie die richtigen Antworten bzw. Aussagen an!

❏ a) Zur äußeren Form rechnen:
  – Angaben zur Person.
  – Ausstellungsdatum.
  – Unterschrift(en).

❏ b) Zum Inhalt gehören:
  – Grund und Art der Beendigung.
  – Schlüssigkeit.
  – Schlussfloskel.

❏ c) Im rechtlichen Sinne ist zu unterscheiden zwischen den Begriffen:
  – Einfaches Zeugnis und
  – qualifiziertes Zeugnis.

❏ d) Die Unterschiede zwischen dem einfachen und dem qualifizierten Zeugnis sind in § 16 Abs. 1 BBiG festgelegt.

❏ e) Eine Regelung, wann der Ausbilder das Zeugnis ebenfalls zu unterschreiben hat, ist in § 16 Abs. 2 BBiG enthalten.

Zu 4.18–4.19

Hotelier und Gastronom Gerhard Gutmann hat heute sein Führungsteam zu einer Besprechung eingeladen.
Anwesend sind:
Herr Peter Hinze, Küchenchef Restaurant „Zur Sonne".
Herr Heinz Mayer, Leiter Restaurant „Zur Sonne".
Herr Klaus Pribilla, Leier Steakhaus „ASADO".
Herr Walter Zweifel, Leiter Weinlokal „Zur Traube".
Herr Walter Zwerg, stellvertretender Küchenchef Restaurant „Zur Sonne".

Um keinen Fehler zu machen, hat Herr Gutmann als Berater den AdA-Dozenten Rodibel ebenfalls eingeladen, der den Auftrag erhalten hat, den Unterpunkt „Ausbildung beenden/verlängern" aus dem Handlungsfeld 4 mit den Teilnehmern in 3 Teilschritten zu bearbeiten.

Die Stichworte für den ersten Teilschritt stehen bereits an 3 Pinnwänden (zur späteren Ideensammlung/Ideenbearbeitung).

Erstes Thema: Abschlussprüfung bestanden.
1. Mögliche Beendigungsgründe.
2. Gibt es eine Übernahmeverpflichtung?
3. Der Abschluss eines Arbeitsvertrages.

4.18   Wann wird ein Berufsausbildungsverhältnis beendet? (4)

Bitte kreuzen Sie die richtigen Antworten bzw. Aussagen an!

❏ a) Durch das Bestehen der Abschlussprüfung (§ 21 Abs. 2 BBiG).

❏ b) Durch vertragsgemäßen Fristablauf. BAV als Zeitvertrag, der durch Fristablauf automatisch endet (§ 21 Abs. 1 BBiG).

❏ c) Durch Kündigung (§ 22 BBiG).

❏ d) Durch Übertragung auf einen anderen Ausbildungsbetrieb.

❏ e) Durch Aufhebungsvertrag.

4.19   Was ist zur Übernahmeverpflichtung (nach einer Berufsausbildung) zu sagen? (4)

Bitte kreuzen Sie die richtigen Antworten bzw. Aussagen an!

❏ a) Nach dem BBiG gibt es keine Übernahmeverpflichtung (nach einem Berufsausbildungsverhältnis).

❏ b) Das Thema Weiterarbeit ist in § 24 BBiG geregelt.

❏ c) Die Verpflichtung eines Auszubildenden, nach Beendigung der Berufsausbildung mit dem Ausbildenden ein Arbeitsverhältnis einzugehen, ist innerhalb der letzten 6 Monate des Berufsausbildungsverhältnisses statthaft (§ 12 Abs. 1 BBiG).

❏ d) Es gibt keinerlei rechtliche Regelungen hinsichtlich einer späteren Übernahme ehemaliger Auszubildender durch den Ausbildenden.

❏ e) Es gibt u. a. folgende Regelungen/Regelungsmöglichkeiten für eine Übernahme ehemaliger Auszubildender:
   – Betriebliche Regelungen (Betriebsvereinbarungen).
   – Gesetzliche Regelungen (§ 78 a BetrVG, § 99 Abs. 1 BetrVG und Personalvertretungsgesetz).
   – Tarifvertragliche Regelungen (einzelne Tarifverträge).

Zu 4.20–4.24

Nachdem diese Punkte in gewohnter Art und Weise bearbeitet sind, geht Dozent Rodibel zum zweiten Teilschritt über.

Zweites Thema: Abschlussprüfung nicht bestanden.
Hier gibt der Dozent folgende Überschriften als Diskussionsgrundlage vor:

1. Ursachenforschung betreiben.
2. Motivierende Gespräche führen.
3. Die rechtlichen Konsequenzen.

Im Rahmen einer von Herrn Rodibel moderierten Diskussion werden folgende Punkte zu den 3 Überschriften erarbeitet und in Meta-Plan-Technik festgehalten.

Peter Deckel, Auszubildender für den Beruf Koch, hat seine Abschlussprüfung nicht bestanden. Was ist zu tun? fragt Dozent Rodibel und geht zu den Pinnwänden, um die Gedanken seiner Teilnehmer zu visualisieren.

4.20   Peter Deckel hat seine Abschlussprüfung nicht bestanden, also ist Ursachenforschung zu betreiben. Der erste Schritt ist: Alle Beteiligten einbeziehen. Mit wem wird man also reden? (4)

Bitte kreuzen Sie die richtigen Antworten bzw. Aussagen an!

❏ a) Mit dem Berufsberater.

❏ b) Mit den Erziehungsberechtigten.

❏ c) Mit der Jugend- und Auszubildendenvertretung.

❏ d) Mit dem Berufsschullehrer.

❏ e) Mit dem Ausbildungsberater.

4.21 Danach folgt der zweite Schritt: Gibt es Ursachen aus dem Bereich des Betriebes? Welche Fragen werden sich der Ausbildende und die Ausbilder dabei stellen? (4)

Gab es ...

Bitte kreuzen Sie die richtigen Antworten bzw. Aussagen an!

❏ a) zu viele Routineaufgaben ohne Lernfortschritt?

❏ b) eine zu gründliche Ausbildung des Auszubildenden?

❏ c) zu wenig Freiraum für die Ausbildung?

❏ d) zu wenig Einsatz des Ausbilders?

❏ e) zu starke Einbindung des Auszubildenden in die Praxis?

4.22 Danach folgt der dritte Schritt: Gibt es Ursachen aus dem Bereich des Auszubildenden oder der Berufsschule? (4)

Bitte kreuzen Sie die richtigen Antworten bzw. Aussagen an!

❏ a) Zeigte der Auszubildende zu wenig Lerneinsatz?

❏ b) War er nicht gut in den Klassenverband der Berufsschule integriert?

❏ c) Waren es entwicklungsbedingte Störungen oder sonstige Einflüsse aus dem privaten Bereich (Eltern, Freund/Freundin, Freundeskreis).

❏ d) War der Auszubildende für die Prüfung zu gründlich vorbereitet (übertrainiert)?

❏ e) Trägt eventuell eine technische/fachliche Rückständigkeit des Unterrichts Schuld am Versagen?

4.23 Und danach muss man unbedingt motivierende Gespräche führen. Auf welche Punkte kommt es dabei an? (4)

Bitte kreuzen Sie die richtigen Antworten bzw. Aussagen an!

❏ a) Um den Auszubildenden zu größerer Lernleistung anzuspornen, sollte man ihm immer wieder sein Versagen vorhalten und ihn so zwingen, intensiv zu lernen.

❏ b) Man gibt einen Hinweis auf die Möglichkeit der Wiederholung der Abschlussprüfung.

❏ c) Man sollte die berufliche Perspektive beim Gelingen des nächsten Anlaufes in den Vordergrund stellen.

❏ d) Man gibt einen Hinweis auf die Möglichkeit der Verlängerung der Ausbildung.

❏ e) Man weist ggf. auf Förderprogramme hin (z. B. vom Berufsverband Kochmütze) oder bietet einen entsprechenden innerbetrieblichen Förderungsunterricht an.

4.24 Welche rechtlichen Konsequenzen gibt es bei Nichtbestehen der Abschlussprüfung? (4)

Bitte kreuzen Sie die richtigen Antworten bzw. Aussagen an!

❏ a) Beendigung durch Zeitablauf gemäß § 21 Abs. 1 BBiG.

❏ b) Eine Verlängerung ist nach § 21 Abs. 3 BBiG möglich.

❏ c) Eine Verlängerung nach § 21 Abs. 3 BBiG ist nur möglich, wenn der Ausbildende sie anbietet.

❏ d) Eine Verlängerung nach § 21 Abs. 3 BBiG ist nur auf Verlangen des Auszubildenden möglich.

❏ e) Die Verlängerung nach § 21 Abs. 3 BBiG geht bis zur nächstmöglichen Wiederholungsprüfung, höchstens bis zu einem Jahr.

Zu 4.25–4.39

Zum nächsten Thema notierte der Dozent folgende Überschriften auf Kärtchen und befestigte diese an Pinnwänden:

Drittes Thema: Wenn nichts mehr geht.

1. Der Eskalation möglichst früh begegnen.
2. Die formellen Voraussetzungen zur Kündigung.
3. Verschiedene Kündigungsgründe.
4. Beteiligte weiterer Gremien und Sonderkündigungsschutz.
5. Der Schadenersatz bei vorzeitiger Beendigung.
6. Das Schlichtungsverfahren und das Arbeitsgericht.

In einer moderierten Diskussion werden die 6 Teilthemen ausgiebig bearbeitet und den Überschriften werden viele Kärtchen zugeordnet. Am Ende dieses moderierten Workshops sind alle Pinnwände mit Ideen bzw. Fakten gespickt. Durch die Pinnwandkopierer-Technik können die Ergebnisse rasch an alle Beteiligten verteilt werden.

4.25 Wie begegnet man der Eskalation in einem Berufsausbildungsverhältnis frühzeitig? (4)

Durch intensive Gespräche mit ...

Bitte kreuzen Sie die richtigen Antworten bzw. Aussagen an!

❏ a) dem Auszubildenden, gegebenenfalls auch mit seinen Eltern. Die Eltern könnten mäßigend auf den Auszubildenden einwirken.

❏ b) dem Ausbildungsberater, der zwischen Betrieb und Auszubildenden vermitteln könnte.

❏ c) dem Berufsschullehrer, der das Vertrauen des Auszubildenden besitzen könnte.

❏ d) dem Schlichtungsausschuss gemäß § 111 Abs. 2 ArbGG.

❏ e) dem Betriebsrat/der JAV, der/die eventuell zwischen Auszubildenden und Betrieb vermitteln könnten.

4.26 Welche Aussagen zur Beendigung eines Berufsausbildungsverhältnisses gemäß § 21 BBiG sind *falsch*? (2)

Bitte kreuzen Sie die *falschen* Antworten bzw. Aussagen an!

❏ a) Das Berufsausbildungsverhältnis endet mit dem Ablauf der Ausbildungszeit.

❏ b) Besteht der Auszubildende vor Ablauf der Ausbildungszeit die Abschlussprüfung, so endet das Berufsausbildungsverhältnis mit Bestehen der Abschlussprüfung.

❏ c) Besteht der Auszubildende die Abschlussprüfung nicht, so verlängert sich das Berufsausbildungsverhältnis auf sein Verlangen bis zur nächstmöglichen Wiederholungsprüfung, höchstens um ein Jahr.

❏ d) Besteht der Auszubildende vor Ablauf der Ausbildungszeit die Abschlussprüfung, so endet das Berufsausbildungsverhältnis trotzdem erst mit Ablauf der Ausbildungszeit.

❏ e) Besteht der Auszubildende die Abschlussprüfung nicht, so verlängert sich das Berufsausbildungsverhältnis auf Verlangen des Ausbildenden bis zur nächstmöglichen Wiederholungsprüfung, höchstens um ein Jahr.

4.27 Welche Aussagen zum Thema „Nichtige Vereinbarungen" und „Begründung eines Arbeitsverhältnisses für die Zeit nach der Berufsausbildung" sind gemäß § 12 BBiG richtig? (4)

Bitte kreuzen Sie die richtigen Antworten bzw. Aussagen an!

❏ a) Eine Vereinbarung, die den Auszubildenden für die Zeit nach Beendigung des Berufsausbildungsverhältnisses in der Ausübung seiner beruflichen Tätigkeit beschränkt, ist nichtig.

❏ b) Dies gilt nicht, wenn sich der Auszubildende innerhalb der letzten sechs Monate des Berufsausbildungsverhältnisses dazu verpflichtet, nach dessen Beendigung mit dem Ausbildenden ein Arbeitsverhältnis einzugehen.

❏ c) Nichtig ist eine Vereinbarung über die Verpflichtung des Auszubildenden für die Berufsausbildung eine Entschädigung zu zahlen und über Vertragsstrafen.

❏ d) Nichtig ist eine Vereinbarung über die Verpflichtung des Auszubildenden zum Berufsschulbesuch.

❏ e) Nichtig ist eine Vereinbarung über den Ausschluss oder die Beschränkung von Schadenersatzansprüchen und über die Festsetzung der Höhe eines Schadenersatzes in Pauschbeträgen.

4.28 **Welche Aussagen zum Zeugnis und zur Weiterarbeit (im Anschluss an die Berufsausbildung) sind richtig gemäß §§ 16 und 24 BBiG? (3)**

Bitte kreuzen Sie die richtigen Antworten bzw. Aussagen an!

❏ a) Der Ausbildende hat dem Auszubildenden bei Beendigung des Berufsausbildungsverhältnisses ein Zeugnis auszustellen. Hat der Ausbildende die Berufsausbildung nicht selbst durchgeführt, so soll auch der Ausbilder das Zeugnis unterschreiben.

❏ b) Das Zeugnis muss Angaben enthalten über Art, Dauer und Ziel der Berufsausbildung sowie über die erworbenen Fertigkeiten und Kenntnisse des Auszubildenden. Auf Verlangen des Auszubildenden sind auch Angaben über Führung, Leistung und besondere fachliche Fähigkeiten aufzunehmen.

❏ c) Wird der Auszubildende im Anschluss an das Berufsausbildungsverhältnis beschäftigt, ohne dass hierüber ausdrücklich etwas vereinbart worden ist, so gilt ein Arbeitsverhältnis auf unbestimmte Zeit als begründet.

❏ d) Das Zeugnis muss in jedem Fall Angaben über Führung, Leistung und besondere fachliche Fähigkeiten enthalten.

❏ e) Wird der Auszubildende im Anschluss an das Berufsausbildungsverhältnis beschäftigt, ohne dass hierüber ausdrücklich etwas vereinbart worden ist, so gilt ein Zeitarbeitsverhältnis mit einer Laufzeit von 6 Monaten als begründet.

4.29 Welche Aussagen zur Kündigung sind gemäß § 22 BBiG richtig? (4)

Bitte kreuzen Sie die richtigen Antworten bzw. Aussagen an!

❏ a) Während der Probezeit kann das Berufsausbildungsverhältnis jederzeit mit einer Frist von einem Monat gekündigt werden.

❏ b) Während der Probezeit kann das Berufsausbildungsverhältnis jederzeit ohne Einhalten einer Kündigungsfrist gekündigt werden.

❏ c) Nach der Probezeit kann das Berufsausbildungsverhältnis nur gekündigt werden
    – aus einem wichtigen Grund ohne Einhalten einer Kündigungsfrist,
    – vom Auszubildenden mit einer Kündigungsfrist von vier Wochen, wenn er die Berufsausbildung aufgeben oder sich für eine andere Berufstätigkeit ausbilden lassen will.

❏ d) Die Kündigung muss schriftlich und in den Fällen des Absatzes 2 unter Angabe der Kündigungsgründe erfolgen.

❏ e) Eine Kündigung aus einem wichtigen Grund ist unwirksam, wenn die ihr zugrunde liegenden Tatsachen dem zur Kündigung Berechtigten länger als zwei Wochen bekannt sind. Ist ein vorgesehenes Güteverfahren vor einer außergerichtlichen Stelle eingeleitet, so wird bis zu dessen Beendigung der Lauf dieser Frist gehemmt.

4.30 Welche formellen Voraussetzungen müssen für eine Kündigung erfüllt sein? (4)

Bitte kreuzen Sie die richtigen Antworten bzw. Aussagen an!

❏ a) Schriftform, rechtsverbindliche Unterschrift(en) (siehe § 22 Abs. 3 BBiG).

❏ b) Angabe von Gründen. Dies ist entbehrlich während der Probezeit (§ 22 Abs. 1 BBiG), jedoch nach der Probezeit vorgeschrieben (§ 22 Abs. 2 Satz 1 BBiG).

❏ c) Die Kündigung muss der zuständigen Person (Auszubildender oder gesetzlichem Vertreter) tatsächlich zugehen. Dies gilt auch für Abmahnungen.

❏ d) Zwei-Wochen-Frist muss gewahrt sein (§ 22 Abs. 4 BBiG).

❏ e) Die Zwei-Wochen-Frist spielt bei Eigentumsdelikten keine Rolle (§ 22 Abs. 4 BBiG).

4.31 Was wissen Sie über Ermahnungen und Abmahnungen (im Vorfeld von Kündigungen)? (3)

Bitte kreuzen Sie die richtigen Antworten bzw. Aussagen an!

❏ a) Die mildere Form ist die Ermahnung, diese erfolgt mündlich.

❏ b) Eine Abmahnung erfolgt ebenfalls mündlich.

❏ c) Eine Abmahnung muss schriftlich erfolgen.

❏ d) Eine Abmahnung kann ohne Angaben von Gründen erfolgen.

❏ e) Eine Abmahnung muss den zu rügenden Tatbestand/Sachverhalt genau darlegen.

4.32 Welche Aussagen zur außerordentlichen Kündigung (Kündigung aus wichtigem Grund) eines Berufsausbildungsverhältnisses sind richtig? (4)

Bitte kreuzen Sie die richtigen Antworten bzw. Aussagen an!

❏ a) Nach der Probezeit kann das Berufsausbildungsverhältnis nur aus einem wichtigen Grund ohne Einhalten einer Kündigungsfrist gekündigt werden. Ein wichtiger Grund ist, wenn Tatsachen vorliegen, aufgrund derer dem Kündigenden unter Berücksichtigung aller Umstände des Einzelfalles und unter Abwägung der Interessen beider Vertragsteile die Fortsetzung des Vertrages bis zum Ablauf der Ausbildungszeit nicht zugemutet werden kann.

❏ b) Eine Kündigung aus einem wichtigen Grund ist unwirksam, wenn die ihr zugrunde liegenden Tatsachen dem zur Kündigung Berechtigten länger als zwei Wochen bekannt sind. Ist ein vorgesehenes Güteverfahren vor einer außergerichtlichen Stelle eingeleitet, so wird bis zu dessen Beendigung der Lauf dieser Frist gehemmt.

❏ c) Auch nach der Probezeit kann das Berufsausbildungsverhältnis jederzeit ohne Einhalten einer Kündigungsfrist gekündigt werden.

❏ d) Werden von einem Auszubildenden die vorgeschriebenen Berichtshefte nicht oder verspätet vorgelegt, liegt eine Pflichtverletzung vor, die geeignet sein kann, eine außerordentliche Kündigung des Berufsausbildungsverhältnisses zu rechtfertigen. (Hessisches LAG 03.11.1997)

❏ e) Auch bei hartnäckiger und fortgesetzter Verletzung von Verhaltens- und Leistungspflichten durch den Auszubildenden ist in aller Regel vor Ausspruch einer außerordentlichen Kündigung des Berufsausbildungsverhältnisses eine (erfolglose) Abmahnung notwendig. (Hessisches LAG 03.11.1997)

4.33 Welche Kündigungsgründe auf Seiten des Ausbildenden kann es geben? (2)

Bitte kreuzen Sie die richtigen Antworten bzw. Aussagen an!

❏ a) Lernrückstand des Auszubildenden.

❏ b) Schlechte Leistungen des Auszubildenden in der Berufsschule.

❏ c) Häufiges Zuspätkommen des Auszubildenden.

❏ d) Verhaltens- oder personenbedingte Gründe.

❏ e) Betriebsbedingte Gründe.

4.34 Welche Kündigungsgründe auf Seiten des Auszubildenden kann es geben? (4)

Bitte kreuzen Sie die richtigen Antworten bzw. Aussagen an!

❏ a) Überaus strenge Ausbilder, die dem Auszubildenden keinerlei zeitliche Freiräume lassen.

❏ b) Verlust der Ausbildereignung (des Ausbildenden).

❏ c) Grobe Verstöße gegen Jugendarbeitsschutzgesetz und gegen § 29 Berufsbildungsgesetz.

❏ d) Grobe Ausbildungsmängel.

❏ e) Berufsaufgabe-Kündigung (§ 22 Abs. 2 Satz 2 Berufsbildungsgesetz).

4.35 Was wissen Sie über die Beteiligung weiterer Gremien (an der Kündigung) und über den Sonderkündigungsschutz? (4)

Bitte kreuzen Sie die richtigen Antworten bzw. Aussagen an!

❏ a) Vor jeder Kündigung ist der Betriebsrat bzw. die Personalvertretung zu hören.

❏ b) Auszubildenden kann nur mit Zustimmung der zuständigen Stelle gekündigt werden. Zu hören ist der Ausbildungsberater (§ 76 BBiG).

☐ c) Besonderer Kündigungsschutz besteht für werdende Mütter (§ 9 Mutterschutzgesetz).

☐ d) Besonderer Kündigungsschutz besteht für Schwerbehinderte (§ 15 Schwerbehindertengesetz).

☐ e) Besonderer Kündigungsschutz besteht für Mitglieder des Betriebs- und Personalrates sowie der Jugend- und Auszubildendenvertretung.

4.36 Was wissen Sie über die Schadensersatzregelung des § 23 BBiG? (2)

Bitte kreuzen Sie die richtigen Antworten bzw. Aussagen an!

☐ a) Schadensersatzansprüche sind bei der Auflösung von Berufsausbildungsverhältnissen gemäß § 12 Abs. 2 Sätze 3 und 4 BBiG ausgeschlossen.

☐ b) Wird das Berufsausbildungsverhältnis nach der Probezeit vorzeitig gelöst, so kann der Ausbildende oder der Auszubildende Ersatz des Schadens verlangen, wenn der andere den Grund für die Auflösung zu vertreten hat. Dies gilt nicht im Falle des § 22 Abs. 2 Nr. 2.

☐ c) Der Anspruch erlischt, wenn er nicht innerhalb von drei Monaten nach Beendigung des Berufsausbildungsverhältnisses geltend gemacht wird.

☐ d) Der Anspruch muss binnen einer 2-Wochen-Frist geltend gemacht worden sein.

☐ e) Der Anspruch muss binnen einer 1-Monats-Frist geltend gemacht worden sein.

4.37 Was wissen Sie über das Schlichtungsverfahren gemäß § 111 Abs. 2 ArbGG? (4)

Bitte kreuzen Sie die richtigen Antworten bzw. Aussagen an!

☐ a) Bei den zuständigen Stellen können Ausschüsse zur Beilegung von Ausbildungsstreitigkeiten gebildet werden.

☐ b) Bei den zuständigen Stellen müssen Ausschüsse zur Beilegung von Ausbildungsstreitigkeiten gebildet werden.

☐ c) Der Ausschuss hat die streitenden Parteien mündlich anzuhören.

☐ d) Der Ausschuss hat die gütliche Erledigung des Streites anzustreben. Er kann Vergleiche herbeiführen und Sprüche fällen.

☐ e) Kommt kein Vergleich zustande oder findet der Spruch des Ausschusses nicht die Zustimmung einer Partei, so kann binnen zwei Wochen nach Zustellung oder Verkündigung Klage beim Arbeitsgericht erhoben werden. Nach Ablauf dieser Frist ist eine Klage ausgeschlossen.

4.38 Für welche Ausbildungsstreitigkeiten ist der Ausschuss gemäß § 111 Abs. 2 ArbGG zuständig? (4)

Für Streitigkeiten, die sich ...

Bitte kreuzen Sie die richtigen Antworten bzw. Aussagen an!

❏ a) aus der Benotung durch die Berufsschule ergeben.

❏ b) aus dem Ausbildungsverhältnis ergeben.

❏ c) über das Bestehen/Nichtbestehen eines Ausbildungsverhältnisses ergeben.

❏ d) aus Verhandlungen über das Eingehen eines Ausbildungsverhältnisses ergeben.

❏ e) aus unerlaubten Handlungen (im Zusammenhang mit dem Ausbildungsverhältnis) ergeben.

4.39 Was man im Zusammenhang mit § 111 Abs. 2 ArbGG noch wissen sollte. (4)

Bitte kreuzen Sie die richtigen Antworten bzw. Aussagen an!

❏ a) Der Schlichtungsausschuss ist nicht zuständig, wenn das Ausbildungsverhältnis unstreitig beendet ist.

❏ b) Das Schlichtungsverfahren vor dem Ausschuss ersetzt den Gütetermin vor dem Arbeitsgericht.

❏ c) Die Durchführung der Verhandlung vor dem Ausschuss ist Voraussetzung für die Entgegennahme einer Klage durch das Arbeitsgericht (ansonsten: Abweisung der Klage).

❏ d) Der Schlichtungsausschuss setzt sich aus Arbeitgeber- und Arbeitnehmervertretern zusammen, der Vorsitzende gehört in der Regel diesen beiden Gruppen nicht an. Er muss über arbeitsrechtliche Kenntnisse verfügen.

❏ e) Dem Ausschuss gehören jeweils sechs Beauftragte der Arbeitgeber, sechs Beauftragte der Arbeitnehmer und sechs Lehrer an berufsbildenden Schulen an, die Lehrer mit beratender Stimme.

Zu 4.40–4.45

Christa Borg (Pesonalchefin), Maria Lidt (Ausbildungsleiterin für die Industriekaufleute) und Klaus Berg (Ausbildungsleiter für die Fachinformatiker/Fachinformatikerinnen) veranstalten für ihre ehemaligen Auszubildenden kurz nach deren Abschlussprüfung einen Informationsnachmittag zum Thema „Berufliche Weiterbildung".
An insgesamt 7 Infoständen/Infotischen werden folgende Themen präsentiert:

Wer rastet, der rostet. Daher: Berufliche Fort- und Weiterbildung.

1. Die Notwendigkeit des lebenslangen Lernens (lifelong learning).
2. Die berufliche Fort- und Weiterbildung.
3. Die Arten der Fort- und Weiterbildung.
4. Die Träger der Fort- und Weiterbildung.
5. Die Förderung der beruflichen Fort- und Weiterbildung.
6. Das Nachholen von Schulabschlüssen.
7. Gesamtwirtschaftlicher Aspekt.

An den einzelnen Infoständen/Infotischen lag Material zum jeweiligen Thema aus. Frau Borg und die beiden Ausbildungsleiter informierten die Exauszubildenden umfassend und diskutierten mit ihnen. In einigen Fällen wurden sogar echte Beratungsgespräche geführt, die den Betreffenden ganz individuell die Fort- und Weiterbildungsmöglichkeiten aufzeigten.

Neben den Exauszubildenden waren auch die Auszubildenden des 2. und 3. Ausbildungsjahres eingeladen. Diese machten von der Möglichkeit, sich bereits während der Berufsausbildung umfassend über die Fort- und Weiterbildungsmöglichkeiten zu informieren, regen Gebrauch.

Wer rastet, der rostet, daher berufliche Fort- und Weiterbildung war das Motto des Informationsnachmittags bei Data Technologies GmbH. Hierzu wurden viele Fragen gestellt und u. a. folgende Antworten gegeben.

4.40 Warum ist eigentlich lebenslanges Lernen überhaupt notwendig? (4)

Bitte kreuzen Sie die richtigen Antworten bzw. Aussagen an!

❏ a) Der Bedarf an (hoch-)qualifizierten Arbeitskräften steigt ständig (und überproportional).

❏ b) Der technische Fortschritt (z. B. in der Informationstechnologie) zwingt uns zum "lifelong learning".

❏ c) Der globale Wettbewerb zwingt uns ebenfalls (durch Anpassungsfortbildung), unsere Wettbewerbsfähigkeit zu erhalten.

❏ d) Der Erhalt der Wettbewerbsfähigkeit (des Industriestandortes Deutschland) ist eher ein Problem der Politiker und weniger eine Sache der Fortbildung.

❏ e) Zum Erhalt (und zur Sicherung) der beruflichen Leistungsfähigkeit muss man sich eben (be-)ständig weiterbilden.

4.41 Wie definiert § 1 BBiG die Berufsbildung? (4)

Bitte kreuzen Sie die richtigen Antworten bzw. Aussagen an!

❏ a) Berufsbildung im Sinne dieses Gesetzes sind die Berufsausbildungsvorbereitung, die Berufsausbildung, die berufliche Fortbildung und die berufliche Umschulung.

Die Berufsausbildungsvorbereitung dient dem Ziel, durch die Vermittlung von Grundlagen für den Erwerb beruflicher Handlungsfähigkeit an eine Berufsausbildung in einem anerkannten Ausbildungsberuf heranzuführen.

❏ b) Die Berufsausbildung hat die für die Ausübung einer qualifizierten beruflichen Tätigkeit in einer sich wandelnden Arbeitswelt notwendigen beruflichen Fertigkeiten, Kenntnisse und Fähigkeiten (berufliche Handlungsfähigkeit) in einem geordneten Ausbildungsgang zu vermitteln. Sie hat ferner den Erwerb der erforderlichen Berufserfahrungen zu ermöglichen.

❏ c) Die berufliche Fortbildung soll es ermöglichen, die berufliche Handlungsfähigkeit zu erhalten und anzupassen oder zu erweitern und beruflich aufzusteigen.

❏ d) Die berufliche Umschulung soll zu einer höherwertigen beruflichen Tätigkeit befähigen.

❏ e) Die berufliche Umschulung soll zu einer anderen beruflichen Tätigkeit befähigen.

4.42 Wo wird die berufliche Fort- und Weiterbildung durchgeführt? (2)

Bitte kreuzen Sie die richtigen Antworten bzw. Aussagen an!

❏ a) Innerbetrieblich (firmeninterne Veranstaltungen).

❏ b) Außerbetrieblich (Veranstaltungen z. B. der Kammern, Verbände und sonstiger (privater) Anbieter).

❏ c) Außerbetrieblich (Kurs in „Erster Hilfe" für Führerscheinbewerber).

❏ d) Innerbetrieblich (Vorstellung eines neuen Hauptabteilungsleiters anläßlich einer Betriebsversammlung).

❏ e) Innerbetrieblich (Sicherheitsunterweisung nach § 29 JArbSchG).

4.43 Mit welchen Zielsetzungen wird die berufliche Fortbildung heute (im Sinne von § 1 Abs. 4 BBiG) betrieben? (2)

Bitte kreuzen Sie die richtigen Antworten bzw. Aussagen an!

❏ a) Als Anpassungsfortbildung.

❏ b) Als Belohnung für Wohlverhalten im Betrieb.

❏ c) Um mal eine hübsche Reise auf Firmenkosten machen zu können (Seminartourismus).

❏ d) Als Trostpflaster für die nicht bewilligte Beförderung.

❏ e) Als Aufstiegsfortbildung.

4.44 Welches sind die Träger der beruflichen Fort- und Weiterbildung? (4)

Bitte kreuzen Sie die richtigen Antworten bzw. Aussagen an!

❏ a) Gewerbliche Bildungsträger und berufliche Schulen.

❏ b) Allgemeinbildende Schulen (Gymnasien, Realschulen).

❏ c) Kammern und Gewerkschaften.

❏ d) Betriebe und Verbände.

❏ e) Tertiäre Bildungseinrichtungen (Hochschulen, Fachhochschulen, Verwaltungs- und Wirtschaftsakademien, Berufsakademien).

4.45 Welche Ursachen für Verhaltensauffälligkeiten und Lernschwierigkeiten gibt es? (4)

Bitte kreuzen Sie die richtigen Antworten bzw. Aussagen an!

❏ a) Erblich bedingte Faktoren z. B.:
       Begabung, Aussehen, Körperbau.

❏ b) Astrologische Einflüsse. Nationale Faktoren. Geodimensionale Faktoren.

❏ c) Drogen. Gleichaltrigengruppe (Clique).

❏ d) Defizite im Lebensrhythmus. Reizüberflutung.

❏ e) Persönlichkeitsbedingte Faktoren. Entwicklungsfaktoren. Erziehungsbedingungen. Mißerfolg und Frustration.

Zu 4.46–4.52

Im Ausbilderseminar der Maschinenfabrik Stümpfle KG geht es heute um das Thema „Ausbilder als IHK-Prüfer", denn vielerorts wird heute schon von einem mehr oder weniger starken „Prüfermangel" gesprochen. Das Bundesministerium für Bildung und Foschung (BMBF) hat darauf bereits reagiert und unter dem Arbeitstitel „Gewinnung ehrenamtlicher Prüfer in der Berufsausbildung" im Zusammenwirken mit dem BIBB einen entsprechenden Forschungsauftrag vergeben, was die Referentin, Frau Zenk, motivierte, heute die Prüfertätigkeit zu thematisieren. Dazu hat sie noch einige Experten eingeladen:

Herr Ludger Fink (Personalchef),
Herr Franz Mandel (Betriebsratsvorsitzender),
Herr Rolf Nagel (Industriemeister, Prüfer bei der IHK),
Herr Alfred Tuner (Refa-Ingenieur, Prüfer bei der IHK),
Herr Wolf Wagner (Ausbilderinstitut Hohenwart)

Frau Zenk wird den thematischen Einstieg mit Hilfe der Meta-Plan-Technik präsentieren. Anschließend werden die Experten ihre Beiträge in Form von Kurzvorträgen einbringen. Danach wird Frau Zenk in einer moderierten Diskussion mit den Teilneh-mern/Teilnehmerinnen und den Experten die Einzelpunkte bearbeiten und die Ergeb-nisse an den Pinnwänden dokumentieren (zur anschließenden Weiterverarbeitung mit dem Pinnwandkopierer).

An insgesamt 5 Pinnwänden hat Frau Zenk die Unterthemen dieser Veranstaltung notiert (und visualisiert). Das Ganze stand unter dem Motto: Eine verantwortungsvolle Aufgabe – bei Prüfungen mitwirken.

Und hier die Einzelpunkte:

1. Die gesellschaftliche Bedeutung des Ehrenamtes.
2. Die rechtlichen Grundlagen.
3. Die Zusammensetzung und Aufgaben der Prüfungsausschüsse.
4. Die Qualifikations- und Anforderungsprofile an Prüfer und Prüfung.
5. Das Widerspruchsverfahren und die Klage.

Es waren sehr lebhafte Teilnehmer und sehr aktive Experten, die hier gemeinsam mit der externen Moderatorin das Thema „Prüfungsmitwirkung" bearbeiteten. Und das sogar auch noch sehr erfolgreich, wie Frau Zenk betonte. Und noch etwas sei ihr bei der Arbeit für die Maschinenfabrik Stümpfle KG aufgefallen: Hier arbeiten Personalchef und Betriebsratsvorsitzender sachorientiert und sinnvoll zusammen zum Wohl der Arbeitnehmer und des Betriebes. So, wie es § 2 Abs. 1 BetrVG auch vorsieht.

Die Ergebnisse von den Pinnwänden wurden wieder mittels Pinnwandkopierer fest-gehalten und an alle Beteiligten verteilt.

4.46 Welches sind die rechtlichen Grundlagen für eine Prüfertätigkeit (bei der zuständigen Stelle)? (3)

Bitte kreuzen Sie die richtigen Antworten bzw. Aussagen an!

❑ a) § 38 BBiG (Prüfungsgegenstand).

❑ b) §§ 39–42 BBiG (Verfahren).

❑ c) §§ 43–45 BBiG (Zulassung).

❑ d) § 47 BBiG (Prüfungsordnung).

❑ e) § 48 BBiG (Zwischenprüfung).

Die relevanten Paragraphen (die in den richtigen Antworten genannt wurden) sind nachfolgend aufgeführt mit der Bitte um sorgfältiges Durchlesen.

§ 38 Prüfungsgegenstand
Durch die Abschlussprüfung ist festzustellen, ob der Prüfling die berufliche Hand-lungsfähigkeit erworben hat. In ihr soll der Prüfling nachweisen, dass er die erforder-lichen beruflichen Fertigkeiten beherrscht, die notwendigen beruflichen Kenntnisse

und Fähigkeiten besitzt und mit dem im Berufsschulunterricht zu vermittelnden, für die Berufsausbildung wesentlichen Lehrstoff vertraut ist. Die Ausbildungsordnung ist zugrunde zu legen.

§ 39 Prüfungsausschüsse

(1) Für die Abnahme der Abschlussprüfung errichtet die zuständige Stelle Prüfungsausschüsse. Mehrere zuständige Stellen können bei einer von ihnen gemeinsame Prüfungsausschüsse errichten.

(2) Der Prüfungsausschuss kann zur Bewertung einzelner, nicht mündlich zu erbringender Prüfungsleistungen gutachterliche Stellungnahmen Dritter, insbesondere berufsbildender Schulen, einholen.

(3) Im Rahmen der Begutachtung nach Absatz 2 sind die wesentlichen Abläufe zu dokumentieren und die für die Bewertung erheblichen Tatsachen festzuhalten.

§ 40 Zusammensetzung, Berufung

(1) Der Prüfungsausschuss besteht aus mindestens drei Mitgliedern. Die Mitglieder müssen für die Prüfungsgebiete sachkundig und für die Mitwirkung im Prüfungswesen geeignet sein.

(2) Dem Prüfungsausschuss müssen als Mitglieder Beauftragte der Arbeitgeber und der Arbeitnehmer in gleicher Zahl sowie mindestens eine Lehrkraft einer berufsbildenden Schule angehören. Mindestens zwei Drittel der Gesamtzahl der Mitglieder müssen Beauftragte der Arbeitgeber und der Arbeitnehmer sein. Die Mitglieder haben Stellvertreter oder Stellvertreterinnen.

(3) Die Mitglieder werden von der zuständigen Stelle längstens für fünf Jahre berufen. Die Beauftragten der Arbeitnehmer werden auf Vorschlag der im Bezirk der zuständigen Stelle bestehenden Gewerkschaften und selbständigen Vereinigungen von Arbeitnehmern mit sozial- oder berufspolitischer Zwecksetzung berufen. Die Lehrkraft einer berufsbildenden Schule wird im Einvernehmen mit der Schulaufsichtsbehörde oder der von ihr bestimmten Stelle berufen. Werden Mitglieder nicht oder nicht in ausreichender Zahl innerhalb einer von der zuständigen Stelle gesetzten angemessenen Frist vorgeschlagen, so beruft die zuständige Stelle insoweit nach pflichtgemäßem Ermessen. Die Mitglieder der Prüfungsausschüsse können nach Anhören der an ihrer Berufung Beteiligten aus wichtigem Grund abberufen werden. Die Sätze 1 bis 5 gelten für die stellvertretenden Mitglieder entsprechend.

(4) Die Tätigkeit im Prüfungsausschuss ist ehrenamtlich. Für bare Auslagen und für Zeitversäumnis ist, soweit eine Entschädigung nicht von anderer Seite gewährt wird, eine angemessene Entschädigung zu zahlen, deren Höhe von der zuständigen Stelle mit Genehmigung der obersten Landesbehörde festgesetzt wird.

(5) Von Absatz 2 darf nur abgewichen werden, wenn anderenfalls die erforderliche Zahl von Mitgliedern des Prüfungsausschusses nicht berufen werden kann.

§ 41 Vorsitz, Beschlussfähigkeit, Abstimmung

(1) Der Prüfungsausschuss wählt ein Mitglied, das den Vorsitz führt, und ein weiteres Mitglied, das den Vorsitz stellvertretend übernimmt. Der Vorsitz und das ihn stellvertretende Mitglied sollen nicht derselben Mitgliedergruppe angehören.

(2) Der Prüfungsausschuss ist beschlussfähig, wenn zwei Drittel der Mitglieder, mindestens drei, mitwirken. Er beschließt mit der Mehrheit der abgegebenen Stimmen. Bei Stimmengleichheit gibt die Stimme des vorsitzenden Mitglieds den Ausschlag.

§ 42 Beschlussfassung, Bewertung der Abschlussprüfung

(1) Beschlüsse über die Noten zur Bewertung einzelner Prüfungsleistungen, der Prüfung insgesamt sowie über das Bestehen und Nichtbestehen der Abschlussprüfung werden durch den Prüfungsausschuss gefasst.

(2) Zur Vorbereitung der Beschlussfassung nach Absatz 1 kann der Vorsitz mindestens zwei Mitglieder mit der Bewertung einzelner, nicht mündlich zu erbringender Prüfungsleistungen beauftragen. Die Beauftragten sollen nicht derselben Mitgliedergruppe angehören.

(3) Die nach Absatz 2 beauftragten Mitglieder dokumentieren die wesentlichen Abläufe und halten die für die Berwertung erheblichen Tatsachen fest.

§ 47 Prüfungsordnung

(1) Die zuständige Stelle hat eine Prüfungsordnung für die Abschlussprüfung zu erlassen. Die Prüfungsordnung bedarf der Genehmigung der zuständigen obersten Landesbehörde.

(2) Die Prüfungsordnung muss die Zulassung, die Gliederung der Prüfung, die Bewertungsmaßstäbe, die Erteilung der Prüfungszeugnisse, die Folgen von Verstößen gegen die Prüfungsordnung und die Wiederholungsprüfung regeln. Sie kann vorsehen, dass Prüfungsaufgaben, die überregional oder von einem Aufgabenerstellungsausschuss bei der zuständigen Stelle erstellt oder ausgewählt werden, zu übernehmen sind, sofern diese Aufgaben von Gremien erstellt oder ausgewählt werden, die entsprechend § 40 Abs. 2 zusammengesetzt sind.

(3) Der Hauptausschuss des Bundesinstituts für Berufsbildung erlässt für die Prüfungsordnung Richtlinien.

4.47 Wie ist das Prüfungsverfahren selbst rechtlich geregelt? (3)

Bitte kreuzen Sie die richtigen Antworten bzw. Aussagen an!

❏ a) Der jeweilige Prüfungsausschuss bestimmt den fachlichen Inhalt und den allgemeinen Ablauf der Prüfungen.

❏ b) Die Prüfungsanforderungen für jeden einzelnen Beruf sind in der jeweiligen Ausbildungsordnung nach § 5 BBiG festgelegt.

❏ c) Die Prüfungsordnungen sind im BBiG enthalten.

❏ d) Die Prüfungsordnungen werden nach § 47 BBiG von der zuständigen Stelle erlassen.

❏ e) Die Prüfungsordnungen müssen jedoch zuvor von der zuständigen obersten Landesbehörde (z. B. Wirtschaftsministerium) genehmigt werden.

4.48 Was wissen Sie über die Zusammensetzung der Prüfungsausschüsse? (4)

Bitte kreuzen Sie die richtigen Antworten bzw. Aussagen an!

❑ a) Den Prüfungsausschüssen der zuständigen Stellen müssen Beauftragte der Arbeitgeber und Arbeitnehmer in gleicher Zahl sowie mindestens ein Lehrer einer berufsbildenden Schule angehören (sogenannte Drittelparität, § 40 Abs. 2 BBiG).

❑ b) Die Arbeitnehmervertreter werden auf Vorschlag der Gewerkschaften und selbständigen Vereinigungen von Arbeitnehmern berufen.

❑ c) Die Arbeitnehmervertreter werden auf Vorschlag der Betriebsräte berufen.

❑ d) Die Arbeitgebervertreter werden durch die Kammern berufen.

❑ e) Die Lehrervertreter werden im Einvernehmen mit der Schulaufsichtsbehörde oder der von ihr bestimmten Stelle berufen.

4.49 Was muss man noch über den Prüfungsausschuss wissen? (3)

Bitte kreuzen Sie die richtigen Antworten bzw. Aussagen an!

❑ a) Die Ausschussmitglieder werden von der zuständigen Stelle für längstens 5 Jahre berufen (§ 40 Abs. 3 BBiG).

❑ b) Die Ausschussmitglieder werden von der zuständigen Stelle für mindestens 5 Jahre berufen (§ 40 Abs. 3 BBiG).

❑ c) Ein Prüfungsausschuss besteht aus mindestens drei Mitgliedern (§ 40 Abs. 1 BBiG).

❑ d) Der Prüfungsausschuss wählt aus seiner Mitte einen Vorsitzenden und dessen Stellvertreter (§ 41 Abs. 1 BBiG).

❑ e) Der Prüfungsausschuss ist beschlussfähig, wenn zwei Drittel der Mitglieder, mindestens zwei, mitwirken (§ 41 Abs. 2 BBiG).

4.50 Welche Anforderungen stellt man an die Mitglieder eines Prüfungsausschusses nach § 40 BBiG? (4)

Bitte kreuzen Sie die richtigen Antworten bzw. Aussagen an!

❑ a) Prüfungsausschussmitglieder müssen einer der in § 40 Abs. 2 BBiG genannten Personengruppen angehören (Arbeitgebervertreter, Arbeitnehmervertreter oder Lehrer an einer berufsbildenden Schule sein).

❑ b) Prüfungsausschussmitglieder müssen für das Prüfungsgebiet sachkundig sein (§ 40 Abs. 1 BBiG).

❑ c) Prüfungsausschussmitglieder müssen mindestens 26 Jahre alt sein.

❑ d) Prüfungausschussmitglieder müssen für das Prüfungswesen geeignet sein (§ 40 Abs. 1 BBiG).

❏ e) Prüfungsausschussmitglieder müssen in der Lage sein, aktuelle Fachinhalte zu prüfen (keine Verfahren aus ihrer eigenen Lehrzeit).

4.51 Was wissen Sie über das Widerspruchsverfahren und die Klagemöglichkeiten (vor den Verwaltungsgerichten) im Zusammenhang mit den Entscheidungen von Prüfungsausschüssen? (4)

Bitte kreuzen Sie die richtigen Antworten bzw. Aussagen an!

❏ a) Jede Entscheidung eines Prüfungsausschusses ist ein Verwaltungsakt der zuständigen Stelle, gegen den man Widerspruch einlegen kann.

❏ b) Maßnahmen und Entscheidungen der Prüfungsausschüsse sowie der zuständigen Stelle sind bei ihrer schriftlichen Bekanntgabe an den Prüfungsbewerber bzw. -teilnehmer mit einer Rechtsmittelbelehrung zu versehen. Diese richtet sich im einzelnen nach der Verwaltungsgerichtsordnung und den Ausführungsbestimmungen des Landes (§ 25 der Musterprüfungsordnung).

❏ c) Gegen einen solchen Verwaltungsakt ist ein fristgemäßer Widerspruch zulässig. Weist die zuständige Stelle den Widerspruch zurück, ist auf Grund des Widerspruchsbescheids der Geschäftsführung der zuständigen Stelle Klage vor dem Verwaltungsgericht zulässig.

❏ d) Diese Klage richtet sich dann gegen den Prüfungsausschuss.

❏ e) Diese Klage richtet sich dann gegen die zuständige Stelle (Geschäftsführung).

4.52 Inwieweit kann das Verwaltungsgericht die Entscheidung eines Prüfungsausschusses gerichtlich kontrollieren? (4)

Das Verwaltungsgericht kann z. B. kontrollieren, ob ...

Bitte kreuzen Sie die richtigen Antworten bzw. Aussagen an!

❏ a) das Prüfungsverfahren ordnungsgemäß durchgeführt wurde.

❏ b) die Prüfer bei ihrer Entscheidung von falschen Tatsachen ausgegangen sind.

❏ c) die Prüfer allgemein anerkannte Bewertungsmaßstäbe beachten oder sich von sachfremden Erwägungen haben leiten lassen.

❏ d) die Prüfer sachkompetent gefragt haben oder nicht.

❏ e) die Bewertung wirklich erfolgt ist oder nicht.

Zu 4.53–4.70

Zur Stoffvertiefung folgen sogenannte „freie programmierte Übungsaufgaben", reine Sachfragen, jeweils ohne speziellen Firmenhintergrund.

4.53   Im Berufsbildungsgesetz ist der Gegenstand der Abschlussprüfung festgelegt (§ 38 BBiG). Was ist in der nachfolgenden Aufzählung Gegenstand einer Abschlussprüfung? (3)

Bitte kreuzen Sie die richtigen Antworten bzw. Aussagen an!

❑   a) Der Ausbildungsnachweis (Berichtsheft).

❑   b) Die erforderlichen Fertigkeiten.

❑   c) Die notwendigen praktischen und theoretischen Kenntnisse.

❑   d) Teile aus der Zwischenprüfung.

❑   e) Der im Berufsschulunterricht vermittelte, für die Berufsausbildung wesentliche Lehrstoff.

4.54   Über den Antrag eines Auszubildenden auf seine vorzeitige Zulassung zur Abschlussprüfung entscheidet (siehe §§ 45–46 BBiG) ...

Bitte kreuzen Sie die richtige Antwort bzw. Aussage an!

❑   a) der Bildungsausschuss der zuständigen Stelle (IHK, HwK).

❑   b) die zuständige Stelle, bei Ablehnung der Prüfungausschuss.

❑   c) der Schlichtungsausschuss bei der zuständigen Stelle (IHK, HwK).

❑   d) der Ausbildende (Betrieb) und die Berufsschule gemeinsam.

❑   e) die Berufsschule alleine.

4.55   Das Berufsbildungsgesetz stellt für die vorzeitige Zulassung zur Abschlussprüfung folgende Forderungen auf (siehe § 45 BBiG):

Bitte kreuzen Sie die richtige Antwort bzw. Aussage an!

❑   a) In einer besonderen Zulassungsprüfung sind vom Kandidaten mindestens ausreichende Noten zu erzielen.

❑   b) Die Leistungen des Auszubildenden müssen die vorzeitige Zulassung rechtfertigen.

❑   c) Die Verkürzung der Ausbildungszeit muss in der Regel durch die schulische Vorbildung (z. B. Realschulabschluss) gerechtfertigt sein.

❑   d) Die Mindestausbildungszeit von 2 Jahren darf keinesfalls unterschritten werden.

❏ e) Der angestrebten Verkürzung der Ausbildungszeit wird immer dann stattge-
geben, wenn sich der Antragsteller in einer sozialen Notlage befindet, die er
durch die verbesserten Einkommenschancen nach der vorzeitigen Prüfung
selbst beenden kann.

**4.56 Im Berufsbildungsrecht sind mehrere Möglichkeiten für die Abkürzung
der Ausbildungszeit vorgesehen. Welche der folgenden Antworten sind
richtig (siehe §§ 7, 8 und 45 BBiG)? (2)**

Bitte kreuzen Sie die richtigen Antworten bzw. Aussagen an!

❏ a) Besteht der Auszubildende vorzeitig die Abschlussprüfung, so endet dennoch
das Ausbildungsverhältnis erst mit Ablauf der im Vertrag vereinbarten Zeit, da
der Auszubildende – ebenso wie der Ausbildende – an den Vertrag gebunden
ist.

❏ b) Ein Auszubildender erkrankt und kann an der vor Ablauf der Ausbildungszeit
stattfindenden Abschlussprüfung nicht teilnehmen. Die Prüfung gilt als nicht
abgelegt. Daher verlängert sich das Ausbildungsverhältnis in seinem Interesse
automatisch bis zum nächsten Prüfungstermin.

❏ c) Die Abkürzungsmöglichkeiten sind u. a. in besonderen Rechtsverordnungen
geregelt.

❏ d) Die Ausbildungszeit kann während der Ausbildung trotz guter Leistungen nicht
verkürzt werden, da die Parteien an den Berufsausbildungsvertrag gebunden
sind und dieser bekanntlich bei der zuständigen Stelle (IHK, HwK) eingetragen
ist.

❏ e) Die Ausbildungszeit ist auf Antrag zu kürzen, wenn zu erwarten ist, dass der
Auszubildende das Ausbildungsziel in der gekürzten Zeit erreicht.

**4.57 Nach dem BBiG kann die Ausbildungszeit unter bestimmten Vorausset-
zungen auch abgekürzt werden. Welche Auskünfte sind richtig (siehe
§§ 7, 8 und 45 BBiG)? (2)**

Bitte kreuzen Sie die richtigen Antworten bzw. Aussagen an!

❏ a) Die Ausbildungszeit muss auf Antrag von der zuständigen Stelle abgekürzt
werden, wenn der Auszubildende volljährig wird oder heiratet.

❐ b) Die Ausbildungszeit kann auf Antrag des Auszubildenden von der zuständigen
Stelle verkürzt werden, wenn sich der Auszubildende in einer sozialen Notlage
befindet.

❏ c) Die regelmäßige Ausbildungszeit kann stets durch Vereinbarung zwischen den
Vertragspartnern verkürzt werden (Vertragsfreiheit).

❏ d) Die Ausbildungszeit kann auf Antrag von der zuständigen Stelle gekürzt werden, wenn zu erwarten ist, dass der Auszubildende das Ausbildungsziel in der gekürzten Zeit erreicht.

❑ e) Die Ausbildungszeit kann immer dann kürzer sein als die Regelausbildung, wenn aufgrund einer Rechtsverordnung bestimmte Vorausbildungen anzurechnen sind.

4.58 Die Ausbildungszeit kann auch unter bestimmten Voraussetzungen verlängert werden (siehe § 8 Abs. 2 BBiG).

Bitte kreuzen Sie die richtige Antwort bzw. Aussage an!

❑ a) Allein auf Antrag des Auszubildenden, wenn eine Verlängerung erforderlich ist, um das Ausbildungsziel zu erreichen.

❑ b) Allein auf Antrag des Ausbildungsbetriebes, wenn dieser die Verlängerung als notwendig erachtet.

❑ c) Allein auf Antrag der Berufsschule, wenn ihrer Meinung nach die schulischen Leistungen nicht ausreichend sind.

❑ d) Allein auf Antrag des Ausbilders bei allgemein schwachen Leistungen des Auszubildenden.

❑ e) Einzig und allein auf Anordnung der zuständigen Stelle (Ausbildungsberater bei der IHK/HwK).

4.59 Die Ausbildungszeit kann in Ausnahmefällen verlängert werden (siehe § 8 Abs. 2 BBiG) ...

Bitte kreuzen Sie die richtige Antwort bzw. Aussage an!

❑ a) auf Antrag des Ausbildungsbetriebes, wenn die Verlängerung erforderlich ist, damit der Auszubildende das Ausbildungsziel doch noch erreicht.

❑ b) wenn beide Parteien die Verlängerung wünschen und sie auch vertraglich fixieren (IHK).

❑ c) wenn der Auszubildende während der letzten 6 Monate mindestens drei Wochen krank gewesen ist.

❑ d) wenn die Berufsschule dies beantragt, weil der Auszubildende in 2 Fächern mangelhafte theoretische Leistungen erbracht hat.

❑ e) nur wenn der Auszubildende dies beantragt und diese Verlängerung erforderlich ist, um das Ausbildungsziel zu erreichen. Der Gesetzgeber hat diese Regelung aber auf Ausnahmefälle beschränkt.

4.60 Welchen Einfluss auf das Berufsausbildungsverhältnis hat die Tatsache, dass ein Auszubildender die Abschlussprüfung vor dem vertraglich vereinbarten Ausbildungsende bestanden hat (siehe § 21 Abs. 2 BBiG)?

Bitte kreuzen Sie die richtige Antwort bzw. Aussage an!

❏ a) Das Berufsausbildungsverhältnis endet mit Ablauf des Monats, in welchem die Prüfung bestanden wurde.

❏ b) Das Berufsausbildungsverhältnis endet – unabhängig vom Bestehen/Nichtbestehen der Abschlussprüfung – zu dem im Vertrag vereinbarten Zeitpunkt.

❏ c) Das Berufsausbildungsverhältnis endet mit dem Bestehen der Abschlussprüfung.

❏ d) Das Berufsausbildungsverhältnis endet rückwirkend mit Beginn des Monats, in welchem die Prüfung bestanden wurde.

❏ e) Das Berufsausbildungsverhältnis endet mit der Aushändigung des Prüfungszeugnisses durch die zuständige Stelle.

4.61 Prüfungsgegenstand für die Abschlussprüfung sind (siehe § 38 BBiG) ...

Bitte kreuzen Sie die richtige Antwort bzw. Aussage an!

❏ a) die im Betrieb vermittelten Fertigkeiten und Fähigkeiten.

❏ b) die zur Lösung komplexer Aufgaben notwendigen Kenntnisse.

❏ c) die notwendigen Fertigkeiten, die erforderlichen praktischen und theoretischen Kenntnisse und die in der Berufsschule vermittelten für die Berufsausbildung wesentlichen Lehrstoffe.

❏ d) die in der Berufsschule und im Betrieb gelernten fachlichen Fertigkeiten.

❏ e) nur die im Betrieb erworbenen Kenntnisse und die in der Berufsschule gesammelten praktischen Berufserfahrungen.

4.62 Ein bis zum 30.09. d. J. befristetes Ausbildungsverhältnis endet für den Fall, dass der Auszubildende die am 14.08. d. J. stattfindende Abschlussprüfung besteht (siehe § 21 Abs. 2 BBiG) ...

Bitte kreuzen Sie die richtige Antwort bzw. Aussage an!

❏ a) am 31.08. d. J.

❏ b) am 30.09. d. J.

❏ c) am Tage nach der Abschlussprüfung = 15.08. d. J.

❏ d) am Tage der Abschlussprüfung = 14.08. d. J.

❏ e) am Tage vor der Abschlussprüfung = 13.08. d. J.

4.63 Der Auszubildende legt vorzeitig (Vertragsende 31. Januar des folgenden Jahres) am 15. August d. J. die schriftliche und am 12. September d. J. die mündliche Abschlussprüfung vor dem Prüfungsausschuss der zuständigen Stelle ab. Er hat bestanden und soll übernommen werden. Ab welchem Tag (Datum) muss seine Übernahme erfolgen (siehe § 21 BBiG)?

Bitte kreuzen Sie die richtige Antwort bzw. Aussage an!

❏ a) Ab 16. August d. J.

❏ b) Ab 1. Januar des folgenden Jahres.

❏ c) Ab 13. September d. J.

❏ d) Ab 1. September d. J.

❏ e) Ab 12. September d. J.

4.64 Wie oft kann man eine nicht bestandene Abschlussprüfung wiederholen (siehe § 37 BBiG)?

Bitte kreuzen Sie die richtige Antwort bzw. Aussage an!

❏ a) Einmal.

❏ b) Zweimal.

❏ c) Dreimal.

❏ d) Viermal.

❏ e) Fünfmal.

4.65 Ein Ausbildender hat seinem 17jährigen Auszubildenden fristlos gekündigt, weil dieser nach Auffassung des Ausbilders die Prüfung mit Sicherheit nicht bestehen würde. Kann der Jugendliche etwas dagegen unternehmen (siehe §§ 22, 23 BBiG)? (2)

Bitte kreuzen Sie die richtigen Antworten bzw. Aussagen an!

❏ a) Er kann nichts tun, denn wenn feststeht, dass ein Auszubildender die Prüfung nicht bestehen wird, kann die Ausbildung wegen Zwecklosigkeit jederzeit abgebrochen und der Vertrag beendet werden.

❏ b) Er kann zwar die Fortsetzung des Ausbildungsverhältnisses nicht verlangen, dafür aber den vollen Ersatz für den so entstehenden Schaden einklagen.

❏ c) Er kann verlangen, dass ihm eine gleichwertige Ausbildungsstelle in der Nähe angeboten wird.

❏ d) Er kann die Fortsetzung der Ausbildung verlangen und gegebenenfalls auch Schadenersatz geltend machen.

❏ e) Er kann den Schlichtungsausschuss gemäß § 111 Abs. 2 ArbGG anrufen.

4.66 Wenn der ausbildende Betrieb überzeugt ist, dass der Auszubildende bis zum kurz bevorstehenden Prüfungstermin doch nicht alle erforderlichen Fertigkeiten und Kenntnisse erworben haben wird, kann er ...

Bitte kreuzen Sie die richtige Antwort bzw. Aussage an!

❑ a) einen Antrag auf Verlängerung der Ausbildung bei der zuständigen Stelle (IHK, HwK) stellen.

❑ b) vorschreiben, dass der Auszubildende die Prüfung eben später ablegt. Allerdings darf die Prüfung nicht später als 6 Monate nach dem ursprünglich im Vertrag vereinbarten Ablauf des Ausbildungsverhältnisses stattfinden.

❑ c) rechtlich gesehen überhaupt nichts tun. Die Ausbildungszeit kann allein auf Antrag des Auszubildenden verlängert werden.

❑ d) den Auszubildenden in das vorausgehende Ausbildungsjahr zurückstufen.

❑ e) die Abschlussprüfung durch die zuständige Stelle (IHK, HwK) auf einen späteren Termin verschieben lassen.

4.67 Ein großer Konzern investiert besonders viel in seine Nachwuchsausbildung. Er will sich dabei die im Konzern Ausgebildeten als Fachkräfte langfristig sichern. Welche Möglichkeiten könnte er in Einklang mit den Gesetzen anwenden (siehe § 12 BBiG)?

Bitte kreuzen Sie die richtige Antwort bzw. Aussage an!

❑ a) Innerhalb der letzten 12 Monate des Berufsausbildungsverhältnisses kann sich der Auszubildende verpflichten, nach dessen Beendigung mit dem Ausbildenden ein Arbeitsverhältnis einzugehen.

❑ b) Der Konzern kann jederzeit – während der gesamten Dauer des Berufsausbildungsverhältnisses – Verträge für die Zeit nach der Ausbildung abschließen.

❑ c) Der Konzern kann schon vor Ausbildungsbeginn vereinbaren, dass der Auszubildende mindestens 5 Jahre nach der Prüfung als Fachkraft im Konzern bleibt, wenn die Eltern dem zustimmen.

❑ d) Der Konzern kann mit einem Auszubildenden vereinbaren, dass die Hälfte der Ausbildungskosten zurückgezahlt werden muss, wenn der Auszubildende nicht noch mindestens 2 Jahre nach der Ausbildung als Fachkraft im Konzern weiterarbeitet.

❑ e) Innerhalb der letzten 6 Monate des Berufsausbildungsverhältnisses kann sich der Auszubildende verpflichten, nach dessen Beendigung mit dem Ausbildenden ein Arbeitsverhältnis einzugehen.

4.68 Welche Aussagen zur Abschlussprüfung sind richtig? (4)

Bitte kreuzen Sie die richtigen Antworten bzw. Aussagen an!

❏ a) In den anerkannten Ausbildungsberufen werden Abschlussprüfungen durchgeführt. Die Abschlussprüfung kann zweimal wiederholt werden.

❏ b) Die Abschlussprüfung ist für den Auszubildenden gebührenfrei. Der Ausbildende muss den Auszubildenden zu den Abschlussprüfungen freistellen – für Jugendliche unter 18 Jahren besteht ein Freistellungsanspruch auch für den Arbeitstag, der der schriftlichen Abschlussprüfung unmittelbar vorausgeht – und zu den Prüfungsterminen mit dessen Zustimmung rechtzeitig anmelden.

❏ c) Zur Abschlussprüfung muss zugelassen werden, wer die Ausbildungszeit zurückgelegt hat oder wessen Ausbildungszeit nicht später als zwei Monate nach dem Prüfungstermin endet.

❏ d) Außerdem muss er die vorgeschriebene Zwischenprüfung bestanden sowie vorgeschriebene Berichtshefte geführt haben.

❏ e) Außerdem muss er an vorgeschriebenen Zwischenprüfungen teilgenommen sowie vorgeschriebene Berichtshefte geführt haben.

4.69 Welche Aussagen zur Abschlussprüfung sind richtig? (4)

Bitte kreuzen Sie die richtigen Antworten bzw. Aussagen an!

❏ a) Wenn seine Leistungen dies rechtfertigen, kann der Auszubildende vor Ablauf seiner Ausbildungszeit zur Abschlussprüfung zugelassen werden.

❏ b) Über die Zulassung zur Abschlussprüfung entscheidet die zuständige Stelle. Hält sie die Zulassungsvoraussetzungen nicht für gegeben, so entscheidet der Prüfungsausschuss.

❏ c) Die Prüfungstermine können bei der zuständigen Behörde erfragt werden.

❏ d) Durch die Abschlussprüfung muss festgestellt werden, ob der Prüfling die erforderlichen Fertigkeiten beherrscht, die notwendigen praktischen und theoretischen Kenntnisse besitzt und mit dem ihm im Berufsschulunterricht vermittelten, für die Berufsausbildung wesentlichen Lehrstoff vertraut ist.

❏ e) Die Prüfungsanforderungen der Ausbildungsordnung müssen dabei zugrunde gelegt werden. Weitere Einzelheiten können den von den zuständigen Stellen herausgegebenen Prüfungsordnungen entnommen werden.

4.70 Welche Aussagen zum Zeugnis sind richtig? (4)

Bitte kreuzen Sie die richtigen Antworten bzw. Aussagen an!

❏ a) Dem Prüfling ist ein Prüfungszeugnis auszustellen (§ 37 Abs. 2 BBiG).

❏ b) Der Ausbildende hat dem Auszubildenden bei Endigung des Berufsausbildungsverhältnisses ebenfalls ein Zeugnis auszustellen, das Angaben über Art, Dauer und Ziel der Berufsausbildung sowie über die erworbenen Fertigkeiten und Kenntnisse des Auszubildenden enthalten muss (§ 16 BBiG).

❏ c) Auf Verlangen des Auszubildenden sind darin auch Angaben über Führung, Leistung und besondere fachliche Fähigkeiten aufzunehmen.

❏ d) Hat der Ausbildende die Berufsausbildung nicht selbst durchgeführt, so muss auch der Ausbilder das Zeugnis unterschreiben (§ 16 Abs. 1 BBiG).

❏ e) Hat der Ausbildende die Berufsausbildung nicht selbst durchgeführt, so soll auch der Ausbilder das Zeugnis unterschreiben (§ 16 Abs. 1 BBiG).

Zu 4.71–4.84

Sie sind Christa Borg, Personalchefin der Firma Data Technologies GmbH und Koordinatorin für die Berufsausbildung in Ihrer Firma. In Ihrem Hause werden seit einiger Zeit Industriekaufleute (derzeit 6 Auszubildende) und Fachinformatiker/Fachinformatikerinnen (derzeit ebenfalls 6 Auszubildende) ausgebildet. Ausbildungsleiterin für die Industriekaufleute ist Ihre Kollegin Maria Lidt, während Ihr Kollege Klaus Berg für die Ausbildung der Fachinformatiker/Fachinformatikerinnen als Ausbildungsleiter verantwortlich ist.

Sie veranstalten für alle 12 Auszubildende des Hauses einen gemeinsamen Schulungsnachmittag unter dem Motto „Berufsausbildung im Unternehmen Data Technologies GmbH".

Hier ist u. a. vorgesehen:
– Kurzvortrag von Frau Lidt zum Thema „Berufsziel Industriekaufmann/Industriekauffrau".
– Kurzvortrag von Herrn Berg zum Thema „Berufsziel Fachinformatiker/Fachinformatikerin".

Diese Kurzvorträge sollen die Auszubildenden jeweils über den Ausbildungsberuf der anderen Auszubildendengruppe informieren. So gewinnt man mehr Verständnis für die Belange der jeweils anderen Auszubildendengruppe.

Nach diesen beiden Kurzvorträgen (und einer Pause) sind nochmals 2 Referenten dran:
– Kurzvortrag von Herrn Schnorr über „Arbeitssicherheit im Betrieb".
– Kurzvortrag von Frau Noll über „Die Aufgaben des Betriebsrates".

Während der Kurzvorträge von Frau Lidt und Herrn Berg waren alle 12 Auszubildenden sehr aufmerksam und stellten anschließend viele Fragen. Auch Frau Noll fand bei ihrem Betriebsratsvortrag sehr interessierte Zuhörer/Zuhörerinnen vor, die nach dem Kurzvortrag noch eine Reihe wichtiger Fragen stellten.

Nur bei Herrn Schnorr lief es nicht so gut. Die Auszubildenden wirkten bereits nach den ersten Sätzen des Herrn Schnorr unaufmerksam und wenig interessiert. Nach dem Kurzvortrag wurde nur eine einzige Frage gestellt – die nicht zum Thema passte (Wann ist denn heute Schluss?).

Insgesamt fanden die Auszubildenden diesen gemeinsamen Nachmittag für alle 12 Auszubildenden des Hauses als ganz in Ordnung, mäkelten aber sofort wieder an dem Vortrag „Arbeitssicherheit im Betrieb" herum.

Dies hat Sie veranlasst, zum nächsten Ausbilderworkshop einen Rhetoriktrainer einzuladen, der mit der Ausbildermannschaft des Hauses einmal das Thema „Vortrag" diskutieren und entsprechende PraxisTipps vermitteln soll.

Als der Workshop begann, standen – wie heute üblich – die Themen des Nachmittags am Flipchart:

1. Verschiedene Arten der vortragenden Unterweisungsform.
2. Gliederungsschema für die vortragende Unterweisungsform.
3. Die rhetorischen Aspekte.
4. Der Einsatz von Medien.
5. Verschiedene Anwendungsmöglichkeiten.
6. Gegenüberstellung der Vor- und Nachteile.

4.71 Welche Definitionen für die Methode Referat sind richtig? (3)

Bitte kreuzen Sie die richtigen Antworten bzw. Aussagen an!

❏ a) Objektiver Sachbericht.

❏ b) Sachlich gegliederte Darstellung.

❏ c) Erarbeitet durch Studium von Informationsquellen – schriftliche Fixierung der Kernaussagen.

❏ d) Sehr emotionale Darstellung der Inhalte.

❏ e) Geeignet, emotionale Reaktionen der Zuhörer auszulösen.

4.72 Welche Definitionen für die Methode freier Vortrag sind richtig? (2)

Bitte kreuzen Sie die richtigen Antworten bzw. Aussagen an!

❏ a) Freies Vorlesen des Redemanuskriptes.

❏ b) Keine Möglichkeit, außerhalb des Manuskriptes auf Zuhörerreaktionen einzugehen.

❏ c) Darbietung in wohlformulierten Sätzen.

❏ d) Darbietung eines Themas ohne schriftliche Unterlagen in sprachlich freier Form.

❏ e) Möglichkeit der Anpassung an Zuhörererwartungen und -reaktionen.

4.73 **Was ist ein Vortrag nach Stichworten? (2)**

Bitte kreuzen Sie die richtigen Antworten bzw. Aussagen an!

❏ a) Abgehackte Sprechweise des Referenten.

❏ b) Stichwortartige Darstellung eines Themas.

❏ c) Sprachliche Ausformung eines Themas nach vorbereiteten Stichworten des Referenten.

❏ d) Der Vortragende liest seine Stichworte vor.

❏ e) Freier Vortrag mit Hilfe eines Stichwortmanuskriptes.

4.74 **Wie ist das Gliederungsschema einer vortragenden Unterweisungsform richtig gewählt? Welche Buchstaben-Zahlen-Kombinationen sind richtig? (2)**

Die hauptsächlichen Vortragsteile:	Die jeweiligen Inhalte:
V 1 Einleitung.	I 1 Zusammenfassung und Ausblick.
V 2 Hauptteil.	I 2 Motivation der Zuhörer durch Vorstellen des Themas.
V 3 Schluss.	I 3 Ausführung und Begründung der Grundgedanken.

Bitte kreuzen Sie die richtigen Buchstaben-Zahlen-Kombinationen an!

❏ a) V 1 / I 1
    V 2 / I 2
    V 3 / I 3

❏ b) V 2 / I 3
    V 3 / I 1
    V 3 / I 2

❏ c) V 1 / I 2
    V 2 / I 3
    V 3 / I 1

❏ d) V 1 / I 3
    V 2 / I 1
    V 3 / I 2

❏ e) V 1 / I 2
    V 2 / I 3
    V 3 / I 1

4.75 Welche rhetorischen und vortragstechnischen Aspekte gibt es zu beachten? (4)

Bitte kreuzen Sie die richtigen Antworten bzw. Aussagen an!

❏ a) Lebendige Vortragsweise.

❏ b) Sprachbeherrschung (kein Stammeln oder Stottern).

❐ c) Anpassung des Sprachniveaus an Zuhörer und Thema.

❏ d) Klare Disposition im Kopf (roter Faden), so wenig wie nötig auf dem Papier.

❏ e) Längere Vortragspassagen bei Bedarf sicherheitshalber vom Manuskript ablesen.

4.76 Welche sprachlichen und nichtsprachlichen Mittel sollten bei den vortragenden Unterweisungsformen immer beachtet werden? (4)

Bitte kreuzen Sie die richtigen Antworten bzw. Aussagen an!

❏ a) KKP – **k**urze Sätze, **k**lare Aussagen, **p**räzise Formulierungen. Keine Schachtelsätze verwenden.

❏ b) Mit Fragen – insbesondere mit rhetorischen Fragen – arbeiten.

❏ c) Körpersprache (Gestik, Mimik) und Blickkontakt einsetzen.

❏ d) Häufiger Blickkontakt zu den Zuhörern verrät Unsicherheit.

❏ e) (Mehrere) Medien einsetzen (Flipchart, Folien, Pinnwand, Tafel etc.).

4.77 Warum soll man Medien einsetzen? (2)

Bitte kreuzen Sie die richtigen Antworten bzw. Aussagen an!

❏ a) Medien dienen der Unterstützung und Veranschaulichung eines Vortrages.

❏ b) Medien steigern die Behaltensquote.

❏ c) Medien lenken beim Vortrag die Zuhörer immer wieder ab.

❏ d) Medien lenken auch den Referenten vom eigentlichen Vortragsthema ab.

❏ e) Medien steigern keineswegs die Behaltensquote der Zuhörer.

4.78 Welche Typen von Medien gibt es und welche Aussagen dazu sind richtig? (4)

Bitte kreuzen Sie die richtigen Antworten bzw. Aussagen an!

❏ a) Visuelle Medien (Schaubilder, Modelle, Folien, Dias).

❏ b) Auditive Medien (Toncassetten, Tonbänder, Rundfunk).

❏ c) Audiovisuelle Medien (Filme, Videos, Fernsehen, Tonbildschauen).

❑ d) Alle Gegenstände, die Informationen transportieren, sind Medien (im weitesten Sinne), z. B. Versuchsaufbauten, Modelle etc.

❑ e) Ein professioneller Vortragender wird gerne auf alle diese Medien verzichten.

4.79 Welche Bezeichnungen gibt es für die „Papiertafel"? (4)

Bitte kreuzen Sie die richtigen Antworten bzw. Aussagen an!

❑ a) Papiertafel.

❑ b) Schreibblock im Plakatformat.

❑ c) Flip-Flop-Tafel.

❑ d) Flipchart.

❑ e) Floppy-Board.

4.80 Welche Bezeichnungen gibt es für Meta-Plan-Tafel? (4)

Bitte kreuzen Sie die richtigen Antworten bzw. Aussagen an!

❑ a) Meta-Plan-Tafel.

❑ b) Stecktafel.

❑ c) Stecknadel-Board.

❑ d) Moderationswand.

❑ e) Pinnwand.

4.81 Welche Bezeichnungen gibt es noch für den Arbeitsprojektor? (4)

Bitte kreuzen Sie die richtigen Antworten bzw. Aussagen an!

❑ a) Arbeitsprojektor.

❑ b) Tageslichtprojektor, Tageslichtschreiber.

❑ c) Overheadprojektor, Hellraumprojektor.

❑ d) Schlummerkino.

❑ e) Prokischreiber. Projektions-Kino-Schreiber.

4.82 Wozu sollten insbesondere Medien eingesetzt werden? (4)

Bitte kreuzen Sie die richtigen Antworten bzw. Aussagen an!

❑ a) Zur Erheiterung der Auszubildenden (Lachfolie).

❑ b) Zur Einführung in ein neues Thema.

❏ c) Zur Darstellung von Fachwissen.

❏ d) Zur Darstellung von Theorien und zur Vertiefung/Erweiterung von Kenntnissen.

❏ e) Zur Zusammenfassung (am Schluss).

4.83 Welches sind die Vorteile der Methode „Kurzvortrag"? (4)

Bitte kreuzen Sie die richtigen Antworten bzw. Aussagen an!

❏ a) Vermittlung von viel Stoff in kurzer Zeit.

❏ b) Beliebig großer Adressatenkreis erreichbar.

❏ c) Ausbilder bestimmt Niveau.

❏ d) Notfalls kann man abstreiten, eine bestimmte Sache gesagt zu haben (das haben Sie falsch verstanden).

❏ e) Zeitersparnis durch geringen methodischen und organisatorischen Aufwand.

4.84 Welches sind die Nachteile der Methode Kurzvortrag? (4)

Bitte kreuzen Sie die richtigen Antworten bzw. Aussagen an!

❏ a) Geringe Behaltensquote.

❏ b) Passivität der Zuhörer.

❏ c) Auf unterschiedliches Vorwissen der Zuhörer kann nicht eingegangen werden.

❏ d) Aktivität der Zuhörer.

❏ e) Wissenslücken und Mißverständnisse bleiben bestehen, falls im Anschluss keine Diskussion/Fragebeantwortung stattfindet.

Zu 4.85–4.90

Firma ROKO Bürozentrum GmbH & Co., OHG bildet derzeit

6 Einzelhandelskaufleute und 6 Kaufleute für Bürokommunikation

aus. ROKO-Chef K. Bullinger hat inzwischen Herrn Franz Bender (Abteilung Einkauf) als Ausbildungsleiter bestellt, da Frau Petra Reichert diese Aufgabe neben Ihrer Tätigkeit in der Personalabteilung nicht mehr bewältigen konnte. Herr Bender betreut seine Ausbilderkollegen recht intensiv und hospitiert auch gelegentlich bei deren Unterweisungen/Lehrgesprächen/Kurzvorträgen.

Dabei fiel es Herrn Bender auf, dass bei einigen Ausbildern/Ausbilderinnen das Lehrgespräch schon nach wenigen Minuten (bzw. Interaktionen mit den Auszubildenden) ins Stocken geriet und der Ausbilder/die Ausbilderin ab diesem Zeitpunkt nur noch einen Monolog hielt. Herr Bender schlägt Herrn K. Bullinger daher vor, für die ROKO Ausbilder/Ausbilderinnen einen „Refresher-Tag" durchzuführen, zu dem ein AdA-Dozent als Informant und Moderator eingeladen werden sollte. An diesem Tag werde man gemeinsam solche Themen des Handlungsfeldes 3 „Gruppen anleiten" durchgehen, für die Bedarf bestehe. Firmenchef K. Bullinger ist einverstanden. Ausbildungsleiter Franz Bender verpflichtet den AdA-Dozenten Steinhauser für diesen Tag und lädt die Ausbilderkollegen/ Ausbilderkolleginnen:

Frau Nelly Dörr, Abteilung Buchhaltung,
Herr Josef Korn, Abteilung Verkauf,
Frau Birgit Murr, Abteilung Service,
Herr Dieter Rast, Abteilung Versand,
Frau Petra Reichert, Abteilung Personal,
zum „Refresher-Tag" ein.

Während Frau Reichert ihre Ausbilder-Eignungsprüfung bereits im vergangenen Jahr erfolgreich abgelegt hatte, haben Sie (Herr Bender) und Ihre Kolleginnen Dörr und Murr sowie Ihre Kollegen Korn und Rast erst in diesem Jahr die Ausbilder-Eignungsprüfung bei der IHK mit Erfolg bestanden.

Obwohl für die meisten ROKO Ausbilder/Ausbilderinnen der AdA-Kurs also noch gar nicht so lange zurückliegt, sind einige Tipps und Ideen bereits wieder in Vergessenheit geraten. Deshalb ist es sicher eine gute Idee, mit Herrn Steinhauser einen „Refresher-Tag" zu veranstalten.

Zum vereinbarten Termin sind alle ROKO Ausbilder/Ausbilderinnen im Schulungsraum versammelt, wo Dozent Steinhauser bereits seine Themen plakativ angeschrieben hat.

Zum ersten Thema „Lehrgespräche" hat er folgende Punkte aufgeschrieben (damit die Auszubildenden mitmachen und nicht schweigen, meint Herr Steinhauser):

1. Das Lehrgespräch.
2. Die Gesprächsphasen beim Lehrgespräch.
3. Die Fragetechnik beim Lehrgespräch.
4. Die Vor- und Nachteile eines Lehrgespräches.
5. Die Einsatzmöglichkeiten für das Lehrgespräch.

4.85 Welche Anforderungen muss man an ein ROKO Lehrgespräch stellen? (4)

Bitte kreuzen Sie die richtigen Antworten bzw. Aussagen an!

❏ a) Bevor man beginnt, ist zunächst einmal zu prüfen, ob das geplante Thema für die Methode Lehrgespräch überhaupt geeignet ist.

❏ b) Gezielte Informationen als Gesprächsanstoß verwenden.

❏ c) Durch Impulse die Auszubildenden motivieren.

❏ d) Lenkung des Lehrgespräches durch die Fragen des Ausbilders (wer fragt, der führt).

❏ e) Wenn es Probleme mit dem Lehrgespräch gibt, kann man ja statt dessen jederzeit mit den Auszubildenden einen Fachwissenstest durchführen.

4.86 Welches sind die richtigen Gesprächsphasen beim Lehrgespräch im Hause ROKO? (4)

Bitte kreuzen Sie die richtigen Antworten bzw. Aussagen an!

❏ a) Bestimmung des Gesprächsgegenstandes, Motivation der Auszubildenden.

❏ b) Gesprächsführung:
  – Einbringen von Vorkenntnissen.
  – Problemlösungen.

❏ c) Gesprächsführung:
  – Diskussion von Alternativen.
  – Bei Bedarf Ergänzung des Wissens.

❏ d) Diskussion der Vorgehensweise.

❏ e) Zusammenfassung, Sicherung, Vertiefung der Gesprächsergebnisse.

4.87 Die Frage ist der Schlüssel zum ROKO Lehrgespräch. Wichtige Fragetechniken sind ... (4)

Bitte kreuzen Sie die richtigen Antworten bzw. Aussagen an!

❏ a) Frage klar und verständlich formulieren. Fragewort an den Anfang stellen. Vermeiden von Doppel- und Kettenfragen.

❏ b) Zeit zum Nachdenken geben.

❏ c) Denkpause (1–2 Minuten mindestens).

❏ d) Suggestionsfragen, Entscheidungsfragen, Definitionsfragen, Negationsfragen vermeiden.

❏ e) Fragen an die gesamte Gruppe stellen. Keine Bevormundung einzelner Teilnehmer. Stereotype Fragestellung vermeiden.

4.88 Welches sind die Vorteile eines Lehrgespräches im Hause ROKO Bürozentrum GmbH & Co. OHG? (4)

Bitte kreuzen Sie die richtigen Antworten bzw. Aussagen an!

❏ a) Alle Teilnehmer werden aktiviert.

❏ b) Die Behaltensquote ist höher als beim Vortrag. Die Denk- und Erkenntnisprozesse nehmen den vom Ausbilder gewünschten Verlauf.

❏ c) Der Ausbilder wird entlastet, da er nicht dauernd reden muss.

❏ d) Die Förderung der Sozialkompetenz.

❏ e) Auch komplexe Sachverhalte können erarbeitet werden. Das Lehrgespräch informiert den Ausbilder über den Kenntnisstand der Auszubildenden.

4.89 Welches sind die Nachteile eines Lehrgespräches im Hause ROKO Bürozentrum GmbH & Co. OHG? (3)

Bitte kreuzen Sie die richtigen Antworten bzw. Aussagen an!

❏ a) Die große Zeitersparnis.

❏ b) Der Zeitaufwand.

❏ c) Das Einbinden der Auszubildenden in die Denklinie des Ausbilders.

❏ d) Bei wenig selbstbewussten Auszubildenden Erzeugen von Ängsten durch gezielte Fragen.

❏ e) Der Ausbilder kann den Unterricht nicht richtig steuern.

4.90 Das Lehrgespräch lässt sich sehr gut einsetzen im Bereich der ROKO Berufsausbildung, und zwar ... (3)

Bitte kreuzen Sie die richtigen Antworten bzw. Aussagen an!

❏ a) Zur Disziplinierung; zur Fertigkeitsprüfung.

❏ b) Zur Motivation; zur Rückmeldung.

❏ c) Zur Behandlung affektiver Lernziele; zur Einzelarbeit.

❏ d) Zur Steigerung; zur Übung und zum Einsatz im kognitiven Bereich.

❏ e) Zur Planung; zur Auswertung.

Zu 4.91–4.96

Als zweites Thema hat sich der AdA-Dozent Steinhauser das Thema „Moderierend ausbilden" vorgenommen. Steinhauser eröffnet diese Lehreinheit mit einer kurzen Präsentation „Warum Präsentation durch Meta-Plan?". Anschließend stellt er der Gruppe die vorgesehenen Einzelpunkte vor:

1. Die Aufgaben des Ausbilders als Moderator.
2. Die Moderationstechnik.
3. Darstellung der Meta-Plan-Technik.
4. Anwendungsmöglichkeiten für die Meta-Plan-Technik.
5. Vor- und Nachteile der Moderationstechnik mit Meta-Plan-Technik.

Kurzvorträge zur Einführung, Ideenpräsentationen, Kleingruppenarbeiten und Moderationen wechseln sich ab. Am Ende sind die Meta-Plan-Tafeln gefüllt mit Ideen zur noch besseren/noch erfolgreicheren (Ausbildungs-)Moderation.

4.91 Welche Aufgaben hat der Ausbilder bei der Vorbereitung einer Moderation? (4)

Bitte kreuzen Sie die richtigen Antworten bzw. Aussagen an!

❏ a) Das Ziel festlegen.

❏ b) Das Thema und die Materialien vorbereiten.

❏ c) Mehrere gesprächsanregende Thesen aufstellen.

❏ d) Zielführende Fragen vorbereiten und den (Gesamt-)Ablauf festlegen.

❏ e) Rednerpult in den Moderationsraum bringen.

4.92 Wie wird richtig moderiert? (3)

Bitte kreuzen Sie die richtigen Antworten bzw. Aussagen an!

❏ a) Die Voraussetzungen für eine gedeihliche und kreative Arbeit mit der Meta-Plan-Technik schaffen.

❏ b) Der Moderator bleibt im Hintergrund, greift nur ein, wenn nötig (z. B. motivierend, ordnend, zusammenfassend etc.).

❏ c) Der Moderator hat darauf zu achten, dass er der absolute Mittelpunkt (der Star) der Moderationsveranstaltung ist und bleibt.

❏ d) Der Moderator leistet Hilfestellung bei der Überwindung von Schwierigkeiten.

❏ e) Der Moderator sorgt durch launige Kurzvorträge für eine gute Stimmung unter den Teilnehmern.

4.93 Wie läuft eine Moderation ab? (3)

Bitte kreuzen Sie die richtigen Antworten bzw. Aussagen an!

❏ a) Vorbereitung und Eröffnung durch den Ausbilder.

❏ b) Teilnehmerbeiträge werden auf Kärtchen notiert.

❏ c) Höchstens 2 Kärtchen pro Teilnehmer sind erlaubt.

❏ d) Auf schönste Schrift ist unbedingt zu achten.

❏ e) Auswertung der Beiträge und Ergänzung an der Pinnwand.

4.94 Welche Anwendungsmöglichkeiten der Meta-Plan-Technik kennen Sie? (Übrigens: Alle Themen sind geeignet, zu denen die Auszubildenden in einer Besprechung Beiträge erbringen können.) (4)

Bitte kreuzen Sie die richtigen Antworten bzw. Aussagen an!

❏ a) Lernbedarf ermitteln und Entscheidungen erarbeiten.

❏ b) Probleme lösen in der Gruppe.

❏ c) Neue Fertigkeiten einüben.

❏ d) Neue Wege und Strategien entwickeln und Konflikte lösen.

❏ e) Leittext planen etc.

4.95 Was sind die Vorteile der Moderationstechnik (Meta-Plan-Technik) für Firma ROKO Bürozentrum GmbH & Co. OHG? (3)

Bitte kreuzen Sie die richtigen Antworten bzw. Aussagen an!

❏ a) Das ROKO Bürozentrum vertreibt selbst Moderationsmaterial und Pinnwände.

❏ b) Starke Aktivierung der Teilnehmer.

❏ c) Starke Entlastung des Ausbilders.

❏ d) Förderung aller Kompetenzbereiche der Auszubildenden.

❏ e) Keine Förderung der Handlungskompetenz.

4.96 Was sind die Nachteile der Moderationsmethode für die Berufsausbildung bei der Firma ROKO Bürozentrum GmbH & Co. OHG? (3)

Bitte kreuzen Sie die richtigen Antworten bzw. Aussagen an!

❏ a) Der Ausbildungsbetrieb benötigt in der Moderationstechnik ausgebildete Ausbilder und entsprechendes Moderationsmaterial.

❏ b) Ein gutes Moderatorentraining kostet eine Menge Geld.

❏ c) Jede Moderation ist zeitaufwendig und kann gelegentlich durch Konflikte innerhalb der moderierten Gruppe gestört werden.

❏ d) Man kann viele Themen in relativ kurzer Zeit bearbeiten.

❏ e) Wissenslücken des Ausbilders fallen weniger auf als beim Fachvortrag.

Zu 4.97–4.100

Als dritten Punkt behandelt Dozent Steinhauser das Thema „Medien auswählen und einsetzen". Die 4 Hauptpunkte dieses Themas hat Herr Steinhauser auf Kärtchen an der Meta-Plan-Tafel angebracht. Es sind dies die Punkte:

1. Die Medien in der Ausbildung.
2. Die Einsatzmöglichkeiten von Medien.
3. Kriterien zur Auswahl von Medien.
4. Vor- und Nachteile von Medien in der Ausbildung.

Das Thema Medien wird voll in Moderationsform und mit Hilfe der Meta-Plan-Technik gemeinsam erarbeitet. Die Ergebnisse werden auf den Meta-Plan-Tafeln dokumentiert. Sämtliche Meta-Plan-Tafeln werden stets anschließend mit dem Pinnwand-Kopierer fotografiert. Dieses Gerät liefert pro Meta-Plan-Tafel eine DIN A4-Seite Wiedergabe. Diese DIN A4 Blätter werden anschließend fotokopiert und als Unterlagen an alle Teilnehmer/Teilnehmerinnen verteilt.

Die anwesenden Teilnehmerinnen und Teilnehmer berichteten übereinstimmend, dass am heutigen Tage, an dem sehr viel mit Meta-Plan-Technik gearbeitet wurde, sie den Wert des Pinnwand-Kopierers erst richtig kennen und schätzen gelernt haben.

4.97 Welche Funktion haben Medien in der Ausbildung? Es sind Mittel, die das Lernen unterstützen und fördern. Zu unterscheiden sind: Personale Medien und nichtpersonale Medien. Finden Sie die richtige Zuordnung zwischen den 4 Medientypen und den 4 einzelnen Medien/Mediengruppen.

Medientypen	Einzelne Medien/Mediengruppen
MT 1 Personale Medien.	EM 1 Film, Video, Fernsehen.
MT 2 Visuelle Medien = nichtpersonale Medien.	EM 2 Radio, Toncassette, CD.
MT 3 Auditive Medien = nichtpersonale Medien.	EM 3 Bücher, Arbeitsblätter, Texte, Folien, Schaubilder, Demonstrationsmodelle.
MT 4 Audiovisuelle Medien = nichtpersonale Medien.	EM 4 Der Ausbilder/die Ausbilderin.

Bitte kreuzen Sie die richtige Buchstaben-Zahlen-Kombination an!

❑ a) MT 1 / EM 1
    MT 2 / EM 2
    MT 3 / EM 4
    MT 4 / EM 3

❑ b) MT 1 / EM 1
    MT 2 / EM 2
    MT 3 / EM 3
    MT 4 / EM 4

❑ c) MT 1 / EM 2
    MT 2 / EM 1
    MT 3 / EM 4
    MT 4 / EM 3

❑ d) MT 1 / EM 3
   MT 2 / EM 2
   MT 3 / EM 1
   MT 4 / EM 4

❑ e) MT 1 / EM 4
   MT 2 / EM 3
   MT 3 / EM 2
   MT 4 / EM 1

4.98 Welche Einsatzmöglichkeiten gibt es für Medien in der Berufsausbildung? (4)

Bitte kreuzen Sie die richtigen Antworten bzw. Aussagen an!

❑ a) Zur Einführung in ein Thema.

❑ b) Zur Intensivierung von Informationen sowie zur Darstellung von Entwicklungen und Prozessabläufen.

❑ c) Zur Zusammenfassung.

❑ d) Zur Verbesserung des Betriebsklimas.

❑ e) Zur naturgetreuen Wiedergabe eines Gegenstandes.

4.99 Welche Vorteile hat der Einsatz von Medien? (3)

Bitte kreuzen Sie die richtigen Antworten bzw. Aussagen an!

❑ a) Veranschaulichung/Visualisierung von Informationen.

❑ b) Möglichkeit, sonst nichtzugängliche Inhalte darzustellen.

❑ c) Möglichkeit, abstrakte Zusammenhänge bildlich darzustellen.

❑ d) Möglichkeit, Zeit und Geld zu sparen.

❑ e) Möglichkeit, die Ausbilder zu entlasten.

4.100 Welche Kriterien zur Auswahl von Medien sind Ihnen bekannt? (4)

Bitte kreuzen Sie die richtigen Antworten bzw. Aussagen an!

❑ a) Veranschaulichung abstrakter Zusammenhänge.

❑ b) Interesse wecken (Motivierung).

❑ c) Hauptkriterium: Kommt dieses Medium ganz toll an?.

❑ d) Medien-Mix bevorzugen (multi-medial arbeiten).

❑ e) Ansprache verschiedener Lerntypen und Sinneskanäle.

Lösungen zu den Aufgaben 4.01 – 4.100

Frage	a	b	c	d	e	Frage	a	b	c	d	e
4.01	X	X	X		X	4.42	X	X			
4.02		X	X	X	X	4.43	X				X
4.03		X	X		X	4.44	X		X	X	X
4.04		X	X		X	4.45	X		X	X	X
4.05		X	X	X	X	4.46	X	X		X	
4.06	X	X	X		X	4.47		X		X	X
4.07	X	X	X		X	4.48	X	X		X	X
4.08			X	X	X	4.49	X		X	X	
4.09		X	X	X	X	4.50	X	X		X	X
4.10	X	X	X			4.51	X	X	X		X
4.11		X	X	X	X	4.52	X	X	X		X
4.12	X	X	X		X	4.53		X	X		X
4.13	X	X	X			4.54		X			
4.14	X	X	X		X	4.55		X			
4.15	X	X	X			4.56			X		X
4.16	X	X	X		X	4.57				X	X
4.17	X	X	X			4.58	X				
4.18	X	X	X		X	4.59					X
4.19	X	X	X		X	4.60			X		
4.20		X	X	X	X	4.61			X		
4.21	X		X	X	X	4.62				X	
4.22	X	X	X		X	4.63			X		
4.23		X	X	X	X	4.64		X			
4.24	X	X		X	X	4.65				X	X
4.25	X	X	X		X	4.66			X		
4.26				X	X	4.67					X
4.27	X	X	X		X	4.68	X	X	X		X
4.28	X	X	X			4.69	X	X		X	X
4.29		X	X	X	X	4.70	X	X	X		X
4.30	X	X	X	X		4.71	X	X	X		
4.31	X		X		X	4.72				X	X
4.32	X	X		X	X	4.73			X		X
4.33				X	X	4.74			X		X
4.34		X	X	X	X	4.75	X	X	X	X	
4.35	X		X	X	X	4.76	X	X	X		X
4.36		X	X			4.77	X	X			
4.37	X		X	X	X	4.78	X	X	X	X	
4.38		X	X	X	X	4.79	X	X	X	X	
4.39	X	X	X	X		4.80	X	X		X	X
4.40	X	X	X		X	4.81	X	X	X		X
4.41	X	X	X		X	4.82		X	X	X	X

Frage	a	b	c	d	e
4.83	X	X	X		X
4.84	X	X	X		X
4.85	X	X	X	X	
4.86	X	X	X		X
4.87	X	X		X	X
4.88	X	X		X	X
4.89		X	X	X	
4.90		X		X	X
4.91	X	X	X	X	
4.92	X	X		X	
4.93	X	X			X
4.94	X	X		X	X
4.95	X	X		X	
4.96	X	X	X		
4.97					X
4.98	X	X	X		X
4.99	X	X	X		
4.100	X	X		X	X

Kapitel 5 – 2 Musterprüfungen mit jeweils 75 Prüfungsaufgaben (mit Lösungen und IHK-Punkte-/Notenschlüssel)

In diesem Kapitel finden Sie die Musterprüfungen 1 und 2. Jede Musterprüfung umfasst **75 Mehrfachwahlaufgaben**, die häufig auch als **Programmierte Aufgaben** oder **Multiple-Choice-Aufgaben** bezeichnet werden. Bei der Lösung der Aufgaben können Sie unkommentierte Gesetzestexte verwenden. Sie haben pro Musterprüfung maximal 180 Minuten Zeit. Die Aufgaben stammen aus den Handlungsfeldern 1 – 4.

Nachdem Sie nun viele Aufgaben aus den Handlungsfeldern 1 – 4 bearbeitet haben, möchten Sie sicher wissen, wie „prüfungsfit" Sie jetzt sind. Dafür wurden zwei Musterprüfungen aus mehreren Handlungsfeldern für Sie zusammengestellt, mit deren Hilfe Sie sich jetzt selbst testen können.

Jede der beiden Musterprüfungen besteht aus jeweils 75 fallorientierten Aufgaben, wie Sie Ihnen auch in der IHK-Prüfung begegnen werden. Als Bearbeitungszeit sind – wie bei der IHK-Prüfung – jeweils 180 Minuten vorgesehen.

Bitte lesen Sie **vor** Arbeitsbeginn jeweils den „Auszug aus den Erläuterungen zur schriftlichen Prüfung" der IHK durch und stellen Sie sich auf das „Alles-oder-Nichts-Prinzip" ein: Nur wenn Sie **alle Fragen** einer Aufgabe **richtig gelöst** haben, zählt diese Aufgabe für Ihr Punktekonto.

Für jede richtig gelöste Aufgabe erhalten Sie bei diesen beiden Tests 1,333 Punkte. Die richtigen Lösungen und die Hinweise zur Ermittlung Ihres persönlichen Punktewertes finden Sie jeweils im Anschluss an die beiden Musterprüfungen.

Für Ihre persönliche Lernerfolgskontrolle in Form der beiden Musterprüfungen und insbesondere für Ihre IHK-Prüfung wünschen Ihnen Verlag und Autor viel Erfolg.

Prüfung: Ausbildereignungsprüfung nach AEVO

Musterprüfung 1

Bearbeitungszeit: 180 Minuten

Hilfsmittel: Dokumentenechtes Schreibmaterial
                             Unkommentierte Gesetzestexte
                             Netzunabhängiger Taschenrechner

Bitte beachten Sie (Auszug aus den Erläuterungen zur schriftlichen Prüfung):

- Dieser Satz besteht aus ... Seiten mit 75 Aufgaben und 1 Anlage. Bitte prüfen Sie vor Beginn der Prüfung die Vollständigkeit des Aufgabensatzes. Sollte der Aufgabensatz nicht vollständig sein, informieren Sie bitte die Aufsicht.

- Die maximale Gesamtpunktzahl der Lösungen beträgt 100 Punkte.

- Zu jeder Multiple-Choice-Frage sind mehrere Lösungsmöglichkeiten vorgegeben, davon ist mindestens eine Lösung richtig. Zu jeder Aufgabe ist die Anzahl der richtigen Lösungen angegeben.

- Die Bewertung der programmierten Aufgaben erfolgt nach dem „Alles-oder-Nichts-Prinzip", d. h. die Aufgabe wird nur dann als richtig bewertet, wenn alle Kreuze richtig sind.

Ausgangssituation zu den Aufgaben 1 – 7

Für die Ausbilder der Kunden-Bank AG finden alle 2 Jahre sogenannte Ausbilder-workshops statt, in denen wichtige Themen im Zusammenhang mit der Berufsausbildung diskutiert und vertieft werden. Dabei kamen kürzlich u. a. folgende Themen zur Sprache:

1. **Welche Ziele verfolgt die Kunden-Bank AG eigentlich mit ihrer „hauseigenen" Berufsausbildung? (3)**

❑ a) Vermittlung der für die Berufstätigkeit in der Kunden-Bank AG notwendigen Fertigkeiten, Kenntnisse und Fähigkeiten.

❑ b) Schaffung einer „mobilen Personalreserve", da die Auszubildenden jederzeit zur Behebung von Personalengpässen herangezogen werden können.

☐ c) Vermittlung und Erwerb der notwendigen beruflichen Erfahrungen.

☐ d) Beschaffung relativ preiswerter Arbeitskräfte für Routineaufgaben.

☐ e) Förderung der charakterlichen und sittlichen Entwicklung der angehenden Bankkaufleute.

2. **Nach welcher verbindlichen schriftlichen Unterlage muss dabei die Berufsausbildung zum Bankkaufmann/Bankkauffrau erfolgen? (1)**

☐ a) Nach der vom Bundeswirtschaftsminister für den Ausbildungsberuf Bankkaufmann/Bankkauffrau erlassenen Ausbildungsordnung.

☐ b) Nach den Lehrplänen der Kultusministerkonferenz.

☐ c) Nach den Erfordernissen der einzelnen Abteilungen/Sparten des Hauses.

☐ d) Nach dem Unterrichtsplan der Berufsschule.

☐ e) Verbindliche Unterlagen gibt es nicht, da jede ausbildende Bank anders organisiert ist.

3. **Nicht jeder Arbeitsplatz in unserer Bank eignet sich auch als Ausbildungsplatz. Ein geeigneter Ausbildungsplatz ist nur dann gegeben, wenn (1)**

☐ a) die sachlichen Voraussetzungen so sind, dass der Auszubildende interessante Aufgaben erhält, die er ohne Anleitung ausführen kann.

☐ b) die personellen Voraussetzungen so sind, dass eine bis zwei Fachkräfte pro Auszubildenden vorhanden sind.

☐ c) die sachlichen Voraussetzungen so sind, dass jedem Auszubildenden die notwendige Ausstattung zur Verfügung steht.

☐ d) die personellen Voraussetzungen so sind, dass der Auszubildende nie allein die Ausbildungstätigkeiten ausführen muss.

☐ e) die sachlichen und personellen Voraussetzungen so sind, dass die Vermittlung der Ausbildungsinhalte sichergestellt ist.

4. **Im Ausbildungsberufsbild für Bankkaufleute sind die zu vermittelnden Fertigkeiten und Kenntnisse festgelegt. Die vorgegebenen Inhalte können grundsätzlich (1)**

☐ a) aufgrund des technischen Fortschritts und betrieblicher Organisationsentwicklung zum Teil durch neue Inhalte ersetzt werden.

☐ b) nicht ausgeweitet und durch betriebsspezifische Inhalte erweitert werden.

❏ c) zum Teil gegen betriebsspezifische Inhalte ausgetauscht werden.

❏ d) um zusätzliche betriebsspezifische Inhalte erweitert werden.

❏ e) nicht ergänzt werden, da sonst eine bundeseinheitliche Ausbildung nicht gewährleistet wäre.

5. Was beinhaltet eigentlich der Ausbildungsrahmenplan? (2)

❏ a) Er beinhaltet die Mindestkenntnisse, die während der Ausbildungszeit vermittelt werden müssen.

❏ b) Er beinhaltet die Fertigkeiten, die während der Ausbildungszeit vermittelt werden sollten.

❏ c) Er beinhaltet die Mindestfertigkeiten und Mindestkenntnisse, die während der Ausbildungszeit vermittelt werden sollen.

❏ d) Er beinhaltet die Fertigkeiten und Kenntnisse, die während der Ausbildungszeit vermittelt werden können.

❏ e) Er beinhaltet die Mindestfertigkeiten, die während der Ausbildungszeit vermittelt werden müssen.

6. Für welche Planungen unserer Bank dient der Ausbildungsrahmenplan als Grundlage? (3)

❏ a) Zur verbindlichen Festlegung der Zahl der einzustellenden Auszubildenden.

❏ b) Zur Erstellung der sachlichen und zeitlichen Gliederung sowie zur Erstellung eines betrieblichen Versetzungsplanes.

❏ c) Zur Erstellung des jährlichen Urlaubsplanes der Ausbilder.

❏ d) Zur Erstellung eines betrieblichen Unterrichtsplanes.

❏ e) Zur Erstellung eines Planes für die überbetriebliche oder außerbetriebliche Ausbildung.

7. Die ausbildende Kunden-Bank AG ist verpflichtet, die vorgeschriebenen Kenntnisse und Fertigkeiten in vollem Umfang zu vermitteln. In welchem Fall ist eine Ausbildungsmaßnahme außerhalb der Ausbildungsstelle zwingend erforderlich? (1)

❏ a) Wenn der Auszubildende über längere Zeit durch Krankheit gefehlt hat.

❏ b) Wenn der Auszubildende eine Verlängerung seiner Ausbildungszeit verlangt.

❏ c) Wenn die Berufsschule die erforderlichen theoretischen Kenntnisse nicht ausreichend vermitteln kann.

❏ d) Wenn der Ausbildungsbetrieb Inhalte des Ausbildungsrahmenplanes nicht vermitteln kann.

❏ e) Wenn der Ausbildungsbetrieb große Probleme mit einigen „schwierigen" Auszubildenden hat.

Ausgangssituation zu den Aufgaben 8 -11

Sie sind Alleininhaber der recht kleinen Textilgroßhandlung Italiamoden in Leipzig und haben sich – nach bestandener Ausbildereignungsprüfung – entschlossen, erstmals eine Auszubildende als Kauffrau im Groß- und Außenhandel auszubilden. Gemeinsam mit Ihrem Buchhaltungsleiter diskutieren Sie die folgenden Fragen:

8.   Aus welchen Quellen entnehme ich die Informationen, welche Kenntnisse und Fertigkeiten ich während der Ausbildung vermitteln muss? (2)

Aus dem/der

❏ a) Lehrplan des Großhandelsverbandes.

❏ b) Rahmenlehrplan der Kultusministerkonferenz.

❏ c) Ausbildungsberufsbild.

❏ d) Ausbildungsrahmenplan.

❏ e) Prüfungsordnung.

9.   Muss ich für meinen kleinen Betrieb auch eine sachliche und zeitliche Gliederung erstellen? (1)

❏ a) Nein, weil der Ausbildungsrahmenplan bereits ausreichend detaillierte Angaben zur sachlichen und zeitlichen Gliederung enthält.

❏ b) Ja, weil die sachliche und zeitliche Gliederung mit dem Ausbildungsvertrag bei der IHK eingereicht werden muss.

❏ c) Nein, weil das Erarbeiten zusätzlicher betrieblicher Pläne nur in Großbetrieben notwendig ist.

❏ d) Ja, weil alle Details der sachlichen und zeitlichen Gliederung in den Ausbildungsnachweis aufgenommen werden müssen.

❏ e) Nein, weil das vorerst in den neuen Bundesländern noch nicht erforderlich ist.

10.   Wer ist für mich als Ausbilder Ansprechpartner und Berater für alle ungeklärten Fragen im Zusammenhang mit der Planung der Ausbildung? (1)

❏ a) Der Berufsbildungsausschuss der IHK.

☐ b) Der Berufsberater der Agentur für Arbeit.

☐ c) Die zuständige Berufsschule.

☐ d) Der Ausbildungsberater der Handwerkskammer.

☐ e) Der Ausbildungsberater der IHK.

11. Auf Ihre Zeitungsannonce hin haben sich 14 Bewerberinnen gemeldet. Wer könnte Ihnen jetzt helfen, die am besten geeignete Kandidatin herauszufinden? (1)

☐ a) Der Ausbildungsberater der Industrie- und Handelskammer.

☐ b) Der schulpsychologische Dienst der Schule, von der der Auszubildende kommt.

☐ c) Der psychologische Dienst der Agentur für Arbeit.

☐ d) Die für den Betrieb zuständige örtliche Gewerkschaftsvertretung.

☐ e) Das Elternhaus im Zusammenwirken mit dem Klassenlehrer.

Ausgangssituation zu den Aufgaben 12–13

Sie sind als „frischgebackene" Ausbilderin bei der Firma Interhandel GmbH ab sofort für die Ausbildung der 3 angehenden Bürokaufleute Monika, Nina und Oskar verantwortlich. Monika ist noch im ersten Ausbildungsjahr, Nina und Oskar sind bereits im zweiten Ausbildungsjahr.

Ihnen liegt der nachfolgend abgebildete Ausschnitt eines Ausbildungsrahmens vor:

Lfd.Nr.	Teil des Ausbildungsberufsbildes Bürokaufmann/ Bürokauffrau	Auszug aus der „Sachlichen Gliederung" Bürokaufmann/Bürokauffrau zur lfd. Nr. 5.2: Buchführung
5.2	Buchführung	– Arbeitsabläufe der Buchführung des Ausbildungsbetriebes beschreiben. – Belege sachgerecht erfassen. – Aufbau des Kontenplanes des Ausbildungsbetriebes erklären. – Geschäftsfälle unter Berücksichtigung des Kontenplanes bearbeiten. – Kontokorrent-, Bestands- und Erfolgskonten führen. – Vorbereitete Abschlussarbeiten durchführen.

Wie ist der dargestellte Ausbildungsabschnitt zu interpretieren?

12. Die angegebenen Fertigkeiten und Kenntnisse ... (2)

❏ a) sind Empfehlungen, die bei Bedarf durch branchen- und betriebstypische Inhalte ersetzt werden können.

❏ b) müssen in jedem Fall in der vorgegebenen Reihenfolge vermittelt werden.

❏ c) beziehen sich überwiegend auf Inhalte, die in der Berufsschule zu vermitteln sind.

❏ d) sind als verbindliche Inhalte vollständig zu vermitteln, können jedoch durch betriebliche Inhalte ergänzt werden.

❏ e) sollten handlungsorientiert vermittelt werden.

13. Die genannten Vorgaben sind als Lernziele so formuliert, dass (2)

❏ a) sie ohne Konkretisierung direkt in den betrieblichen Ausbildungsplan übernommen werden können.

❏ b) sie alle Lernzielbereiche ansprechen und somit eine Anleitung zur Gestaltung ganzheitlicher Lernprozesse darstellen.

❏ c) sie auch als Groblernziele bezeichnet werden können.

❏ d) sie von jedem Auszubildenden erreichbar sind und somit Überforderungen ausgeschlossen werden.

❏ e) sie der Konkretisierung im betrieblichen Ausbildungsplan bedürfen.

Ausgangssituation zu den Aufgaben 14–16

Sie sind Mitarbeiter der UNIVERSAL AG in Rostock und wissen, dass mit einem neuen Ausbildungsberuf, für den die Ausbildungsordnung kürzlich erlassen wurde, genau die von dem Unternehmen benötigten Fachkräfte ausgebildet werden könnten. Sie wollen nun feststellen, ob und wie dieser Beruf im Hause der UNIVERSAL AG ausgebildet werden kann.

14. Warum erlässt die Bundesregierung eigentlich immer wieder neue Ausbildungsordnungen? (2)

❏ a) Um den Forderungen der Wirtschaft nach Universalkräften gerecht zu werden.

❏ b) Um den Forderungen der Kammern nach neuen Berufen gerecht zu werden.

❏ c) Um den Forderungen der Arbeitnehmer- und Arbeitgeberorganisationen gerecht zu werden.

❏ d) Um den Wünschen der Arbeitsämter zu entsprechen.

❏ e) Um dem technischen Wandel und den damit verbundenen neuen Anforderungen der Berufswelt gerecht zu werden.

15. Wie können Sie feststellen, ob der neue Beruf in Ihrem Betrieb überhaupt ausgebildet werden kann? (2)

❏ a) Vergleich des Ausbildungsrahmenplanes mit den Unternehmens- und Ausbildungszielen.

❏ b) Vergleich der neuen AO mit den AO der Berufe, in denen Ihre Firma bereits ausbildet.

❏ c) Vergleich der Lernziele des Rahmenlehrplanes mit den Ausbildungszielen.

❏ d) Vergleich des Ausbildungsrahmenplanes mit den betrieblichen Möglichkeiten.

❏ e) Klärendes Gespräch mit dem Ausbildungsberater der zuständigen Stelle (IHK Rostock).

16. Aus dem Ausbildungsrahmenplan erkennen Sie, dass in Ihrem Betrieb ein dreimonatiger Ausbildungsabschnitt nicht durchgeführt werden kann, da die entsprechenden Spezialmaschinen nicht vorhanden sind. Unter welchen Voraussetzungen können Sie trotzdem ausbilden? (2)

Es gibt keine Schwierigkeiten,

❏ a) wenn ein anderes Unternehmen diesen Ausbildungsabschnitt für Sie durchführen wird.

❏ b) wenn die entsprechenden Ausbildungsinhalte stattdessen theoretisch in der Berufsschule Rostock vermittelt werden können.

❏ c) wenn die kurze Zeitspanne mit anderen Ausbildungsthemen gefüllt werden kann.

❏ d) da der Ausbildungsberater der IHK Rostock in solch einem Fall großzügig handelt.

❏ e) wenn die entsprechenden Inhalte durch eine „überbetriebliche Einrichtung" vermittelt werden können.

Ausgangssituation zu den Aufgaben 17–18

Sie sind in dem seit 80 Jahren bestehenden mittelständischen Industrieunternehmen Pumpen KG in Nürnberg mit 35 Beschäftigten als Meister in der Produktion tätig.

Ihr Chef kommt zu Ihnen und sagt: Wir benötigen künftig mehr Fachkräfte, da die Nachfrage nach unseren Pumpen steigt. Ich habe beschlossen, dass wir 3 Industriemechaniker und 2 Bürokauffrauen ausbilden werden. Da Sie für Ausbildungsfragen qualifiziert sind, beauftrage ich Sie, das betriebliche Ausbildungswesen aufzubauen. Die notwendigen Unterlagen können Sie im Sekretariat abholen.

17. Entscheiden Sie, welche der nachfolgenden Vorarbeiten durchzuführen sind, damit die Pumpen KG Auszubildende einstellen und ausbilden darf. (4)

❏ a) Sie lassen sich von Ihrem Chef als Ausbildenden bestätigen, dass er persönlich geeignet sei.

❏ b) Sie prüfen, ob für beide Ausbildungsberufe persönlich und fachlich geeignete Personen als Ausbilder zur Verfügung stehen.

❏ c) Sie prüfen, ob die Pumpen KG nach Art und Einrichtung für die Ausbildung in den beiden Berufen geeignet ist.

❏ d) Sie prüfen, ob für den jeweiligen Beruf die Zahl der in der Pumpen KG beschäftigten Fachkräfte in angemessenem Verhältnis zur vorgesehenen Zahl der Auszubildenden steht.

❏ e) Sie weisen Ihren Chef darauf hin, dass die Voraussetzungen geschaffen werden müssen, alle Ausbildungsinhalte in der Pumpen KG zu vermitteln.

18. Beim Vergleich der geforderten Ausbildungsinhalte mit den betrieblichen Anforderungen stellen Sie fest, dass von den zukünftigen Fachkräften der Pumpen KG mehr erwartet wird als vorgeschrieben. Entscheiden Sie, wie Sie dies bei der Planung der Ausbildung berücksichtigen werden. (2)

❏ a) Da Sie während der Ausbildung nur vorgeschriebene Ausbildungsinhalte vermitteln dürfen, können Sie dies nicht berücksichtigen.

❏ b) Sie ersetzen nicht prüfungsrelevante Ausbildungsinhalte durch betriebsspezifische Inhalte.

❏ c) Sie ersetzen nicht betriebsrelevante Ausbildungsinhalte durch betriebsspezifische Inhalte.

❏ d) Sie planen entsprechende Zeiträume für die Vermittlung betriebsspezifischer Inhalte ein.

❏ e) Wenn über die Pflichtinhalte der Ausbildungsordnung hinaus weitere, z. B. betriebsspezifische Inhalte vermittelt werden sollen, ist sicher zu stellen, dass die Vermittlung der Pflichtinhalte gemäß Ausbildungsordnung darunter nicht leidet.

Ausgangssituation zu den Aufgaben 19–22

Die Bertram GmbH in Kassel beabsichtigt, weiterhin jährlich 6 Auszubildende einzustellen. Der Ausbilder will die erste Woche zur Einführung der Auszubildenden neu gestalten. Folgende Ziele sollen in der Einführungswoche erreicht werden:

1. Einblicke in den Ausbildungsbetrieb vermitteln.
2. Unsicherheiten abbauen/Hemmungen nehmen.
3. Übergang in die Arbeitswelt erleichtern.
4. Selbstorientierung der Auszubildenden ermöglichen.
5. Ablauf der Ausbildung transparent machen.

19. Welche Tätigkeiten hat der Ausbilder vor der Einführungswoche durchzuführen, um die gesteckten Ziele zu erreichen? (2)

Der Ausbilder

❑ a) erarbeitet ein Konzept mit der Struktur der Einführungswoche.

❑ b) gibt den älteren Auszubildenden den Rahmen bekannt, in dem sie Auskünfte erteilen, um einen positiven Eindruck des Ausbildungsbetriebes zu erzielen.

❑ c) prüft, ob o. g. Ziele mit den Vorgaben der IHK Kassel übereinstimmen.

❑ d) informiert die IHK Kassel über die geplante Einführungswoche und fügt sein Konzept bei.

❑ e) informiert die Mitarbeiter über den Ablauf der Einführungswoche, damit diese sich auf den Besuch der Auszubildenden vorbereiten können.

20. Wie ist der erste Tag der Ausbildung zu gestalten, wenn hier schwerpunktmäßig die ersten beiden Zielsetzungen verfolgt werden? (2)

❑ a) Begrüßung der Auszubildenden und Einsatz in der Abteilung.

❑ b) Begrüßung der Auszubildenden, Austausch mit älteren Auszubildenden sowie Ausgabe des letzten Geschäftsberichtes.

❑ c) Begrüßung der Auszubildenden und Vorstellung der in der Ausbildung tätigen Mitarbeiter sowie der älteren Auszubildenden.

❑ d) Begrüßung der Auszubildenden, Vorstellung des Unternehmens und anschließender Rundgang.

❑ e) Zunächst eine „Unterweisung über Gefahren" nach § 29 Jugendarbeitsschutzgesetz, danach eine erste fachliche Unterweisung der neuen Auszubildenden.

21. Welche Vorgehensweise ist im Rahmen der vierten Zielsetzung geeignet, um Informationen über den Ausbildungsbetrieb zu erhalten? (2)

❏ a) Die „Neuen" interviewen ihre Kollegen vom zweiten Ausbildungsjahr.

❏ b) Analyse und Auswertung des Geschäftsberichtes.

❏ c) Diskussion über Unternehmens- und Ausbildungsziele.

❏ d) Besichtigung des Ausbildungsbetriebes.

❏ e) Leittextgestützte Betriebserkundung durch die „Neuen".

22. Wie kann der Ausbilder kontrollieren, ob die zweite Zielsetzung erreicht wurde? (2)

Der Ausbilder

❏ a) beauftragt die Auszubildenden, sich Notizen zu machen und anschließend einen Bericht über die Einführungswoche zu verfassen.

❏ b) befragt die Mitarbeiter, die die Auszubildenden betreuen, ob die Einführungswoche erfolgreich war.

❏ c) lässt einen Auszubildenden einen Vortrag über die Inhalte der Einführungswoche halten.

❏ d) lässt die Auszubildenden in einer von ihm beobachteten Gruppenarbeit die Inhalte der Einführungswoche reflektieren.

❏ e) lässt die Auszubildenden ein Rollenspiel (Sketch) vorbereiten und durchführen: Meine erste Woche bei der Bertram GmbH in Kassel.

Ausgangssituation zu den Aufgaben 23–25

Die Geschäftsleitung der Atlas Metallgesellschaft mbH in Lüneburg stellt erstmals 6 Ausbildungsplätze zur Verfügung. Es sollen je

– 3 Mechatroniker/Mechatronikerinnen
– 3 Bürokaufleute

eingestellt werden. Sie werden von der Geschäftsleitung beauftragt, die Ausbildung im Hause der Atlas Metallgesellschaft mbH zu organisieren. Vor einigen Monaten haben Sie Ihre Ausbildereignungsprüfung bestanden – Sie sind also „gerüstet".

23. In einem zuvor telefonisch vereinbarten Gespräch mit dem für Ihr Unternehmen zuständigen Ausbildungsberater der IHK Lüneburg informieren Sie sich, welche Ausbildungsvoraussetzungen Ihr Unternehmen erfüllen muss, um ausbilden zu dürfen. (3)

❏ a) Der Ausbildende muss persönlich, der Ausbilder muss fachlich geeignet sein.

❏ b) Die Ausbildungsstätte muss nach Art und Einrichtung für die Ausbildung geeignet sein, die Zahl der Fachkräfte muss in einer bestimmten Relation zur Zahl der Auszubildenden stehen.

❏ c) Die fachliche Eignung des Ausbilders ist gegeben, wenn er im Ausbildungsberuf die Abschlussprüfung bestanden hat und älter als 22 Jahre ist.

❏ d) Die berufs- und arbeitspädagogische Eignung muss bei jedem bestellten Ausbilder vorliegen, der nebenberufliche Ausbilder in der Fachabteilung benötigt diese nicht.

❏ e) Ausbilder müssen persönlich und fachlich geeignet sein.

24. Sie haben 30 Bewerbungen für die 3 Ausbildungsplätze zum Mechatroniker erhalten. Wie wählen Sie die Bewerber aus, die Sie zum Einstellungsgespräch einladen wollen? (2)

❏ a) Sie achten bei den Schulzeugnissen der Bewerber insbesondere auf die Noten in den naturwissenschaftlichen Fächern.

❏ b) Sie laden nur männliche Bewerber ein, da Frauen für die technischen Inhalte nicht geeignet sind.

❏ c) Sie laden nur Bewerber aus einer Schule ein, die in nächster Nähe Ihrer Firma liegt (Prinzip der kurzen Wege).

❏ d) Es kommen nur Bewerber in Frage, die im letzten Zeugnis im Fach Deutsch mindestens die Note „gut" haben.

❏ e) Sie stützen sich im wesentlichen auf die Ergebnisse eines renommierten berufsspezifischen Eignungstests.

25. Sie haben u. a. eine 19jährige Abiturientin als Bürokauffrau ausgewählt und bieten einen dreijährigen Ausbildungsvertrag an. Sie verlangt jedoch als Abiturientin eine kürzere Ausbildungszeit. Welche Möglichkeiten können Sie anbieten? (2)

❏ a) Sie können ihren Wunsch nicht akzeptieren, da die AO eine dreijährige Ausbildungszeit vorsieht.

❏ b) Sie garantieren ihr die vorzeitige Zulassung zur Abschlussprüfung bei einem dreijährigen Vertrag.

❏ c) Sie verkürzen um ein Jahr, da Sie das Abitur mit einem Jahr anrechnen können.

❏ d) Sie vereinbaren einen zweieinhalbjährigen Vertrag mit der Option, bei guten Leistungen vorzeitig zur Abschlussprüfung zugelassen zu werden.

❏ e) Sie müssen den Wunsch der Abiturientin ablehnen, da die IHK Lüneburg einer Verkürzung der Ausbildungszeit nicht zustimmen wird.

Ausgangssituation zu den Aufgaben 26–34

Ihr Name ist Claudio Perlatti. Sie arbeiten bei der Firma Interhandel GmbH & Co. OHG, die Südfrüchte aus dem gesamten Mittelmeerraum importiert. Ihr Firmensitz befindet sich ganz in der Nähe der Großmarkthalle München. Die Firma Interhandel hatte in der Abendzeitung 3 Ausbildungsplätze für angehende Kaufleute im Groß- und Außenhandel angeboten. Ihre Aufgabe ist nun, die drei für eine Ausbildung in Ihrer Firma geeignetsten Bewerber/Bewerberinnen auszuwählen.

Für die Vorstellungsgespräche selbst wurde von Ihrem Chef ein Tag eingeplant. Außerdem ist vorgesehen, die Bewerber/Bewerberinnen einen renommierten Rechen- und Rechtschreibtest ablegen zu lassen.

26. Es sind insgesamt 35 Bewerbungen eingegangen, die den formalen Einstellungsvoraussetzungen entsprechen. Wie gehen Sie weiter vor? (2)

❏ a) Sie müssen zunächst sämtliche Bewerbungsunterlagen dem Betriebsrat vorlegen.

❏ b) Sie bitten anschließend den Berufsberater der Agentur für Arbeit, Ihnen bei der Auswahl zu helfen.

❏ c) Sie wählen die Kandidaten/Kandidatinnen für eine persönliche Vorstellung alleine aus.

❏ d) Sie laden stets ein Betriebsratsmitglied zu den Vorstellungsgesprächen ein.

❏ e) Sie wählen die Kandidaten/Kandidatinnen für die persönliche Vorstellung gemeinsam mit einem Mitarbeiter der Personalabteilung aus.

27. Die Schulzeugnisse der Bewerber/Bewerberinnen spielen für Sie eine wichtige Rolle bei der Einladung zum Vorstellungsgespräch. Welche Aussagen helfen Ihnen bei der Auswahl? (2)

❏ a) Der Notenvergleich in verschiedenen Unterrichtsfächern lässt einige Rückschlüsse auf die Begabungsschwerpunkte des Bewerbers/der Bewerberin zu.

❏ b) Die Noten in Mathematik und in Deutsch haben den besten Aussagewert bezüglich der beruflichen Eignung für angehende Kaufleute.

❏ c) Die eindeutige Leistungseinstufung in einem Fach ist nicht möglich, weil der schlechten Note des einen eine bessere Leistung zugrunde liegen kann als der guten Note eines anderen Bewerbers, der eine andere Schule besucht hat.

❏ d) Der Notendurchschnitt eines Zeugnisses ist das beste Kriterium für die Auswahl.

❏ e) Die Noten in Mathematik und Deutsch haben im Vergleich zu den Ergebnissen des Rechen- und Rechtschreibtests keinerlei Bedeutung.

28. In den Vorstellungsgesprächen soll alles das abgeklärt werden, was aus den schriftlichen Bewerbungsunterlagen nicht hervorgeht. Welches sind dabei wohl Ihre wesentlichen Zielsetzungen? (4)

❏ a) Abklären von Fragen zu den besonderen Interessen der Bewerberlinnen.

❏ b) Erkennen von Problemen, die während der Ausbildung entstehen können.

❏ c) Abklärung von Fragen zum Lebenslauf und zum Berufsziel.

❏ d) Erkennen der Motivation der Bewerber/innen.

❏ e) Erkennen der Kommunikationsfähigkeit und der Vitalität der Bewerber/innen.

29. Sie wollen nach dem Gespräch die richtige Auswahl treffen. Welches sind daher die geeignetsten Vorgehensweisen? (3)

❏ a) Sie lassen ein Betriebsratsmitglied am Vorstellungsgespräch teilnehmen.

❏ b) Sie stellen überwiegend Fragen, die die Informationen aus den Schulzeugnissen bestätigen.

❏ c) Sie beteiligen einen Ausbilderkollegen an den Gesprächen.

❏ d) Sie verwenden sogenannten „Gesprächsleitfaden".

❏ e) Sie setzen für jedes Gespräch mindestens eine Stunde an.

30. Annette W. wurde schließlich als eine der einzustellenden Auszubildenden ausgewählt. Was ist als nächstes zu unternehmen? (2)

❏ a) Sie informieren den Ausbildungsberater der IHK für München und Oberbayern über die beabsichtigte Einstellung.

❏ b) Sie benennen Annette W. unter Hinzufügen der Bewerbungsunterlagen dem Betriebsrat als einzustellende Auszubildende und bitten um Zustimmung.

❏ c) Sie benachrichtigen Annette W. über die beabsichtigte Einstellung.

❏ d) Sie melden Annette W. bei der Berufsschule an.

❏ e) Sie benennen Annette W. dem Betriebsrat als einzustellende Auszubildende und geben ihm die Bewerbungsunterlagen zur Kenntnis.

31. Neue Techniken sowie organisatorische Veränderungen in den Unternehmen wirken sich auch auf die Berufsausbildung aus. Aufgrund dieser Veränderungen und den sich daraus ergebenden Konsequenzen sollte die Auszubildende Annette W. bei der Firma Interhandel GmbH & Co. OHG (1)

❏ a) ein innerbetriebliches Ausbildungsbüro besuchen, in der sie ganzheitlich ausgebildet werden kann.

❏ b) in einer überbetrieblichen Ausbildungsstätte ausgebildet werden, damit sie sich ohne Hektik auf die Ausbildungsinhalte konzentrieren kann.

❏ c) von Beginn an in den betrieblichen Ablauf integriert werden, um so die Praxis im Alltag zu erleben.

❏ d) aus dem betrieblichen Geschehen ausgegliedert werden und in einer Übungs-/Juniorenfirma ausgebildet werden.

❏ e) in Kooperation mit befreundeten Firmen ausgebildet werden, damit sie auch betriebsfremde Eindrücke erhält.

32. Handlungskompetenz erwirbt man in der Berufsausbildung durch praktisches Lernen und Üben – das gilt auch für die Firma Interhandel GmbH & Co. OHG. Wie sollte Claudio Perlatti den Begriff „Lernen" Annette W. umfassend erklären? (1)

❏ a) Als „Lernen" wird das Erlangen eines Wissenszuwachses bezeichnet, wenn er im Rahmen von organisierten Ausbildungsmaßnahmen erreicht wird.

❏ b) Lernen ist eine relativ überdauernde Änderung von Verhalten, die durch Erfahrung entsteht.

❏ c) Lernen ist die Aneignung von speziellen Fähigkeiten und Kenntnissen, um sich in der Arbeitswelt zu behaupten.

❏ d) Lernen ist die Fähigkeit, Wissen langfristig zu speichern und jederzeit abzurufen.

❏ e) Lernen ist das Ergebnis einer gezielten Maßnahme des Ausbilders nach didaktisch-methodischen Grundsätzen.

33. Claudio Perlatti diskutiert gerne mit Frank Altmann, der vor seiner Tätigkeit bei der Interhandel GmbH & Co. OHG als Ausbilder bei der Einzelhandelsgruppe „Südobst" tätig war. Ein Diskussionsthema war: Wie definiert man die Begriffe „Richtziel" – „Grobziel" – „(operationalisiertes) Feinziel"? (1)

❏ a) *Richtziel:*
Unterweisungsabsicht.
Grobziel:
Fertigkeiten und Kenntnisse nach Abschluss eines Ausbildungsabschnittes.
(Operationalisiertes) Feinziel:
Endverhalten und Ergebnis einer Unterweisung mit Angabe der Bedingungen und des Maßstabes für die Bewertung und Beurteilung des Ausbildungserfolges.

❏ b) *Richtziel:*
Allgemeines Ausbildungsziel.
Grobziel:
Kenntnisse im Überblick.
(Operationalisiertes) Feinziel:
Endverhalten und Ergebnis einer Unterweisung mit Angabe der Bedingungen und des Maßstabes für die Bewertung und Beurteilung des Ausbildungserfolges.

❏ c) *Richtziel:*
Allgemeines Ausbildungsziel.
Grobziel:
Fertigkeiten und Kenntnisse nach Abschluss eines Ausbildungsabschnittes.
(Operationalisiertes) Feinziel:
Endverhalten und Ergebnis einer Unterweisung mit der Beurteilung des Ausbildungserfolges.

❏ d) *Richtziel:*
Allgemeines Ausbildungsziel.
Grobziel:
Fertigkeiten und Kenntnisse nach Abschluss einer umfangreichen Unterweisung.
(Operationalisiertes) Feinziel.
Endverhalten und Ergebnis einer Unterweisung mit Angabe der Bedingungen für die Bewertung des Ausbildungserfolges.

❏ e) *Richtziel:*
Allgemeines Ausbildungsziel (z. B. Kaufmann im Groß- und Außenhandel).
Grobziel.
Fertigkeiten und Kenntnisse nach Abschluss eines Ausbildungsabschnittes.

(Operationalisiertes) Feinziel:
Endverhalten und Ergebnis einer Unterweisung mit Angabe der Bedingungen und des Maßstabes für die Bewertung und Beurteilung des Ausbildungserfolges.

34. Öfter diskutieren die beiden auch über die verschiedenen Medien in der Ausbildung. Welche Aussagen sind richtig? (3)

❏ a) Visuelle Hilfsmittel sind Schallplatten und Tonband.

❏ b) Akustische Hilfsmittel sind Radio und Tonkassette.

❏ c) Audiovisuelle Hilfsmittel sind Fernsehen und Videofilm.

❏ d) Akustische Hilfsmittel sind Schautafel und Folie.

❏ e) Visuelle Hilfsmittel sind Tageslichtprojektor und Pinnwand.

Ausgangssituation zu den Aufgaben 35–37

Sie sind Ausbilder der Kraftwerk AG in Köln und bilden u. a. Energieelektroniker/Energieelektronikerinnen aus. Auf Veranlassung Ihres Ausbildungsleiters nehmen Sie auch an der jedes Jahr stattfindenden Einführungswoche für neue Auszubildende in Euskirchen teil.

In der Einführungswoche ergibt sich die Gelegenheit zu einem zwanglosen Gespräch zwischen Ihnen und Ihrem neuen Auszubildenden Florian. Sie nutzen bewusst die Situation, um aus dem Gespräch Informationen über seine Erwartungshaltungen und Lernerfahrungen zu erhalten.

Florian hofft, dass er in der Ausbildung selbstständig handeln kann und für die geleistete Arbeit Anerkennung findet. Über seine Schulzeit erfahren Sie, dass Florian

– froh ist, die Schule abgeschlossen zu haben.

– das Lernen zum Erreichen von Zensuren „stressig" fand.

– Vorgaben zum Lernweg häufig als Bevormundung erlebte.

– unter Zeitdruck schlechter lernte.

– bei längeren Erklärungen häufig „abschaltete".

– sich gern selbstständig Wissen aus Büchern erarbeitete.

– Spaß am Ausprobieren von Lösungsmöglichkeiten fand.

– sich an visuelle Darstellungen stets besser erinnern kann als an Texte und Zahlen.

In der folgenden Woche soll Florian die Handhabung eines digitalen Messgerätes erlernen. Dabei müssen einige Bedienungsfehler schon beim Lernvorgang ausgeschlossen werden. Entscheiden Sie, bei welchem Vorgehen die Wahrscheinlichkeit für eine hohe Motivation und hohe Qualität des Lernerfolges am größten ist.

35. Planung des Lernweges zur Handhabung des digitalen Messgerätes – wie gehen Sie vor? (2)

❏ a) Sie wollen die Bedienungsanleitung in eine tabellarische Form bringen lassen und sich danach schrittweise die Handhabung des Gerätes nach der Tabelle vorführen lassen.

❏ b) Sie wollen zunächst die Funktion des Gerätes erklären und die Bedienung demonstrieren. Anschließend soll Florian die Handlungen nachmachen und üben.

❏ c) Sie wollen Florian die Bedienung selbstständig ausprobieren lassen und dabei beobachtete Fehler in einem anschließenden Gespräch mit Florian kritisieren.

❏ d) Sie wollen Florian eindeutig und verständlich formulierte Regeln zur Bedienung des Messgerätes vorgeben und die Fertigkeiten durch Üben nach Zeitvorgabe trainieren.

❏ e) Sie wollen Florian einen Lernauftrag in Verbindung mit der Bedienungsanleitung erteilen, sich danach die Bedienung erklären lassen und später dann die praktische Umsetzung überwachen.

36. Durchführung und Kontrolle der Handlungsschritte – wie gehen Sie vor? (2)

❏ a) Sie beobachten Florian bei der Lösung der Arbeitsaufgabe und greifen nur in den Handlungsablauf ein, wenn Gefährdungen zu befürchten sind.

❏ b) Sie kontrollieren jeden Schritt bei der Lösung der Arbeitsaufgabe und teilen Florian bei Fehlern sofort die nach einem Bewertungsschema vorgesehen Punktabzüge mit.

❏ c) Sie sichern sich zunächst durch eine aktenkundige Belehrung von Florian über seine Pflichten zum pfleglichen Umgang mit dem digitalen Messgerät nach § 9 BBiG ab und lassen ihn danach eigenverantwortlich arbeiten.

❏ d) Sie regen Florian zur Selbstkontrolle bei jedem Handlungsschritt an und beraten ihn, wenn er bei Problemen Hilfe braucht.

❏ e) Sie brechen das Lösen der Aufgabe bei beobachteten Bedienungsfehlern sofort ab, lassen sich den betreffenden Abschnitt der Bedienungsanleitung vorlesen und machen danach die richtige Handhabung mehrfach vor.

37. Bewertung des Lern- und Arbeitsprozesses – wie gehen Sie vor? (2)

❏ a) Sie teilen Florian Ihre Bewertung mit und lassen ihn dazu Stellung nehmen.

❏ b) Sie erklären Florian das Bewertungssystem und teilen Ihre Bewertung in Form einer Note mit.

❏ c) Sie fordern Florian zur Selbstbewertung auf und bestätigen oder korrigieren seine Bewertung.

❏ d) Sie erklären Florian, dass ihm das Ergebnis der Bewertung erst am Ende des Ausbildungsabschnittes mitgeteilt wird.

❏ e) Sie werten mit Florian gemeinsam das Ergebnis der Lern- und Arbeitsaufgaben aus und bestätigen ihm den Lernerfolg.

Ausgangssituation zu den Aufgaben 38–41

Sie führen heute Beurteilungsgespräche mit drei angehenden Industriekaufleuten, die gerade ihren Ausbildungsabschnitt bei Ihnen beendet haben:

Alfons B., 18 Jahre
Bruno C., 18 Jahre und
Claudia A., 17 Jahre

38. Welches Ziel wird mit einem Beurteilungsgespräch verfolgt? (3)

Mit dem Beurteilungsgespräch soll der Auszubildende

❏ a) psychomotorisch gefördert werden.

❏ b) eigene Stärken erkennen.

❏ c) in seiner Persönlichkeit gefördert werden.

❏ d) Handlungskompetenz erfahren.

❏ e) eigene Schwächen erkennen.

39. Alfons B. ist mit seiner Beurteilung nicht einverstanden, da sie im Wesentlichen auf einer Einzelbeobachtung am vierten Tag der Ausbildung in dieser Abteilung beruht. Warum beanstandet er dies zu Recht? (1)

❏ a) Nur der Ausbildungsbeauftragte am Arbeitsplatz darf ein solches Gespräch führen.

❏ b) Der Ausbilder und der Ausbildungsbeauftragte hätten zumindest das Gespräch gemeinsam führen müssen.

❏ c) Die Beobachtungen von Ausbildungsbeauftragten dürfen bei der Beurteilung überhaupt nicht berücksichtigt werden.

❏ d) Eine Beurteilung muss sich auf den gesamten Ausbildungsabschnitt beziehen.

❏ e) Sie dürfen eine Beobachtung nur dann in die Beurteilung einbeziehen, wenn Sie diese selbst gemacht und schriftlich festgehalten haben.

40. Ihnen missfällt die Kleidung und die Körperpflege von Claudia A. Auch in der Behandlung des Arbeitsmaterials ist sie sehr nachlässig. Ihre Beurteilung fällt trotz guter Arbeitsergebnisse und gutem Sozialverhalten in der Tendenz eher negativ aus. Welche Beurteilungsfehler haben Sie wohl gemacht? (2)

☐ a) Erster Eindruck.

☐ b) Sympathie-/Antipathiefehler.

☐ c) Hof- oder Halo-Effekt.

☐ d) Kontrastfehler.

☐ e) Tendenz zur Strenge.

41. Bruno C. hat durchweg gute Leistungen in der betrieblichen Beurteilung. Im Gespräch schlägt er vor, die Abschlussprüfung vorzeitig abzulegen. Sie vereinbaren, einen Antrag auf vorzeitige Zulassung zu stellen. Welche Konsequenzen hat dies für die weitere Ausbildungsplanung? (2)

☐ a) Änderung des Planes, da jetzt ausschließlich auf die Prüfung vorbereitet werden muss.

☐ b) Keine Auswirkung, weil die Ausbildungszeit bereits zu einem großen Teil zurückgelegt wurde.

☐ c) Änderung des Planes, um die Vermittlung betriebsspezifischer Ausbildungsinhalte jetzt noch realisieren zu können.

☐ d) Änderung des Planes, um alle noch offenen Ausbildungsinhalte in der verbleibenden Ausbildungszeit noch vermitteln zu können.

☐ e) Änderung des Planes, weil auch die Prüfungsvorbereitung zeitlich vorgezogen werden muss.

Ausgangssituation zu den Aufgaben 42–43

Sie sind Ausbildungsleiterin der Firma Alta Moda, einem mittelständischen Bekleidungshaus in Kiel mit derzeit 280 Mitarbeitern. Alle Mitarbeiter werden systematisch beurteilt. Vor drei Jahren hat der Betrieb mit der Ausbildung zum Kaufmann/Kauffrau im Einzelhandel (Ausbildungsdauer 3 Jahre) begonnen. Der Betriebsrat hat die Ausbildungsaktivität des Unternehmens begrüßt und auch dafür gesorgt, dass eine Jugend- und Auszubildendenvertretung gewählt worden ist. Inzwischen sind in Ihrem Betrieb durchschnittlich 35 Auszubildende beschäftigt. Sie haben erkannt, dass Sie nicht mehr den Überblick über die Leistungen und Probleme aller Ihrer Auszubildenden besitzen. Der Pioniergeist, der während der Startphase der Ausbildungsaktivität in Ihrem Unternehmen herrschte, hat nachgelassen. Deshalb befürchten Sie Qualitätseinbußen in der Ausbildung.

42. Ihre Idee und die der Jugend- und Auszubildendenvertretung (JAV) ist es, ein Beurteilungssystem für die Auszubildenden einzuführen. Welche Gründe sprechen aus pädagogischer Sicht für die Einführung eines solchen Ausbildungsbeurteilungssystems? (3)

❏ a) Das Jugendarbeitsschutzgesetz schreibt Beurteilungssysteme bei der Beschäftigung von mehr als drei Jugendlichen vor.

❏ b) Ein Beurteilungssystem ist erforderlich, um das Erreichen des Ausbildungszieles abzusichern und den Verpflichtungen des Betriebes gerecht zu werden.

❏ c) Die Abteilungsleiter/innen benötigen ein Beurteilungssystem, um ihre an der Ausbildung beteiligten Mitarbeiter/innen zu kontrollieren.

❏ d) Die Personalabteilung benötigt ein Beurteilungssystem, um rechtzeitig festzustellen, welche Auszubildenden übernommen werden.

❏ e) Ein Beurteilungssystem wird benötigt, um den Auszubildenden regelmäßig Feedback geben zu können.

43. Mit wem müssen Sie bei der Entwicklung und Einführung des Beurteilungssystems ein Einvernehmen herstellen? (2)

Die Zustimmung zum Beurteilungssystem ist erforderlich von:

❏ a) den betroffenen Auszubildenden.

❏ b) den betroffenen Ausbildern.

❏ c) der Jugend- und Auszubildendenvertretung (JAV).

❏ d) dem Betriebsrat.

❏ e) der Geschäftsleitung.

Ausgangssituation zu den Aufgaben 44–48

Kai Roth, geboren 31.03.1990, ist als Auszubildender für den Beruf Energieelektroniker beim Energieerzeuger Kraft AG (kurz: KAG) in Cottbus beschäftigt. Im ersten Ausbildungsjahr wurde Kai fast ausschließlich in der überbetrieblichen Ausbildungsstätte „Energie Ost gGmbH" ausgebildet. Zwischen der KAG und der Energie Ost gGmbH wurde vereinbart, dass Kai im zweiten Ausbildungsjahr vier Wochen lang überbetrieblich auf die Zwischenprüfung, Prüfungsteil Fertigkeitsprüfung, vorbereitet wird. Der für Kais Ausbildung verantwortliche Ausbilder der KAG informierte sich regelmäßig über den Ausbildungsstand von Kai. Kurz vor der Zwischenprüfung musste Kai die Berufsschule in Cottbus wechseln.

Ihnen liegen nun die Ergebnisse von Kais Zwischenprüfung vor, aus denen Sie als verantwortlicher Ausbilder die notwendigen Schlüsse zu ziehen haben. (Anlage)

44. **Welche Schlüsse sollten Sie als Ausbilder aus den von Kai erreichten Prüfungsergebnissen ziehen? (4)**

❏ a) In der Fertigkeitsprüfung wurden in allen Prüfungsgebieten gute Ergebnisse erreicht. In den Prüfungsgebieten 1.1. und 1.3. wurde die Fähigkeit zum selbstständigen Planen und Kontrollieren geprüft.

❏ b) Alle Ergebnisse in der Fertigkeitsprüfung liegen über dem IHK-Durchschnitt und bestätigen damit die Leistungsfähigkeit von Kai im praktischen Bereich.

❏ c) Kai muss die Prüfungsgebiete 2.2. und 2.5. wiederholen.

❏ d) In der Kenntnisprüfung wurden nur in einem Prüfungsgebiet gute Ergebnisse erreicht. Die Ermittlung der Ursachen hierfür hat höchste Priorität.

❏ e) Die Ergebnisse der Zwischenprüfung insgesamt zeigen, dass die Vorbereitung auf die Fertigkeitsprüfung allein nicht ausreichend war.

45. **Wer ist zum Ausgleich der in der Zwischenprüfung festgestellten Defizite verpflichtet? (2)**

❏ a) Kraft AG (KAG), Cottbus.

❏ b) Energie Ost gGmbH, Cottbus.

❏ c) Kai Roth.

❏ d) Eltern Roth.

❏ e) Berufsschule Cottbus.

46. **Wie können Sie Kais Defizite in den Prüfungsgebieten Messtechnik und Zeichnungslesen exakt feststellen? (3)**

❏ a) Sie veranlassen Kai, mit Ihnen gemeinsam Einsicht in seine Prüfungsaufgaben zu nehmen.

❏ b) Prüfungsanforderungen der Ausbildungsordnung mit den Eintragungen im Ausbildungsnachweis/Bericht vergleichen.

❏ c) Gespräche mit den zuständigen Berufsschullehrern führen.

❏ d) Prüfungsaufgaben mit den Ausbildungsinhalten im Ausbildungsrahmenplan vergleichen.

❏ e) Prüfungsdefizite mit Kai in einem Gespräch herausarbeiten und gemeinsam diese Defizite abbauen.

47. Welche Maßnahmen stehen Ihnen als Ausbilder zur Verfügung, um die bei Kai festgestellten Defizite im Kenntnisbereich abzubauen? (2)

❏ a) Verbessern der Lernortkooperation zwischen KAG und Berufsschule.

❏ b) Verbessern der sozialpädagogischen Betreuung.

❏ c) Kai zum Ausgleich der Defizite motivieren.

❏ d) Maßnahmen der Berufsschute zum Abbau der Defizite verlangen.

❏ e) Verstärken der Integration von Theorie und Praxis im Ausbildungsbetrieb.

48. Um den Erfolg von Maßnahmen zur Behebung von Kenntnisdefiziten zu kontrollieren, bieten sich verschiedene Verfahren an. Welche der folgenden Verfahren sind in diesem Fall angemessen? (3)

❏ a) Selbstkontrolle durch den Auszubildenden Kai.

❏ b) Schriftliche Tests.

❏ c) Mündliches Abfragen.

❏ d) Erneute Teilnahme von Kai an der Zwischenprüfung.

❏ e) Verstärkte Kontrolle der Eintragungen im Ausbildungsnachweis von Kai.

Anlage zu den Aufgaben 44–48

Ergebnis der Zwischenprüfung

Name	Kai Roth
Geboren am	31.03.1990
Wird bei der Firma	Kraft AG (KAG) Energiestraße 99 03046 Cottbus
als	Energieelektroniker

ausgebildet und hat in der Zwischenprüfung folgende Ergebnisse erreicht:

		Punkte	Kammer-durchschnitt
1.	Fertigkeitsprüfung		
1.1.	Information und Planung	82	64
1.2.	Leitungsverlegung, -verbindung	100	86
1.3.	Funktionskontrolle	100	81
1.4.	Werkstoffbearbeitung	82	72

		Punkte	Kammer-durchschnitt
2.	Kenntnisprüfung		
2.1.	Grundlage der Elektrotechnik	56	59
2.2.	Messtechnik	18	54
2.3.	Geräte- und Anlagentechnik	55	60
2.4.	Werkstoffkunde, Werkstoffbearbeitung	49	65
2.5.	Zeichnungslesen	41	57
2.6.	Technische Mathematik	57	62
2.7.	Schaltungstechnik	86	74

Die Leistungen in Prüfungsgebieten, in denen weniger als 50 Punkte erreicht wurden, entsprechen nicht den Anforderungen. Eine Verbesserung der Fertigkeiten bzw. Kenntnisse ist dringend notwendig. Auch bei den Prüfungsgebieten, in denen zwischen 50 und 75 Punkte erreicht wurden, sind die Fertigkeiten bzw. Kenntnisse verbesserungsbedürftig. Eine Vertiefung wird empfohlen.

Industrie- und Handelskammer Cottbus	Februar 2007

Ausfertigung für Bildungsstätte

Ausgangssituation zu den Aufgaben 49–51

Die Edelstahlbau KG in Solingen, in der Sie der Ausbilder für die Auszubildenden zum/zur Industriemechaniker/in sind, stellt jährlich 10 Auszubildende in diesem Beruf ein. Eine davon ist die 17jährige Elena, griechischer Staatsangehörigkeit. Sie ist zur Zeit im zweiten Ausbildungshalbjahr.

Beim Einstellungsgespräch waren Ihnen bereits Elenas Sprachprobleme aufgefallen, die Sie auf die ausschließlich griechisch sprechende Familie Elenas zurückgeführt hatten. Sie waren der Meinung, dass sich dieses Problem in der Gruppe, zusammen mit den deutschen Auszubildenden, mit der Zeit lösen lässt.

Aus Gesprächen mit den ausbildenden Fachkräften wissen Sie, dass die bisher gezeigten Leistungen von Elena durchweg positiv bewertet wurden. Das Sprachproblem hat sich wider Erwarten jedoch nicht gebessert. Es fällt auf, dass sie sich von den anderen Auszubildenden absondert. Insgesamt macht Elena einen unzufriedenen Eindruck. Dies wirkt sich auch auf die gezeigten Leistungen der letzten sechs Wochen nachhaltig aus: Ihre Leistungen gingen ständig zurück.

49. Sie wollen das Erreichen des Ausbildungszieles von Elena nicht gefährden. Deshalb entscheiden Sie sich für die folgenden Maßnahmen: (3)

❏ a) Sie sprechen mit Elena über ihr Verhalten und mögliche Ursachen.

❏ b) Sie bieten Elena eine Ausbildungzeitverlängerung an.

❏ c) Sie informieren sich bei Elenas Berufsschullehrern über ihr Verhalten und über ihre Leistungen in der Berufsschule.

❏ d) Sie informieren Elenas Eltern über die aktuellen Probleme.

❏ e) Sie mahnen Elena wegen ihrer Sprachprobleme schriftlich ab.

50. Sie ergreifen folgende Maßnahmen, die geeignet sind, Elenas Integration in der Gruppe zu entwickeln. (2)

❏ a) Sie werden verstärkt Gruppenarbeit als Unterweisungsmethode einsetzen.

❏ b) Sie benennen einen griechisch sprechenden Mitarbeiter als Paten für Elena.

❏ c) Sie lassen die Auszubildenden eine gemeinsame Projektarbeit durchführen.

❏ d) Sie informieren alle Auszubildenden der Ausbildungsgruppe über Elenas Situation.

❏ e) Sie übertragen Elena zur Verbesserung ihrer Leistungen Sonderaufgaben.

51. **Legen Sie geeignete und rechtlich zulässige Maßnahmen fest, mit denen das Sprachvermögen von Elena gefördert werden kann. (4)**

❏ a) Sie bieten Elena zusätzlich am Samstag innerbetrieblichen Sprachunterricht an.

❏ b) Sie leihen Elena Audio- und Videoübungskassetten zum selbstständigen Sprachtraining aus.

❏ c) Die Edelstahlbau KG übernimmt für Elena die Kosten für einen Deutschkurs bei der Bergischen Sprachenschule in Solingen.

❏ d) Sie verlangen von Elena schriftliche Berichte über abgeschlossene Ausbildungsabschnitte.

❏ e) Sie weisen die ausbildenden Fachkräfte darauf hin, Elena verstärkt sprachlich zu fördern.

Ausgangssituation zu den Aufgaben 52–56

Ausbilder Peter Klug von der Firma Elektro-Technik AG in Berlin hat seine „neuen" Auszubildenden nach der dritten Ausbildungswoche versammelt und sie aufgefordert, ihre Eindrücke über die für sie neuen Anforderungen in der Ausbildung auf Moderationskarten zu schreiben.

Mit dem Ziel, die Auszubildenden auf die fach- und berufsübergreifenden Qualifikationen der Ausbildung einzustimmen, hat er die Karten gemeinsam mit den Auszubildenden wie folgt in die drei Kategorien A, B und C eingeteilt:

A	B	C
Belastbarkeit	Teamfähigkeit	Probleme analysieren
Selbstständig planen	„Wir"-Gefühl	Probleme erkennen
Eigeninitiative zeigen	Kooperation	Probleme lösen
Gute Zeitplanung	Teamarbeit	Strukturen begreifen
Selbstständig arbeiten	Gegenseitige Akzeptanz	Kenntnisse anwenden
Richtige Arbeitsplanung	Toleranz	Wissen transferieren
Beständigkeit	Lernen im Team	Vergleiche anstellen
Selbstkontrolle	Arbeit in der Gruppe	Zusammenhänge erkennen
Ausdauer und Fleiß	Verantwortung	Logisches Denken
Selbstbewertung	Teamgeist	Wissen praktisch anwenden

52. Welche Formulierungen auf den Karten entsprechen inhaltlich dem handlungsorientierten Qualifikationsbegriff in den neu geordneten Ausbildungsordnungen? (3)

- ❏ a) Teamarbeit.
- ❏ b) Selbstständig planen.
- ❏ c) Wissen transferieren.
- ❏ d) Selbstständig arbeiten.
- ❏ e) Selbstkontrolle.

53. Welche Oberbegriffe für bestimmte Schlüsselqualifikationen können der Kategorie B zugeordnet werden? (2)

- ❏ a) Personelle Fähigkeiten.
- ❏ b) Soziale Fähigkeiten.
- ❏ c) Kognitive Fähigkeiten.
- ❏ d) Sozialkompetenz.
- ❏ e) Organisatorische Fähigkeiten.

54. Welche Vorteile hat die vom Ausbilder eingesetzte Kartenabfrage gegenüber einer mündlichen Abfrage? (3)

- ❏ a) Die Beiträge lassen sich hierbei leichter strukturieren.
- ❏ b) Die Auszubildenden können ihre Gedanken umgehemmt entwickeln.
- ❏ c) Alle Gedanken können sofort bewertet werden.
- ❏ d) Die Vorschläge anderer können die eigenen Gedanken anregen.
- ❏ e) Diese Methode lässt bei Bedarf auch anonyme Abfragen zu.

55. Welche Methoden hat der Ausbilder in der dargestellten Situation eingesetzt? (2)

- ❏ a) Modell der vollständigen Handlung.
- ❏ b) Präsentationstechnik.
- ❏ c) Lehrgespräch.
- ❏ d) Moderiertes Gruppengespräch.
- ❏ e) Metaplantechnik.

56. Welche Medien wird man bei dieser Methode sinnvollerweise einsetzen? (2)

❑ a) Video-Recorder.

❑ b) Pinnwand.

❑ c) Overheadprojektor.

❑ d) Moderationsmaterial.

❑ e) Demonstrationsmaterial.

Ausgangssituation zu den Aufgaben 57–62

Sie sind verantwortlich für 6 angehende Bürokaufleute, die in 6 Monaten ihre Abschlussprüfung ablegen werden. Sie haben die Aufgabe, die Prüfungsvorbereitung für Axel, Babette, Conrad, Daisy, Ernst und Franzi vorzubereiten und durchzuführen. Neben dem erfolgreichen Abschluss erwartet die Personalabteilung von Ihnen Aussagen über die Befähigung sowie Vorschläge zum weiteren betrieblichen Einsatz der 6 künftigen Bürokaufleute.

Aus diesem Grund wollen Sie die Prüfungsvorbereitung in größtmöglicher Eigenverantwortung der Auszubildenden durchführen. An Unterlagen stehen Ihnen zur Verfügung:

– Aktuelle Testergebnisse
– Arbeitsproben (mit Bewertungen)
– Ausbildungsnachweise (Berichtshefte)
– Ausbildungsordnung
– Ausbildungsrahmenplan
– Betrieblicher Ausbildungsplan
– Beurteilungen
– Eigene Aufzeichnungen
– Lehr- und Lernstoffkataloge
– Prüfungsanforderungen
– Terminplan für die Prüfungsvorbereitung
– Urlaubspläne
– Zeugnisse der Berufsschule
– Zwischenprüfungsergebnisse

Das jeweils letzte Zeugnis der Berufsschule zeigt die folgenden Ergebnisse:

Auszubildender	Axel	Babette	Conrad	Daisy	Ernst	Franzi
Leistungen in den be-rufsbezogenen Fächern						
Betriebswirtschaftslehre	1	2	3	2	1	3
Bürowirtschaft	2	2	2	3	2	3
Rechnungswesen	5	4	4	5	4	4
Wirtschaftsinformatik und Organisationslehre	2	2	2	3	2	3
Textverarbeitung	3	2	2	2	3	2

57. Welche Unterlagen benötigen Sie, um den momentanen Leistungsstand der Auszubildenden zu ermitteln? (3)

❏ a) Beurteilungen.

❏ b) Berichtshefte und betrieblicher Ausbildungsplan.

❏ c) Aktuelle Testergebnisse.

❏ d) Zwischenprüfungsergebnisse.

❏ e) Arbeitsproben.

58. Welche Unterlagen benötigen Sie, um eine Aussage zum weiteren betrieblichen Einsatz (ggf. zu einer späteren Übernahme) treffen zu können? (2)

❏ a) Ausbildungsordnung.

❏ b) Urlaubspläne.

❏ c) Beurteilungen.

❏ d) Prüfungsordnung.

❏ e) Arbeitsproben.

59. Was werden Sie nach der Auswertung der Zeugnisse tun? (3)

❏ a) Da es sich um rein schulische Ergebnisse handelt, sind betriebliche Maßnahmen hierzu rechtlich nicht zulässig.

❏ b) Alle prüfungsrelevanten Fächer mit gleicher Intensität zu wiederholen.

❏ c) Den derzeitigen Leistungsstand feststellen.

❏ d) Förderung im Rechnungswesen verstärkt fortsetzen.

❏ e) Motivationsgespräche mit den Auszubildenden führen.

60. Für welches methodische Vorgehen werden Sie sich entscheiden? (1)

❏ a) Für Gruppenarbeit, da die Schulnoten ja bei allen Auszubildenden fast gleich sind.

❏ b) Für Projektarbeit, da hier jeder seine besonderen Neigungen einbringen kann.

❏ c) Für Einzelarbeit, damit individuelle Schwerpunkte gesetzt werden können.

❏ d) Für die Fallmethode, da man sich anhand praktischer Fälle sehr gut auf die Prüfung vorbereiten kann.

❏ e) Für die Leittextmethode, weil hier die individuellen Schwächen schnell aufgezeigt werden können.

61. Welche organisatorischen Vorbereitungen haben Sie zu treffen? (1)

❏ a) Sie müssen die Prüfungsvorbereitung vom Betriebsrat genehmigen lassen.

❏ b) Sie müssen eine Anpassung des letzten Ausbildungsabschnittes vornehmen (Zeit für die Prüfungsvorbereitung einplanen).

❏ c) Sie müssen eine inhaltliche Anpassung des Ausbildungsrahmenplanes vornehmen.

❏ d) Sie müssen sämtliche Folien aus dem Betriebsunterricht kopieren und den Auszubildenden aushändigen.

❏ e) Sie sollten den Auszubildenden die Prüfungsergebnisse von Abschlussprüfungen der Vorjahre als nachahmenswerte Beispiele darstellen.

62. Welche der nachfolgend aufgeführten Maßnahmen zur Feststellung des Leistungsstandes der Auszubildenden am Ende der Prüfungsvorbereitungszeit ist am sinnvollsten? (2)

❏ a) Durchführung eines intensiven Gruppengespräches mit Abfragen der zu erwartenden Prüfungsanforderungen/-inhalte.

❏ b) Durchführung einer schriftlichen ehemaligen Abschlussprüfung, aber ohne einengende Zeitvorgaben.

❏ c) Durchführung einer kompletten ehemaligen Abschlussprüfung in Gruppenarbeit.

❏ d) Durchführung einer kompletten ehemaligen Prüfung unter „Echtbedingungen",
z. B. Vorgabezeiten, Hilfsmittel etc.

❏ e) Auswertung der kompletten ehemaligen Prüfung nach den IHK-Prüfungsbe-
dingungen.

Ausgangssituation zu den Aufgaben 63–65

Die Ausbilder Horst Weyrich und Peter Hell der Profinanz AG (Finanzdienstleister) in
Düsseldorf diskutieren über das Thema „Abschlussprüfung".

**63. Was sagt § 43 BBiG über die Zulassung zur Abschlussprüfung? Die Lösung
ergibt sich aus 3 Teilaussagen. (3)**

Zur Abschlussprüfung ist zuzulassen,

❏ a) wer die Ausbildungszeit zurückgelegt hat oder wessen Ausbildungszeit nicht
später als zwei Monate nach dem Prüfungstermin endet,

❏ b) wer die Ausbildungszeit zurückgelegt hat oder wessen Ausbildungszeit nicht
später als drei Monate nach dem Prüfungstermin endet,

❏ c) wer an vorgeschriebenen Zwischenprüfungen teilgenommen sowie vorgeschriebene Berichtshefte geführt hat und

❏ d) wer die vorgeschriebenen Zwischenprüfungen bestanden sowie die vorgeschriebenen Berichtshefte geführt hat und

❏ e) wessen Berufsausbildungsverhältnis in das Verzeichnis der Berufsausbildungsverhältnisse eingetragen oder aus einem Grund nicht eingetragen ist,
den weder der Auszubildende noch dessen gesetzlicher Vertreter zu vertreten
hat.

**64. Unter welchen Voraussetzungen kann jemand vorzeitig zur Abschluss-
prüfung zugelassen werden? (1)**

❏ a) Der Auszubildende kann vor Ablauf seiner Ausbildungszeit zur Abschlussprüfung zugelassen werden, wenn er in der Zwischenprüfung sehr gut abgeschnitten hat.

❏ b) Wer den Schulabschluss „Quali", Mittlere Reife oder Abitur besitzt, kann seine
Abschlussprüfung in jedem Falle vorzeitig (d. h. 6 Monate früher als vertraglich
vereinbart) ablegen.

❏ c) Der Auszubildende kann nach Anhören des Ausbildenden vor Ablauf der
Ausbildungszeit zur Abschlussprüfung zugelassen werden.

❏ d) Der Auszubildende kann nach Anhören des Ausbildenden und der Berufsschule vor Ablauf seiner Ausbildungszeit zur Abschlussprüfung zugelassen werden, wenn seine Leistungen dies rechtfertigen.

❏ e) Der Auszubildende kann nach Anhören des Ausbildenden vor Ablauf seiner Ausbildungszeit zur Abschlussprüfung zugelassen werden, wenn dies aus betrieblichen Gründen sinnvoll ist (z. B. intern zu besetzende freie Stellen).

65. **Nach erfolgreichem Abschluss seiner Berufsausbildung möchte der von Herrn Weyrich ausgebildete ehemalige Auszubildende Rolf Stadelberger (18 Jahre, Hauptschulabschluss) noch an der Fachhochschule (FH) in Düsseldorf studieren. Er fragt bei Herrn Weyrich an:**
Wie komme ich an die Fachhochschule (FH) Düsseldorf? Welche Ratschläge wird ihm sein ehemaliger Ausbilder geben? (2)

❏ a) Besuch der Berufsaufbauschule und anschließender Besuch der Fachoberschule.

❏ b) Erwerb der Fachschulreife und nachfolgender Erwerb der Fachhochschulreife.

❏ c) Besuch einer Fachschule (1–2 Jahre) und anschließendes Berufspraktikum.

❏ d) Besuch einer anerkannten Berufsfachschule (BFS) im Berufsfeld Wirtschaft.

❏ e) Mit dem Hauptschulabschluss plus abgeschlossener Berufsausbildung (IHK-Prüfung bestanden) kann man direkt ein Fachhochschulstudium beginnen.

Ausgangssituation zu den Aufgaben 66–70

Im Alpen-Kaufhaus in Bad Tölz sind unter anderem diese 3 Auszubildenden beschäftigt:

1. Jens F. als angehender Kaufmann im Einzelhandel im zweiten Ausbildungsjahr (vertraglich vereinbarte Ausbildungsdauer: 3 Jahre).

2. Monika R. als angehende Verkäuferin, ebenfalls im zweiten Ausbildungsjahr (vertraglich vereinbarte Ausbildungsdauer: 2 Jahre).

3. Sonja T. als angehende Bürokauffrau im dritten Ausbildungshalbjahr (vertraglich vereinbarte Ausbildungsdauer: 2,5 Jahre).

Sie sind verantwortliche Ausbilderin und haben Jens F. zur Zwischenprüfung und Monika R. zur Abschlussprüfung angemeldet. Sonja T. steht erst zur nächsten Abschlussprüfung an.

66. **Jens F. nimmt an der Zwischenprüfung teil, erreicht aber – wider Erwarten – nur ein ziemlich schlechtes Ergebnis. Geben Sie an, welche Folgen das hat. (1)**

❏ a) Jens F. muss die nicht bestandene Zwischenprüfung wiederholen. Nur bei bestandener Zwischenprüfung ist eine Zulassung zur Abschlussprüfung möglich.

❏ b) Jens F. muss die Zwischenprüfung wiederholen. Damit er sich darauf gewissenhaft vorbereiten kann, verlängert sich sein Ausbildungsverhältnis automatisch um sechs Monate.

❏ c) Damit das Ausbildungsziel erreicht werden kann, haben Sie die Möglichkeit, auf Antrag bei der zuständigen Stelle die Ausbildungszeit für Jens F. verlängern zu lassen.

❏ d) Die Zwischenprüfung muss nicht wiederholt werden. Allerdings sollten Sie mit Jens F. besprechen, wie die erkennbaren Lücken in der Ausbildung im Betrieb und in der Berufsschule bis zur Abschlussprüfung geschlossen werden können.

❏ e) Jens F. muss in der Berufsschule eine Zusatzprüfung ablegen und damit nachweisen, dass er sich die bei der Zwischenprüfung noch fehlenden Kenntnisse zwischenzeitlich angeeignet hat.

67. **Monika R. wird kurz vor der Abschlussprüfung arbeitsunfähig („krank") geschrieben. Sie erkundigt sich bei Ihnen, ob sie trotz Krankschreibung an der Prüfung teilnehmen kann oder aber bis dahin wieder arbeitsfähig sein muss. Informieren Sie Monika R. über ihre Teilnahme an der Prüfung. (1)**

❏ a) Der Prüfungsausschuss hat kein Recht, Auszubildende von der Prüfung auszuschließen, egal aus welchem Grund.

❏ b) Monika R. muss vom Prüfungsausschuss von der Prüfung ausgeschlossen werden, wenn sie ihre Krankschreibung meldet.

❏ c) Monika R. ist laut Gesetz verpflichtet, bei einer Krankschreibung ihren Rücktritt von der Prüfung zu erklären.

❏ d) Sie als Ausbilderin müssen der IHK die Krankschreibung von Monika R. melden. Damit ist deren Teilnahme erst zum nächsten Prüfungstermin möglich.

❏ e) Monika R. kann wegen Krankschreibung nicht von der Teilnahme an der Abschlussprüfung ausgeschlossen werden, wenn sie sich ausdrücklich zur Teilnahme bereit erklärt.

68. **Monika R. nimmt 6 Wochen vor Ablauf der Ausbildungszeit an der Abschlussprüfung teil, besteht diese aber nicht. Welche rechtlichen Folgen hat das für Monika R.? (2)**

❏ a) Das Ausbildungsverhältnis wird von der IHK automatisch bis zum nächsten Prüfungstermin verlängert.

❏ b) Auf Antrag des Ausbildungsbetriebes muss das Berufsausbildungsverhältnis von der IHK um ein halbes Jahr verlängert werden.

❏ c) Der Ausbildungsbetrieb kann das Berufsausbildungsverhältnis fristlos aus wichtigem Grund kündigen, wenn die Auszubildende wegen mangelnden Lerneifers das schlechte Ergebnis selbst zu vertreten hat.

❏ d) Das Berufsausbildungsverhältnis läuft weiter bis zum vertraglich vereinbarten Ausbildungsende. Monika R. kann die Prüfung in jedem Fall zweimal wiederholen, mit oder ohne Verlängerung des Ausbildungsverhältnisses.

❏ e) Das Berufsausbildungsverhältnis von Monika R. läuft zunächst weiter bis zum vertraglichen Ende. Danach greift die Regelung des § 21 Abs. 3 BBiG: Besteht der Auszubildende die Abschlussprüfung nicht, so verlängert sich das Berufsausbildungsverhältnis auf sein Verlangen bis zur nächstmöglichen Wiederholungsprüfung, höchstens um ein Jahr.

69. **Sonja T. hat in ihrem letzten Berufsschulzeugnis in den berufsbezogenen Fächern einen Notendurchschnitt von 1,4 und erbringt in der betrieblichen Ausbildung weit überdurchschnittliche Leistungen. Sie haben sie daraufhin die einzelnen betrieblichen Ausbildungsstationen schon schneller durchlaufen lassen. Sonja T. möchte sechs Monate früher als geplant an der Abschlussprüfung teilnehmen. Entscheiden Sie, ob das möglich ist. (1)**

❏ a) Die im Vertrag vereinbarte Ausbildungsdauer ist stets einzuhalten. Ein vorzeitiges Ablegen der Prüfung ist nicht statthaft.

❏ b) Eine vorzeitige Zulassung zur Abschlussprüfung ist nur bei Notendurchschnitt von besser als 1,3 in den berufsbezogenen Fächern der Berufsschule möglich.

❏ c) Eine vorzeitige Zulassung zur Abschlussprüfung ist nicht möglich, wenn zuvor schon eine Verkürzung der Ausbildungszeit aufgrund eines höheren allgemeinbildenden Schulabschlusses vereinbart wurde, wie das bei Sonja T. der Fall ist.

❏ d) Sonja T. kann auf ihren Antrag hin vorzeitig zur Abschlussprüfung zugelassen werden, wenn ihre Ausbildungsleistungen im Betrieb und in der Berufsschule eine solche vorzeitige Zulassung rechtfertigen.

❏ e) Auszubildende müssen bei einem Notendurchschnitt im Berufsschulzeugnis von 1,5 oder besser in jedem Fall vorzeitig zur Abschlussprüfung zugelassen werden.

70. Das mit Sonja T. vertraglich vereinbarte Ausbildungsende ist der 28. Februar. Im Falle der Teilnahme an der vorzeitigen Abschlussprüfung ist ihr letzter Prüfungstag der 13. Juli, an dem der Prüfungsausschussvorsitzende auch die „Vorläufige Bescheinigung über das Ergebnis der Abschlussprüfung" aushändigt. Das Zeugnis wird von der IHK einige Wochen später zugeschickt. Geben Sie an, wann das Berufsausbildungsverhältnis von Sonja T. endet, falls ihr am 13. Juli ein „Bestanden" ausgehändigt wird. (1)

❏ a) Am 13. Juli.

❏ b) Am 14. Juli.

❏ c) Am 31. Juli.

❏ d) An dem Tag, an dem Sonja T. Ihnen ihr IHK-Zeugnis vorlegen kann.

❏ e) Falls Sonja T. ihr Ausbildungsverhältnis nicht kündigt, am 28. Februar des nächsten Jahres.

Ausgangssituation zu den Aufgaben 71 – 75

Die angehenden Ausbilder Peter Amann, Klaus Brehm und Frank Conrad bereiten sich auf den schriftlichen Teil ihrer Ausbilder-Eignungsprüfung gemeinsam vor. Heute wiederholen sie einige Themen aus den Handlungsfeldern 1 und 2 der AEVO (§ 3 Abs. 1 und 2).

71. Was versteht man unter dem Begriff Einstiegsqualifizierung? (5)

❏ a) Das erste Ausbildungsjahr der Stufenausbildung wird auch als Einstiegsqualifizierung bezeichnet.

❏ b) Mit Einstiegsqualifizierung bezeichnet man auch die Probezeit nach § 20 BBiG.

❏ c) Die Einstiegsqualifizierung dient u. a. der Integration von Jugendlichen in eine Berufsausbildung bzw. in eine Beschäftigung.

❏ d) Die Einstiegsqualifizierung stellt eine besondere Art von gelenktem Praktikum dar.

❏ e) Die Einstiegsqualifizierung ist im § 1 BBiG gesetzlich verankert.

❏ f) Die Einstiegsqualifizierung ist im BBiG nicht namentlich erwähnt.

❏ g) Mit Hilfe einer Einstiegsqualifizierung sollen innerhalb von 1 – 5 Monaten Bestandteile eines anerkannten Ausbildungsberufes gemäß der einschlägigen AO vermittelt werden.

❑ h) Mit Hilfe einer Einstiegsqualifizierung sollen innerhalb von 6 – 12 Monaten Bestandteile eines anerkannten Ausbildungsberufes gemäß der einschlägigen AO vermittelt werden.

❑ i) Die Einstiegsqualifizierung ist aus rechtlicher Sicht ein Praktikum, also gemäß § 26 BBiG ein anderes Vertragsverhältnis.

72. Welche der folgenden Aussagen über eine Ausbildungsordnung (AO) gemäß § 5 BBiG sind richtig? (5)

❑ a) Die fünf Bestandteile einer AO sind nach § 5 Abs. 1 BBiG:
   – Bezeichnung des Ausbildungsberufes
   – Dauer der Probezeit
   – Ausbildungsberufsbild
   – Ausbildungsrahmenplan
   – Prüfungsanforderungen

❑ b) Die fünf Bestandteile einer AO sind nach § 5 Abs. 1 BBiG:
   – Bezeichnung des Ausbildungsberufes
   – Ausbildungsdauer
   – Ausbildungsberufsbild
   – Ausbildungsrahmenplan
   – Prüfungsordnung

❑ c) Die fünf Bestandteile einer AO sind nach § 5 Abs. 1 BBiG:
   – Bezeichnung des Ausbildungsberufes
   – Ausbildungsdauer
   – Ausbildungsberufsbild
   – Ausbildungsrahmenplan
   – Prüfungsanforderungen

❑ d) Eine Ausbildungsordnung kann nach § 5 Abs. 2 Ziff. 1 BBiG u. a. vorsehen, dass die Berufsbildung in sachlich und zeitlich besonders gegliederten und aufeinander aufbauenden Stufen durchgeführt wird.

❑ e) Eine Ausbildungsordnung kann nach § 5 Abs. 2 Ziff. 2 BBiG u. a. vorsehen, dass die Abschlussprüfung in zwei zeitlich auseinander fallenden Teilen durchgeführt wird.

❑ f) Eine Ausbildungsordnung kann nach § 5 Abs. 2 Ziff. 4 BBiG u. a. vorsehen, dass auf die in der AO geregelte Berufsausbildung eine andere einschlägige Berufsausbildung unter Berücksichtigung der erworbenen beruflichen Fertigkeiten, Kenntnisse und Fähigkeiten angerechnet werden kann.

❑ g) Eine Ausbildungsordnung kann nach § 5 Abs. 2 Ziff. 4 BBiG vorsehen, dass auf die in der AO geregelte Berufsausbildung eine andere Berufsausbildung unter Berücksichtigung der erworbenen beruflichen Fertigkeiten, Kenntnisse und Fähigkeiten angerechnet werden muss.

❏ h) Eine Ausbildungsordnung kann nach § 5 Abs. 2 Ziff. 5 BBiG vorsehen, dass über die Inhalte der AO hinaus zusätzliche berufliche Fertigkeiten, Kenntnisse und Fähigkeiten vermittelt werden müssen, um das Ausbildungsziel zu erreichen.

❏ i) Eine Ausbildungsordnung kann nach § 5 Abs. 2 Ziff. 6 BBiG u. a. vorsehen, dass Teile der Berufsausbildung – falls erforderlich – in einer geeigneten Einrichtung außerhalb der Ausbildungsstätte durchgeführt werden.

73. Welche hauptsächlichen Lernorte der Berufsbildung gibt es? Welche Antworten entsprechen vollständig dem Inhalt von § 2 Abs. 1 BBiG? (3)

❏ a) Peter Amann meint dazu: Lernorte gibt es bei uns in der Firma, bei unserer Konkurrenz, in anderen Betrieben der Wirtschaft und im öffentlichen Dienst.

❏ b) Klaus Brehm ergänzt: Ich denke, dass es Lernorte in Wirtschaftsbetrieben und in den verschiedenen berufsbildenden Schulen gibt.

❏ c) Frank Conrad sagt dazu noch: Lernorte gibt es doch auch in den diversen außerbetrieblichen und überbetrieblichen Ausbildungsstätten.

❏ d) Peter Amann: Die hauptsächlichen Lernorte findet man demnach in den Betrieben der Wirtschaft, in vergleichbaren Einrichtungen außerhalb der Wirtschaft, insbesondere in Einrichtungen des öffentlichen Dienstes, der Angehörigen der freien Berufe sowie in Haushalten. Ferner in berufsbildenden Schulen und in den sogenannten sonstigen Berufsbildungseinrichtungen außerhalb der schulischen und betrieblichen Berufsbildung.

❏ e) Klaus Brehm sagt dazu: Also verkürzt bedeutet das: In Betrieben und Schulen.

❏ f) Darauf antwortet Frank Conrad: Korrekt muss das lauten: In Betrieben und Berufsschulen.

❏ g) Peter Amann: Nein, wir haben doch gelernt, es gibt im Sinne des § 2 Abs. 1 BBiG diese drei Spezies der Berufsbildung:
   – Betriebliche Berufsbildung
   – Schulische Berufsbildung
   – Außerbetriebliche Berufsbildung

❏ h) Klaus Brehm: Also hatte ich doch Recht: Lernorte im Sinne des § 2 Abs. 1 BBiG sind Betriebe (unterschiedlichster Größe) und Schulen.

❏ i) Frank Conrad meint: Die Lernorte im Sinne des § 2 Abs. 1 BBiG sind demnach also:
   – Betriebe (Ziff. 1),
   – berufsbildende Schulen (Ziff. 2) und
   – sonstige Berufsbildungseinrichtungen (Ziff. 3).

74. Das BBiG legt u. a. die Pflichten des Auszubildenden fest. Welche der nachfolgenden Pflichten ergeben sich aus § 13 BBiG? (6)

❏ a) Die Pflicht, übertragene Aufgaben sorgfältig auszuführen.

❏ b) Die Pflicht, übertragene Aufgaben fehlerfrei auszuführen.

❏ c) Die Pflicht, übertragene Aufgaben rasch auszuführen.

❏ d) Die Pflicht, am Berufsschulunterricht, an Prüfungen und an Ausbildungsmaßnahmen außerhalb der Ausbildungsstätte teilzunehmen, für die er freigestellt wird.

❏ e) Die Pflicht, den Weisungen der Ausbilder und der übrigen weisungsberechtigten Personen zu folgen.

❏ f) Die Pflicht, krankheitsbedingte Fehltage zu vermeiden.

❏ g) Die Pflicht, die an der Ausbildungsstätte geltende Ordnung einzuhalten.

❏ h) Die Pflicht, Werkzeug, Maschinen und sonstige Einrichtungen pfleglich zu behandeln.

❏ i) Die Pflicht, beschädigtes Werkzeug auf eigene Kosten zu ersetzen.

❏ j) Die Pflicht, über Betriebs- und Geschäftsgeheimnisse Stillschweigen zu bewahren.

❏ k) Die Pflicht, den schriftlichen Ausbildungsnachweis für die abgelaufene Woche jeweils am darauffolgenden Wochenende zu erstellen.

75. Das BBiG legt auch die Pflichten der Ausbildenden fest. Welche der nachfolgenden Pflichten ergeben sich aus § 14 BBiG? (7)

❏ a) Die Pflicht, dem Auszubildenden die berufliche Handlungsfähigkeit zu vermitteln, die zum Erreichen des Ausbildungszieles erforderlich ist.

❏ b) Die Pflicht, dem Auszubildenden die berufliche Handlungsfähigkeit zu vermitteln, die zum Bestehen der Abschlussprüfung erforderlich ist.

❏ c) Die Pflicht, die Berufsausbildung planmäßig, zeitlich und sachlich gegliedert, zielorientiert und zweckentsprechend durchzuführen.

❏ d) Die Pflicht, die Berufsausbildung planmäßig, zeitlich und sachlich gegliedert so durchzuführen, dass das Ausbildungsziel innerhalb der 3 Ausbildungsjahre erreicht wird.

❏ e) Die Pflicht, die Berufsausbildung planmäßig, zeitlich und sachlich gegliedert so durchzuführen, dass die Abschlussprüfung bestanden wird.

❏ f) Die Pflicht, die Berufsausbildung planmäßig, zeitlich und sachlich gegliedert so durchzuführen, dass das Ausbildungsziel in der vorgesehenen Zeit erreicht wird.

❑ g) Die Pflicht, die Berufsausbildung planmäßig, zeitlich und sachlich gegliedert so durchzuführen, dass das Ausbildungsziel in der vorgesehenen Zeit erreicht werden kann.

❑ h) Die Pflicht, selbst auszubilden oder die Ausbildung einem Ausbildungsbeauftragten zu überlassen.

❑ i) Die Pflicht, selbst auszubilden oder einen Ausbilder oder eine Ausbilderin damit ausdrücklich zu beauftragen.

❑ j) Die Pflicht, selbst auszubilden oder die Ausbildung durch einen Ausbilder durchführen zu lassen.

❑ k) Die Pflicht, dem Auszubildenden kostenlos die notwendigen Ausbildungsmittel zur Verfügung zu stellen.

❑ l) Die Pflicht, den Auszubildenden zum Besuch der Berufsschule und zum Führen der Ausbildungsnachweise (soweit diese verlangt werden) anzuhalten.

❑ m) Die Pflicht, dafür zu sorgen, dass der Auszubildende charakterlich gefördert wird.

❑ n) Die Pflicht, den Auszubildenden charakterlich zu überwachen.

❑ o) Die Pflicht, dafür zu sorgen, dass der Auszubildende sittlich und körperlich gefördert wird.

❑ p) Die Pflicht, dafür zu sorgen, dass der Auszubildende sittlich und körperlich nicht gefährdet wird.

Lösungen zur Musterprüfung 1

Hinweise:
1. Die Bewertung erfolgt nach dem „Alles-oder-Nichts-Prinzip", d. h. eine Aufgabe wird nur als richtig bewertet, wenn **alle Kreuze richtig** sind.
2. Pro **richtiger Aufgabe** erhalten Sie **1,333 Punkte** bei dieser Musterprüfung.

1	Lösung	a, c, e	39	Lösung	d
2	Lösung	a	40	Lösung	b, c
3	Lösung	e	41	Lösung	d, e
4	Lösung	d	42	Lösung	b, d, e
5	Lösung	a, e	43	Lösung	d, e
6	Lösung	b, d, e	44	Lösung	a, b, d, e
7	Lösung	d	45	Lösung	a, c
8	Lösung	c, d	46	Lösung	a, c, e
9	Lösung	b	47	Lösung	c, e
10	Lösung	e	48	Lösung	a, b, c
11	Lösung	c	49	Lösung	a, c, d
12	Lösung	d, e	50	Lösung	a, c
13	Lösung	c, e	51	Lösung	b, c, d, e
14	Lösung	c, e	52	Lösung	b, d, e
15	Lösung	d, e	53	Lösung	b, d
16	Lösung	a, e	54	Lösung	a, b, e
17	Lösung	a, b, c, d	55	Lösung	d, e
18	Lösung	d, e	56	Lösung	b, d
19	Lösung	a, e	57	Lösung	a, c, e
20	Lösung	d, e	58	Lösung	c, e
21	Lösung	a, e	59	Lösung	c, d, e
22	Lösung	d, e	60	Lösung	c
23	Lösung	b, d, e	61	Lösung	b
24	Lösung	a, e	62	Lösung	d, e
25	Lösung	c, d	63	Lösung	a, c, e
26	Lösung	c, e	64	Lösung	d
27	Lösung	a, c	65	Lösung	a, b
28	Lösung	a, c, d, e	66	Lösung	d
29	Lösung	a, c, d	67	Lösung	e
30	Lösung	b, c	68	Lösung	d, e
31	Lösung	c	69	Lösung	d
32	Lösung	b	70	Lösung	a
33	Lösung	e	71	Lösung	c, d, f, h, i
34	Lösung	b, c, e	72	Lösung	c, d, e, f, i
35	Lösung	a, e	73	Lösung	d, g, i
36	Lösung	a, d	74	Lösung	a, d, e, g, h, j
37	Lösung	c, e	75	Lösung	a, g, i, k, l, m, p
38	Lösung	b, c, e			

Auszug aus dem Punkt- und Notenschlüssel der IHK

Punkte	Vergleichsnote in Ziffern	Vergleichsnote in Worten
92 – 100	1	sehr gut
81 – 91	2	gut
67 – 80	3	befriedigend
50 – 66	4	ausreichend
30 – 49	5	mangelhaft – nicht bestanden
0 – 29	6	ungenügend – nicht bestanden

Ihr Ergebnis:

.... richtig gelöste Aufgaben x 1,333   = Ihr Punktwert   ....

= Ihre Note   ....

Prüfung:

Ausbildereignungsprüfung nach AEVO

Musterprüfung 2

Bearbeitungszeit: 180 Minuten

Hilfsmittel:
Dokumentenechtes Schreibmaterial
Unkommentierte Gesetzestexte/
Gesetzessammlungen zur Berufsbildung
Netzunabhängiger Taschenrechner

Bitte beachten Sie (Auszug aus den Erläuterungen zur schriftlichen Prüfung):

- Dieser Satz besteht aus ... Seiten mit 75 Aufgaben und 1 Anlage. Bitte prüfen Sie vor Beginn der Prüfung die Vollständigkeit des Aufgabensatzes. Sollte der Aufgabensatz nicht vollständig sein, informieren Sie bitte die Aufsicht.

- Die maximale Gesamtpunktzahl der Lösungen beträgt 100 Punkte.

- Zu jeder Multiple-Choice-Frage sind mehrere Lösungsmöglichkeiten vorgegeben, davon ist mindestens eine Lösung richtig. Zu jeder Aufgabe ist die Anzahl der richtigen Lösungen angegeben.

- Die Bewertung der programmierten Aufgaben erfolgt nach dem „Alles-oder-Nichts-Prinzip", d. h. die Aufgabe wird nur dann als richtig bewertet, wenn alle Kreuze richtig sind.

Ausgangssituation zu den Aufgaben 1–9

Die Norma KG in Suhl beschäftigt 1.800 Arbeitnehmer und ist ein bedeutendes Unternehmen im Bereich der Anlagentechnik sowie in der Mess-, Steuerungs- und Regeltechnik. Die Firma hat sich entschlossen, ab sofort neben dem/der klassischen Kommunikationselektroniker/in auch in dem Beruf „Mechatroniker/in" auszubilden. Im Kreis der Ausbilder wird über das Vorgehen bei der Einführung des neuen Ausbildungsganges im Rahmen einer Arbeitsbesprechung diskutiert. Dabei werden auch ganz allgemeine Fragen zur Berufsausbildung aufgeworfen und ausführlich besprochen.

1. **Welche Mindestinhalte muss die Ausbildungsordnung für Mechatroniker/ in nach dem BBiG eigentlich enthalten? (1)**

❏ a) Berufsbezeichnung
Ausbildungsdauer
Ausbildungsberufsbild
Ausbildungsrahmenplan
Lehrplan (Berufsschule)

❏ b) Berufsbezeichnungen
Ausbildungsdauer
Ausbildungsberufsbild
Sachliche und zeitliche Gliederung
Prüfungsplan

❏ c) Berufsbezeichnung
Ausbildungsdauer
Ausbildungsziel
Ausbildungsrahmenplan
Prüfungsanforderungen

❏ d) Berufsbezeichnung
Ausbildungsdauer
Ausbildungsziel
Ausbildungsrahmenplan
Prüfungsanforderungen

❏ e) Berufsbezeichnung
Ausbildungsdauer
Ausbildungsberufsbild
Ausbildungsrahmenplan
Prüfungsanforderungen

2. **Was beinhaltet diese Ausbildungsordnung hinsichtlich der Vermittlung der geforderten Fertigkeiten und Kenntnisse bei der Ausbildung zum Mechatroniker/in? (2)**

❏ a) Die Ausbildungsordnung beinhaltet die Mindestanforderungen hinsichtlich der Eignung einer Ausbildungsstätte.

❏ b) Die Ausbildungsordnung beinhaltet die Maximalanforderungen an eine betriebliche Ausbildung.

❏ c) Die Ausbildungsordnung beinhaltet die detaillierte sachliche und zeitliche Gliederung der gesamten betrieblichen Ausbildung.

❏ d) Die Ausbildungsordnung beinhaltet die Mindestanforderungen an die betriebliche Ausbildung.

❏ e) Die Ausbildungsordnung beinhaltet u. a. auch den Ausbildungsrahmenplan (als Grundlage zur Erstellung der sachlichen und zeitlichen Gliederung der Berufsausbildung).

3. Können bei einem Beruf (wie z. B. beim Mechatroniker) auch zusätzlich Ausbildungsinhalte, die betriebs- oder branchenbedingt sind, vermittelt werden? (1)

❏ a) Sie dürfen nicht vermittelt werden, da sonst die ordnungsgemäße Ausbildung in den vorgeschriebenen Mindestinhalten zu kurz kommen könnte.

❏ b) Sie können vermittelt werden, falls die ordnungsgemäße Ausbildung in den vorgeschriebenen Mindestinhalten dabei nicht für mehr als 3 Monate unterbrochen wird.

❏ c) Sie können vermittelt werden, soweit die ordnungsgemäße Ausbildung in den vorgeschriebenen Mindestinhalten hierdurch nicht beeinträchtigt wird.

❏ d) Sie können vermittelt werden, falls die Berufsschule dies ausdrücklich genehmigt.

❏ e) Sie können vermittelt werden, sofern die zuständige Stelle dieser Vorgehensweise zustimmt.

4. Wie viel Urlaub bekommen unsere jugendlichen Auszubildenden eigentlich nach § 19 JArbSchG? (1)

❏ a) Der Urlaub beträgt jährlich:
1. Mindestens 30 Werktage, wenn der Jugendliche zu Beginn des Kalenderjahres noch nicht 16 Jahre alt ist.
2. Mindestens 27 Werktage, wenn der Jugendliche zu Beginn des Kalenderjahres noch nicht 17 Jahre alt ist.
3. Mindestens 25 Werktage, wenn der Jugendliche zu Beginn des Kalenderjahres noch nicht 18 Jahre alt ist.
Jugendliche, die im Bergbau unter Tage beschäftigt werden, erhalten in jeder Altersgruppe einen zusätzlichen Urlaub von 2 Werktagen.

❏ b) Der Urlaub beträgt jährlich:
1. Mindestens 30 Werktage, wenn der Jugendliche zu Beginn des Kalenderjahres noch nicht 16 Jahre alt ist.
2. Mindestens 26 Werktage, wenn der Jugendliche zu Beginn des Kalenderjahres noch nicht 17 Jahre alt ist.
3. Mindestens 24 Werktage, wenn der Jugendliche zu Beginn des Kalenderjahres noch nicht 18 Jahre alt ist.
Jugendliche, die im Bergbau unter Tage beschäftigt werden, erhalten in jeder Altersgruppe einen zusätzlichen Urlaub von 2 Werktagen.

❏ c) Der Urlaub beträgt jährlich:
1. Mindestens 28 Werktage, wenn der Jugendliche zu Beginn des Kalenderjahres noch nicht 16 Jahre alt ist.
2. Mindestens 27 Werktage, wenn der Jugendliche zu Beginn des Kalenderjahres noch nicht 17 Jahre alt ist.
3. Mindestens 26 Werktage, wenn der Jugendliche zu Beginn des Kalenderjahres noch nicht 18 Jahre alt ist.
Jugendliche, die im Bergbau unter Tage beschäftigt werden, erhalten in jeder Altersgruppe einen zusätzlichen Urlaub von 5 Werktagen.

❏ d) Der Urlaub beträgt einheitlich für alle Jugendlichen 30 Werktage pro Jahr.

❏ e) Der Urlaub beträgt jährlich:
1. Mindestens 30 Werktage, wenn der Jugendliche zu Beginn des Kalenderjahres noch nicht 16 Jahre alt ist.
2. Mindestens 27 Werktage, wenn der Jugendliche zu Beginn des Kalenderjahres noch nicht 17 Jahre alt ist.
3. Mindestens 25 Werktage, wenn der Jugendliche zu Beginn des Kalenderjahres noch nicht 18 Jahre alt ist.
Jugendliche, die im Bergbau unter Tage beschäftigt sind, erhalten in jeder Altersgruppe einen zusätzlichen Urlaub von 3 Werktagen.

5. Welche der folgenden Aussagen zum betrieblichen Ausbildungsplan ist richtig? (1)

❏ a) Der betriebliche Ausbildungsplan ist die auf das Ausbildungsunternehmen bezogene Konkretisierung des Ausbildungsrahmenplanes.

❏ b) Der betriebliche Ausbildungsplan ist identisch mit dem Ausbildungsberufsbild.

❏ c) Der betriebliche Ausbildungsplan ist immer identisch mit dem Ausbildungsrahmenplan.

❏ d) Der betriebliche Ausbildungsplan zeigt an, in welchen Fachabteilungen die Auszubildenden eingesetzt sind.

❏ e) Der betriebliche Ausbildungsplan enthält die Inhalte des Ausbildungsrahmenplans und – besonders markiert – die Inhalte des innerbetrieblichen Unterrichts sowie die dazugehörenden Medien.

6. Die Aufgliederung des betrieblichen Ausbildungsplanes führt u. a. zum betrieblichen Versetzungsplan. Stellen Sie fest, welche der nachstehenden Aussagen richtig ist. (1)

Der Versetzungsplan

❏ a) ist nicht notwendig, da die Reihenfolge der Abteilungen aus dem Ausbildungsnachweis ersichtlich ist.

❏ b) legt die Ausbildungsplätze, die Reihenfolge und die Verweildauer des Auszubildenden fest.

❏ c) ist notwendig, damit alle Fachabteilungen des Unternehmen berücksichtigt werden können.

❏ d) ist erforderlich, damit der Ausbilder den erforderlichen Unterweisungsplan erstellen kann.

❏ e) legt die zeitliche Gliederung der Ausbildungsinhalte in den einzelnen Fachabteilungen fest.

7. Ausgehend von welchen Grundlagen wird die sachliche und zeitliche Gliederung der Berufsausbildung entwickelt? (2)

❏ a) Rahmenlehrplan des Kultusministeriums.

❏ b) Prüfungsrichtlinien der IHK.

❏ c) Ausbildungsrahmenplan.

❏ d) Anforderungen des Unternehmens.

❏ e) Ausbildungsberufsbild.

8. Inzwischen wurde festgestellt, dass die Norma KG in dem Beruf Mechatroniker ausbilden kann. Sie beginnen mit der Planungsarbeit. Wen oder was müssen Sie einbeziehen? (4)

❏ a) Ausbilder für diesen Beruf.

❏ b) Ausbildungspläne des Betriebes.

❏ c) Schulordnung.

❏ d) Ausbildungsplätze in den Fachabteilungen.

❏ e) Sachliche und zeitliche Gliederung der Ausbildung.

9. Im Kreise der Norma-Ausbilder wird auch ziemlich regelmäßig über das Dauerthema „Beurteilungen" gesprochen.

Beim Einsatz eines Beurteilungssystems ist es notwendig, die Häufigkeit der Beurteilungen festzulegen. Zu welchen Zeitpunkten sehen Sie eine Beurteilung planmäßig vor? (2)

❏ a) Jeweils nach Abschluss eines Ausbildungsabschnittes, spätestens nach drei Monaten.

❏ b) Wenn es der Betriebsrat wünscht.

❏ c) Wenn der Auszubildende darum bittet.

❏ d) Wenn es die Jugend- und Auszubildendenvertretung fordert.

❏ e) Rechtzeitig vor Ablauf der Probezeit.

Ausgangssituation zu den Aufgaben 10–14

Sie haben sich als selbstständiger Handelsvertreter in Essen mit bestandener Ausbildereignungsprüfung jetzt dafür entschieden, erstmals einen Auszubildenden als angehenden Bürokaufmann einzustellen. Zur Ausbildungsplanung stellen sich folgende Fragen:

10. **Aus welchen Quellen entnehme ich die Informationen, welche Kenntnisse und Fertigkeiten ich während der Ausbildung zum Bürokaufmann zu vermitteln habe? (2)**

Aus dem/der

❏ a) Lehrplan meines Berufsverbandes (CDH, Regionalclub Essen).

❏ b) Rahmenlehrplan des Bundes.

❏ c) Ausbildungsberufsbild.

❏ d) Ausbildungsrahmenplan.

❏ e) Prüfungsordnung der IHK Essen.

11. **Wie muss ich reagieren, wenn ich ausbilden will und die geforderten Fertigkeiten und Kenntnisse in meinem Betrieb nicht vollständig zu vermitteln sind, da meine Buchführung von meinem Steuerberatungsbüro erledigt wird? (2)**

❏ a) Beantragen einer Ausbildungssondergenehmigung bei der IHK unter Angabe von Inhalt und Umfang der nicht zu vermittelnden Ausbildungsabschnitte.

❏ b) Es ist keine Reaktion erforderlich, wenn der Umfang der nicht zu vermittelnden Ausbildungsabschnitte 20 % der Gesamtausbildungszeit nicht überschreitet.

❏ c) Beantragen der Freistellung von Prüfungsteilen bei der IHK, wenn die Inhalte von mehr als 10 % der Gesamtausbildungszeit nicht zu vermitteln sind.

❏ d) Suchen nach Kooperationsmöglichkeiten, wie Lernen im Verbund oder Ausbildung in einer überbetrieblichen Ausbildungsstätte.

❏ e) Durchführung des Ausbildungsabschnittes „Buchführung" im Büro meines Steuerberaters durch dessen Buchhaltungsfachpersonal.

12. Muss ich für meinen Ein-Mann-Betrieb einen betrieblichen Ausbildungsplan erstellen? (2)

❏ a) Nein, weil ja die Ausbildungsordnung bereits ausreichend detaillierte Angaben zur sachlichen und zeitlichen Gliederung enthält.

❏ b) Ja, weil der betriebliche Ausbildungsplan mit dem Ausbildungsvertrag bei der IHK einzureichen ist.

❏ c) Nein, weil das Erarbeiten zusätzlicher betrieblicher Pläne nur in größeren Unternehmen notwendig ist.

❏ d) Ja, weil die Zielformulierungen des betrieblichen Ausbildungsplanes in den Ausbildungsnachweis aufgenommen werden müssen.

❏ e) Ja, weil die Betriebsgröße kein Kriterium im Zusammenhang mit der Verpflichtung eines Ausbildenden ist, einen betrieblichen Ausbildungsplan zu erstellen.

13. Wer ist für mich als selbstausbildender Ausbildender Ansprechpartner und Berater für alle ungeklärten Fragen im Zusammenhang mit der Aufnahme der Berufsausbildung in meinem Ein-Mann-Betrieb? (1)

❏ a) Der Beratungslehrer der Berufsschule.

❏ b) Die Berufsberatung der Agentur für Arbeit.

❏ c) Der Prüfungsausschuss der IHK.

❏ d) Der Ausbildungsberater beim Gewerbeaufsichtsamt.

❏ e) Der Ausbildungsberater der IHK.

14. Welche Stelle kann mir helfen, wenn ich Zweifel an der Eignung eines Bewerbers für die Berufsausbildung zum Bürokaufmann habe? (1)

❏ a) Der psychologische Dienst der Agentur für Arbeit.

❏ b) Das Gewerbeaufsichtsamt.

❏ c) Der Ausbildungsberater der IHK.

❏ d) Der Beratungsbeamte bei der zuständigen Behörde gemäß § 33 BBiG.

❏ e) Der schulpsychologische Dienst.

Ausgangssituation zu den Aufgaben 15–22

Die Imporex AG ist ein Import- und Exportunternehmen in Hamburg mit ca. 1.600 Angestellten. Bisher werden keine Auszubildenden ausgebildet. In der heutigen Abteilungsleiterrunde wird nun erörtert, ob die Imporex AG in der Lage ist, künftig 6–8 Auszubildende für den Beruf „Kaufmann/Kauffrau im Groß- und Außenhandel" auszubilden.

Folgende Themenkomplexe werden dabei diskutiert:

15. Können wir bei Firma Imporex AG alle Inhalte des Berufs „Kaufmann/ Kauffrau im Groß- und Außenhandel" vermitteln? (3)

❑ a) Das BBiG schreibt die vollständige Vermittlung aller Ausbildungsinhalte vor. Es ist deshalb zunächst einmal zu prüfen, ob im Betrieb alle Inhalte der Ausbildungsordnung des betreffenden Berufs vermittelt werden können.

❑ b) Das BBiG schreibt lediglich die Vermittlung der wesentlichen Ausbildungsinhalte vor. Da wir das duale System haben, obliegt es dem Lernort Berufsschule, jene Themen zu unterrichten, die im Betrieb nicht vermittelt werden können.

❑ c) Wenn Betriebe nicht alle Inhalte eines Berufes selbst vollständig abdecken können, bietet sich die Ausbildung im Verbund mit anderen Betrieben sowie mit überbetrieblichen Ausbildungsstätten an.

❑ d) Eine Ausbildungsstätte, in der die erforderlichen Kenntnisse und Fertigkeiten nicht in vollem Umfang vermittelt werden können, gilt als geeignet, wenn dieser Mangel durch Ausbildungsmaßnahmen außerhalb der Ausbildungsstätte behoben wird.

❑ e) Eine Ausbildungsstätte, in der die erforderlichen Kenntnisse und Fertigkeiten nicht in vollem Umfang vermittelt werden können, gilt als geeignet, wenn dieser Mangel rechtzeitig vor Ausbildungsbeginn der IHK angezeigt wurde.

16. Dürfen wir als Imporex AG überhaupt Auszubildende einstellen und ausbilden? (3)

❑ a) Auszubildende darf nur einstellen, wer persönlich geeignet ist.

❑ b) Auszubildende darf nur einstellen, wer fachlich geeignet ist.

❑ c) Auszubildende darf nur einstellen, wer die Ausbildereignungsprüfung bestanden hat.

❑ d) Die fachliche Eignung kann auch widerruflich zuerkannt sein.

❑ e) Auszubildende darf nur ausbilden, wer persönlich und fachlich geeignet ist.

17. Haben wir bei der Imporex AG überhaupt für die Berufsausbildung geeignetes Personal gemäß §§ 28–30 BBiG? (3)

❏ a) Persönlich nicht geeignet ist insbesondere,
   1. wer Kinder und Jugendliche nicht beschäftigen darf,
   2. wer wiederholt oder schwer gegen das BBiG oder die auf Grund dieses Gesetzes erlassenen Vorschriften und Bestimmungen verstoßen hat.

❏ b) Persönlich nicht geeignet ist insbesondere, wer
   1. keine abgeschlossene Berufsausbildung nachweist oder
   2. einmal geringfügig gegen das BBiG oder die auf Grund dieses Gesetzes erlassenen Vorschriften und Bestimmungen verstoßen hat.

❏ c) Fachlich nicht geeignet ist, wer
   1. die erforderlichen beruflichen Fertigkeiten und Kenntnisse oder
   2. die erforderlichen berufs- und arbeitspädagogischen Kenntnisse nicht besitzt.

❏ d) Wer fachlich nicht geeignet ist oder wer nicht selbst ausbildet, darf Auszubildende nur dann einstellen, wenn er einen Ausbilder bestellt, der persönlich und fachlich für die Berufsausbildung geeignet ist.

❏ e) Wer fachlich nicht geeignet ist oder wer nicht selbst ausbildet, darf Auszubildende nur dann einstellen, wenn das Gewerbeaufsichtsamt vorher zugestimmt hat.

18. Ist unser Betrieb – die Imporex AG – überhaupt für die Berufsausbildung nach § 27 BBiG geeignet? (2)

❏ a) Auszubildende dürfen nur eingestellt werden, wenn
   1. die betreffende Firma auch früher bereits Lehrlinge ausgebildet hat und
   2. die Zahl der Auszubildenden in einem angemessenen Verhältnis zur Zahl der Ausbildungsplätze oder zur Zahl der beschäftigten Fachkräfte steht, es sei denn, dass andernfalls die Berufsausbildung nicht gefährdet wird.

❏ b) Auszubildende dürfen nur eingestellt werden, wenn
   1. die Ausbildungsstätte nach Art und Einrichtung für die Berufsausbildung geeignet ist und
   2. die Zahl der Auszubildenden in einem angemessenen Verhältnis zur Zahl der geprüften Ausbilder oder Meister steht.

❏ c) Auszubildende dürfen nur eingestellt werden, wenn
   1. die Ausbildungsstätte nach Art und Einrichtung für die Berufsausbildung geeignet ist und
   2. die Zahl der Auszubildenden in einem angemessenen Verhältnis zur Zahl der Ausbildungsplätze oder zur Zahl der beschäftigten Fachkräfte steht, es sei denn, dass andernfalls die Berufsausbildung nicht gefährdet wird.

❏ d) Eine Firma, in der die erforderlichen Kenntnisse und Fertigkeiten nicht in vollem Umfang vermittelt werden können, gilt als nicht geeignet für die Berufsausbildung.

❏ e) Eine Ausbildungsstätte, in der die erforderlichen Kenntnisse und Fertigkeiten nicht in vollem Umfang vermittelt werden können, gilt als geeignet, wenn dieser Mangel durch Ausbildungsmaßnahmen außerhalb der Ausbildungsstätte behoben wird.

19. Nach welchen Methoden sollte im Hause der Imporex AG künftig bevorzugt ausgebildet werden? (2)

❏ a) Da die Unterweisung und die aktive Mitarbeit am Arbeitsplatz einen Schwerpunkt der Ausbildung bilden wird, ist die „Vier-Stufen-Methode" zu empfehlen.

❏ b) Da viel fachliche Theorie vermittelt werden muss, wird der ausgefeilte Fachvortrag die sinnvollste Ausbildungsmethode zur Aktivierung der Auszubildenden darstellen.

❏ c) Lehrgespräche, Gruppenarbeiten und Diskussionen sind meist sehr zeitaufwendig und daher eher abzulehnen.

❏ d) In den Stufen 1 und 2 der „Vier-Stufen-Methode" ist der Auszubildende besonders aktiv.

❏ e) Andere empfehlenswerte Methoden, die insbesondere die Handlungskompetenz der Auszubildenden fördern, sind die Leittextmethode, das Modell der vollständigen Handlung und die Projektmethode.

20. Wie lange ist eigentlich die Probezeit der Auszubildenden nach dem BBiG? (2)

❏ a) Die Probezeit wird – je nach Vorbildung des Auszubildenden – vom ausbildenden Betrieb nach den betrieblichen Erfordernissen festgelegt.

❏ b) Die Probezeit muss mindestens 3 Monate betragen.

❏ c) Die Probezeit muss mindestens einen Monat betragen.

❏ d) Die Probezeit darf höchstens 4 Monate betragen.

❏ e) Die Probezeit soll mindestens einen Monat und nicht mehr als 4 Monate betragen.

21. Anschließend wurde von allen Abteilungsleitern das Thema „Welche Aufgaben übernimmt eigentlich der Ausbilder bei der Einführung eines neuen Auszubildenden in den Betrieb?" kontrovers diskutiert.

Um etwas Ordnung in die Gedankenvielfalt zu bringen, wurden die Ideen auf Kärtchen geschrieben und an die Pinnwand geheftet. Hier sind die Ergebnisse.

Bitte kreuzen Sie die Ihrer Meinung nach richtige(n) Antwort(en) bzw. Aussage(n) an. (4)

❑ a) Vorbereitung des Ausbildungs- bzw. Arbeitsplatzes und der Aufgaben. Information der übrigen Mitarbeiter.

❑ b) Einführungsgespräch (Sicherheitsvorschriften und Unfallverhütungsregeln, Verhalten bei Unfällen, Krankheit, Abwesenheit, Art der Arbeitsaufgaben und Arbeitsregeln, Arbeitsgeräte). Betriebliche Einrichtungen, insbesondere Sozialeinrichtungen, Vorstellung von Mitarbeitern und Vorgesetzten und der Jugend- und Auszubildendenvertretung (JAV). Besprechung des Ausbildungsplanes.

❑ c) Durchführung einer ersten Arbeitsunterweisung (Vier-Stufen-Methode). Beobachtung des Auszubildenden (Anerkennung – Lob – Erkennen von Schwierigkeiten).

❑ d) Aufklärung der neuen Auszubildenden bezüglich der stets sehr langweiligen Unterrichtsstunden in der Berufsschule. Vermutung aussprechen, dass einige der neuen Auszubildenden die IHK-Prüfung kaum schaffen werden.

❑ e) Durchführung der ersten „Unterweisung über Gefahren" gemäß § 29 JArbSchG.

22. Anschließend wird in der Abteilungsleiterrunde der Imporex AG noch über „aktives Lernen in Gruppen" diskutiert, das im Hinblick auf das Lernziel „Handlungskompetenz" heute besonders gefördert werden soll. Welches sind die hierfür besonders geeigneten Methoden?

Bitte kreuzen Sie bitte die Antwortzeilen an, die **ausschließlich richtige Antworten** enthalten. (3)

❑ a) Leittextmethode/Modell der vollständigen Handlung.

❑ b) Brainstorming, Literaturstudium, Rollenspiel.

❑ c) Frontalunterricht, Werksführung, Niederschrift der Tätigkeitsnachweise.

❑ d) Brainstorming, Rollenspiel, Projektmethode/Azubiprojekte.

❑ e) Planspiel, Zukunftswerkstatt, Modellbüro/Modellfirma.

Ausgangssituation zu den Aufgaben 23–28

Sie sind Rolf von Hammerstein, Ausbildungsleiter der Firma Hebeltechnik AG in Geislingen/Steige. In Ihrem Betrieb werden 1.850 Mitarbeiterinnen und Mitarbeiter und 43 Auszubildende beschäftigt. Die Auszubildenden kommen aus folgenden Berufen und sind in folgender „Stärke" im Hause der Firma Hebeltechnik AG vertreten:

Ausbildungsberufe	Erstes Ausbildungs- jahr	Zweites Ausbildungs- jahr	Drittes Ausbildungs- jahr
Bürokaufleute	2	2	1
Industriekaufleute		2	1
Energieelektroniker/ Energieelektronikerinnen	3	3	3
Industriemechaniker/ Industriemechanikerinnen	2	2	2
Mechatroniker/ Mechatronikerinnen	3	3	1
Technische Zeichner/ Technische Zeichnerinnen	2	2	1
Verfahrensmechaniker/ Verfahrensmechanikerinnen	2	1	1
Werkstoffprüfer/ Werkstoffprüferinnen	1	1	1

Im Rahmen der von Ihnen initiierten Fortbildung der Ausbilder haben sich die haupt- und nebenamtlichen Ausbilder der Hebeltechnik AG mit dem „Modell der vollständigen Handlung" näher und vertiefend befasst. Dabei haben sie folgende Erkenntnisse festgehalten:
Wenn nach dem „Modell der vollständigen Handlung" einige Auszubildende den Auftrag erhalten, selbstständig komplexe Aufgaben zu bearbeiten bzw. Probleme zu lösen, so sind bei jedem der sechs Einzelschritte jeweils einige Spezifika unbedingt zu beachten.

Hier eine Übersicht über das Modell:

Modell der vollständigen Handlung

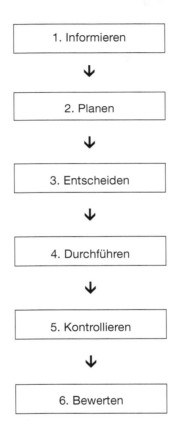

23. Was ist beim 1. Schritt (Informieren) besonders zu beachten? (3)

Bitte kreuzen Sie nur die Ihrer Meinung **vollständig richtige(n) Antwort(en)** bzw. **Aussage(n)** an. (3)

❏ a) Die Auszubildenden analysieren den Lern- bzw. Arbeitsauftrag und identifizieren ihre (noch vorhandenen) Wissensdefizite.

❏ b) Die Auszubildenden einigen sich zunächst hinsichtlich der erforderlichen Arbeitsteilung.

❏ c) Der Ausbilder beobachtet den Prozess, stellt Informationsquellen zur Verfügung und berät die Auszubildenden (bei Bedarf).

❏ d) Die Auszubildenden wählen die geeignetsten Informationsquellen aus.

❏ e) Der Ausbilder führt zunächst eine einführende Unterweisung nach der „Vier-Stufen-Methode" durch.

24. Was ist beim 2. Schritt (Planen) besonders zu beachten? (3)

❏ a) Die Auszubildenden entscheiden sich für einen Lösungsweg.

❏ b) Die Auszubildenden prüfen die Möglichkeit einer Arbeitsteilung.

❏ c) Die Auszubildenden erarbeiten mehrere Lösungsvarianten.

❏ d) Der Ausbilder beobachtet die Auszubildenden, gibt Denkanstöße und berät die Auszubildenden (bei Bedarf).

❏ e) Der Ausbilder beobachtet die Auszubildenden und hält einen Kurzvortrag (mit Visualisierung) zum Thema „Problemlösungstechniken".

25. Was ist beim 3. Schritt (Entscheiden) besonders zu beachten? (3)

❏ a) Die Auszubildenden erkennen die Vor- und Nachteile der verschiedenen Lösungsvarianten und entscheiden sich für eine Lösung/einen Lösungsweg.

❏ b) Die Auszubildenden erstellen einen Arbeitsplan (analog zum Lösungsweg).

❏ c) Die Auszubildenden erkennen die Ursachen für mögliche Fehler.

❏ d) Der Ausbilder hat im 3. Schritt z. B. folgende Aufgaben:
Beratung der Auszubildenden.
Mitwirken beim Besprechen von Lösungsvorschlägen.
Mitwirken bei der Entscheidung zur Festlegung der Arbeitsschritte.

❏ e) Der Ausbilder hat im 3. Schritt z. B. folgende Aufgaben:
Feststellen der zur Durchführung erforderlichen Kenntnisse.
Vorgeben der optimalen Lösung.
Erklären der nachfolgenden Lern- und Arbeitsaufgaben.

26. **Was ist beim 4. Schritt (Durchführen) besonders zu beachten? (3)**

❑ a) Der Ausbilder hat im 4. Schritt z. B. folgende Aufgaben:
Lern- und Arbeitsprozesse zu beobachten.
Einhalten von Vorschriften zum Arbeits- und Umweltschutz zu beobachten.
Bei auftretenden Problemen die Auszubildenden zu beraten.
Bei Gefahr einzugreifen.

❑ b) Der Ausbilder hat im 4. Schritt z. B. folgende Aufgaben:
Arbeitstätigkeiten erklären.
Arbeitsgänge vormachen.
Durchführung detailliert erklären.
Ergebnisse bewerten. Arbeitsleistung benoten.

❑ c) Die Auszubildenden haben im 4. Schritt z. B. folgende Aufgaben:
Durchführung der eigentlichen Arbeitshandlungen.
Einhalten der Arbeitsschritte.

❑ d) Der Ausbilder hat im 4. Schritt z. B. folgende Aufgaben:
Bewertung der Arbeitsschritte.
Beurteilung des Arbeitsverhaltens.

❑ e) Die Auszubildenden haben im 4. Schritt z. B. folgende Aufgaben:
Beachtung der Unfallverhütungsvorschriften (UW) und der Umweltschutz-
vorschriften.
Beachtung der betrieblichen Arbeitssicherheitsvorschriften.

27. **Was ist beim 5. Schritt (Kontrollieren) besonders zu beachten? (3)**

❑ a) Die Auszubildenden haben im 5. Schritt z. B. die Aufgabe:
Ihre Arbeitsergebnisse (selbst) zu kontrollieren.
Die notwendigen Kontrollschritte einzuhalten.
Die Ergebnisse der Selbstkontrolle zu dokumentieren.

❑ b) Der Ausbilder hat im 5. Schritt z. B. folgende Aufgaben:
Das Vorgehen der Auszubildenden zu beobachten.
Die Auszubildenden bei auftretenden Problemen zu beraten.
Das Einhalten festgelegter Prüfungskriterien zu registrieren.

❑ c) Der Ausbilder hat im 5. Schritt **nicht** die Aufgabe:
Arbeitsergebnisse zu kontrollieren und bei fehlerhaften Ergebnissen sofort
einzugreifen.

❑ d) Die Auszubildenden haben im 5. Schritt z. B. die Aufgabe:
Bewertungskriterien zu planen und Schlussfolgerungen für künftige Lern- und
Arbeitsaufträge zu ziehen.

❑ e) Der Ausbilder hat im 5. Schritt z. B. die Aufgabe:
Bei festgestellten Fehlern dafür zu sorgen, dass der/die Schuldige(n) einwandfrei ermittelt werden.

28. **Was ist beim 6. Schritt (Bewerten) besonders zu beachten? (4)**

❏ a) Die Auszubildenden haben im 6. Schritt z. B. die Aufgabe:
   Aufträge zu prüfen.
   Aufgabenstellungen zu analysieren.
   Wissensdefizite zu erkennen.

❏ b) Die Auszubildenden haben im 6. Schritt z. B. die Aufgabe:
   Ursachen für Fehler zu erkennen.
   Ablauf und Ergebnis des Auftrages zu bewerten.
   Schlussfolgerungen für künftige Aufträge zu ziehen.

❏ c) Der Ausbilder hat im 6. Schritt z. B. folgende Aufgaben:
   Qualität, Quantität und Arbeitsweise zu bewerten.
   Neue Ziele und Lernaufgaben abzuleiten.

❏ d) Der Ausbilder hat im 6. Schritt nicht die Aufgabe:
   Optimale Handlungsabläufe vorzumachen.
   Erworbenes Wissen zusammenzufassen.

❏ e) Der Ausbilder hat im 6. Schritt z. B. die Aufgabe:
   Die Bewertung zu besprechen.

Ausgangssituation zu den Aufgaben 29–34

Sie sind als Ausbildungsleiter bei Bröckle & Co. OHG in Konstanz / Bodensee, einem metallverarbeitenden Betrieb, beschäftigt. Die Berufsberatung der Agentur für Arbeit ist in Konstanz mit einem Berufsinformationszentrum (BIZ) vertreten. In diesem Jahr hat die Firmenleitung wieder geplant, 25 Auszubildende für den Beruf des Industriemechanikers, Fachrichtung Produktionstechnik, einzustellen. In den letzten Jahren hatten Sie Schwierigkeiten, genügend geeignete Bewerber zu finden. Andere Ausbildungsbetriebe am Bodensee hatten ähnliche Probleme. Sie entschließen sich, Ihre Kontakte zu den Schulen der Sekundarstufe I im Raum Konstanz zu intensivieren und die Zusammenarbeit mit der Berufsberatung zu stärken.

Weiterhin erwägen Sie, eventuell noch zusätzlich in einem der IT-Berufe auszubilden. Vielleicht werden Sie auch einige Auszubildende für den Beruf des Mechatronikers einstellen, wenn die Firmenleitung dabei „mitmacht".

29. **Die Firma Bröckle & Co. OHG in Konstanz/Bodensee hat eine planmäßige und systematische Ausbildung zu gewährleisten. Was ist unter planmäßiger und systematischer Berufsausbildung zu verstehen? (2)**

❏ a) Die Ausbildung muss immer zeitlich und sachlich gegliedert sein, um das Ausbildungsziel in der vorgegebenen Zeit zu erreichen.

❏ b) Die Ausbilder sind von ihrer Berufstätigkeit freigestellt, um systematisch und gezielt ihrer Ausbildungsaufgabe nachkommen zu können.

❏ c) Die Ausbilder setzen das Prinzip „von der speziellen Arbeitsaufgabe hin zu den allgemeinen Aufgaben" ein.

❏ d) Der Ausbildende entwickelt einen betriebsspezifischen Ausbildungsplan und schult seine Ausbilder systematisch.

❏ e) Die Berufsausbildung hat auch den Erwerb der erforderlichen Berufserfahrungen zu ermöglichen.

30. **Bevor Sie sich für die Ausbildung in einem der IT-Berufe entscheiden, werden Sie eine Ausbildungsplatzanalyse durchführen. Geben Sie an, welche der nachfolgend aufgeführten Fragen dabei zu beantworten sind. (2)**

❏ a) Welche Arbeiten können die Auszubildenden in kurzer Zeit erlernen, um schnell im Betrieb produktiv eingesetzt werden zu können?

❏ b) Welche typischen Arbeitsabläufe, die als Kenntnisse und Fertigkeiten im Ausbildungsrahmenplan enthalten sind, fallen bei Bröckle & Co. OHG an?

❏ c) Welche Spezialaufgaben, die in den Abteilungen anfallen, sollten auch den Auszubildenden vermittelt werden?

❏ d) Welche einfachen Arbeiten kommen im Betrieb immer wieder vor, die man ohne langwierige Einarbeitung sehr schnell erlernen kann?

❏ e) Welche Arbeiten können die Auszubildenden sich in kurzer Zeit selbst aneignen, ohne dass dazu ein Ausbilder benötigt würde?

31. **Sie überlegen, ob Sie für die Ausbildung von Mechatronikern einen betrieblichen Ausbildungsplan erarbeiten müssen. Geben Sie die richtige Entscheidung an. (1)**

Das Erarbeiten eines betrieblichen Ausbildungsplanes für die Ausbildung zum Mechatroniker/zur Mechatronikerin

❏ a) ist nicht mehr erforderlich, weil Kenntnisse und Fertigkeiten bereits in der Ausbildungsordnung enthalten sind.

❏ b) ist nicht mehr notwendig, weil dabei aktuelle betriebliche Erfordernisse bereits berücksichtigt wurden.

❏ c) ist nur erforderlich, wenn ein Teil der Inhalte in überbetrieblichen Ausbildungsstätten vermittelt werden muss.

❏ d) ist nach wie vor erforderlich, weil die Ausbildungsinhalte häufig wechseln.

❏ e) ist erforderlich, weil stets eine Anpassung an die betrieblichen Gegebenheiten erfolgen muss.

32. Sie haben sich verschiedene Vorschläge notiert, um die Bewerbersituation in Ihrem Betrieb zu verbessern. Welche Ideen favorisieren Sie ? (2)

❏ a) Sie veranstalten einen Tag der offenen Tür bei Bröckle & Co. OHG, an dem die Besucher Gelegenheit haben, mit Auszubildenden zu sprechen, die Lehrwerkstatt zu besichtigen und sich im gesamten Betrieb einmal umzusehen.

❏ b) Sie engagieren einen Werbetexter, der in der Fachpresse eine Informationskampagne über Ihren Betrieb gestaltet.

❏ c) Sie bieten Schülern Ferienjobs an, in der Erwartung, dass diese anschließend einen Ausbildungsvertrag mit Firma Bröckle & Co. OHG abschließen werden.

❏ d) Sie schalten eine Anzeige im Bodenseeanzeiger, in der Sie die Vorteile einer Ausbildung bei Firma Bröckle & Co. OHG groß herausstellen.

❏ e) Sie verdoppeln die Ausbildungsvergütung für Ihre Auszubildenden ab dem 2. Ausbildungsjahr.

33. Sie wollen die Möglichkeiten der Berufsberatung der Agentur für Arbeit in Konstanz/Bodensee besser nutzen. Wählen Sie die am besten geeignete Möglichkeit aus. (1)

❏ a) Sie versuchen, die Berufsberatung durch Nutzung der Beziehungen Ihres Geschäftsführers für die besonders positive Empfehlung Ihres Betriebes in den Beratungsgesprächen zu gewinnen.

❏ b) Sie veranstalten zusammen mit anderen Betrieben und der Berufsberatung im Berufsinformationszentrum einige Infotage über die Metallberufe, zu denen die Berufsberatung alle Schüler aus der Umgebung einlädt.

❏ c) Sie laden die Berufsberater zu einem Betriebspraktikum in Ihrem Betrieb ein, damit diese sich ein Bild vom Arbeitsalltag in Ihrer Firma machen können.

❏ d) Dem Vorschlag der Berufsberatung, das Anforderungsniveau an die Bewerber etwas zu senken, akzeptieren Sie nicht. Statt dessen fordern Sie die Berufsberatung auf, endlich etwas mehr Engagement für die Belange der Firma Bröckle zu zeigen.

❏ e) Sie lassen Prospekte von Ihrem Betrieb drucken und fordern die Berufsberatung auf, diese an alle BIZ-Besucher zu verteilen.

34. Geben Sie an, welche Art der Zusammenarbeit mit den Schulen der Sekundarstufe I zu bevorzugen ist, um das Interesse an der Ausbildung bei Firma Bröckle & Co. OHG zu wecken. (1)

❏ a) Sie spendieren der Klasse, aus der im laufenden Jahr die meisten Bewerber kommen, € 500,-- für die Abschlussfete.

❏ b) Sie laden die Lehrer der umliegenden Schulen zur Messe nach Hannover ein.

❏ c) Sie bieten den Lehrern, die sich mit der Berufswahlvorbereitung befassen, Informationen über die Metallberufe und den Schülern Erkundungs- und Praktikumsplätze bei Bröckle & Co. OHG an.

❏ d) Sie veranstalten und finanzieren für die Schulleiter eine Informationsfahrt zum Deutschen Museum in München.

❏ e) Sie lassen Unterrichtsmaterial, das über Ihre Produkte informiert, drucken und geben diese den Schulen zur Verwendung in den Abgangsklassen.

Ausgangssituation zu den Aufgaben 35–39

Sie sind Wolfgang Tretter, gelernter Bürokaufmann. Sie arbeiten bei der Firma Gebäudetechnik GmbH in Frankfurt/Main als Leiter der Verwaltungsabteilung. Da Sie vor einiger Zeit die Ausbildereignungsprüfung bei der IHK Frankfurt/Main bestanden haben, setzt Ihr Vorgesetzter Sie auch als Ausbilder ein. Die Gebäudetechnik GmbH bildet Industriekaufleute und Bürokaufleute aus. Sechs angehende Bürokaufleute (Rebecca, Siglinde, Toni, Ulla, Veronica und Waltraud) Ihres Unternehmens werden in den nächsten zwei Monaten planmäßig in Ihrer Abteilung eingesetzt. Neben der Vermittlung fachlicher Inhalte sollen Sie in Ihrer Abteilung auch die fachübergreifenden Qualifikationen der sechs Auszubildenden fördern. Eine Aufgabe, die Sie als Fachmann und Ausbilder immer wieder reizt.

35. Heute erscheinen die sechs Auszubildenden erstmals in der Verwaltungsabteilung zur Ausbildung. Sie wollen mit einer Unterweisung gleich in das Thema „Verwaltung" einsteigen. Dabei müssen Sie zunächst (3)

❏ a) ermitteln, ob abteilungsrelevante Kenntnisse vorhanden sind.

❏ b) den Auszubildenden einen Überblick über die Aufgaben der Fachabteilung geben.

❏ c) den Auszubildenden die in Ihrer Abteilung zu vermittelnden Fertigkeiten und Kenntnisse nennen und die Zuordnung zum Ausbildungsrahmenplan vornehmen.

❏ d) den Auszubildenden ausführlich die Arbeitsmittel erklären, mit denen sie erstmalig zu tun haben werden und eine Unterweisung über Gefahren durchführen.

❏ e) den Kontakt zu den Auszubildenden herstellen, indem Sie sich beispielsweise gegenseitig vorstellen.

36. **Um die Selbstständigkeit der Auszubildenden in Ihrer Abteilung zu fördern, müssen (1)**

❏ a) Sie Ihre Unterweisungen schriftlich genau vorplanen, um keine einzige Stufe zu vergessen.

❏ b) Sie viel theoretischen Lehrstoff vermitteln, um gleichzeitig die Grundkenntnisse der Auszubildenden aufzufrischen.

❏ c) sich die Auszubildenden in der Gruppe oder auch einzeln einige Ausbildungsinhalte selbst erarbeiten können.

❏ d) den Auszubildenden alle Vorgänge in Ihrer Abteilung detailliert erläutert werden.

❏ e) Sie die Arbeitsergebnisse Ihrer Auszubildenden besonders in den ersten Tagen ständig kontrollieren und eher streng benoten.

37. **Was müssen Sie bei der Gestaltung des Lernprozesses in der Verwaltungsabteilung beachten, um fachübergreifende Qualifikationen zu fördern? (2)**

❏ a) Der Bezug zwischen Theorie und Praxis sollte bei möglichst vielen Aufgabenstellungen hergestellt werden.

❏ b) Lernziele müssen analytisch entsprechend der Taxonomie zergliedert werden.

❏ c) Der Schwierigkeitsgrad der Aufgabenstellungen muss möglichst hoch angesetzt werden.

❏ d) Der Einsatz von computerunterstützten Lernprogrammen (CBT und WBT) muss laufend erfolgen.

❏ e) Handlungsorientierte Ausbildungsmethoden (wie z. B. Leittextmethode und Projektmethode) sollten bevorzugt verwendet werden.

38. **Eine Aufgabe soll mit der Projektmethode gelöst werden. Zur Lösung der Teilaufgaben werden Gruppen gebildet. Bei der Planung der Schritte in den Gruppen gilt: (1)**

❏ a) Ein von Ihnen beauftragter Auszubildender entscheidet allein über die einzelnen Schritte zur Lösung der Aufgabe.

❏ b) Die Auszubildenden erarbeiten die Vorgehensweise zur Problemlösung in der Gruppe gemeinsam.

❏ c) Sie entscheiden letztendlich über die Reihenfolge der von der Gruppe vorgeschlagenen Lösungsschritte.

❑ d) Alle erforderlichen Informationen holen sich die Auszubildenden bei Ihnen persönlich ab.

❑ e) Die Auszubildenden arbeiten selbstständig. Sie geben ihnen keine Informationen oder Hilfen.

39. **Die Ergebnisse der Planungen in den Gruppen sollen zum Schluss vor der Gesamtgruppe präsentiert und in einer anschließenden Diskussion systematisiert werden. Welche Medien sind dafür geeignet? (4)**

❑ a) Overheadprojektor

❑ b) Flipchart

❑ c) Diabildreihe

❑ d) Moderationskarten

❑ e) Pinnwand

Ausgangssituation zu den Aufgaben 40–42

Frau Sabine Schmidt-Breitenstein, geschäftsführende Gesellschafterin der Breitenstein-Büroausstattungs GmbH in Lübeck mit 58 Beschäftigten in der Zentrale und in den 4 Verkaufsstellen in Lübeck, Neumünster, Kiel und Emden, möchte in Lübeck erstmals je eine Auszubildende als Bürokauffrau bzw. als Einzelhandelskauffrau ausbilden. Nach erfolgreichem Bestehen ihrer Ausbildereignungsprüfung im letzten Jahr überlegt Frau Schmidt-Breitenstein nunmehr, wie sie das im Ausbilderseminar erworbene Wissen im Hause der Breitenstein Büroausstattungs GmbH richtig anwenden könne.

40. **Welche Überlegungen wird Frau Schmidt-Breitenstein hinsichtlich der Ausbildungsplanung richtigerweise anstellen? (3)**

❑ a) Es muss geprüft werden, ob alle im Ausbildungsrahmenplan enthaltenen Inhalte im Betrieb Lübeck vermittelt werden können.

❑ b) Die Ausbildungsziele des Rahmenplans sind zu konkretisieren und einzelnen betrieblichen Funktionen zuzuordnen.

❑ c) Eine zeitliche Abstimmung der Berufsschule Lübeck mit jedem Ausbildungsbetrieb ist erforderlich.

❑ d) Rahmenstoffplan und Lehrplan müssen erstellt werden.

❑ e) Betriebliche Ausbildungsziele können zusätzlich in den Ausbildungsplan aufgenommen werden, wenn dadurch die Vermittlung der „Pflichtinhalte" laut Ausbildungsordnung nicht beeinträchtigt wird.

41. **Welche Überlegungen für das Gestalten der Lernprozesse sind richtig? (3)**

❏ a) Fachübergreifende Qualifikationen sollten durch regelmäßige Vorträge der Ausbilderin vermittelt werden.

❏ b) Lernaufträge sollten so erteilt werden, dass Erfolgserlebnisse im Normalfall ohne Unter- und ohne Überforderung erzielt werden können.

❏ c) Erreichbare Lernziele sollen den Auszubildenden orientieren und motivieren.

❏ d) Der Auszubildende soll nach Möglichkeit beim Lernen eigene, seinem Lernstil entsprechende Wege gehen können.

❏ e) Selbstständigkeit sollte überwiegend durch die korrekte Führung der Ausbildungsnachweise (Wochenberichte) erworben werden.

42. **Frau Schmidt-Breitenstein macht sich auch Gedanken zu den notwendigen Lernerfolgskontrollen.**

Welche Überlegungen für das Durchführen von Lernerfolgskontrollen sind richtig? (4)

❏ a) Sie sollen kontinuierlich erfolgen, damit ständig Rückmeldungen an den Auszubildenden erfolgen können.

❏ b) Damit Frau Schmidt-Breitenstein Rückmeldungen zur Gestaltung künftiger Lernprozesse erhält, sollen sie kontinuierlich erfolgen.

❏ c) Die Teilnahme an der Zwischen- und der Abschlussprüfung genügt als alleinige Erfolgskontrolle nicht.

❏ d) Das Auswerten laufender Ausbildungsaufgaben kann als Lernerfolgskontrolle genutzt werden und mit einer Selbstkontrolle des Auszubildenden kombiniert werden.

❏ e) In einem kleinen Unternehmen, wie der Breitenstein Büroausstattungs GmbH, sind Lernerfolgskontrollen entbehrlich, da bei Bedarf alle betroffenen Mitarbeiter zum Ausbildungsstand befragt werden können.

Ausgangssituation zu den Aufgaben 43–47

Küchenmeister Frank Hurtig aus dem Restaurant „Zum Goldenen Hirsch" in Lindau/Bodensee bildet vier angehende Köche aus:
Anita und Bodo sind noch im ersten Ausbildungsjahr, Charly und Doris sind bereits im dritten Ausbildungsjahr. Gelegentlich beauftragt Frank Hurtig Charly und Doris damit, die anderen Auszubildenden (Anita und Bodo) praktisch anzuleiten.

43. **Ist ein solches Vorgehen des Küchenmeisters Frank Hurtig überhaupt rechtlich zulässig? (3)**

❏ a) Das Vorgehen des Küchenmeisters ist rechtlich zu beanstanden, da Charly und Doris nicht über die erforderliche fachliche Eignung verfügen.

❏ b) Das Vorgehen des Küchenmeisters ist rechtlich zu beanstanden, da Charly und Doris die erforderliche berufs- und arbeitspädagogische Eignung nicht besitzen.

❏ c) Nicht jeder im Betrieb, der gelegentlich unter der Gesamtverantwortung eines ausdrücklich dafür bestellten Ausbilders einem Auszubildenden bestimmte Kenntnisse und/oder Fertigkeiten vermittelt, benötigt dazu bereits die fachliche Eignung zur Berufsausbildung, wenn er/sie hier lediglich als Ausbildungsbeauftragter (ABB) sporadisch und unter der Aufsicht eines verantwortlichen Ausbilders tätig wird.

❏ d) Ausbildungsbeauftragte, wie Charly und Doris, ohne die Eignungen nach dem BBiG, dürfen immer nur unter der Gesamtverantwortung eines verantwortlichen Ausbilders tätig werden.

❏ e) Das Vorgehen des Küchenmeisters ist nicht zu beanstanden, wenn er die volle Verantwortung für die betreffenden Ausbildungssequenzen (Themen, Lernerfolgskontrollen, gelegentliche Beobachtung der Ausbildungsbeauftragten und deren Auszubildenden bei der Arbeit etc.) übernimmt und auch tatsächlich ausübt.

44. **Unter welchen Bedingungen ist das Vorgehen des Küchenmeisters auch pädagogisch sinnvoll? (3)**

❏ a) Charly und Doris übernehmen die Verantwortung für die Planung, Durchführung und Kontrolle der zu lösenden Lern- und Arbeitsaufgaben.

❏ b) Charly und Doris verfügen über sehr gute Kenntnisse und Fertigkeiten bezüglich der jeweiligen Arbeitsaufgaben.

❏ c) Die Auswahl der zu vermittelnden Ausbildungsinhalte und die Erfolgskontrolle bleiben in der Verantwortung des Ausbilders.

❏ d) Die Arbeitsplätze sind entsprechend den einzelnen Ausbildungsstufen so eingerichtet, dass Über- und Unterforderungen ausgeschlossen sind.

❏ e) In der Gruppe der Auszubildenden herrscht ein konfliktfreies, freundschaftliches (Betriebs-)Klima.

45. Welche Vorteile hat das Vorgehen des Küchenmeisters für die Auszubildenden? (3)

❏ a) Charly und Doris fühlen sich nicht mehr als Auszubildende und können wie ausgelernte Kollegen behandelt und eingesetzt werden.

❏ b) Mit erfolgreicher Weitergabe eigener Kenntnisse und Fertigkeiten wird Charly und Doris bestätigt, in welchem Maße das Erlernte bereits beherrscht wird.

❏ c) Die Weitergabe eigener Kenntnisse und Fertigkeiten fordert und fördert die eigene Sozialkompetenz.

❏ d) Die Ausbildungserfahrungen von Charly und Doris können sich bei der Vermittlung von Kenntnissen und Fertigkeiten positiv auf das Lern- und Leistungsverhalten von Anita und Bodo auswirken.

❏ e) Charly und Doris sind zur Vertretung des Küchenmeisters bei dessen Abwesenheit befugt.

46. Welche Vorschläge von Charly und Doris zum methodischen Vorgehen bei der Unterweisung sind sinnvoll? (3)

❏ a) Bei der Vermittlung grundlegender Tätigkeiten, wie z. B. das Panieren von Fisch, wollen Charly und Doris den Arbeitsplatz vorbereiten, die Arbeitshandlungen vormachen, danach das Nachmachen von Anita und Bodo beobachten und sie ggf. beim Üben unterstützen.

❏ b) Aufgaben, wie das Zerteilen von Spanferkeln oder das Zubereiten von Obstsalat wollen Charly und Doris mit vorher festgelegten Aufgabenbereichen, die die Planung, Durchführung und Kontrolle betreffen, in Gruppenarbeit durchführen lassen.

❏ c) Wenn Aufgaben auf der Anwendung bereits erlernten Wissens beruhen, wie z. B. die Kenntnis der Kühlraumtemperaturen beim Einlagern von Ware, wollen Charly und Doris dieses Wissen abfragen, während sie gemeinsam mit Anita und Bodo die Arbeitshandlung durchführen und kontrollieren.

❏ d) Anita und Bodo sollen die wichtigsten Unfallverhütungsvorschriften auswendig lernen und die zutreffenden Passagen Charly und Doris immer dann vortragen, wenn sie beachtet werden müssen, wie z. B. bei der Handhabung der verschiedenen Küchenmaschinen.

❏ e) Zu den jährlichen Spargelwochen wollen Charly und Doris zusammen mit Anita und Bodo Spargelgerichte nach eigenen Vorstellungen anbieten. Charly und Doris wollen dafür die Verantwortung übernehmen, sich aber mit dem Küchenmeister beraten können.

47. **Charly und Doris, die später auch einmal ihre „AEVO" (gemeint ist die Ausbildereignungsprüfung) ablegen möchten, diskutierten öfters über Sinn und Zweck von Lernerfolgskontrollen. Dabei wurde zwischen innerbetrieblichen und außerbetrieblichen Erfolgskontrollen unterschieden.**

Bitte kreuzen Sie die richtige(n) Antwort(en) bzw. Aussage(n) an. (2)

❏ a) Innerbetriebliche Erfolgskontrollen:
Ergebnisse der Zwischenprüfungen
Noten der Berufsschule
Berichtsheft

❏ b) Innerbetriebliche Erfolgskontrollen:
Ergebnisse der Arbeitsproben
Ergebnisse der Unterweisungen
Schriftliche und mündliche Aufgaben/Tests

❏ c) Außerbetriebliche Erfolgskontrollen:
Zwischenprüfungen
Ausbildungsabschlussprüfung als Kontrolle über die ordnungsgemäße Ausbildung
Noten der Berufsschule

❏ d) Außerbetriebliche Erfolgskontrollen:
Berichtsheft
Arbeitsgüte
Pünktlichkeit

❏ e) Außerbetriebliche Erfolgskontrollen:
Noten der Berufsschule
Zwischenprüfungen
Arbeitsgüte

Ausgangssituation zu den Aufgaben 48–49

Wolfram Krämer ist gelernter Chemikant und arbeitet in der Qualitätskontrolle des Arzneimittelherstellers Propyrin KG in Suhl. Herr Krämer besucht in seiner Freizeit einen Lehrgang zur Vorbereitung auf die IHKPrüfung zum „Industriemeister Chemie". Zuvor hat er bereits seinen „Ausbilderschein" gemacht, wie er es salopp ausdrückt.

Herr Krämer betreut zwei Auszubildende im Ausbildungsberuf Chemikant, erstes Ausbildungsjahr:
Ulf Sorg, 16 Jahre alt, Hauptschulabschluss und
Michael Klein, ebenfalls 16 Jahre alt, ohne Schulabschluss.

Während der Probezeit haben beide gut mitgearbeitet. Michael Klein brauchte aber manchmal mehr Zeit. Wenn Herr Krämer ihm genügend Zeit gewährte, kam er ganz gut zurecht. Herr Krämer ist jetzt dazu übergegangen, das Lerntempo zu erhöhen. Ulf Sorgs Leistungsbereitschaft lässt inzwischen merklich nach und er hört bei Erklärungen überhaupt nicht mehr zu.

48. Analysieren Sie die Situation und geben Sie an, worauf vermutlich Michael Kleins Verhalten zurückzuführen ist. (1)

❏ a) Michael Klein ist faul, das war bestimmt in der Schule auch schon der Fall, sonst hätte er einen Schulabschluss.

❏ b) Michael Klein ist in der Gruppe ein Außenseiter und kann deshalb keine ausreichenden Leistungen erbringen.

❏ c) Michael Klein hat sich in der Probezeit nur angestrengt, um nicht „rauszufliegen".

❏ d) Michael Klein ist überfordert und tut lieber nichts mehr, um nicht immer wieder durch seine Fehler unangenehm aufzufallen.

❏ e) Michael Klein will den Ausbilder lediglich provozieren.

49. Schlagen Sie Herrn Krämer eine Maßnahme vor, die Michael Klein helfen kann, seine Aufgaben erfolgreich zu erledigen. (1)

❏ a) Herr Krämer sollte Michael Klein auffordern, fleißiger zu sein.

❏ b) Herr Krämer sollte Michael Klein bei allen Aufgaben so viel Zeit lassen, wie dieser zu deren Bewältigung möchte.

❏ c) Herr Krämer sollte Michael Kleins Aufgaben in Teilschritte zerlegen und ihn auch bei kleinen Erfolgen loben.

❏ d) Herr Krämer sollte Ulf Sorg auffordern, sich um Michael Kleins Probleme zu kümmern, wenn dieser nicht weiterkommt.

❏ e) Herr Krämer sollte Michael Kleins Eltern bitten, dessen Leistungsbereitschaft zu erhöhen.

Ausgangssituation zu den Aufgaben 50–51

Ihre Auszubildende Anna, 16 Jahre alt, im zwölften Ausbildungsmonat als angehende Fachkraft für Lagerwirtschaft, bereitet Ihnen seit geraumer Zeit erhebliche Probleme. Wegen ihrer Schulversäumnisse haben Sie sie bereits mündlich ermahnt. Auch im Ausbildungsbetrieb ist sie inaktiv, unkonzentriert und macht plötzlich auch bei solchen Arbeitsgängen gravierende Fehler, die sie bereits vor Monaten erlernt und damals auch fehlerfrei ausgeführt hatte. Ihre Ausbildungsnachweise legt sie nur unregelmäßig und dann in Form und Inhalt sehr schlampig geschrieben vor.

50. **Geben Sie eine rechtlich korrekte Möglichkeit an, auf erneute Schulver-säumnisse von Anna zu reagieren. (1)**

❏ a) Da Sie Anna bereits mündlich ermahnt haben, sind Sie berechtigt, eine fristlose Kündigung auszusprechen.

❏ b) Da Anna noch sehr jung und unreif ist, haben Sie keine Möglichkeit, rechtlich etwas gegen ihre Schulversäumnisse zu unternehmen.

❏ c) Für jeden unentschuldigt versäumten Unterrichtstag können Sie Annas Urlaub entsprechend kürzen.

❏ d) Sie können Anna für jeden unentschuldigt versäumten Unterrichtstag die Ausbildungsvergütung anteilig kürzen.

❏ e) Sie können Anna schriftlich abmahnen und müssen hierüber die Erziehungs-berechtigten in Kenntnis setzen.

51. **Geben Sie an, ob Sie als Ausbilder überhaupt verpflichtet sind, die Führung des Ausbildungsnachweises (Berichtsheftes) zu kontrollieren. (2)**

❏ a) Die Pflicht des Ausbildenden (in dessen Auftrag: des Ausbilders), die Ausbil-dungsnachweise durchzusehen, ergibt sich aus § 14 Abs. 1 BBiG.

❏ b) Sie brauchen auf die Führung des Ausbildungsnachweises keinen Einfluss nehmen, da nach dem Berufsbildungsgesetz Anna zur ordentlichen Führung verpflichtet ist.

❏ c) Sie haben die Führung des Ausbildungsnachweises regelmäßig zu kontrollie-ren.

❏ d) Die zuständige Stelle ist verpflichtet, die Ausbildungsnachweise kurz vor der schriftlichen Zwischen- und Abschlussprüfung zu kontrollieren. Ihre Einsicht-nahme erfolgt auf freiwilliger Basis.

❏ e) Die Pflicht des Ausbildenden (in dessen Auftrag: des Ausbilders), die Ausbil-dungsnachweise durchzusehen, ergibt sich aus § 14 Abs. 2 BBiG.

Ausgangssituation zu den Aufgaben 52–54

Sie sind Ausbilderin in einem großen Lebensmittelsupermarkt der Handelskette LOG-MARKT (LOG steht für „Lebensmittel, Obst, Gemüse") in Saarbrücken. Sie betreuen diese 5 angehenden Einzelhandelskaufleute im zweiten Ausbildungsjahr:

Kurt Weichs, 17 Jahre
Isolde Krämer, 17 Jahre
Beate Lang, 16 Jahre
Rolf Schubert, 18 Jahre
Dagmar Blech, 17 Jahre

Eigentlich läuft alles bestens mit Ihren 5 Auszubildenden, nur über Kurt häufen sich seit zwei Wochen die Klagen der Mitarbeiter und Mitarbeiterinnen:
Kurt ist häufig sehr unpünktlich;
Kurt hockt ständig mit Beate und Rolf zusammen;
Kurt und Dagmar können nicht gut zusammenarbeiten, da gibt es regelmäßig Streit;
Kurt führt die Anweisungen immer lustloser aus;
Kurt verrichtet alle seine Arbeiten sehr oberflächlich.

Deshalb planen Sie jetzt ein Gespräch mit Kurt Weichs.

52. Welche der vorbereitenden Maßnahmen sind für den Erfolg Ihres Gespräches wichtig? (2)

❏ a) Sie informieren sich bei den anderen Auszubildenden über Kurts Verhalten in der Gruppe.

❏ b) Sie erkundigen sich über Kurts Verhalten in der Freizeit.

❏ c) Sie legen Ort und Zeit des Gespräches fest, achten auf geeignete Rahmenbedingungen und informieren Kurt rechtzeitig.

❏ d) Sie planen eine grobe Ablaufstruktur des Gesprächs und beziehen die Beobachtungen Ihrer Mitarbeiter und Mitarbeiterinnen ein.

❏ e) Sie bitten die Personalabteilung, Ihnen alle notwendigen Unterlagen einschließlich der kompletten Personalakte zuzuleiten.

53. Worauf ist in der Argumentationsphase des Gesprächs besonders zu achten? (3)

❏ a) Sie versuchen, sich in Kurts Situation zu versetzen und klären Missverständnisse.

❏ b) Sie schaffen eine Dialogsituation und passen sich der Argumentationsweise von Kurt weitgehend an.

❏ c) Sie hören aktiv zu und gehen auf Kurts Argumentation ein.

❏ d) Sie konfrontieren Kurt mit den Leistungen anderer Auszubildenden und drücken Ihre persönliche Enttäuschung aus.

❏ e) Sie beziehen das Ausbildungsziel und den betrieblichen Ablauf in Ihre Argumentation gegenüber Kurt voll mit ein.

54. Während des Gesprächs mit Kurt wurde deutlich, dass die Ursache für Kurts Verhalten in einer Unterforderung im praktischen Teil seiner Ausbildung liegt. Entscheiden Sie, welche Vorgehensweisen im Anschluss an das Gespräch zum Abbau der Verhaltensauffälligkeiten sinnvoll sind. (3)

☐ a) Sie loben Kurt bei korrektem Verhalten und zeigen ihm auf, dass auch simple Routinetätigkeiten zur Erhaltung des Betriebsablaufes notwendig sind.

☐ b) Sie entscheiden, dass Kurt vorübergehend in eine andere Abteilung versetzt wird.

☐ c) In einem weiteren Gespräch mit den verantwortlichen Ausbilderkollegen werden Sie Kurts Verhalten erörtern und das Ergebnis dokumentieren.

☐ d) Sie übertragen Kurt im Rahmen des Ausbildungsplanes auch Aufgaben mit besonderen Anforderungen.

☐ e) Sie veranlassen Kurt, eigene Vorschläge für seine weitere praktische Ausbildung zu entwickeln.

Ausgangssituation zu den Aufgaben 55–59

Die 17jährige Sabine T. ist Ihre einzige Auszubildende als angehende Köchin im Hotel „Zum Goldenden Ochsen" in Freiburg. Am Ende des zweiten Ausbildungsjahres teilt Sabine Ihnen mit, dass sie das Berufsausbildungsverhältnis zum nächstmöglichen Termin beenden werde.
Sabine T. hat den qualifizierenden Hauptschulabschluss („Quali"). Der Berufsausbildungsvertrag wurde für die Dauer von drei Jahren geschlossen. Die Leistungen von Sabine T. waren bisher gut. Aufgrund ihrer guten Auffassungsgabe und ihrer Leistungsbereitschaft konnten Sie Sabine T. auch zusätzliche, über den betrieblichen Ausbildungsplan hinausgehende Tätigkeiten ausführen lassen. Das letzte Berufsschulzeugnis weist in den berufsbezogenen Fächern die Noten „gut" und „befriedigend" aus. Im Hinblick auf das bevorstehende altersbedingte Ausscheiden eines Koches in knapp 2 Jahren ist beabsichtigt, Sabine T. nach der Ausbildung in ein unbefristetes Arbeitsverhältnis zu übernehmen. Sabine T. ist dieser Umstand bisher noch nicht bekannt.
Aufgrund der von Sabine T. geschaffenen Situation erhalten Sie vom Geschäftsführer Berger den Auftrag, die Auszubildende von ihrem Vorhaben abzubringen. Sie bereiten deshalb ein Gespräch mit Sabine T. vor.

55. In Ihrem Gespräch wollen Sie zunächst die Ursachen für die Entscheidung von Sabine T. herausfinden. Entscheiden Sie, mit welchen Fragen dieses Ziel erreicht werden kann. (3)

☐ a) Welche persönlichen Gründe haben zu Ihrem Entschluss beigetragen?

❑ b) Ist das Ihre persönliche Entscheidung oder haben Ihre Eltern darauf Einfluss genommen?

❑ c) Was halten Ihre Eltern von Ihrem Entschluss?

❑ d) Sind Sie sicher, dass die Entscheidung für Ihre berufliche Karriere förderlich ist?

❑ e) Welche betrieblichen Gründe haben zu Ihrem Entschluss beigetragen?

56. Sie wollen den Inhalt und den Ablauf des Gesprächs mit Sabine T. zuvor etwas strukturieren. Entscheiden Sie, welche der aufgeführten Sachverhalte neben dem Herausfinden der Ursache Sie noch ansprechen sollten. (2)

❑ a) Die Berufsschulpflicht von Sabine T.

❑ b) Die Probleme mit ihrem Freund Piet S.

❑ c) Der Verdacht, es könnten Drogen im Spiel sein.

❑ d) Die Möglichkeit einer unbefristeten Übernahme nach Abschluss der Ausbildung.

❑ e) Die bevorstehende Scheidung Ihrer Eltern.

57. Nach den inhaltlichen Überlegungen zu Ihrem Gespräch mit Sabine T. planen Sie die Durchführung. Legen Sie Kriterien fest, die Sie vorrangig bei einem ersten Gespräch beachten sollten. (3)

❑ a) Zu dem Gespräch werden Sie den Ausbildungsberater der IHK hinzuziehen.

❑ b) Das Gespräch werden Sie während der regulären Arbeitszeit führen.

❑ c) Das Gespräch werden Sie nach Feierabend (außerhalb der Arbeitszeit) führen.

❑ d) Das Gespräch werden Sie unter vier Augen führen.

❑ e) Als Gesprächsort wählen Sie einen Raum, in welchem Sie ungestört sprechen können.

58. Sie halten den Entschluss zum Ausbildungsabbruch nicht für sinnvoll und wollen das Sabine T. auch deutlich machen. Entscheiden Sie, welche der nachfolgenden Argumente dafür geeignet sind. (2)

❑ a) Mit dem Abbruch der Ausbildung wird zunächst einmal die Chance für einen baldigen Berufsabschluss als Köchin vertan.

❑ b) Mit dem Abbruch der Ausbildung kann Sabine T. das bisher Gelernte nicht mehr anwenden.

❏ c) Durch eine abgeschlossene Berufsausbildung hat Sabine T. zweifelsohne bessere berufliche Chancen für die Zukunft.

❏ d) Mit dem Abbruch der Ausbildung würde dem Restaurant ein materieller Schaden zugefügt, für den dann die Auszubildende finanziell aufkommen müsste.

❏ e) Eine abgeschlossene Berufsausbildung führt automatisch zur Übernahme in ein Beschäftigungsverhältnis und schützt so nachhaltig vor möglicher Arbeitslosigkeit.

59. Im Verlauf des Gesprächs teilt Ihnen Sabine T. mit, dass sie eine Stelle als Hilfskraft in einer Videothek annehmen möchte, weil sie dort mehr verdiene. Als Grund nennt sie finanzielle Probleme. Sie greifen das Thema „Geld" auf und versuchen, Sabine T. zu helfen. Entscheiden Sie, welche Angebote Sie Sabine T. aus rechtlicher Sicht unterbreiten können. (2)

❏ a) Sie bieten Sabine T. eine Nebenbeschäftigung in der Ihrem Hotel angeschlossenen Pilsbar an.

❏ b) Sie schlagen Sabine T. die vorzeitige Zulassung zur Abschlussprüfung vor.

❏ c) Sie bieten Sabine T. ein Darlehen an, das mit der Verpflichtung verbunden ist, nach Beendigung der Ausbildung mit dem Ausbildungsbetrieb ein Beschäftigungsverhältnis von mindestens 24 Monaten Dauer einzugehen.

❏ d) Sie schlagen Sabine T. vor, den Berufsausbildungsvertrag formell bestehen zu lassen, sie aber im angeschlossenen Hotel als Nachtportier zu beschäftigen und entsprechend zu bezahlen.

❏ e) Sie bieten Sabine T. nach Rücksprache mit dem Geschäftsführer Berger die Erhöhung ihrer Ausbildungsvergütung um € 150,-- monatlich an.

Ausgangssituation zu den Aufgaben 60–65

Die 28 Ausbilder der Pro-Commerz Holding AG in Ludwigshafen/Rhein treffen sich einmal pro Jahr für 2 Tage zum allgemeinen Erfahrungsaustausch. Dabei werden immer wieder interessante Themen durchdiskutiert.

60. Der Prokurist der Revisionsabteilung, Herr Rübsam, fragte dieses Jahr z. B. die anwesenden Ausbilder, wie sie eigentlich auf die – jährlich steigenden – Zahlen für einzustellende Auszubildende kämen. Wie ermitteln Sie eigentlich den Bedarf an Auszubildenden? Daraufhin wurde heftig diskutiert. Am Ende stand dann die Frage im Raum:
Welche beiden Aussagen zur Ermittlung des Bedarfs an Auszubildenden sind eigentlich wirklich richtig? (2)

❏ a) Das Unternehmen prüft, ob unbesetzte Arbeitsplätze für die Einstellung von Auszubildenden vorhanden und geeignet sind.

❏ b) Das Unternehmen prüft seine Alters- und die Arbeitskräftestruktur.

❏ c) Das Unternehmen setzt das Umsatzvolumen zur Mitarbeiteranzahl in Beziehung und ermittelt so den Nachwuchsbedarf.

❏ d) Das Unternehmen prüft, ob die Arbeitsplätze ausgeschiedener Facharbeiter durch Auszubildende besetzt werden können.

❏ e) Das Unternehmen schätzt die zu erwartende Fluktuation und gleichzeitig den künftigen Fachkräftebedarf aufgrund von Hochrechnungen und Statistiken realistisch ein.

61. Anschließend wird im Kreis der Pro-Commerz Ausbilder wieder einmal über die verschiedenen Medien (Hilfsmittel) in der Ausbildung diskutiert. Wie kann man diese Vielfalt nun kategorisieren?

Bitte kreuzen Sie die richtige(n) Antwort(en) bzw. Aussage(n) an. (4)

❏ a) Visuelle Hilfsmittel sind: Flipchart und Pinnwand.

❏ b) Akustische Hilfsmittel sind: Radio und Tonkassette.

❏ c) Audiovisuelle Hilfsmittel sind: Film und Fernsehen.

❏ d) Akustische Hilfsmittel sind: Plakate und Folien (für den Tageslichtprojektor).

❏ e) Visuelle Hilfsmittel sind: Tageslichtprojektor/Folien, Bücher und Schautafeln.

62. Nächstes Thema des Pro-Commerz Ausbildertreffens: Welche Voraussetzungen müssen eigentlich erfüllt sein, um an der Abschlussprüfung teilnehmen zu können?

Bitte kreuzen Sie die richtige(n) Antwort(en) bzw. Aussage(n) an. (2)

❏ a) Die vorgeschriebene Ausbildungszeit muss zurückgelegt sein.
Die vorgeschriebene Zwischenprüfung muss absolviert sein.
Das vorgeschriebene Berichtsheft muss lückenlos geführt worden sein.
Das Berufsausbildungsverhältnis muss in das Verzeichnis der Berufsausbildungsverhältnisse eingetragen worden sein.

❏ b) Die vorgeschriebene Ausbildungszeit muss zurückgelegt sein.
Die vorgeschriebene Zwischenprüfung muss absolviert sein.
Das vorgeschriebene Berichtsheft muss lückenlos geführt worden sein.
Das Berufsausbildungsverhältnis muss in das Verzeichnis der Berufsausbildungsverhältnisse eingetragen worden sein.
Die Anmeldung zur Prüfung bei der zuständigen Stelle muss erfolgt sein.

❏ c) Die vorgeschriebene Ausbildungszeit muss zurückgelegt sein.
Die vorgeschriebene Zwischenprüfung muss absolviert sein.
Das vorgeschriebene Berichtsheft muss lückenlos geführt worden sein.
Das Berufsausbildungsverhältnis muss in das Verzeichnis der Berufsausbildungsverhältnisse eingetragen worden sein.
Die Anmeldung zur Prüfung bei der zuständigen Behörde muss erfolgt sein.

❏ d) Die vorgeschriebene Ausbildungszeit muss zurückgelegt sein.
Die vorgeschriebene Zwischenprüfung muss bestanden sein.
Das vorgeschriebene Berichtsheft muss lückenlos geführt worden sein.
Das Berufsausbildungsverhältnis muss in das Verzeichnis der Berufsausbildungsverhältnisse eingetragen worden sein.
Die Anmeldung zur Prüfung bei der zuständigen Stelle muss erfolgt sein.

❏ e) An der Abschlussprüfung kann teilnehmen, wer die Ausbildungszeit zurückgelegt, an vorgeschriebenen Zwischenprüfungen teilgenommen sowie vorgeschriebene Berichtshefte geführt hat. Das Berufsausbildungsverhältnis muss dazu aber in das Verzeichnis der Berufsausbildungsverhältnisse eingetragen worden und die Anmeldung zur Prüfung bei der zuständigen Stelle muss fristgerecht erfolgt sein.

63. Danach wurden Checklisten zur Erledigung der Formalitäten für die Prüfungsanmeldung bei der IHK entworfen. Welche beiden Checklisten sind vollständig richtig? (2)

❏ a) Alle Berufsschulzeugnisse der Auszubildenden bereitlegen. Bescheinigung über die ärztlichen Untersuchungen gemäß Jugendarbeitsschutzgesetz bereitlegen.

❏ b) Ordnungsgemäße Führung des Berichtsheftes/Ausbildungsnachweises sicherstellen. Teilnahme der Auszubildenden an der Zwischenprüfung prüfen. Anmeldeformulare zur Abschlussprüfung fristgerecht bei der IHK einreichen.

❏ c) Alle Berufsschulzeugnisse der Auszubildenden bereitlegen. Ordnungsgemäße Führung des Berichtsheftes/Ausbildungsnachweises kontrollieren. Personalakten der Auszubildenden anfordern.

❏ d) Zwischenprüfungsteilnahme prüfen. Berichtshefte/Ausbildungsnachweise auf Vollständigkeit prüfen. Anmeldung zur Prüfung rechtzeitig vornehmen.

❏ e) Zwischenprüfungsteilnahme prüfen. Berufsschulzeugnisse bereitlegen. Personalakten der Auszubildenden anfordern.

64. Das nächste Diskussionsthema lautete: Was ist zu tun, um erforderlichenfalls die Ausbildungszeit eines Auszubildenden zu verlängern?

Bitte kreuzen Sie die richtige(n) Antwort(en) bzw. Aussage(n) an. (1)

❏ a) In Ausnahmefällen kann die zuständige Behörde auf Antrag des Auszubilden-den die Ausbildungszeit verlängern, wenn die Verlängerung erforderlich ist, um das Ausbildungsziel zu erreichen. Vor der Entscheidung sind die Beteiligten zu hören.

❏ b) In Ausnahmefällen kann die zuständige Berufsschule auf Antrag des Auszubil-denden die Ausbildungszeit verlängern, wenn die Verlängerung erforderlich ist, um das Ausbildungsziel zu erreichen. Vor der Entscheidung sind die Beteiligten zu hören.

❏ c) In Ausnahmefällen kann die zuständige Stelle auf Antrag des Ausbildenden die Ausbildungszeit verlängern, wenn die Verlängerung erforderlich ist, um das Ausbildungsziel zu erreichen. Vor der Entscheidung sind die Beteiligten zu hören.

❏ d) In Ausnahmefällen kann die zuständige Stelle auf Antrag des Auszubildenden die Ausbildungszeit verlängern, wenn die Verlängerung erforderlich ist, um das Ausbildungsziel zu erreichen. Vor der Entscheidung sind die Beteiligten zu hören.

❏ e) In Ausnahmefällen kann die zuständige Stelle auf Antrag der Berufsschule die Ausbildungszeit verlängern, wenn die Verlängerung erforderlich ist, um das Ausbildungsziel zu erreichen. Vor der Entscheidung sind die Beteiligten zu hören.

65. **Anschließend wurde der konkrete Praxisfall Claudia L. diskutiert:**
Nach Abschluss ihrer theoretischen und praktischen IHK-Abschluss-prüfung stellte sich heraus, dass Claudia L. die praktische Prüfung zwar bestanden hat, nicht aber die theoretische. Am Tag nach der Bekanntgabe des Prüfungsergebnisses erscheint Claudia L. im Personalbüro der Pro-Commerz Holding AG und beantragt die Verlängerung ihrer Ausbildung. (1)

❏ a) Mit dem Hinweis darauf, dass Sie Claudia L. bereits vor der Prüfung mitgeteilt haben, dass sie nicht übernommen werden könne, drücken Sie ihr Ihr Bedauern aus und teilen ihr mit, dass eine Verlängerung des Berufsausbildungsvertrages nicht möglich sei.

❏ b) Sie teilen Claudia L. mit, dass eine Verlängerung der betrieblichen Ausbildung nicht möglich sei, da sie eine Nachschulung nur für die Vorbereitung auf die theoretische Prüfung benötige. Dies sei jedoch ausschließlich Sache der Be-rufsschule.

❏ c) Sie teilen Claudia L. mit, dass die Firma Pro-Commerz den Berufsausbildungs-vertrag bis zur nächstmöglichen Wiederholungsprüfung verlängern werde, die laut Auskunft der IHK für die Pfalz in Ludwigshafen/Rhein innerhalb des nächsten halben Jahres stattfinden werde.

❑ d) Sie teilen Claudia L. mit, dass die Firma Pro-Commerz den Berufsausbildungs-vertrag nicht verlängern werde, da sie ja die Möglichkeit habe, als „Externe" nach § 45 Abs. 2 Berufsbildungsgesetz (BBiG) die Wiederholungsprüfung abzulegen.

❑ e) Sie teilen Claudia L. mit, dass ihr Antrag nicht erforderlich sei, da der Berufsaus-bildungsvertrag bekanntlich ohnehin erst mit Bestehen der Abschlussprüfung ende.

Ausgangssituation zu den Aufgaben 66–70

Ihr Name ist Carl-Hugo Findeisen. Sie sind gelernter Feinmechaniker und Dipl.-Ing. (FH). Sie arbeiten als Ausbilder und stellvertretender Ausbildungsleiter in der überbetrieblichen „Ausbildungsstätte für Metallpraxis" in Berlin. Vom Leiter der überbetrieblichen Ausbildungsstätte erhalten Sie heute den Auftrag, im Rahmen der Verbundausbildung 17 Auszubildende auf die Abschlussprüfung vorzubereiten.
Einige Auszubildende kennen sich untereinander, weil sie aus demselben Ausbil-dungsbetrieb kommen oder dieselbe Berufsschule besuchen. Andere Auszubildende müssen sich erst noch kennen lernen, da sie bisher keinerlei Kontakte hatten.

Zur aktuellen Situation:
In der Fertigkeitsprüfung ist ein Prüfungsstück herzustellen; in der Kenntnisprüfung sind schriftliche Aufgaben zu lösen.
Zum Üben stehen für jeden Auszubildenden Aufgabensätze und Material von Prü-fungen der letzten Jahre zur Verfügung.
Über die Auszubildenden haben Sie für sich selbst bereits die in der Anlage enthal-tenen Informationen zusammengestellt. Diese Informationen werden Sie vertraulich behandeln.
Sie wollen den Ablauf der Prüfungsvorbereitung für einen optimalen Lernerfolg gut planen und denken dabei an verschiedene Aspekte, die beim Lernen in den Gruppen zu berücksichtigen sind.

Entscheiden Sie, welche Denkansätze für diese Situation zielführend sind.

66. Denkansätze zur Einzelarbeit/Gruppenarbeit – wie werden Sie vorgehen?

Bitte kreuzen Sie die richtige(n) Antwort(en) bzw. Aussage(n) an. (3)

❑ a) Die Aufgabensätze der schriftlichen Prüfungen wollen Sie in Einzel- oder Partnerarbeit lösen lassen.

❑ b) Das Ziel und den Ablauf der Prüfungsvorbereitung wollen Sie gemeinsam in der Gesamtgruppe besprechen.

❑ c) Die praktischen Prüfungen wollen Sie selbstständig nach Musterstücken in Teamarbeit üben lassen.

❑ d) Die Aufgabensätze der schriftlichen Prüfungen wollen Sie unter Anleitung gemeinsam in der Gesamtgruppe lösen lassen.

❑ e) Die praktischen Prüfungen wollen Sie selbstständig nach der jeweiligen Aufgabenstellung in Einzelarbeit üben lassen.

67. Denkansätze zur Gruppenzusammensetzung – wie werden Sie vorgehen?

Bitte kreuzen Sie die richtige(n) Antwort(en) bzw. Aussage(n) an. (3)

❑ a) Die Kenntnisprüfung wollen Sie in zwei Gruppen üben lassen, die nach dem Besuch der jeweiligen Berufsschule (10 Auszubildende/ 7 Auszubildende) zusammengesetzt sind.

❑ b) Die Gruppenbildung wollen Sie nicht nach Schulzugehörigkeit vornehmen, weil gezielte Fördermaßnahmen eine andere Zusammensetzung nach pädagogischen Gesichtspunkten sinnvoll erscheinen lassen.

❑ c) Die Partnerarbeit von Beate und Inge bietet gute Bedingungen zum gegenseitigen Fördern (Hilfe für Inge, Beate lernt durch „Lehren").

❑ d) Beim Bilden einer Gruppe mit Ernst, Joseph, Kathi und Ludwig zerfällt die Gruppe mit großer Wahrscheinlichkeit in zwei Zweiergruppen.

❑ e) Teamarbeit von Arnold, Bert und Gisela bietet gute Bedingungen zum gemeinsamen Üben der Kenntnisprüfung.

68. Denkansätze zur Gestaltung der Lernprozesse – wie werden Sie vorgehen?

Bitte kreuzen Sie die richtige(n) Antwort(en) bzw. Aussage(n) an. (3)

❑ a) Beim Üben der schriftlichen Prüfung ist damit zu rechnen, dass Bruno, Gustav und Kira überdurchschnittliche Ergebnisse erzielen werden.

❑ b) Beim Üben der praktischen Prüfung ist zu erwarten, dass Gisela überdurchschnittliche Ergebnisse erreichen wird.

❑ c) Zum Üben der schriftlichen Prüfung lösen mehrere Auszubildende jeweils den gleichen Aufgabensatz. Im Vergleich werden Stärken und Schwächen der Auszubildenden sichtbar.

❑ d) Zum Üben der schriftlichen Prüfung wird von der Gesamtgruppe der Aufgabensatz in mehrere Teile zerlegt und arbeitsteilig in Kleingruppen gelöst.

❑ e) Zum Üben der praktischen Prüfung erhalten mehrere Auszubildende vom Ausbilder den gleichen Auftrag. Im Vergleich werden Stärken und Schwächen deutlich.

69. **Denkansätze zum Verhalten der Gruppe – womit ist zu rechnen?**

Bitte kreuzen Sie die richtige(n) Antwort(en) bzw. Aussage(n) an. (3)

❑ a) Durch die Zusammensetzung der Gesamtgruppe ist mit Cliquenbildung und mit dem Abdrängen von Schwachen und Außenseitern zu rechnen.

❑ b) Wenn Hubert und Ludwig erstmals gemeinsam Aufgaben in Partnerarbeit lösen sollen, ist kaum mit größeren Konflikten zu rechnen.

❑ c) Durch die gemeinsame Zielstellung der Gesamtgruppe ist mit einem „Wir-Gefühl" und mit gegenseitiger Hilfe zu rechnen.

❑ d) Wenn Arnold und Fritz erstmals gemeinsam Aufgaben in Partnerarbeit lösen sollen, ist mit Konflikten zu rechnen.

❑ e) Wenn Inge, Joseph und Kathi erstmals gemeinsam Aufgaben in Teamarbeit lösen sollen, ist mit starker Aktivität und gegenseitiger Hilfe zu rechnen.

70. **Denkansätze zur Lernerfolgskontrolle am Ende der Prüfungsvorbereitung – wie werden Sie vorgehen?**

Bitte kreuzen Sie die richtige(n) Antwort(en) bzw. Aussage(n) an. (3)

❑ a) Einen bekannten Aufgabensatz der schriftlichen Prüfung in Gruppenarbeit lösen lassen.

❑ b) Einen unbekannten Aufgabensatz der schriftlichen Prüfung in Einzelarbeit unter Prüfungsbedingungen lösen lassen.

❑ c) Die praktische Prüfung mit einer bekannten Aufgabenstellung in Gruppenarbeit lösen lassen.

❑ d) Die praktische Prüfung unter Prüfungsbedingungen mit einer bisher nicht bekannten Aufgabenstellung simulieren.

❑ e) Abschließendes Feedbackgespräch mit Bekanntgabe der in den beiden Simulationen (schriftliche und praktische Prüfung) erreichten Punktwerte.

Zusammengestellte Informationen über die 17 Auszubildenden

Ausbil-dungs-betrieb	Berufs-schule	Name	Besonders ausgeprägte Verhaltensmerkmale	Fertig-keiten	Kennt-nisse
1	A	Arnold	eigennützig, angriffslustig	mittel	gut
		Beate	selbstlos, freundlich	gut	gut
		Bert	still, distanziert	mittel	mittel
		Bodo	ruhig, freundlich	sehr gut	gut
		Bruno	eher still, strebsam	gut	sehr gut
2	B	Dagmar	still, unscheinbar	mittel	schwach
		Ernst	strebsam, schusselig	mittel	gut
3	A	Fritz	eigennützig, hochnäsig	gut	mittel
		Gisela	träge, unlustig	schwach	schwach
		Gustav	aufgeweckt, sehr gute Auffassungsgabe	sehr gut	sehr gut
4	B	Hubert	zielstrebig, fleißig	mittel	gut
5	A	Inge	phlegmatisch, unsicher	mittel	schwach
6	B	Joseph	leidenschaftslos, nach-sichtig	mittel	schwach
7	B	Kathi	unlustig, desinteressiert	mittel	schwach
		Kira	aufgeweckt, freundlich	gut	sehr gut
		Kurt	ruhig, interessiert	sehr gut	gut
8	A	Ludwig	zielorientiert, strebsam	gut	gut

Ausgangssituation zu den Aufgaben 71 – 75

Die angehenden Ausbilderinnen Sabine Dorsten, Kerstin Ettelbeck und Esther Friebel bereiten sich auf den schriftlichen Teil der Ausbilder-Eignungsprüfung gemeinsam vor. Heute wiederholen sie einige Themen aus den Handlungsfeldern 3 und 4 der AEVO (§ 3 Abs. 3 und 4).

71. Welche der nachfolgenden Aussagen zum Thema Führung von Auszubildenden sind richtig? (6)

❏ a) Die gängigen Führungsstile sind:
autokratisch
dialektisch
gleichgültig
das behauptet jedenfalls Sabine Dorsten recht selbstsicher.

❏ b) Die gängigen Führungsstile sind:
autoritär
freundlich
laissez-faire
wirft daraufhin Kerstin Ettelbeck in die Diskussion ein.

❏ c) Die gängigen Führungsstile sind:
autoritär
kooperativ
laissez-faire
trumpft Esther Friebel auf.

❏ d) Der situative Führungsstil wird vorwiegend von unerfahrenen Ausbildern angewandt, meint Sabine Dorsten.

❏ e) Der situative Führungsstil wird abhängig von der Tageszeit (Tagesleistungskurve) angewandt, behauptet Kerstin Ettelbeck daraufhin.

❏ f) Der situative Führungsstil wird abhängig von der Situation und Person des Auszubildenden angewandt, wendet Esther Friebel ein.

❏ g) Der situative Führungsstil entspricht etwa dem früher angewandten patriarchalischen Stil, behauptet Sabine Dorsten.

Anschließend werden die Themen Feedback und Motivation diskutiert:

❏ h) Feedback dient u. a. der Verbesserung der Selbst- und Fremdwahrnehmung.

❏ i) Feedback ersetzt heutzutage weitgehend die früher üblichen Lernerfolgskontrollen.

❏ j) Feedback bedeutet Rückversetzung.

❏ k) Feedback bedeutet Rückmeldung.

❏ l) Feedback soll konstruktiv sein.

❏ m) Bei der Motivation unterscheiden wir zwischen Eigen- und Selbstmotivation.

❏ n) Bei der Motivation unterscheiden wir zwischen Eigen- und Fremdmotivation.

72. **In der Praxis arbeiten wir mit internen und externen Lernerfolgskontrollen bzw. Leistungsnachweisen. Solche sind z. B.:**

1. Abschlussprüfung
2. Arbeitsergebnisse (Praxisphasen)
3. Arbeitsproben
4. Berufsschulnoten
5. Gestreckte Prüfungen
6. Schulaufgaben (Berufsschule)
7. Wissenstests (firmenintern)
8. Wissenstests (Berufsschule)
9. Zwischenprüfungsergebnisse

Bitte kreuzen Sie die Zahlenkombinationen an, die ausschließlich externe Lernerfolgskontrollen bzw. Leistungsnachweise enthalten. (2)

❏ a) 1, 2, 3, 4

❏ b) 2, 3, 4, 5

❏ c) 1, 4, 5, 6

❏ d) 4, 5, 6, 7

❏ e) 5, 6, 7, 8

❏ f) 6, 7, 8, 9

❏ g) 7, 8, 9, 1

❏ h) 8, 9, 1, 4

❏ i) 9, 1, 2, 3

73. **Identifizieren Sie in der nachstehenden Liste von Tätigkeiten zunächst einmal die möglichen 6 Arbeitsschritte der Leittextmethode:**

1. Instruieren
2. Beraten
3. Planen
4. Beurteilen
5. Bewerten
6. Kontrollieren
7. Beaufsichtigen
8. Durchführen

9. Austesten
10. Informieren
11. Kenntnisse erwerben
12. Arbeitskreis einrichten
13. Entscheiden
14. Probieren
15. Verschieben

Bitte kreuzen Sie nunmehr die Zahlenkombination an, in der die 6 richtigen Schritte der Leittextmethode auch in der richtigen Reihenfolge enthalten sind. (1)

❏ a) 1, 2, 3, 5, 12, 14

❏ b) 10, 11, 3, 4, 5, 6

❏ c) 12, 11, 8, 3, 6, 4

❏ d) 4, 5, 6, 10, 7, 11

❏ e) 10, 3, 13, 8, 6, 5

❏ f) 10, 3, 12, 8, 6, 5

❏ g) 11, 3, 14, 8, 7, 6

❏ h) 10, 3, 13, 5, 7, 8

❏ i) 12, 10, 9, 3, 7, 6

74. Welches sind die Voraussetzungen für eine Zulassung zur Abschlussprüfung gemäß § 43 Abs. 1 BBiG?

1. Die Ausbildungszeit muss zurückgelegt sein oder darf nicht später als 3 Monate nach dem Prüfungstermin enden.

2. Die Ausbildungszeit muss zurückgelegt sein oder darf nicht später als 2 Monate nach dem Prüfungstermin enden.

3. Die Ausbildungszeit muss zurückgelegt sein oder darf nicht später als 1 Monat nach dem Prüfungstermin enden.

4. An der vorgeschriebenen Zwischenprüfung soll teilgenommen worden sein.

5. Die vorgeschriebene Zwischenprüfung muss bestanden worden sein.

6. An der vorgeschriebenen Zwischenprüfung muss teilgenommen worden sein.

7. Vorgeschriebene schriftliche Ausbildungsnachweise müssen geführt worden sein.

8. Die Bewertung der vorgeschriebenen schriftlichen Ausbildungsnachweise fließt mit in die Prüfungsnote ein.

9. Die Bewertung der vorgeschriebenen schriftlichen Ausbildungsnachweise

kann auf Antrag zum Ausgleich einer mit ungenügend bewerteten schriftlichen Prüfungsleistung herangezogen werden.

10. Das Berufsausbildungsverhältnis muss in das Verzeichnis der Berufsausbildungsverhältnisse eingetragen worden sein oder aus einem Grund nicht eingetragen sein, den weder die Auszubildenden noch deren gesetzliche Vertreter zu vertreten haben.

11. Das Berufsausbildungsverhältnis soll von Beginn der Ausbildung an bereits in das Verzeichnis der Berufsausbildungsverhältnisse eingetragen sein.

12. Der/die Auszubildende muss noch vor der Abschlussprüfung die Berufsschulpflicht abgeleistet haben.

Bitte kreuzen Sie die Zahlenkombination an, in der die Voraussetzungen für die Zulassung zur Abschlussprüfung gemäß § 43 Abs. 1 BBiG vollständig und auch in der richtigen Reihenfolge (gem. Abs. 1) enthalten ist. (1)

❑ a) 1, 2, 10, 4

❑ b) 5, 11, 7, 8

❑ c) 9, 12, 1, 3

❑ d) 2, 6, 7, 10

❑ e) 2, 10, 1, 3

❑ f) 10, 7, 5, 4

❑ g) 12, 9, 8, 4

❑ h) 7, 8, 9, 10

❑ i) 2, 6, 7, 12

❑ j) 1, 6, 7, 10

❑ k) 2, 4, 7, 10

Technischer Hinweis: Bei Aufgabe 62 geht es um die tatsächliche **Prüfungsteilnahme**, während sich Aufgabe 74 *nur* mit den Voraussetzungen für eine **Zulassung** zur Prüfung beschäftigt.
Daher: Bitte lesen Sie alle Aufgaben bei der IHK-Prüfung sehr sorgfältig, analysieren Sie diese gründlich und markieren Sie Schlüsselbegriffe wie *Zulassung* bzw. *Prüfungsteilnahme*.

75. **Welche Aussagen über die Zusammensetzung eines Prüfungsausschusses nach § 40 BBiG sind richtig? (5)**

❏ a) Ein Prüfungsausschuss besteht aus mindestens 3 Mitgliedern.

❏ b) Dem Prüfungsausschuss müssen Beauftragte der Arbeitgeber, der Arbeitnehmer und Lehrkräfte berufsbildender Schulen in gleicher Zahl angehören.

❏ c) Dem Prüfungsausschuss müssen Beauftragte der Arbeitgeber und der Arbeitnehmer in gleicher Zahl sowie mindestens eine Lehrkraft einer berufsbildenden Schule angehören.

❏ d) Mindestens drei Viertel der Gesamtzahl der Mitglieder müssen Beauftragte der Arbeitgeber und der Arbeitnehmer sein.

❏ e) Mindestens zwei Drittel der Gesamtzahl der Mitglieder müssen Beauftragte der Arbeitgeber und der Arbeitnehmer sein.

❏ f) Nach § 40 Abs. 1 – 2 BBiG besteht der denkbar kleinste Prüfungsausschuss aus 3 Mitgliedern.

❏ g) Aus Gründen der Praktikabilität werden häufig auch sogenannte Viererausschüsse eingesetzt.

❏ h) Die Prüfungsausschussmitglieder werden von der zuständigen Stelle für längstens 5 Jahre berufen.

❏ i) Die Prüfungsausschussmitglieder werden von der zuständigen Behörde für längstens 5 Jahre berufen.

❏ j) Die Mitglieder der Prüfungsausschüsse sollen nach § 40 Abs. 1 BBiG für das Prüfungsgebiet geeignet sein.

Lösungen zur Musterprüfung 2

Hinweise:
1. Die Bewertung erfolgt nach dem „Alles-oder-Nichts-Prinzip", d. h. eine Aufgabe wird nur als richtig bewertet, wenn **alle Kreuze richtig** sind.
2. Pro **richtiger Aufgabe** erhalten Sie **1,333 Punkte** bei dieser Musterprüfung.

1	Lösung	e	39	Lösung	a, b, d, e
2	Lösung	d, e	40	Lösung	a, b, e
3	Lösung	c	41	Lösung	b, c, d
4	Lösung	e	42	Lösung	a, b, c, d
5	Lösung	a	43	Lösung	c, d, e
6	Lösung	b	44	Lösung	b, c, e
7	Lösung	c, d	45	Lösung	b, c, d
8	Lösung	a, b, d, e	46	Lösung	a, c, e
9	Lösung	a, e	47	Lösung	b, c
10	Lösung	c, d	48	Lösung	d
11	Lösung	d, e	49	Lösung	c
12	Lösung	b, e	50	Lösung	e
13	Lösung	e	51	Lösung	a, c
14	Lösung	a	52	Lösung	c, d
15	Lösung	a, c, d	53	Lösung	a, c, e
16	Lösung	a, d, e	54	Lösung	a, d, e
17	Lösung	a, c, d	55	Lösung	a, c, e
18	Lösung	c, e	56	Lösung	a, d
19	Lösung	a, e	57	Lösung	b, d, e
20	Lösung	c, d	58	Lösung	a, c
21	Lösung	a, b, c, e	59	Lösung	b, e
22	Lösung	a, d, e	60	Lösung	b, e
23	Lösung	a, c, d	61	Lösung	a, b, c, e
24	Lösung	b, c, d	62	Lösung	b, e
25	Lösung	a, b, d	63	Lösung	b, d
26	Lösung	a, c, e	64	Lösung	d
27	Lösung	a, b, c	65	Lösung	c
28	Lösung	b, c, d, e	66	Lösung	a, b, e
29	Lösung	a, e	67	Lösung	b, c, d
30	Lösung	b, c	68	Lösung	a, c, e
31	Lösung	e	69	Lösung	a, b, d
32	Lösung	a, d	70	Lösung	b, d, e
33	Lösung	b	71	Lösung	c, f, h, k, l, n
34	Lösung	c	72	Lösung	c, h
35	Lösung	a, d, e	73	Lösung	e
36	Lösung	c	74	Lösung	d
37	Lösung	a, e	75	Lösung	a, c, e, f, h
38	Lösung	b			

Auszug aus dem Punkt- und Notenschlüssel der IHK

Punkte	Vergleichsnote in Ziffern	Vergleichsnote in Worten
92 – 100	1	sehr gut
81 – 91	2	gut
67 – 80	3	befriedigend
50 – 66	4	ausreichend
30 – 49	5	mangelhaft – nicht bestanden
0 – 29	6	ungenügend – nicht bestanden

Ihr Ergebnis:

...... richtig gelöste Aufgaben x 1,333   = Ihr Punktwert ......

                                            = Ihre Note   ......

Industrie- und Handelskammer

Punkt- und Notenschlüssel

sehr gut	Punkte	100-99	98-97	96	95	94	93-92				
	Note	1,0	1,1	1,2	1,3	1,4	1,5				
gut	Punkte	91	90	89	88	87	86	85	84	83	82-81
	Note	1,6	1,7	1,8	1,9	2,0	2,1	2,2	2,3	2,4	2,5
befriedigend	Punkte	80	79	78	77	76	75-74	73-72	71-70	69-68	67
	Note	2,6	2,7	2,8	2,9	3,0	3,1	3,2	3,3	3,4	3,5
ausreichend	Punkte	66	65	64	63-62	61-60	59-58	57-56	55-54	53-52	51-50
	Note	3,6	3,7	3,8	3,9	4,0	4,1	4,2	4,3	4,4	4,5
mangelhaft*)	Punkte	49-47	46-45	44-43	42-41	40	39	38-37	36-35	34-33	32-30
	Note	4,6	4,7	4,8	4,9	5,0	5,1	5,2	5,3	5,4	5,5
ungenügend*)	Punkte	29-25	24-20	19-15	14-10	10-0					
	Note	5,6	5,7	5,8	5,9	6,0					

*) nicht bestanden

Literaturverzeichnis

Fachzeitschriften
Bildungspraxis
Verlag Dr.-Ing. Paul Christiani GmbH & Co. KG
Hermann-Hesse-Weg 2, 78464 Konstanz

Gewerkschaftliche Bildungspolitik
Herausgeber: DGB, Abteilung Bildung
Postfach 11 03 72, 10178 Berlin

Position – IHK-Magazin für Berufsbildung (Bezug über jede IHK)

Prüfungspraxis, Zeitschrift für die Mitglieder der Prüfungsausschüsse
IFA-Verlag Berlin/Bonn
Vertrieb: IFA-Verlag GmbH, Erlenweg 11, 53227 Bonn

Fachbücher (BBiG)
Ausbildung & Beruf (Neuauflage), 184 Seiten
Herausgeber: Bundesministerium für Bildung und Forschung (BMBF)
Bestellung schriftlich an: BMBF, Postfach 30 02 35, 53182 Bonn

Berufsbildungsgesetz
Kommentar mit Nebenbestimmungen (Loseblattsammlung in 2 Ordnern)
Kommentierung des BBiG 2005
Dieser Kommentar von Rechtsanwalt Dr. jur. J. Herkert und Rechtsassessor H.Töltl
liegt jetzt in der 70. Aktualisierung (März 2010) vor, ist in der Praxis sehr hilfreich und
deshalb jedem Prüfer und jedem Ausbildungsbetrieb bestens zu empfehlen.
Walhalla & Praetoria Verlag GmbH & Co. KG, Regensburg/Berlin

Berufsbildungsgesetz von A bis Z
Gesetzestext und Auskünfte zu 95 Einzelthemen – von Abkürzung der Ausbildungszeit
über Lernortkooperation bis Zwischenprüfung
Dr. Bettina Wurster (Bezugsquelle: DIHK, 11052 Berlin)
Ein sehr empfehlenswertes Praxishandbuch im Taschenbuchformat

Berufsbildungsrecht (Loseblattsammlung)
Kommentar von Walter Gedon und Hans Spiertz (verst.), wurde durch Ergänzungs-
lieferungen schrittweise auf das ab 01.04.2005 gültige BBiG umgestellt
Hermann-Luchterhand-Verlag GmbH, Neuwied/Kriftel/Berlin

Das neue Berufsbildungsgesetz – Praxishandbuch für Schule und Betrieb (Loseblattsammlung)
Das Nachschlage- und Arbeitsbuch der Autoren Markus Bottlang, Dr. h. c. Andreas Küster, Britta Magnus, Dr. Carmen Silvia Hergenröder, PD Dr. Annette Ostendorf, Arndt Reckler, Jörg Stutzke, Thomas Wachter ist erschienen beim
Forum Verlag AG, Herkert GmbH, 86504 Merching

EzB – Entscheidungssammlung zum Berufsbildungsrecht (Loseblattsammlung in 4 Ordnern)
Herausgegeben von H.-D. Hurlebaus
Verlag Wolters Kluwer Deutschland GmbH
Heddesdorfer Straße 31, 56564 Neuwied
Sehr gründlich recherchierte Entscheidungssammlung, vorzugsweise für Profis des Berufsbildungsrechts (Ausbildungsleiter, Personalchefs und AdA-Dozenten/-Prüfer)

Fachbücher – Berufsausbildung allgemein
Best Practice in der Berufsausbildung – Dieter K. Reibold
expert verlag, Renningen und Verlag Dr.-Ing. Paul Christiani, Konstanz

BIBB – Bundesinstitut für Berufsbildung
Das Online-Portal für Prüferinnen und Prüfer
Informations- und Kommunikationsplattform des BIBB für aktive und zukünftige Prüfer; hier gibt es Informationen rund um das Prüfungswesen, das Prüfungsrecht, Veranstaltungshinweise, Materialien sowie die Möglichkeit, sich mit anderen Prüfern und Prüferinnen auszutauschen und Fragen an Experten zu stellen; auch für Ausbilder zu empfehlen
www.prüferportal.org

BIBB – Nachteilausgleich für behinderte Prüfungsteilnehmerinnen und Prüfungsteilnehmer
Handbuch mit Fallbeispielen und Erläuterungen für die Prüfungspraxis, Band 116 der Schriftenreihe BIBB

Bundesagentur für Arbeit, Nürnberg (Herausgeberin)
Kriterienkatalog zur Ausbildungsreife, März 2008

CEDEFOP, Berlin (Herausgeber)
– Das berufliche Bildungswesen in der Bundesrepublik Deutschland
– Gegenwart und Zukunft der Lehrlingsausbildung in der Europäischen Union, Autor Burkart Sellin
– Mehrsprachiger Thesaurus der Berufsausbildung
– Systeme und Verfahren der Zertifizierung von Qualifikationen in der Bundesrepublik Deutschland

Diese und weitere CEDEFOP-Publikationen werden zu Kostenerstattungssätzen abgegeben
CEDEFOP, Europäisches Zentrum zur Förderung der Berufsbildung
Bundesallee 22, Jean-Monnet-Haus, 10717 Berlin

DaimlerChrysler AG, Dr. Jürgen Ripper
Das ganzheitliche Beurteilungsverfahren für die betriebliche Berufsausbildung
Verlag Dr.-Ing. Paul Christiani, Konstanz

Die Ausbilderprüfung – praktischer Teil mit über 30 prüfungserprobten Unterweisungs- und Präsentationsentwürfen aus der Praxis
Dieter K. Reibold, expert verlag, Renningen

Die Berufsausbildung in Europa – ein internationaler Vergleich
Ein Kurzüberblick über die allgemeine und berufliche Bildung in über 25 Staaten Europas
Dieter K. Reibold, expert verlag, Renningen

Die erfolgreiche berufliche Weiterbildung – Anbieter – Inhalte – Kontakte
Dieter K. Reibold, expert verlag, Renningen

Die mündliche Prüfung in der Erwachsenenbildung
Wolfgang Bössenroth, Dieter K. Reibold, expert verlag, Reningen

Die Praktische Übung
IHK.Die Ausbildung
Quelle: Jede IHK

DIHK Der Ausbilder AEVO – CD und Übungsband
Verlag Dr.-Ing. Paul Christiani, Konstanz

Fit für die Prüfung – Methodische Hinweise für die Vorbereitung auf die IHK-Prüfung am Beispiel „Geprüfter Industriemeister"
Verlag Dr.-Ing. Paul Christiani, Konstanz

Handlungsorientierte Ausbildung der Ausbilder
Dr. Kathrin Hensge
Herausgeber: BIBB
Bezug über: W. Bertelsmann Verlag GmbH & Co. KG, Postfach 10 06 33, 33506 Bielefeld

Handreichung für IHK-Prüferinnen und –Prüfer nach dem neuen Berufsbildungsgesetz 2005
Dieter K. Reibold, expert verlag, Renningen

IHK-Handbuch für Prüfer (Weiterbildung)
IHK.Die Weiterbildung
Quelle: Jede IHK

Kommunikation und Interaktion von Prüferinnen und Prüfern in mündlichen Prüfungen und Fachgesprächen der beruflichen Bildung
Vom Einfluss des verbalen Geschehens auf Beurteilung und Bewertung
Bezugsquelle: Industriegewerkschaft Bergbau, Chemie, Energie – VB 7 Betriebsräte – Jugend – Berufliche Bildung – Arbeitsschutz
Königsworther Platz 6, 30167 Hannover

Literatur zur Gruppendynamik
http://www.ph-ludwigsburg.de/1586.html

Literatur zum Gruppentraining
http://www.gsk-training.de/

Literatur zu Rhetorik-Dialektik
www.beer-management.de

Prüfungsängste überwinden
Seminarunterlage IG BCE, Abt. Berufliche Bildung
Königsworther Platz 6, 30167 Hannover

Prüfungsmethoden in der beruflichen Aus- und Weiterbildung
134 Seiten als Buch, 24 Seiten als Kurzfassung
W. Bertelsmann Verlag GmbH & Co. KG, Postfach 10 06 33, 33506 Bielefeld

Prüferkompass (Broschüre) und Prüferpraxis (Heftreihe)
IFA-Verlag GmbH, Erlenweg 11, 53227 Bonn

99 Praxistipps zur Überwindung der Prüfungsangst, Dieter K. Reibold
expert verlag, Renningen und Verlag Dr.-Ing. Paul Christiani, Konstanz

Die erfolgreiche Unterweisung von Auszubildenden im Betrieb, expert-Tonkassette,
Dieter K. Reibold und Ulrike Schröder
expert verlag, Renningen

Training der Schlüsselqualifikationen in Schule und Beruf
Dieter K. Reibold und Sabine Regier
expert verlag, Renningen

Vom Azubi zum Master – IT-Fortbildungskonzept
Herausgeber: Bundesministerium für Bildung und Forschung (BMBF)
Bestellungen schriftlich an BMBF, Postfach 30 02 35, 53182 Bonn

Wirtschaftskammer Österreich (WKO), Abteilung Bildungspolitik
Schlüsselqualifikationen – Wie vermittle ich sie Lehrlingen?
Diese für jeden Ausbilder sehr interessante Broschüre (32 Seiten) ist im Internet zu finden: http://www.wkw.at/abtbipol/schlüsselquali2003.pdf

Vom Autor benutzte Quellen

Neben umfangreichen Gesetzesanalysen und Internet-Recherchen wurden die im Literaturverzeichnis aufgeführten Veröffentlichungen für die Inhaltsgestaltung dieses Buches herangezogen. Insbesondere die im Literaturverzeichnis genannten Kommentare waren sehr hilfreich; aus ihnen wurde auch mehrfach zitiert.

Empfehlung

Folgende beiden AdA-Schulungsordner werden besonders empfohlen:

Das Neue Ausbilderhandbuch
UPGRADE Fortbildung für Ausbilder GmbH, Hasenberglstraße 30, 80935 München
Tel. (0 89) 31 40 95 30
Fax (0 89) 31 40 95 31

Das Ausbilderseminar
GENTUS Verlagsgesellschaft mbH, Mühlenweg 4 c, 81243 München
Tel. (0 89) 88 33 05
Fax (0 89) 8 34 74 26

Zum Autor

Dieter K. Reibold ist gelernter Bankkaufmann und Außenhandelswirt (AfW). Der frühere Ausbildungsleiter einer Regionalbank legte 1972 seine Ausbilder-Eignungsprüfung ab. Er wurde erstmals 1973 in den Prüfungsausschuss für die Ausbilder-Eignungsprüfungen der IHK für München und Oberbayern berufen, dem er ununterbrochen bis Ende 2009 angehörte.

Der Autor veröffentlichte beim expert verlag zwei sehr erfolgreiche Prüfungsvorbereitungsbücher, die mehr als 30.000 Ausbildern bei der Vorbereitung auf die Ausbilderprüfung gute Dienste leisteten:

- Die Ausbilderprüfung – praktischer Teil (4. Auflage 2007)
- Die Ausbilderprüfung – schriftlicher Teil (17. Auflage 2010)

Dieter K. Reibold ist Autor/Mitautor von weiteren 10 Fachbüchern, die alle beim expert verlag erschienen sind. Ferner ist er ständiger Mitarbeiter der Zeitschrift *Bildungspraxis*, Verlag Dr.-Ing. Paul Christiani GmbH & Co. KG, Konstanz. Hier veröffentlichte er u. a. eine Artikelreihe zum Thema *Vermittlung von Schlüsselqualifikationen in der handlungsorientierten Berufsausbildung*. Im Herbst 2009 wurde er als externer Experte zur Mitarbeit bei der Studie im Auftrag des Bundesministeriums für Bildung und Forschung (BMBF) *zur Gewinnung von ehrenamtlichen Prüfern in der Berufsbildung* berufen.

expert|U|verlag®
Erlesene Weiterbildung®

Dieter K. Reibold

Die Ausbilderprüfung – praktischer Teil

nach der neuen AEVO –
Mit 15 prüfungserprobten Unterweisungs- und Präsentationsentwürfen aus der Praxis

5., völl. neu bearb. Aufl. 2014, 274 S., 39,80 €, 66,50 CHF
(experTraining)
ISBN 978-3-8169-3135-5

Zum Buch:
Dieses Buch bereitet die angehenden Ausbilder gezielt auf den neuen praktischen Teil der IHK-Ausbilderprüfung vor und ergänzt dabei zielorientiert die in AdA-Seminaren vermittelte berufs- und arbeitspädagogische Qualifikation der Ausbilder.

Inhalt:
Die (neue) praktische Ausbilderprüfung – Die Unterweisung nach der »Vier-Stufen-Methode« – Eine Musterunterweisung mit vollständigem Text (Wort für Wort) – 15 prüfungserprobte Unterweisungsentwürfe aus vielen verschiedenen Berufen (Motto: Kapieren, nicht kopieren) – Die Präsentation in Theorie und Praxis (mit hilfreichen Checklisten und fünf praxiserprobten Präsentationsentwürfen) – Typische Fragen aus dem der Unterweisung bzw. Präsentation folgenden Prüfungsgespräch (mit vielen Anregungen zur zielführenden Beantwortung) – Tipps für AdA-Prüfer und angehende Ausbilder

Die Interessenten:
Angehende Ausbilderinnen und Ausbilder, die ein AdA-Seminar zur Vorbereitung auf die Ausbilder-Eignungsprüfung der IHK besuchen oder demnächst besuchen werden.

Blätterbare Leseprobe
und einfache Bestellung unter:
www.expertverlag.de/3135

Der Autor:
Dieter K. Reibold ist seit 1972 als Dozent in Seminaren zur Ausbildung der Ausbilder tätig. Der gelernte Bankkaufmann und frühere Ausbildungsleiter einer Regionalbank wurde 1973 in den Prüfungsausschuss für die Ausbilderprüfung bei der IHK für München und Oberbayern berufen.
Der Autor veröffentlichte beim expert verlag zwei sehr erfolgreiche Prüfungsvorbereitungsbücher, die tausenden von Ausbildern bei der Vorbereitung auf die Ausbilderprüfung gute Dienste leisteten.

Bestellhotline:
Tel: 07159 / 92 65-0 • Fax: -20
E-Mail: expert@expertverlag.de

expert verlag®
Erlesene Weiterbildung®

Dieter K. Reibold, Sabine Regier

Training der Schlüsselqualifikationen in Schule und Beruf

**Handreichung für Lehrkräfte der Sekundarstufe I
sowie für betriebliche Ausbilder in Wirtschaft und Verwaltung**

2009, 160 S., 29,80 €, 49,90 CHF
(expert taschenbücher, 108)
ISBN 978-3-8169-2785-3

Dieter K. Reibold
Sabine Regier

Training der
Schlüsselqualifikationen
in Schule und Beruf

Handreichung für Lehrkräfte
der Sekundarstufe I
sowie für betriebliche Ausbilder
in Wirtschaft und Verwaltung

Mit 53 Bildern

expert verlag.

Zum Buch:
Dieses Buch wurde aus der Praxis heraus entwickelt und als Handreichung für die Praxis geschrieben. Es dient als Vademecum für alle Lehr- und Ausbildungskräfte, die sich mit der Vermittlung von Schlüsselqualifikationen beschäftigen.

Inhalt:
Schlüsselqualifikationen aus der Sicht der ausbildenden Betriebe – Bildungsbegriff und Schlüsselqualifikationen. Auszüge aus der aktuellen wissenschaftlichen Diskussion um Unterrichtsqualität – Förderung von Schlüsselqualifikationen in einem zeitgemäßen Unterricht in der Sekundarstufe – Handreichung zum Training von Schlüsselqualifikationen in der Schule. Anwendbare Unterrichtsbeispiele zu ausgewählten Fachgebieten – Handreichung zum Training der Schlüsselqualifikationen in einer handlungsorientierten Berufsausbildung. Eine Toolbox geeigneter und erprobter Ausbildungsmethoden – Glossar

Die Interessenten:
Lehrkräfte der Sekundarstufe I sowie betriebliche Ausbildungskräfte

*Blätterbare Leseprobe
und einfache Bestellung unter:
www.expertverlag.de/2785*

Das Autorenteam:
Sabine Regier
ist als Realschullehrerin für die Fächer Deutsch und Englisch sowie als Seminarlehrerin für Englisch und Pädagogik in der Lehrerausbildung tätig. Zwei Jahre lang leitete sie ein externes Evaluationsteam für Realschulen in Bayern. Zahlreiche Unterrichtswerke wurden von ihr als Buchgutachterin geprüft.

Dieter K. Reibold
führt seit vielen Jahren Seminare zur Ausbildung der Ausbilder durch. Der frühere Ausbildungsleiter einer Regionalbank ist ehrenamtlich bei der IHK als Prüfer in mehreren Prüfungsausschüssen tätig. Beim expert verlag hat er bisher 10 Fachbücher veröffentlicht

Bestellhotline:
Tel: 07159 / 92 65-0 • Fax: -20
E-Mail: expert@expertverlag.de

expert verlag®
Erlesene Weiterbildung®

Wolfgang Bössenroth, Dieter K. Reibold

Die mündliche Prüfung in der Erwachsenenbildung

2009, 116 S., 29,80 €, 49,90 CHF
(expert taschenbücher, 109)
ISBN 978-3-8169-2920-8

Zum Buch:

Als die beiden Autoren vor Jahrzehnten erstmals als IHK-Prüfer berufen wurden, gab es noch kein umfassendes und speziell auf die mündlichen Prüfungen Erwachsener ausgerichtetes Lehrbuch. Statt dessen mussten sie sich durch ein zeitraubendes und umständliches »Learning by doing« ihr »Handwerkszeug« mühsam selbst erarbeiten. Zusammen verfügen die beiden Autoren heute über eine Prüfungserfahrung von mehr als 65 Jahren. Hiervon sollen zunächst einmal die neuen Prüferinnen und Prüfer bei ihrem Einstieg in die Prüfertätigkeit profitieren. Aber auch für die bereits erfahrenen Prüfungsausschussmitglieder halten die beiden Autoren noch eine Vielzahl von Praxistipps bereit.

Das Fachbuch ist wie folgt gegliedert:
Inhaltliche Aspekte – Organisatorische Aspekte – Psychologische Aspekte – Rechtliche Aspekte.
Der Themenreigen wird eingeleitet durch eine spezielle Geschichte für Prüfer: »Tierisch ernste Ratschläge für junge Füchse und alte Hasen«. Anschließend behandeln die Autoren weit über hundert verschiedene Fragen / Probleme / Fälle, über die jeder Prüfer unbedingt Bescheid wissen muss, z.B.: Welches sind die häufigsten Formen der mündlichen Prüfungen? – Welche Formalien sind zu Beginn einer mündlichen Prüfung zu beachten? – Viele Prüfungsteilnehmer leiden unter Prüfungsangst. Welches sind hierbei die wichtigsten angstverstärkenden und angst-
abbauenden Faktoren? – Wie vermeidet man, dass die Prüfertische wie eine »Richterbank« wirken? – Wie bewertet man mündliche Prüfungsleistungen? – Welche verbalen und nonverbalen Reaktionen der Prüfer während einer münd-lichen Prüfung sind empfehlenswert, welche eher nicht? – Warum darf es im Prüfungswesen der Kammern grund-sätzlich keine sogenannten »Viererausschüsse« geben? – Hat man als Prüfer für die Prüfungstage einen Anspruch auf »Arbeitsbefreiung«?

Blätterbare Leseprobe und einfache Bestellung unter:
www.expertverlag.de/2920

Die Autoren:

Wolfgang Bössenroth: Nach kfm. Ausbildung Studium der Betriebswirtschaftslehre (BWL), Ver-waltungsleiter in einem Autohaus, Ausbildungsleiter in der Textilindustrie, Leiter der Personalförderung in der Konzernzentrale eines großen Papierkonzerns, Leiter Personalentwicklung und Direktor in einem schweizerischen Versicherungskonzern, seit 1999 selbstständiger Trainer und Berater, IHK-Prüfer seit 1975. Leitung der Fortbildungsseminare für IHK-Prüfer bei der Industrie- und Handelskammer für München und Oberbayern
Dieter K. Reibold: Gelernter Bankkaufmann und Außenhandelswirt (AfW). Ausbildereignungsprüfung 1972, Ausbildungsleiter einer Regionalbank, Dozent und Trainer . IHK-Prüfer seit 1973 (Ausbilder-eignungsprüfungen, später auch Geprüfte Technische Betriebswirte, Geprüfte Verkehrsfachwirte und Operative IT-Professionals). Autor/Mitautor von insgesamt 12 Fachbüchern, alle beim expert verlag erschienen.

Bestellhotline:
Tel: 07159 / 92 65-0 • Fax: -20
E-Mail: expert@expertverlag.de

Dieter K. Reibold

99 Praxistipps
zur Überwindung
der Prüfungsangst

2., aktualis. Aufl. 2011, 154 S., 37 Abb., 24,00 €, 42,30 CHF
(expert taschenbücher, 100)
ISBN 978-3-8169-3065-5

Zum Buch:

Bundesweit scheitert jeder siebte Auszubildende und Weiterbildungs-
teilnehmer bei den IHK-Prüfungen. Hauptursache ist die Prüfungsangst,
die viele daran hindert, eine Prüfungssituation erfolgreich durchzustehen.
Der Autor gibt aus langjähriger Erfahrung als Ausbilder, Dozent und IHK-Prüfer eine Vielzahl von leicht
umsetzbaren Tipps, Anregungen und Hinweisen zur optimalen Prüfungsvorbereitung und angstfreien
Prüfungsdurchführung.

Inhalt:

Das Phänomen Prüfungsangst – Empfehlungen für Ausbilderinnen und Ausbilder – Empfehlungen für
Dozentinnen und Dozenten der Fort- und Weiterbildung – Empfehlungen für die aufsichtsführenden
Prüferinnen und Prüfer bei schriftlichen Prüfungen – Empfehlungen für die Prüferinnen und Prüfer bei
mündlichen und praktischen Prüfungen, bei Präsentationen und Fachgesprächen – Empfehlungen für
Auszubildende als künftige Teilnehmer an beruflichen Abschlussprüfungen – Empfehlungen für die
Teilnehmerinnen und Teilnehmer an Fort- und Weiterbildungsprüfungen

Die Interessenten:

Das Buch ist unentbehrlich für alle am Prüfungsgeschehen
beteiligten Personen:
– Ausbilderinnen und Ausbilder
– Auszubildende aller Berufe
– Dozentinnen und Dozenten in der Fort- und Weiterbildung
– Teilnehmerinnen und Teilnehmer an Fort- und
Weiterbildungsprüfungen
– Prüferinnen und Prüfer (IHK, HWK).

*Blätterbare Leseprobe
und einfache Bestellung unter:
www.expertverlag.de/3065*

Rezensionen:

»Eine praxisbezogene und gut brauchbare Hilfe.« **(ekz-Informationsdienst)**

Der Autor:

Dieter K. Reibold ist seit 1972 als Dozent in Seminaren zur Ausbildung der Ausbilder tätig. Der gelernte
Bankkaufmann und frühere Ausbildungsleiter einer Regionalbank wurde 1973 in den Prüfungsausschuss
für die Ausbilderprüfung bei der IHK für München und Oberbayern berufen.
Der Autor veröffentlichte beim expert verlag zwei sehr erfolgreiche Prüfungsvorbereitungsbücher, die
tausenden von Ausbildern bei der Vorbereitung auf die Ausbilderprüfung gute Dienste leisteten.

Bestellhotline:

Tel: 07159 / 92 65-0 • Fax: -20
E-Mail: expert@expertverlag.de